U0603654

高昌

玉门关

丝绸之路　酒泉

河西走廊

十六国史新编

丛书主编

周伟洲

五凉史

赵向群 著

贾小军 修订

社会科学文献出版社

SOCIAL SCIENCES ACADEMIC PRESS (CHINA)

北涼佛像　敦煌二七五窟内景

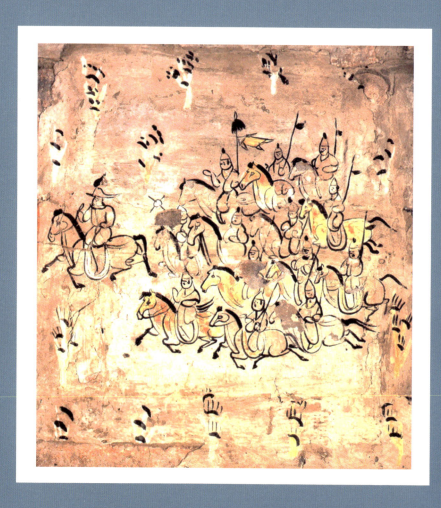

出行图　嘉峪关新城魏晋墓壁画

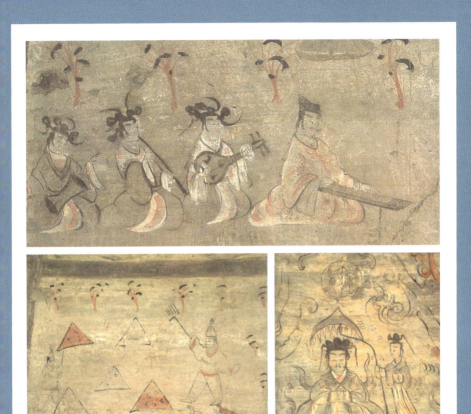

舞　乐　酒泉丁家闸十六国墓壁画（上图）
扬　场　酒泉丁家闸十六国墓壁画（下左图）
西王母　酒泉丁家闸十六国墓壁画（下右图）

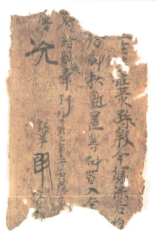

武威罗什寺塔　　始建于北凉时期（左图）
十六国"凉造新泉"铜钱（右上图）
北凉神玺二年仓曹贷粮文书　　吐鲁番出土（右下图）

总　序

中国的史学传统可谓源远流长，几乎每一个在中国历史上存在过的政权，都有人为之撰写历史。中国历史上的十六国时期（316～439）[1]，虽然仅是中国几千年历史长河中的一小段，但却有其丰富的内容和鲜明的时代特点。早在一千多年前，封建史学家就撰写过十六国时期各个政权的专史（国别史），如在唐代魏徵等撰的《隋书》卷三三《经籍志二》所列遗存的"霸史"共二十七部三百三十五卷中，就有二十六部十六国国别史。其中，最著名、对后世影响最大的当推北魏崔鸿撰《十六国春秋》一百卷。可惜以上诸书均先后散佚，只是在唐宋时期编纂的各种类书及其他史书中，有上述霸史的一些辑文。[2]

由于过去的封建史家囿于民族偏见，受传统的封建正统

1　大致相当于西晋灭亡至北魏灭北凉，统一整个北方的时期，即公元316年至439年。

2　参见 [日] 五胡之会编《五胡十六国霸史辑佚》，燎原书店，2012。

史学观点的束缚，视五胡十六国为僭伪，贬之过甚。特别是隋唐以后的历代史家，认为十六国是"五胡乱华"的黑暗时期，十六国政权是"僭伪"之国，不值得为它们撰写历史；即便是撰写中国历史，对十六国也着墨不多。加之十六国时史官所撰的各国史书及隋以前有关十六国的史书，均先后散佚，后世撰写十六国国别史极为困难。

1949 年中华人民共和国成立后，中国广大的史学工作者以马克思主义唯物史观为指导，开创了中国史学繁荣的新局面。特别是 1978 年改革开放以来，国内史学研究进入一个新的繁荣时期，魏晋南北朝史研究更加深入，十六国史论著也不断问世。加之全国各地相继发掘了大批五胡十六国时期的珍贵文物和古籍，重新撰写十六国国别史成为可能。因此，20 世纪 80 年代以来，国内相继出版了一系列十六国的国别史。

我们这套"十六国史新编"丛书，就是从 20 世纪 80 年代以来国内出版的或正在撰写的一批十六国国别史中，选出其中学术水平较高、大致符合国别史体例的著作编辑而成。主要包括下列著作：

1.《成汉国史》，高然、范双双著；2.《汉赵国史》，周伟洲著；3.《后赵史》，李圳著；4.《五燕史》，赵红梅著；5.《前秦史》，蒋福亚著；6.《后秦史》，尹波涛著；7.《赫连夏国史》，吴洪琳著；8.《南凉与西秦》，周伟洲著；9.《五凉史》，赵向群著。

以上九部著作大致涵盖了所谓"五胡十六国"的十六个国家（政权）。之所以称之为"新编"，则主要有如下原因。

第一，以上九部著作均是在尽可能收集整理有关史料及参考古今有关研究论著的基础上，完全摒弃了过去封建史家的正统论及民族歧视和不平等等观点，以马克思主义唯物史观为指导重新审视和评述十六国历史。

第二，从前封建史家所撰十六国史，仅注重该国的政治、军事及与邻近各族所建政权的关系史，而"十六国史新编"还加强了对五胡所建十六国的政治制度、社会经济、文化风俗（包括宗教信仰）及民族的认同、迁徙及融合等方面的论述。

第三，"十六国史新编"还特别注意吸取文物考古的新资料，以及中外最新的相关研究成果。

第四，"十六国史新编"采取现代通行的专著体例和形式，用章节目的体例撰写并详加引文注释，最后附有大事年表、索引等。

由于"十六国史新编"有的撰写出版于 20 世纪 80 年代至 90 年代初（如《汉赵国史》《南凉与西秦》《前秦史》），距今已过去三十多年，在此期间国内外有关五胡十六国史的研究又取得了长足的进步，有众多的新成果问世。如日本学者川本芳昭撰《魏晋南北朝时代的民族问题》（汲古书院，1998）、三崎良章撰《五胡十六国的基础研究》（汲古书院，2006）及氏撰《五胡十六国——中国史上的民族大迁徙》（东方书店，2015 年第三版）、日本学者编纂的《五胡十六国霸史辑佚》（燎原书店，2012）等等。中国学者赵丕承编著《五胡史纲》（芸轩图书出版社，2000）、刘学铫撰《五胡史纲》（南天书局，2001）、陈勇撰《汉赵史论稿——匈奴屠各建国政治史考察》（商务印书馆，2009）、贾小军撰《魏晋十六国河西史稿》（天津古籍出版社，2009）及氏撰《魏晋十六国河西社会生活史》（甘肃人民出版社，2011）、陈琳国撰《中古北方民族史探》（商务印书馆，2010）及咸阳市文物考古研究所编《咸阳十六国墓》（文物出版社，2006）、郭永利撰《河西魏晋十六国壁画墓》（民族出版社，2012）等。而这些研究成果，上述十六国国别史则已不能参考引用，只能保持其在一定历史时期中的成果及特征了。

其次，新编的九部十六国国别史，是由近十位作者撰写的，因此各书在体例、文字、着重点上，均与各个作者的专业、学养、经历等有关，故各书体例、内容的取舍、文字等各方面不尽相同，各具特色。

再次，有关五胡十六国的历史，近二十余年来，中外学者的研究更加广泛和深入，也出现了一些不同的观点和看法，有一些与"十六国史新编"相左，甚至有相反的观点。[1]这应是学术界"百家争鸣"的正常现象。我们保留"十六国史新编"中的观点和结论，以期引起中外学者的讨论和争鸣。

最后，感谢"十六国史新编"的各位作者，感谢社会科学文献出版社欣然决定出版此套丛书。

周伟洲

陕西师范大学中国西部边疆研究院

2019 年 1 月 30 日

---

1 比如仅关于最基本的"五胡""屠各""羯胡""拓跋""护军制""汉化""胡化"等概念，学界均有不同的解析。

目　录

前　言

2018年上半年，我接到著名民族史学家周伟洲先生的电话，周先生说他准备编写一套"十六国史新编"，其中有几部邀请中青年学者执笔新撰，有几部则选用学界已有成果，业师赵向群先生的《五凉史探》被纳入，将以《五凉史》为名重新出版。因赵先生已去世数年，联系出版等事，周伟洲先生委托我来做。我欣然领命，并很快得到赵先生哲嗣晓东、晓林先生的支持，剩下重新编排《五凉史》内容的任务就由我完成。

《五凉史》是赵先生长期研习五凉史的成果，写作历时绵长，如果从甘肃省教委1994年立项算起，到1996年由甘肃人民出版社出版，仅用了两年时间，但若从赵先生1983年在《西北师院学报》第3期上发表《前凉政权的兴替》一文算起，则先后历时十余年之久。2005年，该书被收入西北师范大学"西北史研究丛书"重新印刷，2007年再版，先后印行3000册。此次由周伟洲先生选入"十六国史新编"

并以"五凉史"为名由社会科学文献出版社出版，已是该书的第三版了，这在一定意义上也反映出该书的学术价值。

五凉政权先后立国河西，但毕竟不是同一个政权，写《五凉史》如何安排体例颇费周章。北魏崔鸿著《十六国春秋》一百卷，可惜久已失传，存世者仅为后人辑本；在魏收《魏书》中，五凉史事见于列传（卷95《略阳氐吕光传》，卷99《私署凉州牧张寔、鲜卑秃发乌孤、私署凉王李暠、卢水胡沮渠蒙逊传》）；南朝宋沈约《宋书》卷98《氐胡传》叙述北凉沮渠蒙逊事；唐房玄龄等修《晋书》，以"载记"记述少数民族建立十六国史事，汉族人张氏建立的前凉、李氏建立的西凉则归"列传"；宋人司马光编著《资治通鉴》，五凉史事贯穿其中，前凉自不必说，后凉、南凉、北凉、西凉并列叙述，读者借此乃可一览诸凉历史脉络。近世史家如吕思勉先生著《两晋南北朝史》、王仲荦先生著《魏晋南北朝史》，则以章节体架构全书，吕著第三章《西晋乱亡》设"张氏据河西"一节以记前凉创业史事，第六章《东晋中叶形势下》，设"秦平凉州仇池""秦凉分裂"两节记前凉张茂至张天锡及后凉、南凉、西凉、北凉兴亡史事，第十六章至第二十四章分别论述四裔、社会组织、社会等级、人民生计、实业、人民生活、政治制度、学术、宗教等；王著第四章《十六国》分节叙述十六国兴亡史，第八章至第十二章则论边境各族、中外经济文化交流、哲学思想与宗教、经学、史学与文学艺术、科学技术等。上述史籍为后人修撰五凉史提供了基本的素材和很好的参照。

赵先生《五凉史》之体例，即是在充分吸收前述诸种五凉基本史料并充分把握五凉历史基本特点的基础上确定下来

的。本书主要内容分十卷，卷一先以"绪论篇"总叙五凉历
史演成的历史背景，对五凉政权得以出现的经济、政治、民
族等因素进行系统梳理，尤其对汉代以来凉州的行政建置、
职官设置等做了交代。清代大史家钱大昕云："予尝论史家
先通官制，次精舆地，次辨氏族，否则涉笔便误。"[1]本书
"绪论篇"相关内容，加上卷九"著姓篇"，这样的安排与
钱氏所论暗合，更显出本书乃赵先生的深思熟虑之作。次则
卷二至卷六"前凉篇""后凉篇""南凉篇""西凉篇""北凉
篇"，依次叙述五凉史事。复次为卷七至卷十"民族篇""经
济篇""著姓篇""文教篇"，略与正史之"少数民族列传"
及"食货志""氏族志""艺文志"同，并以"文教篇"之
"五凉文化的历史影响"一节作结，彰显五凉历史在中国历
史上的作用与地位。总体看来，这部《五凉史》在形式和内
容上继承与创新兼顾，既适应了近世以来史书撰述章节体的
潮流，又在内容上与传统史书一脉相承。

　　本次出版，较前几次出版、印行有如下改动：一是以卷
一至卷十不同篇目架构全书。当年跟赵先生聊天时曾经说
起《五凉史》的体例问题，先生认为以并列的篇目叙述五
凉史事，辅之以"民族篇""经济篇""著姓篇""文教篇"
等，庶几可与传统正史体例相媲美，有关这一点，赵先生
说 20 世纪 80 年代他在山东大学跟随王仲荦先生进修学习时
曾受到王先生指点。周伟洲先生的大作《南凉与西秦》[2]也采
用同样的体例，可谓行家所见略同。至于用卷一至卷十之编

1　钱大昕著，方诗铭、周殿杰点校：《廿二史考异》卷 40《北史三》"外戚传"
　　条，上海古籍出版社，2004，第 646 页。
2　陕西人民出版社，1987。

排，则为显示"五凉史"是由本书各篇目共同构成的统一整体，并非由互不相干的若干部分组成。二是根据目前学界通行的注释规则，每一处注释均注明著者姓名、书名或篇名、出版社及出版年、引文页码等信息，唯引文标点或有不同。三是订正了此前正文及注释中文字、标点存在的讹误。四是将 2005 年重印时增补的"补论篇"相关论文安排到"民族""经济""文教"等篇目的适当位置，删除了与卷八第三节第二目"恢复货币流通，发展商业贸易"内容重复的《张轨恢复河西货币经济的举措及其影响》一文，同时将《河西著姓社会探赜》一文单独列出，形成卷九"著姓篇"，以彰显河西五凉之世族社会，如此更显《五凉史》体例的完整与成熟。五是将笔者当年为《五凉史探》撰写的"序言"略作改动并予以保留，将此前赵先生写的"再版前言""后记""再版后记"分别改为"《五凉史探》再版前言""《五凉史探》后记""《五凉史探》再版后记"，整体置于"附录"当中，以明本书前后几次出版、印行的始末。这些更动，赵先生若泉下有知，以他的豁达心性，定会首肯。

本书此次出版，得到多方面的帮助和支持。著名民族史学家周伟洲先生将本书选入"十六国史新编"丛书，并由社会科学文献出版社出版，首先对周先生和社会科学文献出版社表示崇高的敬意！浙江大学冯培红先生、读者出版集团原彦平先生为本书相关内容的调整与改动提供了很好的建议；负责联系丛书出版事宜的陕西师范大学尹波涛先生、社会科学文献出版社高振华先生都付出了辛勤的劳动；赵向群先生哲嗣晓东、晓林先生的大力支持，则是本书顺利出版的重要保证，谨对他们表示诚挚的谢意！

校对过程中，虽然我已尽力减少讹误，但仍难免有所疏漏，责任在我，诚恳希望学界同仁多多指正。

贾小军谨识

2019 年 4 月

序　言

赵向群先生《五凉史》作为一部专门研究魏晋南北朝时期西北历史的专著，首次出版于1996年。出版以来，因其独特的视角、严密的逻辑体系和翔实的考证而受到多方肯定。出版当年，施光明先生就在《北朝研究》上发表长达万余言的书评[1]，对其进行了精到的评价。《五凉史》此前我虽已读过数遍，但至今仍觉未能完全领会深旨。本次增补，我有幸能为先生校对书稿，从而有时间一遍又一遍地拜读先生大作，从而也对书的学术内涵有了进一步的理解和认识。

增补本付梓前，先生嘱我为书写一篇序言。作为先生的学生，我深感学识浅薄，既不敢领此大任，又觉得恭敬不如从命，于是勉力而为之。与其说是《序言》，不如说是读书心得。

---

[1] 施光明：《追寻五凉历史，再现五凉风貌》，《北朝研究》1996年第4期。

一

　　研究历史当能够上溯，下延倒在其次。追本溯源，揭示历史发展变化中的突出问题，找出其间的规律性则是最重要的。而要做到这一点，治学理念是很重要的。《五凉史》从汉代河西经济讲起，先生说这是在"解嘲"，但依我看，却是他这种治学理念的体现。这一点可以从先生对汉晋之际河西经济的有关论述中反映出来。

　　众所周知，秦汉以前河西地区尚较落后，但西汉开设河西四郡，给河西经济的发展提供了良好的机会。从此河西乃至西域逐步纳入中原政治版图，河西经济也逐步缩小和中原地区的差距，到汉魏之际，河西经济区崛起。《五凉史》出版以前，学界对河西经济区的认识并不很清晰。《五凉史·绪论篇》以《河西经济区的崛起》一节开始，既符合历史唯物主义的原理，也表现了先生对五凉政权存在基础透视方面的慧眼。同时，提出"河西经济区"的概念，并加以解释，又弥补了学界对历史上西部问题研究方面的不足。"河西经济区在汉魏之际兴起"之说的提出，是先生研究魏晋南北朝历史的又一发现。卷八"经济篇"系统地阐述了有关观点，既可与这篇论文相呼应，使这个发现和观点得到更充分的解释，又可弥补前述《河西经济区的崛起》一节内容的不足。

　　先生也很注重学术研究的连贯性和整体性，这可以从他对秦汉之际河西著姓社会的关注以及有关民族问题的考证中得到说明。本书卷九《著姓篇》，先生远追秦汉以论河西著姓，探微和钩沉并重，阐发极富功力。卷七《民族篇》

之《鲜卑事迹》以及《卢水胡事迹》两节更是如此。先生分《秃发氏的由来》和《凉州之乱》两部分，对河西鲜卑历史进行缜密翔实的论述，解决了此前史学界一些模糊不清的问题。而论及"卢水胡"事迹，先生更是大量征引相关史料，并得出精当的结论。尤其在对卢水胡诸部之间的源流关系问题的探究中，征引东汉以及魏晋南北朝史料，比较"湟中说""安定说"以及"张掖说"，最后得出令人信服的结论：

> 在魏晋时期的卢水胡诸部中，临松卢水胡是源，而湟中、安定、北地等地的卢水胡是流。他们民族的"根"是汉代的"秦胡"。

这个结论澄清了学界过去在魏晋时期卢水胡源流问题上的歧异。

可以说，先生在他所有的论著当中，都贯穿了他学术体系上的特点。再读《五凉史》及先生的有关论文，都能让人如桃源探胜，有幽趣横生与眼前一亮之感。

二

《五凉史》一书也表现出先生治史的宏阔视野。这个视野就是在汉唐历史变迁和魏晋南北朝史风云际会的大背景之下探讨五凉历史。不论是谈经济问题，还是民族问题，或者政治文化，读者都能从《五凉史》中窥见魏晋南北朝历史的主要线索和时代特点。如论及西凉政治，先生将西州谣谚"李尹王敦煌"和东晋谣谚"王与马、共天下"做对照，指出西凉政治与东晋政治同样都具有"著姓政治色彩"；论及北方统一趋势，他将北凉统一河西与北魏统一北方联系起来，指出：

> 从411年起，北凉政权的政治外交活动已远远超过了河西走廊的范围，成为黄河流域重归统一历史活动的一部分。

众所周知，魏晋南北朝是民族大融合的历史时期。《五凉史》对这个大背景也做了充分透视，不仅在论及诸凉史事时注意到这一点，还专列《民族篇》进行论述。尤其是《十六国时期河西主要民族的地位与作用》和《民族融合趋势》两节，从多民族角度和各个民族都是历史主角这一观点出发，对古代河西民族进行评价，并提出魏晋五凉时期河西民族融合的"羌化趋势"之说，视角独到，见解深刻。而且，先生还对民族与政治问题之间的关系也做出深刻的论述，比如他在论及后凉吕光政治时，上追前秦以论"氐族本位政治"：

> 前秦氐族本位政治的落后性，一是移植氐族居民到被征服地区，借以突出氐族的政治地位和对其他民族实行同化的能力；二是以氐族贵族为核心，建立军事性和政治性相统一的政治体制，用以对被征服区进行强制性管理；三是迁徙被征服区其他民族豪望到京畿地区，以便进行有效的控制。

先生指出，后凉政治带着前秦政治的"某些烙印"。这就对秦凉历史表现出同样的悲剧做了新的诠释。

对于经济政治的地域化这个魏晋南北朝的时代特点，《五凉史》也进行了解释。《绪论篇》和《经济篇》中都有大量这方面的论述。其中《北魏太武时期的西域经济战略》一节，将河西与西域作为一个"西部板块"研究，论证了北魏灭北凉的可能性与合理性，认为北魏灭北凉，经济方面的需要是首要动因。这一观点也很独到。

三

治史，要尊重传统的国学路子，重史料，讲实证，在这个基础上才能有所阐发。在我随先生学习的过程中，常听到研究历史，必须从经济史开始之类的教导。先生治学，对此也是身体力行的。如《西晋课田法新议》[1]一文，首先因先生对魏晋社会的经济形态有深入了解，在探讨经济制度时才能做到不因循他人成说，并能提出独到的见解。曹文柱先生据此指出，赵向群先生对西晋田制的论述自成一家。[2]本书《经济篇》第三节专设《张轨铸钱说质疑》一目，从货币理论的高度出发，论述了张轨时代河西货币经济环境以及张轨时期凉州为西晋地方政权的事实，从而为张轨无须铸钱和不可能铸钱做出了合理解释。并对"考古发现的'凉造新泉'不是张轨所铸"一论进行深入细致的论析，对此前学界流行的"凉造新泉"为张轨所铸说提出怀疑和驳证。最后指出：

1　载《西北师大学报》1984年第4期。
2　曹文柱、李传军：《二十世纪魏晋南北朝史研究》，《历史研究》2002年第5期。

张轨无须铸币，因为张轨时期的河西存在着相当的货币经济环境。

同时，先生又持存疑的态度，对"凉造新泉"的铸造者作了指认，说：

"凉造新泉"极有可能是北凉沮渠蒙逊所铸。

先生作为一名良师，每每要求学生凡发议论，都要言之有据。从《五凉史》中我们看到了先生的这种治学作风，有幸能跟先生学习，并为先生的力作写"序"，实在是幸运。

四

另外说些与本书无关的事。我随赵向群先生学习三年，深感先生淡泊名利，性格宽厚。对待学生，态度平易近人，有问必答，从不摆学者架子。他不厌其烦地修改学生的论文，指出其中的长短。尤其在论文的视角和撰写方法方面，给予学生详尽的指点和教导。凡经先生之手的学生论文，无论原先多么稚嫩，后来都会成熟和稳妥许多。

每与先生在一起，我们最喜欢听先生对做人或作文的看法。他说，人品和文品既是一个整体，又互为表里。有人说"文如其人"就是讲这个。先生的名言是"不慕通显，惟求真实"，用言简意赅的八个字概括人生的要义，真是启迪至深，回味悠长。而且，先生在实际生活和教研生涯中，常有意无意地表现出他在这方面的观点，如有一次跟随先生去成都参加魏晋南北朝史学会，与几位博士师兄在列车上围坐品茶，听先生纵论魏晋南北朝史事，先生对北魏孝文帝改制以及北魏迁洛后为何很快分裂的论述堪称精辟。先生认为，北魏孝文帝推行全盘汉化，在一定意义上，是对拓跋鲜卑精神的背叛，民族性格、母语文化以及传统习俗的丧失，等于拓跋鲜卑自己折断了自己的脊梁骨。因此，对一个民族而言，既要追求进步，又要不丢掉自己的民族性，这一点至关重要。

真的，与其说这是一篇《序言》，还不如说是一篇学习上的心得体会，一篇学习先生治学和为人风格的心得体会。

贾小军

2004 年 12 月 31 日于西北师大

引　言

　　自秦汉以来，中国古代国家曾经历了漫长而又曲折的发展历程。政治上的统一与分裂相交替是历史的基本特点之一。而魏晋南北朝时期，则是一个典型的分裂时期。

　　所谓"五凉"，是指魏晋南北朝这一历史时期中存在于河西地区的五个割据政权。它们分别是前凉、后凉、南凉、西凉、北凉。它们之所以被称为"凉"，是因为东汉至魏晋时期河西地区属于凉州刺史部。

　　"五凉"所存在的具体历史年代是公元301年至439年。其间，前秦统治河西近十年（376~384）。这近十年时间将五凉时期分为前、后两段，前一段是前凉时期，后一段是后、南、西、北诸凉时期。

　　古代河西，依其地域而言，包括今天甘肃省兰州市以西的整个河西走廊及今青海省的湟水流域。但在五凉政权的极盛时期，它所管辖的范围东至今甘肃甘谷、天水，西及今新疆境内的天山南北。从这一点上讲，五凉历史是古代西北边疆历史的一部分。

五凉政权是由不同民族建立的。其中，前凉和西凉分别为汉族张氏和李氏所建，后凉由氐族吕氏所建，南凉由鲜卑族秃发氏所建，而北凉则由匈奴族沮渠氏所建。这样多的古代民族在同一历史时期出现在同一地域的政治舞台上，并表现出他们的进取精神，展示出他们的历史地位，在共同参与北方社会生活的过程中相互联系和彼此交流，这对促进北方民族融合，对推动我们多民族国家的发展起着重要的作用。因此，五凉史也是古代民族史的一部分。

河西地区，东西绵亘千余里。这里土地肥沃，自然资源丰富。自西汉中期古代河西经济区崛起以后，历经东汉、曹魏、西晋诸朝的陆续开发，到北魏统一北方时，这里已成为民殷物丰之地。而五凉政权则利用它们在河西走廊建制的政治优势，担负起承前启后的历史使命，在促进河西与西域的交通贸易方面，在发展河西与西域的文化交流方面，在发挥敦煌、酒泉、张掖、武威等城市的商业作用方面，尤其在弘扬敦煌文化方面，都做出不可磨灭的贡献。因此，五凉史又是中西关系史和敦煌文化学术史的一部分。

当然，五凉政权毕竟只是魏晋南北朝时期地处西北的五个割据性政权，它们的存在是一种暂时的历史现象。随着国家统一形势的出现，它们一个个都会走向覆灭。正因为它们都是割据政权，所以它们存在的时期中，河西域内战争多、灾荒多，而且其政治有时表现得既腐败又黑暗。正是这些原因决定了它们不会长久。

作者本人长期在甘肃工作，生于斯，长于斯，对甘肃古代历史情有独钟。近年来，颇耽于五凉史的研究，并略有所得。但古人云："不知有汉，遑论魏晋。"这虽是一句戏言，但却说出了一个道理，就是要知道魏晋历史，先须知道汉代历史。就此而论，本人并非五凉史的内行。本书《绪论》从汉代讲起，亦有解嘲之意。另外，假如古人说得对，魏晋时期便不足为论，魏晋时期既不足为论，那么，五凉时期就更写不出什么大文章了。因此，本书名为《五凉史》，实在是雕虫之作。但本人也寄望这雕虫之作，能引起专家学者及各界人士对甘肃的更多关注。

作者于西北师大

2004 年 12 月 10 日

绪论篇

〖卷一〗

第一节　河西经济区的崛起

一　早期的畜牧业经济基础

社会经济是社会生活的载体，是社会人文发展的动力源泉。五凉政权正是依托河西地域经济而存在的。

汉魏之际，河西经济区兴起。它一兴起，便与同期关中、中原、河北、关东等经济区形成并峙之势。

秦汉封建统一国家的建立与强盛，推动了汉民族文化圈向边地的扩展。边远地区经济也由此得以进一步发展。秦汉政府向边疆移民，则是汉族文化圈扩展和经济发展的直接动因；早在秦灭六国后，已在河套地区进行屯戍，延至西汉中期，则将屯戍活动扩大到河西地域。

> 初置张掖、酒泉郡，而上郡、朔方、西河、河西开田官，斥塞卒六十万人戍田之。[1]

这就是说，汉武帝将西汉政府的军事和行政权由原先的陇西一隅推延至河西地区，是河西经济进一步发展的起点，

---

[1]《史记》卷30《平准书》，中华书局，1959，第1439页。

也是河西经济区形成的开端。

关于西汉河西军事与行政权建立的年代，史料记载中歧异甚多。一种记载是：

> （元狩二年）秋，匈奴昆邪王杀休屠王，并将其众合四万余人来降，置五属国以处之。以其地为武威、酒泉郡。[1]
>
> （元鼎六年）乃分武威、酒泉地置张掖、敦煌郡，徙民以实之。[2]

据此，武威、酒泉二郡置于元狩二年（前121），张掖、敦煌二郡置于元鼎六年（前111）。

另一种记载是：

> 武威郡，故匈奴休屠王地，武帝太初四年开。
> 张掖郡，故匈奴昆邪王地，武帝太初元年开。
> 酒泉郡，武帝太初元年开。
> 敦煌郡，武帝后元年分酒泉置。[3]

据此，酒泉、张掖二郡置于太初元年（前104），武威郡置于太初四年（前101），敦煌郡置于后元元年（前88）。综合上述记载，公元前121年至公元前88年，是河西经济区进入开发的重要时期。

---

1 《汉书》卷6《武帝纪》，中华书局，1962，第176~177页。
2 《汉书》卷6《武帝纪》，第189页。
3 《汉书》卷28《地理志下》，第1612、1613、1614页。

汉武帝开发河西之前，河西已是众多民族蕃息之地。月氏、乌孙是最早的两支。大约在战国初期，月氏便在那里居住，并过着游牧经济生活。近年来，在天祝、古浪、永昌、张掖等地的考古发掘中，发掘出铜石共存文化，称为"沙井文化"。出土的石器、陶器质地钝厚，制作粗糙，具有浓厚的地方色彩，属于月氏文化遗存。[1]月氏的活动区域，史书记载说："始月氏居敦煌、祁连间。"[2]后人进而指出："凉、甘、肃、瓜、沙等州，本月氏国之地。"[3]这就是说，月氏活动区域很广，几遍于整个河西走廊。月氏人的生活是"随畜移徙，与匈奴同俗"[4]。他们的畜牧业主要是养羊，羊的品种很好。有记载说："月氏国有羊，尾重十斤，割之供食，寻生如故。"[5]"月氏国有大尾羊，如驴，即羬羊也。"[6]乌孙的活动区域较月氏稍西。近年来，甘肃省博物馆文物队在酒泉、玉门一带发现的骟马类型文化，经分析可能是乌孙遗留的历史痕迹。[7]乌孙人的生活也是"行国，随畜，与匈奴同俗"[8]。畜牧业以养马著称，马的存栏数很多，所谓"国多马，富人至四五千匹"[9]。

---

1 郭厚安、陈守忠主编《甘肃古代史》，兰州大学出版社，1989，第89~90页。

2 《史记》卷123《大宛列传》，第3162页。

3 《史记》卷123《大宛列传》张守节"正义"，第3157页。

4 《史记》卷123《大宛列传》，第3161页。

5 张澍：《二酉堂丛书·凉州异物志》转引《太平御览》，王晶波校点《二酉史地丛书六种》，甘肃人民出版社，1992，第126页。

6 张澍：《二酉堂丛书·凉州异物志》引郭璞《山海经注》，王晶波校点《二酉堂史地丛书六种》，第126页。

7 郭厚安、陈守忠主编《甘肃古代史》，第132页。

8 《史记》卷123《大宛列传》，第3161页。

9 《汉书》卷96下《西域传下》，第3901页。

在月氏和乌孙之外，古老的羌族与河西走廊也有关系。羌族在商周时期已见诸史料记载，过的是"所居无常，依随水草，地少五谷，以产牧为业"的生活。[1] 战国初期，居住于河湟一带的羌人懂得了农耕技术，开始了农牧结合的经济生活。这推动了羌族社会的进步。秦汉之交，羌人析其部落，一部分向今川西北岷江上游流移，一部分留居河湟故地。留居河湟的一支在其首领忍和他的弟弟舞统率下，繁育人口，发展部族，"多娶妻妇，忍生九子为九种，舞生十七子为十七种，羌之兴盛，从此起矣"！[2]

以上说明，早在匈奴人居河西之前，河西已生活着以月氏、乌孙和羌人为主的畜牧业民族，他们是河西早期的居民，他们繁盛的畜牧业经济为河西经济区的起步创立了基础。所谓"河西畜牧为天下饶"，当始于他们。

西汉前期，匈奴势力扩展到河西。汉文帝在位时，匈奴最终击败月氏，迫使月氏放弃河西故地，西迁到伊犁河流域。月氏迁徙时留下部分老弱南撤，"保南山羌，号小月氏"[3]。此前，乌孙曾因受月氏侵逼而投靠匈奴。月氏西迁时，其首领昆莫带领昔日"亡走匈奴"的部众也向西迁移，并打击月氏，迫使月氏再离伊犁河向西，最终"遂都妫水（今阿姆河）北，为王庭"[4]。这样，伊犁河流域为乌孙占据，而匈奴则独霸了河西走廊。

匈奴独霸河西走廊时，其奴隶制国家已经形成，国家机

1 《后汉书》卷87《西羌传》，中华书局，1965，第2869页。
2 《后汉书》卷87《西羌传》，第2876页。
3 《史记》卷123《大宛列传》，第3162页。
4 《史记》卷123《大宛列传》，第3162页。

构的逐渐完备以及军事力量的迅速扩张，需要充足的物质财富作为支撑。对于河西走廊的占领，带给匈奴奴隶制国家的利益是多方面的。首先，河西走廊水草丰盛，冬温夏凉，宜于畜牧。尤其是绵亘千里的祁连山，更是理想的天然牧场。

> 祁连山，张掖、酒泉二界之上，东西二百里，南北百余里。山中冬温夏凉，宜牧羊，乳酪农好。夏泻酪，不用器物。刈草着其上，不散。酥特好，酪一斛，得升余酥。又有仙人树，行人山中饥渴者，辄食之饱，不得持去，平居不可见。[1]

这为畜牧业经济的进一步发展提供了优越的生态环境。其次是河西走廊地当东西要冲，是联结西域与秦陇的桥梁和咽喉。占据河西走廊，可挟制西域诸国，并"赋税诸国，取富给焉"[2]。作为匈奴的既定政策，在公元前176年已得以实现。此前，匈奴不仅击败月氏，而且"定楼兰、乌孙、呼揭及其旁二十六国皆以为匈奴"[3]。而后，在西域诸国设置"僮仆都尉"，进行控制与搜刮，获得源源不断的物质供给。另外，河西走廊地势险要，地域辽阔，可供匈奴骑兵任意驰骋；有时也可挟制和联络羌人，武力威胁西汉边境，掳其边民，掠其资财，获得大量人口及农产品和手工业产品，并且迫使汉王朝为宁边而做出让步。这在老上单于时期特别突出。老上

1　张澍：《二酉堂丛书·凉州记》引《西河旧事》，王晶波校点《二酉堂史地丛书六种》，第113页。

2　《汉书》卷96《西域传》，第3872页。

3　《史记》卷110《匈奴列传》，第2896页。

单于尤"乐汉物",他用"和亲"与军事威胁相结合的政策，对汉王朝施加压力，索取汉朝资财。"汉所输匈奴缯絮米蘖，令其量中，必善美而已矣"；"不备，苦恶，则候秋孰，以骑驰蹂而稼穑耳"。[1]匈奴对"汉物"的掳掠与索取，成为匈奴奴隶制国家物质财富供给的重要来源。

总之，在汉武帝经营河西之前，单一的畜牧业经济是河西社会的基本经济格局。同时，羌族的农耕经济，汉族农产品和手工业产品的影响也逐渐渗入河西早期畜牧社会。特别是汉族经济产品的渗入和吸引，也给匈奴这个古老畜牧民族带来了社会人文方面的一些变化。自老上单于开始的所谓"变俗"是变化的表现。这种变化虽然微小，不足以引起经济生活方式上的根本变化，但反响却非同一般，以至匈奴内部也有人疑虑"汉物不过什二，则匈奴尽归于汉"。[2]这是以后河西经济区内人文与产业格局必然变化的历史信息。

河西走廊早期畜牧业丰厚的经济资源虽非汉武帝经营河西的决策性依据，但也是诱因之一。因为大宛的汗血马、西域的奇物都要经河西方能获致。实际上，在西汉政府驱逐了匈奴、控制了河西走廊之后，河西畜牧业也给汉王朝带来极大的利益。这从"河西畜牧为天下饶"的民谚从此流传，一些优良的畜牧业产品源源不断输入关中、中原可见一斑。特别是良种马的输入，大大提高了西汉王朝的军事水平，增强了军队的作战能力。有记载说，元狩三年（前120），"得神马渥洼水中"，司马相如作《太一之歌》以咏其事，称此马

1 《史记》卷110《匈奴列传》引中行说语，第2901页。
2 《汉书》卷94《匈奴传上》引中行说语，第3759页。

为"天马"，讴歌它"沾赤汗，沫流赭"，说它堪与龙为匹。[1]
鉴于河西畜牧业对国家政治和社会生活产生的影响，两汉政府以及后世各代，都在河西设立牧苑。永元五年（93），东汉政府为减轻河西地区负担，"诏有司省减内外厩及凉州诸苑马"。[2]

河西早期畜牧业经济奠定的基础，也为汉以后河西域内割据政权的存在和"自成战国"准备了物质方面的条件。而五凉各政权之所以都拥有强劲的骑兵，也是这方面的原因。

二 农业的产生及农牧结合经济格局的确立

汉武帝对河西的开发，是西汉王朝开拓边疆政策的产物。

匈奴独霸河西走廊，不断地侵扰西汉西北边地，造成西汉初期严重的边患。鉴于国力有限，为求得安宁，西汉初期实行与匈奴"和亲"的政策，但作用不大，史载汉武帝初年事说：

> 匈奴绝和亲，攻当路塞，往往入盗于边，不可胜数。[3]

汉武帝即位，鉴于汉初"休养生息"已见成效，国力也已充实，便决定对匈奴用兵。建元三年（前138）和元狩四年（前119），通过派遣张骞两次出使西域，汉武帝了解了西域的风土人情和物产情况，掌握了河西走廊的地理交通和

---

1 《汉书》卷22《礼乐志》，第1060页。
2 《后汉书》卷4《和帝纪》，第175页。
3 《汉书》卷94《匈奴传上》，第3765页。

生态环境，从而进一步增强了他反击匈奴的决心。从元朔二年（前127）拉开反击匈奴的战争序幕，中经元狩二年（前121）霍去病两次统军出征河西，到元狩四年（前119），终于将匈奴势力驱逐到大漠以北。此后，"金城、河西西并南山至盐泽空无匈奴"[1]。

接着，西汉政府在河西走廊建郡设县，立亭障，置烽隧，并开始大规模向那里徙民。

> 自武威以西，本匈奴昆邪王、休屠王地，武帝时攘之，初置四郡，以通西域，鬲绝南羌、匈奴。其民或以关东下贫，或以报怨过当，或以悖逆亡道，家属徙焉。[2]
>
> 徙贫民于关以西，及充朔方以南新秦中，七十余万口，衣食皆仰给县官。数岁，假予产业。[3]

在元狩三年（前120）到元鼎六年（前111）的短短十年时间里，沉睡的河西农业社会苏醒了。汉政府利用屯田方式，集中劳力和技术，开垦处女地，建设"官田"，筑起从河套向东、西两个方向延伸的兵农合一、边屯边守的军事、经济壁垒，一次次加大包括河西在内的屯田的投入。而军屯的投入更显示出空前的力度：

> 上郡、朔方、西河、河西开田官，斥塞卒六十万人

---

1 《史记》卷123《大宛列传》，第3167页。
2 《汉书》卷28《地理志下》，第1644~1645页。
3 《史记》卷30《平准书》，第1425页。

戍田之。[1]

在大兴屯田之时，水利建设也在上马。

自朔方以西至令居，往往通渠。[2]

河西走廊有着丰富的水利资源。祁连山终年积雪，夏日消融，给农田灌溉提供了条件。走廊内河道纵横，著名的氐置水（今敦煌党河）、籍端水（今安西、敦煌间疏勒河）、呼蚕水（今酒泉北大河）、羌谷水（今张掖黑河）、谷水（今武威、民勤间石羊河）等五条河流交错回流，加上走廊地势平坦，引水灌溉方便，元封以后，西汉朝廷上下兴起一股水利热，这都推动了河西水利灌溉事业的勃兴：

用事者争言水利，朔方、西河、河西、酒泉皆引河及川谷以溉田。[3]

为了保证河西水利灌溉设施与屯田配套，政府做出相应规划，尽量将屯田区建设在河水流域，并将屯田都尉站所置于重要的水口处，如北部都尉设于酒泉郡内的会水偃泉障，渔泽都尉治设于敦煌渔泽等。

在开"官田"为国有农业搭起框架之时，"假民公田"又为民生农业创立规模。对于迁徙到河西的中原贫民，由国

1 《史记》卷30《平准书》，第1439页。
2 《汉书》卷94上《匈奴传上》，第3770页。
3 《汉书》卷29《沟洫志》，第1684页。

家供给他们衣食，度过一段适应性生活以后，"数岁，假予公田"，分给他们一定数量的土地，组织他们自垦自种，自给自足。由组织民生农业而形成的农业社会洋溢出古朴敦睦的村社风情，正所谓：

> 酒礼之会，上下通焉，吏民相亲。是以其俗风雨时节，谷籴常贱，少盗贼，有和气之应，贤于内郡。此政宽厚，吏不苛刻之所致也。[1]

农业生产技术上，不但中原的先进成果在河西推广，而且一些新的耕植方法相继在河西得到应用。如赵过发明的代田法和相庸挽犁法的应用。由于代田法可增强作物抗风抗旱能力，并且相庸挽犁法能大大提高耕垦效率，很适合河西地区特点，经关中、中原实验后，实施于河西，"教边郡及居延城，是后边城、河东、弘农、三辅、太常民皆便代田，用力少而得谷多"[2]，促进了河西农业生产的发展。

汉代河西农产品甚为丰富。见于记载的作物品名不下二十种，主要有胡麻、粱米、黄谷、土麦、白米、穬麦、黍米、黄米、白粟、胡豆、秫、糜、荞、荌、秣、谷、菽、麦、米、姜等。[3]

从汉武帝时期奠定河西农业经济基础直到后来的一百多年时间中，河西农业社会经过了一个相对平稳和顺利发展阶段。首先，阶级结构相对平稳。当时的关中及中原、河北、

---

1 《汉书》卷28《地理志下》，第1645页。
2 《汉书》卷24《食货志》，第1139页。
3 何双全：《汉简所见农作物小考》，《农业考古》1986年第2期。

关东地区，地主制封建社会早已确立。激烈的土地兼并及由此引起的土地高度集中、贫富分化严重、阶级对立尖锐的问题，使那里的农业社会常处于动荡不宁之中。而河西走廊内，虽然因农业经济的起步及西汉行政权的延伸，封建经济关系和政治关系也在形成和发展，但土地兼并似很少见。相反，地广民稀、土地亟待垦发仍是基本现象。其次，西汉政府为安定民生，对迁到河西的百姓实行优待，有利于调动农民生产的积极性，所谓"此政宽厚"、"吏不苛"，以及"有和气之应"等是这方面的具体反映。河西百姓较少遭受封建政府及其官吏"急政暴虐、赋敛不时"的侵扰，自然安居乐业。此外，河西"僻远"的地理位置和险塞的地理环境，也使其不易受外部战乱及灾害的波及和影响。如汉武帝后期，关中、关东屡屡发生"群盗并起"[1]"水旱连年"之类的问题，而河西却少有此类景象。相反，西汉政府常在关中、中原社会问题严重时，将河西作为安置流民、减轻压力的目标和出路。如元封六年（前105），因天灾人祸所致，关东流民多达二百万口，而"无名数者"多达四十万口，朝廷被如此严重的流民问题搞得焦头烂额，商讨对策，"公卿议欲请徙流民于边以适之"，[2]公卿心目中的"边"，自然包括河西走廊。另外，中原发生的战乱与政治纷扰，也导致河西人口增长，王莽代汉过程中，就有不少中原人口流入河西。

河西农业经济的兴起，并没有造成畜牧业经济的窒息。国家牧苑的设置和农业人口兼营畜牧业，使农业和畜牧业形

---

1 《汉书》卷78《萧望之传》，第3278页。

2 《史记》卷103《万石君传》，第2768页。

成有机结合和协调发展的趋势，这带给河西人文方面的变化甚为显著。在民风的敦厚淳朴之外，天长日久，移居河西的关东人在习俗上也与原先大不相同，即"习俗颇殊"。[1] 而农牧结合、协调发展的经济格局形成的最重要的意义，是使河西区域经济朝良性循环的方向发展；农业经济与畜牧业经济的互补，既提高了自然经济的产值，也带动了手工业的起步，并使手工业更具区域特色。西汉以后，以农业与畜牧业相结合而兴起的手工业，如织造麻布、毛褐，进行皮革、毡裘加工，以及冶炼金属，制取食盐等，大大提高了河西社会的自给自足能力。河西区域政治的存在，正是以此经济潜力为基础的。

三　丝路贸易的兴起和主要城镇的形成

西汉昭帝和宣帝时期，河西经济区有了拓展。此前，从酒泉到令居之间的屯田网业已构成，但自令居到湟中的广大区域仍是一片空白，而这里正是羌人活动的区域。元鼎五年（前112），先零羌在匈奴策反下，起兵进攻令居、安故，围困枹罕，西汉政府征发陇西、天水、安定三郡骑兵及河南、河内二郡步兵10万，由将军李息、郎中令徐自为率领，击败羌人的进攻，设置护羌校尉，管理河湟一带的羌人事务。汉武帝末年，匈、羌之间仍不时联合，共谋夺取走廊。可见，要确保河西走廊的安宁，必须扼制羌人北上；要扼制羌人北上，则必须在令居与湟中之间设置屯戍，并在通往河西与湟中的交通要冲建立行政和军事机构，这在汉昭帝时形成

---

1 《汉书》卷28《地理志下》，第1645页。

决策。昭帝始元六年（前81），西汉政府从天水、陇西、张掖三郡中各分出二县，设立了金城郡。宣帝即位后，进一步强化对湟中羌人的控制，不使其北渡湟水。神爵元年（前61），汉宣帝接受赵充国建策，设置湟中屯田，调拨一万兵士开发临羌（今青海湟源）到浩亹之间的羌人"故田"和荒田共2000余顷。除军队经营外，还招募淮南、汝南等地百姓前往屯垦。这样一来，不仅西起酒泉，东至令居，南起湟中，北到朔方、上郡的西汉屯田区连片成网，更重要的是使金城郡至武威郡之间的经济条件进一步改善，金城郡的防卫能力也大大提高，这对维护河西走廊的交通是至关重要的。而河西走廊正是沟通中原与西域的桥梁，是丝绸之路的重要商道。因此，河西经济区的形成，使丝绸之路的经济作用更加突出，而丝路贸易的兴起和发展，又促进了河西经济区的进一步开发。

丝路贸易的兴起使河西经济区对外开放。张骞两次出使西域所获取的交通资料是经济区开放的先导条件，西汉政府驱逐匈奴势力，控制河西走廊及今新疆地区，则是丝路开通的基础。

在丝路开通之前，中原与西域各国只存在民间贸易，丝路开通之后，官方贸易关系转趋活跃。此后，中原的丝和丝绸制品，以及包括漆器、铜器、陶器在内的手工业品、手工业技术源源不断输往西域，而西域的特产也源源不断地输往中原。特别是农牧产品，如葡萄、苜蓿、胡桃、胡麻、胡豆、胡瓜、石榴、良马、毡毯等成为与中原进行交换的大宗商品。作为奇珍的玉、玛瑙、翡翠、琉璃等更是受到汉族官僚的青睐。由于河西走廊是东西商贾必经之地，也是东西贸易的中转地和商品的集散地，作为招商的重要区域，它备受西汉官方的重视。政府在敦煌、酒泉等郡县治地设置客驿以"重致远人"，同时贮备充足的物资，进行供应，"敦煌、酒泉小郡及南道八国，给使者往来人马驴橐驼食，皆苦之"。[1]

在敦煌、酒泉、张掖、武威等河西四郡设置后，河西政治行政性城市便逐步兴起。在屯田和民生农业形成后，随着经济的发展，四郡及其属县人口也在增长。西汉末年，总计河西区域内编户居民，约有户109740，人口429859。[2]四郡中居民最多的是张掖郡，有户24352，人口88731。其次是武威郡，有户17581，人口76419。[3]而酒泉、敦煌二郡居民也都在万户以上。后起的金城郡发展更快，西汉末年有户38470，人口149648。[4]在丝路开通及丝路贸易兴起后，途经走廊的过往人群络绎不绝，作为官方的使团，通常是"一辈大者数百，少者百余人"，每年"多者十余，少者五六辈"[5]，而通贸行商的东西客人，更是此进彼出，相望于道，这又大大增加了河西的流动人口。农业、手工业、商业贸易综合作用的结果，使原来作为政治行政中心的城镇，带有了日益明显的经济色彩。特别是敦煌和武威，经济色彩更为浓重。敦煌作为走廊的西端咽喉，从建郡起，便是"胡商贩客，日款于塞下"[6]，一直是"华戎所交，一都会也"[7]。武威郡

---

1 《汉书》卷96《西域传》，第3893页。
2 《汉书》卷28《地理志下》，第1612~1614页。
3 《汉书》卷28《地理志下》，第1612~1613页。
4 《汉书》卷28《地理志下》，第1610页。
5 《汉书》卷61《张骞传》，第2694页。
6 《后汉书》卷88《西域传》，第2931页。
7 《后汉书》志23《郡国志五》，第3521页。

治所在的姑臧城，是走廊东端重镇，从匈奴时期就在经营，被称为盖臧城；丝路贸易兴起后，又获新的发展，从西汉到东汉，人们称之为"富邑"，说它"通货羌胡，市日四合，每居县者，不盈数月，辄致丰积"[1]。"合市"的税收，是官吏们暴发的财源。"合市"规模之大，从东汉元和元年（84）与北匈奴的一次交易活动得见梗概：

> 元和元年，武威太守孟云上言北单于复愿与吏人合市，诏书听云遣驿使迎呼慰纳之。北单于乃遣大且渠伊莫訾王等，驱牛马万余头来与汉贾客交易。诸王大人或前至，所在郡县为设官邸，赏赐待遇之。[2]

虽然北匈奴用作交易的牛马因在上郡遭南匈奴抢掠，使这次合市未能全部实现，但姑臧汇通东西南北各路商贸的经济作用却由此体现。

东汉中后期，河西经济区的发展一度出现曲折，原因是战事再起。汉安帝以后，北匈奴势力卷土重来，进犯河西，一度造成敦煌等河西郡县"城门昼闭"[3]，使丝路贸易中断。继而先零、沈氏等羌部进攻金城、张掖等郡县，战争旷日持久，达数十年，战火绵延到北地和并州境内。战争带来的徭役负担以及随战事而来的严重灾荒，使"并、凉二州遂至虚耗"[4]。为此，在建武十一年（35）和永初四年（110），东汉

---

1 《后汉书》卷31《孔奋传》，第1098页。
2 《后汉书》卷89《南匈奴传》，第2950页。
3 《后汉书》卷88《西域传》，第2909页。
4 《后汉书》卷87《西羌传》，第2891页。

朝廷中有两次"弃凉"之议。第一次"弃凉"之议因陇西太守马援极谏而作罢。马援先是给朝廷上书，反复陈述他在军旅之次所见金城郡情况，力陈这里土地肥沃，灌溉便利，城池坚牢等优势，主张招怀"客民"，恢复城郭里邑。朝廷根据上书派马援到金城一线去"置长吏，缮城郭，起坞候，开导水田，劝以耕牧"[1]，后来，金城重现"郡中乐业"气象。第二次"弃凉"之议因郎中令虞诩劝阻而搁浅。虞诩力陈西汉开拓河西"履事勤苦"，指出"今羌胡所以不敢入据三辅，为心腹之害者，以凉州在后故也"[2]。"弃凉"虽然未果，但东汉政府对河西经济区经营乏力，使丝路贸易与河西商业城镇的发展受到限制。

曹魏统一黄河流域以后，强化治理河西，选用有行政及经济管理能力的官员张既、徐邈、皇甫隆、苏则、仓慈等人担任州郡长吏，在他们各自任职时，大力恢复经济，安定民生，改善民族关系，扩大商业贸易，使河西经济区再次获得振兴机遇。以徐邈为例，他在魏明帝太和中出任凉州刺史，为解决吃粮问题，他发展制盐业，用武威、酒泉出产的食盐与羌民交换粮食。同时扩大水田，招民佃耕，提高粮食收成。几年时间，使武威一带"家家丰足，仓库盈溢"[3]。当旧日的武威农村和城镇重现生机后，他又调拨军费以外的闲散资金发展中西贸易，使丝绸之路的商贸重新启动。再如仓慈，他与徐邈同期，任敦煌太守。他在整顿和治理敦煌的过程中，将保护西域商贾、鼓励他们来华贸易作为发展经济的

1　《后汉书》卷24《马援传》，第836页。
2　《后汉书》卷58《虞诩传》，第1866页。
3　《三国志》卷27《魏书·徐邈传》，中华书局，1959，第740页。

重要措施。对到敦煌的商贾，热情接待，"欲诣洛者，为封过所，欲从郡还者，官为平取"[1]。此后，敦煌城又发挥出经济城镇与陆上商埠的作用。

自东汉至曹魏，河西经济区发展速度有所放慢，但其总体经济实力与再生能力却得到检验，证明了依靠农牧结合、优势互补的产业结构，加上区域手工业的存在，河西社会可获得足够的经济自给；依托丝路贸易的驱动与城镇在商业流通中的转输作用，河西社会可获得较大的经济补充。

总之，与其他较早形成的经济区相比，汉魏之际形成的河西经济区具备着独特的优势。这种独特的优势又很大程度地影响着河西政治、军事、文化发展的趋势和格局。汉魏之际出现的河西割据政权以及本书论及的五凉政权，正是受河西经济区的负载及特殊地理形势影响而产生的历史结果之一。

第二节 凉州封建政治格局的奠定

一 封建行政体制的建立

西汉政府在河西建郡置县，对走廊实行行政与军事管理，奠定了河西封建政治结构的基础。

元封五年（前106），汉武帝为了强化中央集权，提高中央对地方的控摄能力，按地域区划将全国分为十三个监察区，称十三州部。每州部设置刺史一名，委命定期巡行郡

---

1 《三国志》卷16《魏书·仓慈传》，第512页。

国，旨在考核地方行政官员的行政与执法情况。征和四年
（前89），又在近畿（三河、三辅、弘农）七郡设置司隶校
尉，监察京师百官和近畿郡县。十三州部刺史加司隶校尉，
共十四部。十三州部的名称是：冀州刺史部、兖州刺史部、
青州刺史部、徐州刺史部、扬州刺史部、荆州刺史部、豫州
刺史部、益州刺史部、凉州刺史部、幽州刺史部、并州刺史
部、交趾刺史部、朔方刺史部。[1]

　　东汉的凉州刺史部管辖十二郡国，含九十八县、道、候
官。十二郡国是：陇西郡、汉阳郡、武都郡、金城郡、安定
郡、北地郡、武威郡、张掖郡、酒泉郡、敦煌郡、张掖属
国、张掖居延属国。[2]其中的属国都尉是汉武帝时设置的军
事行政机构，"属国，分郡离远县置之，如郡差小，置本郡
名"[3]，其务在"主蛮夷降者……唯边郡往往置都尉及属国都
尉，稍有分县，治民比郡"。[4]

　　汉魏之际，凉州区划有了一些微小变化。汉献帝在位
时，以"凉州数有乱，河西五郡去州隔远，于是乃别以为雍
州"[5]；魏文帝时，进而"分河西为凉州，分陇右为秦州"，制
凉州"刺史领戊己校尉，护西域"[6]。这样，凉州地域被确定
为金城郡及其以西地区，行政权及于天山南北。

　　西晋统一全国之后，重划行政，定凉州统辖八郡，而领

1 《汉书》卷28《地理志序》，第1543页。
2 《后汉书》志23《郡国志五》，第3516~3521页。
3 《后汉书》志28《百官志五》，第3619页。
4 《后汉书》志28《百官志五》，第3621页。
5 《晋书》卷14《地理志上》，中华书局，1974，第433页。
6 《晋书》卷14《地理志上》，第433页。

戊己校尉如故。这八郡是敦煌、酒泉、张掖、武威、西海、西平、西郡、金城。八郡下辖四十六县，领户三万零七百。其中：

金城郡，辖五县，即榆中、允街、金城、白土、浩亹。领户二千。

西平郡，辖四县，即西都、临羌、长宁、安夷。领户四千。

武威郡，辖七县，即姑臧、宣威、揖次、仓松、显美、骊靬、番禾。领户五千九百。

张掖郡，辖三县，即永平、临泽、屋兰。领户三千七百。

西郡，辖五县，即日勒、删丹、仙提、万岁、兰池。领户一千九百。

酒泉郡，辖九县，即福禄、会水、安弥、骍马、乐涫、表氏、延寿、玉门、沙头。领户四千四百。

敦煌郡，辖十二县，即昌蒲、敦煌、龙勒、阳关、效谷、广至、宜禾、冥安、深泉、伊吾、新乡、乾齐。领户六千三百。

西海郡，统一县，即居延。领户二千五百。[1]

于是，凉州刺史管辖的范围，包括了东起金城，西到西域，延至西海（今青海西宁）的广大地域。

晋惠帝元康五年（295）：

分敦煌郡之宜禾、伊吾、冥安、深泉、广至等五

---

1 《晋书》卷14《地理志上》，第433~434页。

县，分酒泉之沙头县，又别立会稽、新乡，凡八县为晋昌郡。[1]

这是前凉肇基之前汉族中央政府对河西行政区作的最后一次划分。五六年后，张轨任凉州刺史，鉴于涌入河西的中原人口日多，上表请曰：

> 合秦雍流移人于姑臧西北，置武兴郡，统武兴、大城、乌支、襄武、晏然、新鄣、平狄、司监等县。又分西平界置晋兴郡，统晋兴、枹罕、永固、临津、临鄣、广昌、大夏、遂兴、罕唐、左南等县。[2]

这是在原区划基础上，根据具体的政治和社会环境要求，对汉以来行政区划进行的局部改动。张轨之后，前凉张宴、张茂、张骏和后凉吕光等，都进行过一些改动，但总体结构无大变化。汉代州郡官员的设置情况是：州一级，刺史为最高长官，两汉有时称州牧。"成帝绥和元年（前 8），以为刺史位下大夫而临二千石，轻重不相准，乃更为州牧，秩真二千石，位次九卿，九卿缺，以高第补。哀帝建平二年（前 5）复为刺史。元寿二年（前 1）复为牧。后汉光武建武十八年（42）复为刺史。"[3]另外，两汉时期，刺史只是奉诏"周行郡国"，省察治政，黜陟能否，断理冤狱，

1 《晋书》卷 14《地理志上》，第 434 页。
2 《晋书》卷 14《地理志上》，第 434 页。
3 《通典》卷 32《职官·州牧刺史》，中华书局，1984，典 183 下。

以六条问事，非条所问，即不省。一条，强宗豪右田宅逾制，以强陵弱，以众暴寡。二条，二千石不奉诏书遵承典制，倍公向私，旁诏守利，侵渔百姓，聚敛为奸。三条，二千石不恤疑狱，风厉杀人，怒则任刑，喜则淫赏，烦扰刻暴，剥戮黎元，为百姓所疾，山崩石裂，袄祥讹言。四条，二千石选署不平，苟阿所爱，蔽贤宠顽。五条，二千石子弟恃怙荣势，请托所监。六条，二千石违公下比，阿附豪强，通行货赂，割损政令也。[1]

除巡行中按"六条"所定内容对郡国官员和地方势力实行监察与处理外，西汉刺史并不主持行政，也不管理民事，且无固定治所。这种状况到东汉才改变：

中兴所治，有定处。旧常以八月巡行所部，录囚徒，考殿最。初，岁尽诣京都奏事。中兴，但因计吏，不得自诣京师。虽父母之丧，不得去职，或谓州府为外台。灵帝中平五年，改刺史唯置牧。是时天下方乱，豪杰各欲据有州郡。而刘焉、刘虞并自九卿出领州牧。州牧之任，自此重矣。[2]

从东汉建立州刺史有固定治所之制，到建武十一年（35），刺史不再赴京奏事[3]，刺史的行政地位才被肯定下来。

1 《汉书》卷19《百官公卿表》师古注，第742页。
2 《通典》卷32《职官·州牧刺史》，典183下至典184上。
3 《通典》卷32《职官·州牧刺史》，典184上。

东汉灵帝以后，随着政治军事形势的变化，刺史改称州牧，除掌握州行政权力之外，又掌握了地方军事权。原先刺史"位次九卿"，而此时九卿出领州牧。一直到魏晋时期，才恢复"刺史"称谓，但奉诏领兵之权在一些地区依然如故。

魏晋为刺史，任重者为使持节都督，轻者为持节，皆铜印墨绶，进贤两梁冠，绛朝服。领兵者武冠。而晋罢司隶校尉，置司州。江左则扬州刺史。自魏以来，庶姓为州而无将军者，谓之单车刺史。凡单车刺史，加督进一品，都督进二品，不论持节、假节。晋制：刺史三年一入奏。[1]

州一级的属官即所谓"外台"佐史，东汉时规定"皆有从事史"，"员职略与司隶同"，"凉州部十二"[2]。这十二员职大略是治中（司隶部为功曹）、别驾、主簿、簿曹等。他们各自的职司是："功曹从事（即州之治中从事）主州选署及众事。别驾从事校尉行部则奉引录众事。簿曹从事主财谷簿书。其有军事，则置兵曹从事，主兵事。其余部郡国从事，每郡国各一人，主督促文书，察举非法。皆州自辟除。"[3]在从事史之下，置书佐、孝经师、月令师、律令史等。汉魏之际，州级吏职中，又增了祭酒文学从事，西晋时再增武猛从事，在边远险要之州，还置弓马从事。自魏晋以后，因刺史多带将军开府，"开府者则置府僚司马，为军府之官，理

---

1 《通典》卷32《职官·州牧刺史》，典184上。
2 《后汉书》志28《百官志五》，第3619页。
3 《后汉书》志27《百官志四》，第3614页。

军事"，这使州刺史属下有了州官、府官之分，"州官理民，别驾治中以下是；府官理戎，长史、司马等官是"。[1]

郡一级长吏，自秦设立，称郡守，汉称太守。其佐吏有郡丞、郡尉。郡丞佐助太守处理行政，郡尉负责一郡军事。不同处是"秦置郡丞，其郡当边戍者，丞为长史，掌兵马，汉因而不改。其后长史遂为军府官"。此外也有郡主簿、司仓、司户、司兵、司土、司法、经学博士等掾属。魏晋时期还有郡中正。

县一级长吏，秦汉称令，其佐吏有县丞、县尉，另有曹掾，分管具体公务。

以上这些，凉州郡县略同。

上述行政组合中，关键是州一级组合。而凉州刺史部自两汉至魏晋行政区划以及事权的变化说明了一点，就是封建政治结构奠定并日渐细密。与此同时，刺史的职权也越来越重，顾炎武论刺史说："夫秩卑而命之尊，官小而权之重，此大小相制，内外相维之意也。"[2]具体到东汉以后的凉州，这种"大小相制和内外相维"的封建政治结构又因其特殊的地理环境、民族构成、特殊的风习而显出一些具体的特点和功能。一方面，因它能凝聚河西的经济和军事优势而为中原王朝所用，故成为中原王朝在西北的坚强后盾。正如虞诩论及凉州时所说：

谚曰："关西出将，关东出相。"观其习兵壮勇，实

1 《通典》卷32《职官·州牧刺史》，典184下。
2 顾炎武著，陈垣校注《日知录校注》卷9《部刺史》，安徽大学出版社，2007，第511~512页。

过余州。今羌胡所以不敢入据三辅，为心腹之害者，以
凉州在后故也。其土人所以推锋执锐，无反顾之心者，
为臣属于汉故也。[1]

另一方面，由于它培植了一批有政治谋略和军事才干的
地方封建人才，一旦国家分裂趋势加大，他们便会将上述政
治结构改造为集结地域政治势力以实行划疆分治和凭险自保
的工具。如窦融"抚结雄杰"[2]建立幕府便是一例。

汉晋之际，行政权与军事权相结合乃是惯常之事。政
治结构也是军事结构的基础。早在汉武帝时，已设置了护
羌校尉，职司为"主西羌"[3]。以后定制护羌校尉置凉州部
内，属官为拥节长史一名，司马二名。东汉沿袭旧制，建
武九年（33），复设护羌校尉，"持节领护，理其怨结，
岁时循行，问所疾苦。又数遣使驿通动静，使塞外羌夷
为吏耳目，州郡因此可得微备"[4]。魏晋不变。西晋元康中
（291~299年），去护羌校尉，将职司归于凉州刺史，但不
久又恢复。永宁元年（301），张轨"出为护羌校尉，凉州
刺史"[5]。作为"州官理民""府官理戎"制度的沿袭，也是
"胡汉分治"政策的运用，进一步表明了河西封建政治的特
殊性以及凉州在全国政治局势中具有的重要地位。此外，
从西汉中叶到北朝之前五个多世纪的时期内，以凉州刺史

---

1 《后汉书》卷 58《虞诩传》，第 1866 页。
2 《后汉书》卷 23《窦融传》，第 796 页。
3 《后汉书》志 28《百官志五》，第 3626 页。
4 《后汉书》卷 87《西羌传》，第 2878 页。
5 《晋书》卷 86《张轨传》，第 2221 页。

部为摇篮，以河西经济为载体，孕育和培植出一大批封建官僚及其子弟姻亲，加上一些官僚家族连续数代在河西为官，甚至父子兄弟并据州郡，他们的掾属又"多以本郡人为之"[1]，又造成其宾客部曲门生故吏盘根错节之势。这些世代在河西为官的家族加上他们的门生故吏，聚合成一支以政治关系、姻亲关系、地域关系扭结在一起的强大地方势力，不论在任何时期，也不论形势如何变化，这股势力都稳稳操持地方局面，他们是封建政治的中坚。在国家统一时期，中央政府须妥善料理他们，甚至不惜通过利益倾斜举措来结好他们，免得他们滋事，造成区域不宁而使朝廷陷入西顾之忧。如在东汉永初四年（110）的"弃凉之议"中，虞诩之所以持反对态度，就是出自对凉州地方势力的考虑：

> 若弃其境域，徙其人庶，安土重迁，必生异志。如使豪雄相聚，席卷而东，虽贲、育为卒，太公为将，犹恐不足当御。[2]

虞诩还指出，正因为凉州局势一发千钧，才应格外优待和妥为措置凉州地方势力：

> 今凉土扰动，人情不安，窃忧卒然有非常之变。诚宜令四府九卿，各辟彼州数人，其牧守令长子弟皆除为

1　《通典》卷33《职官·总论县佐》，典191上。
2　《后汉书》卷58《虞诩传》，第1866页。

冗官，外以劝厉，答其功勤，内以拘致，防其邪计。[1]

当国家处于分裂，河西道路断绝之后，任何要在凉州占据一席之地或实行割据的力量，都要首先笼络凉州地方势力，依靠他们支持自己和治理地方。这同时也提出一个条件，那就是这个占据者或割据者的出身与凉州地域有一定联系。两汉之际的窦融和前凉奠基人张轨，正因把握了上述封建政治原理才得以在河西立足，并控制局势，实现其割据分治的。

二 最早的割据政权——窦融政权

河西出现的第一个封建割据性政权是窦融政权。它是两汉之交统一国家政治动乱的产物，也是后来五凉政权的先导。前凉张轨出为护羌校尉、凉州刺史，便是"阴图保据河西，追窦融故事"[2]。而沮渠蒙逊、李暠等人也都自云在"追踪窦融"。

窦融，字周公，扶风平陵（今陕西咸阳西北）人，出身于官僚世家，家族中辈辈都有人担任河西地方官吏，如高祖父是西汉张掖太守，从祖父为护羌校尉，从弟为武威太守。"累世在河西，知其土俗"[3]。

王莽居摄中（6~8），窦融在西汉强弩将军王俊麾下任司马。时值王莽代汉之际，形势扰攘，人心浮动，东郡太守

---

1 《后汉书》卷 58《虞诩传》，第 1866 页。
2 汤球：《十六国春秋辑补》卷 67《前凉录》，中华书局，1985，第 481 页。
3 《后汉书》卷 23《窦融传》，第 796 页。

翟义起兵声讨王莽，"移檄郡国"，"众十余万"[1]。窦融因追随大司空王邑镇压翟义有功，受封为建武男。绿林起义爆发后，再随王邑镇压绿林军，被绿林军大败于昆阳（今河南叶县）城下。后来他受王邑推荐，任波水将军，屯兵新丰。地皇四年（23）九月，新莽政权在农民起义频频打击下摇摇欲坠，行将覆灭，窦融审时度势，及时倒戈，投降了绿林军建立的更始政权。他才干卓著，受到更始大司马赵萌器重，由校尉转升钜鹿太守。当此之时，中原、河北、关东一带兵戈未宁，窦融深知出任钜鹿的艰危，而"图出河西"[2]。他通过赵萌辞去太守之职，并说动更始帝，求得张掖属国都尉一职，携带家眷迁居河西。

窦融"图出河西"的原因中，首要一条是他深知河西政治与全国形势既相联系又有差别的道理，再就是他对河西社会状况有深刻了解，特别是对经济、军事、地理优势等有深刻了解。他说："天下安危未可知，河西殷富，带河为固，张掖属国精兵万骑，一旦缓急，杜绝河津，足以自守，此遗种处也。"[3]

到河西后，窦融以西汉河西地方政府的政治班底为基础，聚合汉族和少数民族地方势力，赢得了他们的拥戴。他"抚结雄杰，怀辑羌虏，甚得其欢心，河西翕然归之"[4]。窦融依靠的原酒泉太守梁统、金城太守库钧、张掖都尉史苞、酒泉都尉竺曾、敦煌都尉辛彤等人，既是原先河西政治势力集

1 《汉书》卷99《王莽传上》，第4087页。
2 《后汉书》卷23《窦融传》，第796页。
3 《后汉书》卷23《窦融传》，第796页。
4 《后汉书》卷23《窦融传》，第796页。

团中的成员，又大都为关陇和河西籍人。如厍钧原籍羌中[1]，史苞原籍茂陵[2]。辛、梁二人分别为陇西和定安大姓，窦融"皆与为厚善"[3]。

政治基础确定后，窦融进一步确定割据策略。首先是集中权力，协同力量，守土保境，在"今天下扰乱，未知所归，河西斗绝，在羌胡中，不同心勠力，则不能自守"[4]的政治思想指导下，设立了大将军府，窦融受推为行河西五郡大将军。其次是安定民生，稳定秩序。"河西民俗质朴，而融等政亦宽和，上下相亲，晏然富殖。"[5]军事方面，则"修兵马，习战射，明烽燧之警"[6]。针对北匈奴对河西的进扰，强化攻防能力，采取正确战术，"每辄破之。其后匈奴惩义，稀复侵寇，而保塞羌胡皆震服亲附"[7]。

窦融政权对发展河西经济十分着力。东汉建立之后，他奉东汉正朔[8]，贯彻东汉政府的社会经济法令，重视农业生产。居延汉简中有建武三年《居延都尉吏奉册》，其中记载着"令田""田吏"等，有专家解释说："'令田'为官名，'田吏'为农官的泛称。"[9]这表明窦融时期对河西屯田经济管理仍很重视。另外，窦融政权也颁布农事法令，如"使秦

---

1 《后汉书》卷23《窦融传》注引《前书音义》，第797页。

2 《后汉书》卷23《窦融传》注引《三辅决录注》，第797页。

3 《后汉书》卷23《窦融传》，第797页。

4 《后汉书》卷23《窦融传》，第797页。

5 《后汉书》卷23《窦融传》，第797页。

6 《后汉书》卷23《窦融传》，第797页。

7 《后汉书》卷23《窦融传》，第797页。

8 郭厚安、陈守忠主编《甘肃古代史》，第171页。

9 甘肃省文物考古研究所编《居延新简释粹》，兰州大学出版社，1988，第119~121页。

胡、卢水士民畜牧田作"令[1]，使河西农牧结合的经济优势得以进一步保持和发展。为了提高农业生产的效率和积蓄经济力量，建武四年（28）五月，还颁布东汉政府有关"毋得屠杀牛马"和"吏三百石、庶民嫁取毋过万五千。关内侯以下至宗室及列侯子聘娶各如令"[2]的指令。由于重视经济，窦融期间，河西"兵马精强，仓库有蓄，民庶殷富"[3]，诱使关陇地区人口，纷纷携家西上，"安定、北地、上郡流人避凶饥者，归之不绝"[4]，使河西人口再次增长。而河西特产如马匹等，则成为窦融给东汉政府的大宗贡物。建武五年（29）夏，派长史刘钧"奉书献马"[5]。东汉平定陇蜀后，窦融承诏与五郡太守赴洛阳奏事，"驾乘千余两，马牛羊被野"[6]，再次向中原展示了河西畜牧业的优势。

遥奉东汉正朔是窦融政治策略的基本部分。幕府初建时，天下形势四分五裂，在中原有刘秀政权，而邻近河西的陇西由隗嚣割据，巴蜀则由公孙述割据，所谓"称帝者数人"[7]。窦融"心欲向东，以河西隔远，未能自通"[8]。当此之时，隗嚣派辩士张玄游说河西，让窦融"与陇、蜀合从，高可为六国，下不失尉佗"[9]。窦融"召豪杰及诸太守计议"，

1　甘肃省文物考古研究所编《居延新简释粹》，第119~121页。
2　薛英群：《新获居延汉简所见窦融》，《甘肃社会科学》1979年第1期。
3　《后汉书》卷23《窦融传》，第799页。
4　《后汉书》卷23《窦融传》，第797页。
5　《后汉书》卷23《窦融传》，第798页。
6　《后汉书》卷23《窦融传》，第807页。
7　《后汉书》卷23《窦融传》，第798页。
8　《后汉书》卷23《窦融传》，第798页。
9　《后汉书》卷23《窦融传》，第798页。

"诸郡太守各有宾客，或同或异。融小心精详，遂决策东向"[1]。这样，便不能不向刘秀和隗嚣亮明态度。窦融遣刘钧奉书献马，接受刘秀委任是态度之一，而作书责让隗嚣是之二。之一是鉴于：

> 洛阳土地最广，甲兵最强，号令最明。观符命而察人事，它姓殆未能当也。[2]

之二是鉴于：

> 西州地势局迫，人兵离散，易以辅人，难以自建……自起兵以来，转相攻击，城郭皆为丘墟，生人转于沟壑。今其存者，非锋刃之余，则流亡之孤。迄今伤痍之体未愈，哭泣之声尚闻。[3]

概言之，上述两种不同态度，是窦融割据策略的具体运用。其中贯穿的精神，是远交近攻，择强而附。但它是在正确分析形势的基础上所做的合乎历史发展潮流的选择，因此窦融并没有与隗嚣、公孙述等同流合污，而其割据政权最终也没有遭到军事性打击，而是以和平合并的方式被东汉政权所接收。窦融未成六国、尉佗之谋，最终却得到"窦氏一公，两侯，三公主，四二千石，相与并时。自祖及孙，官府邸第相望京邑，奴婢以千数，于亲戚、功臣中莫与为比"的

---

1 《后汉书》卷23《窦融传》，第798页。
2 《后汉书》卷23《窦融传》，第798页。
3 《后汉书》卷23《窦融传》，第801~802页。

殊荣。[1]

对汉晋之际河西封建政治结构的角度而言，窦融政权的存在，既为它注入了新内容，也为它增添了新的格局。而窦融在河西诸方面策略的成功及其表现的政治原理，又为五凉政权提供了借鉴的模式和经验。

第三节　汉晋之际的河西民族问题

一　汉代"羌胡"问题

西汉人说："河西斗绝，在羌胡中。"[2]西汉以后，所谓的"羌胡"问题也构成河西区域突出的社会问题，它之突出首先是因河西民族构成复杂，其次是因中原汉王朝往往将河西作为"制边"政策推行的重点地区。汉武帝反击匈奴，控制走廊，切断羌人与匈奴联系等，开了这方面的先河。

汉代"制边"政策的要点，无非是将一些强悍的边疆民族拒之塞外实行隔离。如晋初郭钦所说的那样，乃是"峻四夷出入之防，明先王荒服之制，万世之长策也"[3]。隔离的最终目的是使"华戎不杂"，以免因他们的力量蔓延对汉族封建统治造成威胁。隔离的方式通常有二：一是将一些民族的主体力量驱逐出去，如对匈奴便是这样；二是将一些民族的主体力量封闭在"荒遐"地域，如对羌人便是这样。

1　《后汉书》卷23《窦融传》，第808页。

2　《后汉书》卷23《窦融传》，第797页。

3　《晋书》卷97《匈奴传》，第2549页。

就羌人和匈奴而言，在西汉政府推行上述政策时，他们的民族也正处在重要的发展阶段。如羌人，他们的经济生活方式在西汉中期已明显变化，虽然畜牧业仍然是主要方面，但农业的比重显然在增加。赵充国屯田，"计度临羌东至浩亹，羌虏故田及公田，民所未垦，可二千顷以上"[1]，确切表明了这点。农业经济比重的增加，必然会造成畜牧业失掉部分牧场，促使牧民向新的地域游牧；而根据农业生产条件的要求，农耕者也会追逐更肥沃的易垦土地。于是汉王朝的隔离性措施因阻碍了羌人经济发展之路势必使羌人忿悒不平，并采取一定方式表达其情绪和要求。如汉宣帝初即位，先零羌就要求政府许其北渡湟水，"逐民所不田处畜牧"[2]，这种和平的方式受到政府拒绝后，羌人便攻城邑，杀长吏，强行占据土地，使用战争的方式达到目的。但在西汉时期，这后一种方式常遭失败。再如匈奴，西汉初年，正值其奴隶制国家步入强盛时期，连续遭到西汉政府的军事打击，被逐出走廊阻绝于塞北，这首先使匈奴丧失了河西肥沃的牧场，其次是丧失了来自中原和西域的大量供给，最终造成其奴隶制国家力量的衰落。匈奴悲歌："亡我祁连山，使我六畜不蕃息；失我焉支山，使我妇女无颜色。"[3]从其"悲愤"之情可知其受挫伤程度。受挫之余，又促使其民族为重返故地厉兵秣马，准备战争。由于西汉国力正盛，而河西防御体系的作用也充分发挥，"边郡烽火候望精明，匈奴为边寇者少利"[4]，事

1　《汉书》卷69《赵充国传》，第2986页。
2　《汉书》卷69《赵充国传》，第2972页。
3　《史记》卷110《匈奴列传》张守节"正义"引《西河故事》，第2909页。
4　《汉书》卷94上《匈奴传上》，第3784页。

实上卷土重来已无可能。

但是，只要中原王朝对待"羌胡"的基本国策不变，双方的冲突便不可避免。汉代，由于羌人与匈奴之间在民族利害方面存在着一致性，羌胡在与汉政府的冲突中，也往往采取联合行动。如后元元年（前88）：

> 先零豪封煎等通使匈奴，匈奴使人至小月氏，传告诸羌曰："汉贰师将军众十余万人降匈奴。羌人为汉事苦。张掖、酒泉本我地，地肥美，可共击居之。"以此观匈奴欲与羌合，非一世也。[1]

而且，在双方剑拔弩张的形势下，哪怕政府方面的一点点措置不当，也会引起矛盾与冲突的发展，造成事态扩大。王莽时期对待匈奴的政策便是这样。本来，汉宣帝时已与匈奴有约："自长城以南天子有之，长城以北单于有之。有犯塞，辄以状闻。有降者，不得受。"王莽废除了这个协约，单方面做出规定：凡汉族、乌孙、西域、乌桓有降入匈奴者，匈奴皆不能受。而且改"匈奴单于"之号为"降奴服于"，无端对匈奴进行种族压迫和歧视，从而激起匈奴不满，"入塞寇盗"，"略吏民畜产不可胜数"[2]。汉宣帝时，对羌族也曾这样措置，由于政府得知匈奴使者到羌中，和居于阳关西南的小月氏狼何部派人到匈奴去借兵，又得知原有内隙的先零、罕开二羌部"解仇作约"，便怀疑羌人将在秋马肥壮

---

1 《汉书》卷69《赵充国传》，第2973页。
2 《汉书》卷94下《匈奴传下》，第3824页。

时发动进攻，于是宣帝派义渠安国巡使诸羌，而义渠安国却召集先零羌豪四十余人，将其斩杀。又纵兵杀羌人一千多。"于是诸羌怨怒，遂寇金城。"[1]

西汉的上述民族政策给东汉留下了传统，而业已形成的"羌胡"问题也给东汉留下了一系列隐患。从东汉初年起，北匈奴"钞暴日盛"，"州郡不能禁"[2]。到建武二十三年（47），由于呼韩邪单于率南匈奴附汉，加之蒙古草原的连年旱蝗和南匈奴、乌桓及鲜卑的攻击，北匈奴终于在漠南无法立足而退往漠北，"钞暴"程度有所减轻。此后，北匈奴一方面惧怕东汉政府乘其疲惫兴兵北伐，另一方面也希望与东汉重开互市而取得补给，于是，在建武二十七年（51）派使节到武威，请求与汉和亲。而光武帝竟因众臣争言北匈奴此举在"夸示邻敌，令西域欲归化者局促狐疑，怀土之人绝望中国"[3]，担心接受后会造成南匈奴附汉之志动摇和乌桓等族离心为辞，"告武威太守勿受其使"[4]。第二年，北匈奴再度遣使到洛阳，贡马匹裘皮，并求和亲和互市，东汉政府同样不予接受。到永平七年（64），虽答应北匈奴通使互市，但却又在匈奴南北二部之间置度辽将军营，屯兵五原曼柏（今内蒙古鄂尔多斯市东胜区东北），并派骑都尉秦彭率兵驻扎西河美稷（今内蒙古准格尔旗西北），于是，本来可以延缓的战争又因这一措置提前了。从永平八年（65）起，北匈奴发动对河西诸郡的进攻，"焚烧城邑，杀略甚众，河西城

---

1 《后汉书》卷87《西羌传》，第2877页。

2 《汉书》卷69《赵充国传》，第2972页。

3 《后汉书》卷36《郑兴传附子众传》，第1224页。

4 《后汉书》卷89《南匈奴传》，第2946页。

门昼闭"[1]。永平十五年（72），东汉以窦固为奉车都尉统军，与骑都尉耿忠、驸马都尉耿秉"并出屯凉州"[2]。第二年二月，东汉军队分兵四路：窦固、耿忠率酒泉、敦煌、张掖甲卒及卢水羌、胡万二千骑出酒泉塞，耿秉、秦彭率武威、陇西、天水募士及羌、胡万骑出张掖居延塞，骑都尉来苗、护乌桓校尉文穆率太原、雁门、代郡、上谷、渔阳、右北平、定襄郡兵及乌桓鲜卑兵万一千骑出平城塞，伐北匈奴。出酒泉的汉军在天山（今新疆哈密北哈尔里克山）取得胜利，进占伊吾卢（今哈密西北）。为堵塞匈奴入河西的门户，东汉政府设宜禾都尉，置兵于伊吾卢进行屯戍。此后在章和二年（88）十月、永元元年（89）五月、永元三年（91）二月，东汉政府又多次打击匈奴，直到北匈奴退出漠北。

假如说西汉政府对北匈奴的隔离政策以及东汉政府以凉州为基地与北匈奴进行的战争，尚带有维护西域及凉州安宁的用意，那么对羌人的隔离则具有很大程度的民族歧视与民族压迫性质。因此，羌人反抗东汉的战争具有正义性，它拉开了河西域内各民族联合反抗民族压迫的斗争序幕。

事实上，早在汉宣帝之前，已有部分羌人被政府迁到内地为汉"守塞"。如汉景帝时，研种羌豪留何请求政府批准率众人守陇西塞。政府接受其请，徙其种落于陇西郡狄道（今甘肃临洮县）、安故（今临洮县西南）、临洮（今甘肃岷县）、氐道（今甘肃礼县西北）、羌道（今甘肃舟曲县北）。而宣帝神爵二年（前60），赵充国将降羌部众迁到破羌（今

1 《后汉书》卷89《南匈奴传》，第2949页。
2 《后汉书》卷23《窦融传附窦固传》，第810页。

青海海东市乐都区东）、允街（今甘肃永登县南）等地。此后，羌人入居塞内者更多，"自王莽末，西羌寇边，遂入居塞内，金城属县多为虏有"[1]。东汉初，马援为陇西太守，击败先零羌，徙其部众数千人置于天水、陇西、扶风三郡。由于不断内徙，羌人也有了东、西之分。所谓：

> 羌居安定、北地、上郡、西河者谓之东羌，居陇西、汉阳，延及金城塞外者谓之西羌。[2]

所以，汉宣帝时羌人要求内徙到湟水以北逐荒畜牧，本是无可厚非之事，在遭到政府拒绝后内心怨恨也很正常。延及东汉，就是内徙的羌人也因常受到郡县小吏及汉族恶势力的欺凌而义愤填膺。羌人的处境和心情是：

> 布在郡县，皆为吏人豪右所徭役，积以愁怨。[3]

他们的反抗有时也是不得已而为之：

> 与汉人杂处，习俗既异，言语不通，数为小吏黠人所见侵夺，穷恚无聊，故致反叛。[4]
> 其内属者，或倥偬于豪右之手，或屈折于奴仆之勤。

---

1 《后汉书》卷 24《马援传》，第 835 页。
2 《资治通鉴》卷 52 顺帝永和六年正月条胡注，中华书局，1956，第 1689 页。
3 《后汉书》卷 87《西羌传》，第 2886 页。
4 《后汉书》卷 87《西羌传》，第 2878 页。

塞候时清，则愤怒而思祸；桴革暂动，则属鞬以鸟惊。[1]

所以，安帝永初元年（107），内徙羌人首先在酒泉郡发动起义，继而驱兵东向，转入陇西、汉阳、北地，战火绵延到西河、河东、河内、汉中诸郡，所谓"始自凉、并，延及司隶，东祸赵、魏，西钞蜀、汉，五州残破，六郡削迹"[2]。至元初元年（114）才被东汉政府镇压下去。这次战争带来的影响是：

十余年间，兵连师老，不暂宁息。军旅之货，转运委输，用二百四十余亿，府帑空竭。延及内郡，边民死者不可胜数，并、凉二州遂至虚耗。[3]

此后，在永和五年（140）至永嘉元年（145），延熹二年（159）至延熹六年（163），东羌与西羌相联合，又先后两次发动起义，两次被东汉政府镇压下去。两次费用消耗八十余亿，人口死者不可胜数。

汉代河西的"羌胡"问题既表明了河西民族关系的敏感程度，也表明河西民族问题不光是决定河西政局稳定与否的关键所在，也是关系整个北方政局稳定与否的重要因素；另外它还说明，在两汉之际，以"羌胡"为代表，河西少数民族参与北方社会生活的意识正在提高，由当初只追求农牧业

1 《后汉书》卷87《西羌传》，第2899页。
2 王符：《潜夫论·救边第二十二》，上海书店，1986，第107页。
3 《后汉书》卷87《西羌传》，第2891页。

资源提高到反抗政府的种族隔离政策。这种由单纯参与河西经济生活而上升到参与河西政治生活的态势表明，一旦历史为他们提供机遇，他们必然会通过种种活动将自己民族的地位和作用显现出来。

二　魏晋时期的民族态势

东汉对北匈奴的战争及"羌事"结束后，汉王朝也处于崩溃前夜。黄巾起义爆发后，东汉政府自顾不暇，边陲之事更无遑论及。当此之时，周边民族的内徙不再鲜见。"自魏氏以来，夷虏内附。"[1]内徙诸族中，仅匈奴就有屠各等十九种，加上鲜卑以及本已散居关陇的羌、氐，使"西北诸郡，皆为戎居"[2]。河西域内，内徙诸族也表现出一种活跃态势，他们参与北方事务的意识更逐步高涨。以湟中羌为例，当黄巾起义爆发后，他们也遥为呼应，于中平元年（184）十月在"义从胡"北宫伯玉率领下，与北地先零羌联合，进攻金城。当然，他们有时也被汉族豪强所利用。如北宫后被韩遂、马腾利用，形成关西军阀割据势力的基础。而后来陇西军阀董卓也组织"羌中"军队镇压黄巾起义并参加军阀混战。

在河西走廊，一些民族种落也因显示力量开始见于记载，"赀虏"和卢水胡是其中两支。汉简中的卢水"秦胡"就是指他们。史载：

> 赀虏，本匈奴也，匈奴名奴婢为赀。始建武时，匈

---

1 《晋书》卷52《阮种传》，第1445页。
2 《晋书》卷97《四夷·北狄·匈奴传》，第2549页。

奴衰，分去其奴婢，亡匿在金城、武威、酒泉北黑水、西河东西，畜牧逐水草，钞盗凉州。部落稍多，有数万，不与东部鲜卑同也。其种非一，有大胡，有丁令，或颇有羌杂处，由本亡奴婢故也。[1]

确切地说，"赀虏"是匈奴奴隶制国家留给河西走廊的一支民族力量，是一个以匈奴为主体而混合了羌、丁零、西域等民族成分在内的羌胡群体。他们在河西活动之久，种落人口之众，活动区域之广，都令人瞩目。其外是卢水胡，他们世居黑河流域。东汉明帝时，窦固击匈奴，所率河西甲卒中就有该部二千骑。[2]曹魏时期，河西一度出现动乱：

是时，武威颜俊、张掖和鸾、酒泉黄华、西平麹演等并举郡反，自号将军，更相攻击。[3]

卢水胡也聚集力量，在伊健妓妾与治元多率领下，在武威起兵，造成"河西大扰"。

但就总体而言，曹魏时期河西民族问题呈现的是平缓态势，不见有大规模的民族冲突发生。所以有人总结说："自魏氏以来，夷虏内附者鲜有桀悍侵渔之患。"[4]其原因除"边守遂怠，障塞不设"[5]，即制边政策发生明显变化外，重要的

1 《三国志》卷30《魏书·乌丸鲜卑东夷传》注引《魏略》，第859页。
2 甘肃省文物考古研究所编《居延新简释粹》，第119~121页。
3 《三国志》卷15《魏书·张既传》，第474页。
4 《晋书》卷52《阮种传》，第1445页。
5 《晋书》卷52《阮种传》，第1445页。

是地方官吏善于措置，不但避免了民族矛盾激化，还做到胡汉互补。譬如苏则，在担任金城太守时，"外招怀羌胡，得其牛羊，以养贫老"[1]。徐邈，他任凉州刺史、护羌校尉时，"与羌胡从事，不问小过；若犯大罪，先告部帅，使知。应死者乃斩以徇，是以信服畏威"[2]。

曹魏时期制边政策的松弛和对待内徙民族问题的宽柔，招诱着周边民族进一步向内地迁徙，这又使河西"羌胡"群体中增加了新的种族力量。其中，势力最大的是"河西鲜卑"。

所谓"河西鲜卑"，是指魏晋时期活动于河西区域内的众多鲜卑部落，以秃发部为代表，此外还有乙弗、折掘、意云、车盖等部。后来入居陇西的陇西鲜卑乞伏部也曾为河西鲜卑秃发部所统。[3]有关秃发部入徙河西的记载称：

> 秃发乌孤，河西鲜卑人也，其先与后魏同出。八世祖匹孤，率其部自塞北迁于河西。[4]

他们的入徙，使魏晋时期河西走廊的民族构成更为复杂，社会生活更丰富多彩。同时河西的民族问题，其态势也就有所变化。

对河西鲜卑秃发部迁入河西的具体时间，史学界有不同

---

1 《三国志》卷 16《魏书·苏则传》，第 491 页。

2 《三国志》卷 27《魏书·徐邈传》，第 740 页。

3 《晋书》卷 126《秃发乌孤载记》中，乌孤曾言"（乞伏）乾归，本我所部，终必归服"（第 3143 页）。由此可知，乞伏部早期与河西鲜卑有关系。

4 《晋书》卷 126《秃发乌孤载记》，第 3141 页。

见解。有的学者认为，东汉中叶是它从塞北南迁的开始[1]。更多的人则认为它迁到河西是曹魏时期，但没有进一步考证。

我们知道，秃发部是拓跋部的后裔，"因事分姓"[2]。而拓跋部是在檀石槐建立部落联盟时才由诘汾带领从原居地大泽（今呼伦湖）迁到漠南，并"始居匈奴之故地"[3]。檀石槐建立部落联盟是在东汉后期，因此，秃发部入徙河西不会早于东汉后期。诘汾二子，次子力微，即北魏尊称的神元皇帝。长子是匹孤，有记载说："圣武帝诘汾长子匹孤，神元时率其部众徙河西。"[4]力微时期，"与魏和亲"[5]，这正是所谓"边守遂怠，障塞不设"时期，匹孤率部南迁，适逢其时。力微活了104岁，做拓跋部首领58年。其在位的第29年，"诸部大人，悉皆款服，控弦上马二十余万"[6]。此时正是曹魏嘉平元年。嘉平中（249~251），司马师辅政，接受邓艾羁縻建策，对边疆民族实行分化离间，通过"诱而致之，使来入侍"的策略造成"羌虏失统，合散无主"[7]。到西晋泰始四年（268），西北民族问题渐趋严重时，傅玄反思历史，对嘉平边策的"失误"进行指责说：

　　胡夷兽心，不与华同，鲜卑最甚。本邓艾苟欲取一

1　吕思勉：《两晋南北朝史》第三章《西晋乱亡》，上海古籍出版社，2005，第82页。
2　《魏书》卷41《源贺传》，中华书局，1974，第919页。
3　《魏书》卷1《序纪》，第2页。
4　《元和姓纂》卷10《秃发》，金陵书局校刊，嘉庆七年刊版。
5　《魏书》卷1《序纪》，第3~4页。
6　《魏书》卷1《序纪》，第3页。
7　《三国志》卷28《魏书·邓艾传》，第776页。

时之利，不虑后患，使鲜卑数万散居人间，此必为害之势也。[1]

《通鉴》载晋武帝泰始五年（269）事称：

先是，邓艾纳鲜卑降者数万，置于雍、凉之间，与民杂居。朝廷恐其久而为患，以（胡）烈素著名于西方，故使镇抚之。[2]

翻拣史书，在嘉平中，也就是力微二十九年至三十一年，雍凉二州界内已有鲜卑，他们或被称为鲜卑，或仍被混称为"羌胡"，抑或称"羌夷""羌虏"。大抵活动于河西、陇西一带的强部有三支，一支是秃发，一支是乞伏，一支是鹿结。鹿结部随即为抢夺陇西地盘而与乞伏部"迭相攻击"，结果被吃掉。实际上势力最强的只有秃发与乞伏二部，而乞伏部本为秃发部所统，其见诸记载晚在西晋泰始初。所以，傅玄批评邓艾放任的鲜卑很可能指河西鲜卑秃发部。况且，傅玄的指责是有的放矢的，它针对着正在酝酿中的"凉州之乱"，而"凉州之乱"正是以秃发部为首的河西鲜卑的反晋活动。

可见，秃发部与拓跋部"因事分姓"的时间不应早于曹魏时期，秃发部入徙河西是"自魏氏以来，夷虏内附"的内容之一。再具体些讲，根据邓艾边策的时间以及傅玄对边策

1　《晋书》卷 47《傅玄传》，第 1322 页。
2　《资治通鉴》卷 79 晋武帝泰始五年二月条，第 2509 页。

的指责，可估计秃发部入徙河西是在嘉平间或略早于此，即曹魏中后期。以拓跋部正处在强盛时期，部众越来越多，因为经济生活的需要而"分姓"，并循着"居匈奴故地"的历史，追踪昔日匈奴足迹，向土地辽阔和牧草肥美的河西发展，这也是合乎逻辑的。为证明这个论断，可以通过秃发世系做进一步推算。匹孤率部迁入河西后不久死去，接替其酋长之位的是儿子寿阗。"寿阗卒，孙树机能立。"[1]从匹孤到树机能，名为四世，实则三世。三世中，匹孤在河西享世无几，以其死于嘉平中算，到泰始六年（270）树机能发动"凉州之乱"，其间约二十年时间，足够寿阗享位了。因为事实上秃发部后来的首领享位均无超过二十年的。秃发傉檀最久，也仅十三年。秃发乌孤与秃发利鹿孤都仅享位三年。[2]据此论定河西鲜卑秃发部内迁河西的具体时间是曹魏中后期，当不致有大错。

秃发部内迁后，分散在地跨河西及陇西的辽阔区域内从事游牧。"其地东至麦田（今甘肃靖远西北）、牵屯（今宁夏固原），西至湿罗（地望不详，有说在今青海湖东），南至浇河，北接大漠（腾格里沙漠）。"[3]作为"人人习战"的游牧部族，这样大范围、大幅度的活动，必然要造成袭扰。同时，由于上述活动区域又与赀虏、羌人及其他鲜卑种落的活动区域或相重合，或相邻接，这就必然产生民族间的接触。或受到原土著民族的接纳形成新的民族群体，沿着从聚合到融合的前途发展；或受到原土著民族的排斥，按照从抗

1　《晋书》卷126《秃发乌孤载记》，第3141页。

2　汤球：《十六国春秋辑补》卷89《南凉录》，第615、618页。

3　《晋书》卷126《秃发乌孤载记》，第3141页。

拒到冲突的方向演化。于是又有熙熙攘攘与喧喧嚣嚣的场面发生。特别是因为上述区域与汉族聚居区犬牙交错，鲜卑的游牧经济与汉族的农耕经济纵横穿插，势必又要带来新的"羌胡"问题，引起朝廷关注。西晋建立后，这一点便清楚地反映了出来。傅玄对邓艾的指责只是一例。早在此前的嘉平初年，李憙任曹魏凉州刺史并领护羌校尉时，已接触到新的"制边"问题。

> 羌虏犯塞，憙因其隙会，不及启闻，辄以便宜，出军深入，遂大克获。[1]

在泰始四年、五年（268、269），又是李憙，他任西晋仆射时，再次为"凉州虏寇边"问题而操劳：

> 凉州虏寇边，憙唱义遣军讨之。朝士谓出兵不易，虏未足为患，竟不从之。后虏果大纵逸，凉州覆没，朝廷深悔焉。[2]

其实无论李憙认为的"犯塞"问题还是所谓的"寇边"问题，都与昔日匈奴的活动有别，一无"大钞掠"，二无阻断西域通路事。有关记载也只有"犯塞""寇边"等字眼，不见有内徙民族侵害土著民族的材料，也看不到与政府对立的现象。而朝士众口一词地称"虏未足为患"，也不是信口

---

1 《晋书》卷41《李憙传》，第1189页。
2 《晋书》卷41《李憙传》，第1190页。

开河，乃是前鉴魏世"夷虏内附者，鲜有桀悍侵渔之患"，近观拓跋鲜卑所为做出的结论。拓跋鲜卑与魏晋交好，这个方针是始祖力微规定的。魏甘露三年（258），拓跋部迁于定襄之盛乐，力微乃告诸大人曰：

> "我历观前世匈奴蹋顿之徒，苟贪财利，抄掠边民，虽有所得，而其死伤不足相补，更招寇雠，百姓涂炭，非长计也。"于是与魏和亲。[1]

到沙漠汗时期，

> 聘问交市，往来不绝。魏人奉遗金帛缯絮，岁以万计。始祖与邻国交接，笃信推诚，不为倚伏以要一时之利，宽恕任真，而遐迩归仰。魏晋禅代，和好仍密。[2]

终晋之世，上述方针不变。虽说秃发部与拓跋部在力微时"因事分姓"，但在与魏晋关系上，总不至于南辕北辙和大相径庭。傅玄、李憙等的态度只能说明西晋建国后，朝廷对待内徙民族的态度又有了新的变化，这种变化在江统《徙戎论》中有露骨的反映。而这种变化又会导致不恰当的措置方式。泰始五年（269）二月，西晋政府"以雍州陇右五郡及凉州之金城、梁州之阴平置秦州"[3]，在河西与陇右之间树立军事屏障。一方面借以阻断河西"羌胡"东进之路，另一方

1 《魏书》卷1《序纪》，第3~4页。
2 《魏书》卷1《序纪》，第4页。
3 《晋书》卷3《武帝纪》，第58页。

面也为措置河西民族问题进行准备。秦州刺史部设置后，任命"素有恩信于西方"的胡烈为秦州刺史，"专御边之宜"；调任负责长江下游防务的原扬州刺史牵弘为凉州刺史，拟实行秦凉合围战略。为防范措置过程中"羌胡"逸散和呼应，又议置郡于高平川。这些如临大敌的措置方式只能招致以河西鲜卑为首的"羌虏"结屯聚众和严阵以待，终于在泰始六年（270）引发了"凉州之乱"：

> 六月戊午，秦州刺史胡烈击叛虏于万斛堆（今甘肃靖远县界），力战，死之。[1]
>
> （胡）烈为秦州刺史，及凉州叛，烈屯于万斛堆，为虏所围，无援，遇害。[2]
>
> 寿阗卒，孙树机能立，壮果多谋略。泰始中，杀秦州刺史胡烈于万斛堆，败凉州刺史苏愉于金山，尽有凉州之地。[3]

"败凉州刺史苏愉"句，《通鉴考异》作"斩凉州刺史牵弘"，"金山"《通鉴》作"青山"（今甘肃环县西）。[4]

自曹魏中后期到西晋初期，民族问题的上述演化态势表明，西晋时期北方各民族的反晋活动在河西来得最早，也来得最烈。为这一特点所决定，河西政治形式也将比其他区域更早地发生变化。当内徙的匈奴、鲜卑、羯、氐、羌在整个

---

1 《晋书》卷3《武帝纪》，第59页。
2 《晋书》卷57《胡奋传弟烈附传》，第1557页。
3 《晋书》卷126《秃发乌孤载记》，第3141页。
4 《资治通鉴》卷79晋武帝泰始六年四月条胡注，第2515页。

北方大地激荡起反晋旋涡，一步步将西晋推向灭亡，并一步步建立起区域性政权，从而将历史导入十六国分裂割据局面时，河西会成为率先割据的区域之一。而永宁初，张轨"以晋室多难，阴图保据河西，追窦融故事"[1]，则是率先成为割据区域的开端。所以，魏晋间河西"羌胡"问题的一步步演化，也是五凉历史一步步形成的序幕。

1　汤球：《十六国春秋辑补》卷89《前凉录》，第481页。

前凉篇

〖卷二〗

第一节　前凉肇基

一　张轨出任凉州刺史

前凉由张轨创始。晋惠帝永宁元年（301），张轨受命出任凉州刺史领护羌校尉，前凉由此肇基。[1]

张轨，字士彦，安定郡乌氏县（治今甘肃泾川县北）人。史载其为西汉常山景王张耳的十七世孙。父张温为西晋太官令。太官令是光禄卿属官，主膳。[2]因此，张轨堪称是贵胄后裔和"当涂子弟"，其家族也颇具门望，"家世孝廉，以儒学显"[3]，算得上魏晋之世的关陇著姓。此外，张轨与挚虞同为安定名士皇甫谧的门生。皇甫谧是东汉太尉皇甫嵩的曾孙，他"博综典籍百家之言，沉静寡欲，始有高尚之志，以著述为务"[4]，还精通医学，晋初隐居于宜阳（今河南洛阳

1　张轨出任凉州刺史、护羌校尉的时间，《晋书》卷86《张轨传》记作"永宁初"（第2221页）；汤球《十六国春秋辑补》卷67《前凉录》（第481页）同。而《通鉴》系此事于晋惠帝永宁元年正月（301年），此从《通鉴》（第2650页）。

2　《通典》卷25《职官七·光禄卿》："晋太官令有饧官，果官吏各二人。"（典149上）

3　《晋书》卷86《张轨传》，第2221页。

4　《晋书》卷51《皇甫谧传》，第1409页。

市西南）。张轨与之"友善"，并从学于女几山；"轨少明敏好学，有器望，姿仪典则"[1]，受到西晋名臣张华的赏识。泰始初，西晋征聘名士及胄子，与皇甫谧友善的"同命之士，莫不毕至，皆拜骑都尉或赐爵关内侯，进奉朝请，礼如侍臣"[2]，张轨也因其叔父恩荫得"赐官五品"。按照九品官人法，这"五品"当属"中中"。而张华认为这是安定中正品状不实，"蔽善抑才"，于是"乃美为之谈，以为"二品之精"。后卫将军杨珧辟轨为掾属，张轨由此步入仕途，又从太子舍人一步步做到散骑常侍、征西军司。[3]九品官人法无"上上"，"二品之精"当是最高品状。杨珧是晋太傅杨骏的胞弟，"得幸于武帝，时望在骏前"[4]。太子即司马通。张轨初入仕，便受如此恩荣，这在当时是少见的。以上述家世、学问、仕途经历，在朝廷中拥有重望也是必然的。所以，当他"阴图据河西"和"求为凉州"的设想和要求一袒露，便得到朝廷的批准。当此之时，"公卿亦举轨才堪御远"[5]。"才堪御远"是根据咸宁初（275），张轨任参军司马之职时随司马骏镇关中，在措置"凉州之乱"中得力而得到的评价。

　　所以，弭平"凉州之乱"才是中央同意张轨出任凉州的原因。也就是说，以河西鲜卑为主力的"羌胡"在秃发树机能率领下起兵反晋并导致西晋政府对河西失驭，这是前凉肇基的契机。

---

1 《晋书》卷86《张轨传》，第2221页。
2 《晋书》卷51《皇甫谧传》，第1411页。
3 《晋书》卷86《张轨传》，第2221页。
4 《晋书》卷40《杨骏传弟珧附传》，第1180页。
5 《晋书》卷86《张轨传》，第2221页。

应当说明，《晋书》在叙述张轨出任河西长吏的动机时，特为著笔说："（轨）筮之，遇泰之观。乃投莢喜曰：'霸者兆也。'于是求为凉州。"[1]在西晋初期，作为一个受儒家名教思想熏陶甚深，而且"姿仪典则"的官僚，张轨很可能像窦融一样，对河西的物产、形胜、民俗等各方面情况都很了解，也带着生逢乱世的炎凉心理而抛别京华及多事之秋的中原到河西寻找"遗种处"，但他是否存在"霸者"的念头，这是需要讨论的。看张轨到凉州后的作为，也难说明他要为霸。《晋书》如此着笔，只能使张轨尚未到任就先蒙上割据嫌疑。难怪有人讥评《晋书》"好采诡谬碎事，以广异闻"[2]。《通鉴》对张轨比较公允，只讲"轨以时方多难，阴有保据河西之志"[3]。

所谓"时方多难"，指的是晋惠帝即位后，在首都洛阳发生的"八王之乱"。这场发自西晋最高统治集团内部而波及整个中原的乱事，以争权夺利为实质，以血腥残暴为手段，其间充满了阴暗和无耻。

我们知道，西晋是司马氏家族以门阀士族阶层作为政治基础，用发动宫廷政变颠覆曹魏统治而建立起来的封建政权。极端的腐败与内部矛盾重重是它的鲜明特点。此外，便是政治制度的落后。晋武帝"惩魏孤立而亡"，分封宗室，允许王国置军，是政治制度落后的具体反映。"八王之乱"正是集腐败、矛盾、落后等种种弊病而出现的动乱。从晋惠帝初即位的永熙元年（290），皇后贾南风为独揽朝纲而指使楚王司马玮、淮南王司马允诛戮惠帝外祖父、太傅杨

1　《晋书》卷86《张轨传》，第2221页。

2　赵翼：《廿二史札记》卷7"晋书二"，中华书局，1984，第152页。

3　《资治通鉴》卷84晋惠帝永宁元年正月条，第2650页。

骏，并株连包括杨珧在内的数千名朝臣贵戚起，到永康元年
（300），再杀惠帝太子遹，贾后的滥杀引起了官僚怨愤。于
是赵王司马伦起兵杀掉贾后并株连大臣张华、裴颜等。短短
几年间将一场宫闱之变演成八王争夺皇权的大规模战争，使
数十万中原百姓惨遭屠戮。适如史家所慨叹的那样："武皇
既崩，山陵未干，而杨骏被诛，母后废黜。寻以二公、楚王
之变，宗子无维城之助，师尹无具瞻之贵，至乃易天子以太
上之号，而有免官之谣。民不见德，惟乱是闻，朝为伊周，
夕成桀跖，善恶陷于成败，毁誉胁于世利，内外混淆，庶官
失才，名实反错，天纲解纽。国政迭移于乱人，禁兵外散于
四方，方岳无钧石之镇，关门无结草之固。"[1]

王公贵戚和朝臣名士在"八王之乱"中死的死，逃的
逃，使一些"恋栈"者心怀"颠坠戮辱"的忧悸，不求富贵
有望，只图身家性命可保，纷纷自谋远祸之计。而张轨，他
作为张华、杨珧、愍怀太子遹等人的门生故吏，又怎能不从
他们的悲惨遭遇中看到自己的命运呢？在忧惧和感愤中去国
徙官，求任遐域，正是情势使然，情理使然。

可见，"八王之乱"及其引起的西晋政局的变化，是张

---

1 《晋书》卷5《孝愍帝纪》，第133~134页。按，干宝《晋纪总论》与此略同：
"武皇既崩，山陵未干，杨骏被诛，母后废黜，朝士旧臣，夷灭者数十族，寻以
二公楚王之变，宗子无维城之助，而阙伯之沈之乎岁构，师尹无具瞻之贵，而
颠坠戮辱之祸日有，至乃易天子以太上之号，而有免官之谣，民不见德，唯乱
是闻，朝为伊、周，夕为桀、跖，善恶陷于成败，毁誉胁于势利。于是轻薄干
纪之士，役奸智以投之，如夜虫之赴火，内外混淆，庶官失才，名实反错，天
纲解纽，国政迭移于乱人，禁兵外散于四方，方岳无钧石之镇，关门无结草之
固。"（《文选》、《艺文类聚》十一，又见《群书治要》二十九，引自《全上古三
代秦汉三国六朝文》第五册，河北教育出版社，1997，第1308页）

轨要求出仕凉州的根本原因，它与西晋政府为弭平"凉州之乱"而需要去凉州，同是前凉政权产生的背景。

二　张轨的政治

唐朝人对十六国政权进行评价时指出："自晋永嘉之乱，皇纲失驭，九州君长，据有中原者甚众。或推奉正朔，或假名窃号，然其君臣忠义之节，经国字民之务盖亦勤矣。"[1]

张轨是以西晋封疆大吏的身份到达河西的，故肇基时期的前凉政权仍是西晋国家的一个地方政权，在晋愍帝建兴四年（316）西晋亡国前，一直如此。张轨无所谓"假名窃号"问题，他"杖顺为基"[2]，到死念念不忘效忠西晋王室。

张轨所遵循的政治方针是"尊晋攘夷"和"保宁域内"。他临终时遗令说：

> 文武将佐咸当弘尽忠规，务安百姓，上思报国，下以宁家。[3]

确定这样的方针是符合当时河西社会环境的要求的。

自东汉中期以后，伴随河西区域内民族矛盾和民族冲突的升级，凉州行政名存实亡。东汉末年，军阀混战，群雄竞起，东汉政府已完全失去驾驭凉州地方的能力。

> 献帝时，凉州数有乱，河西五郡去州隔远，于是乃

1　《隋书》卷33《经籍志二》，中华书局，1973，第964页。
2　《晋书》卷86《张轨传》，第2253页。
3　《晋书》卷86《张轨传》，第2226页。

别以为雍州。[1]

　　喧喧嚣嚣的"弃凉之议"这时终成事实。河西五郡也成
为汉族豪强势力和地方民族势力盘踞纵横之地。直到曹魏统
一黄河流域，重将凉州从雍州中划分出来，并对瘫痪散乱状
态进行整顿时，凉州社会动荡的余波仍未止息。如金城郡，
"丧乱之后，吏民流散饥穷，户口损耗"，其余各郡，乱事
迭起：

　　　　西平麹演叛，称护羌校尉。……后演复结旁郡为乱，
　　张掖张进执太守杜通，酒泉黄华不受太守辛机，进、华
　　皆自称太守以应之。又武威三种胡并寇钞，道路断绝。
　　武威太守毌丘兴告急于（苏）则。时雍、凉诸豪皆驱略
　　羌胡以从进等。[2]

　　边远郡县，散乱问题更为严重。如敦煌郡，"郡在西陲，
以丧乱隔绝，旷无太守二十岁。大姓雄张，遂以为俗"[3]。在
魏明帝任徐邈为凉州刺史、使持节护羌校尉后，徐邈花费了
很大气力才初步治理出一个头绪。

　　　　上修武威、酒泉盐池以收虏谷，又广开水田，募贫
　　民佃之，家家丰足，仓库盈溢。……渐收敛民间私仗，
　　藏之府库。然后率以仁义，立学明训，禁厚葬，断淫

1　《晋书》卷14《地理志》，第432~433页。
2　《三国志》卷16《魏书·苏则传》，第491~492页。
3　《三国志》卷16《魏书·仓慈传》，第512页。

祀，进善黜恶，风化大行，百姓归心焉。[1]

进入西晋，先是"凉州之乱"，使武威、金城一域又受到破坏。接着地方豪强又乘衅闹事，如"燉煌太守尹璩卒，州以燉煌令梁澄领太守事。议郎令狐丰废澄自领郡事。丰死，弟宏代之"[2]。直到咸宁二年（276），凉州刺史杨欣才平定了令狐家族的割据活动，将令狐宏"传首洛阳"。其他郡县也有类似问题发生。在张轨到凉州后，河西区域仍很不安宁。

　　　　于时鲜卑反叛，寇盗纵横。轨到官，即讨破之，斩首万余级，遂威著西州，化行河右。[3]

在河西暂时安定后，张轨在"尊晋攘夷"的方针和"保宁域内"的原则指导下，开始了一系列施政，其具体举措有以下几点。

举措之一是重整凉州政治。

"拔贤才"是张轨政治举措的首务。张轨将"拔贤才"的立足点牢牢放在河西著姓一边，他"以宋配、阴充、氾瑗、阴澹为股肱谋主"[4]。"宋配，字仲业，敦煌人。慷慨有大志，清素敦朴，不好华竞。"[5]开始，张轨委任他为司马，后

1　《三国志》卷27《魏书·徐邈传》，第739~740页。
2　《晋书》卷3《武帝纪》，第66页。
3　《晋书》卷86《张轨传》，第2221页。
4　《晋书》卷86《张轨传》，第2221~2222页。
5　汤球：《十六国春秋辑补》卷67《前凉录》，第481页。

擢为西平太守。自宋配起，宋氏一门在前凉政府中累世为官，如宋纤、宋矩、宋混、宋澄等都很显赫。氾瑗、阴充、阴澹也都是敦煌籍的河西大族，氾瑗任张轨中督护，阴澹后为敦煌太守。阴氏一门气势甚盛，有记载说："（张）轨保凉州，阴澹之力。"受张轨辟召的阴氏子弟很多，名见经传者有阴监、阴浚等。此外，自汉以来，"累世官族"的令狐家族和羌族酋豪北宫也受到张轨的隆遇。令狐亚任凉州别驾，令狐浏任治中，北宫纯为凉州的长史（后降前赵）。

张轨深知，河西的稳定，非仰仗河西著姓不可。因此，不惜用高官厚禄和崇礼卑辞罗致其中的代表人物，甚至屈驾枉顾，受拒于柴扉而不悔。如氾腾（一作氾胜），字无忌，敦煌人，举孝廉，除郎中。值天下兵乱，去官还乡里。"柴门灌园，琴书自适"，张轨征之为府司马，他谢绝说："门一杜，其可开乎？"[1]

受张轨征聘者中，以敦煌籍官僚居多。因此可以说前凉的肇基是安定官僚和敦煌官僚缔结政治联盟的结果。进入前凉政权的敦煌官僚视张氏为晋室的象征，对张氏家族竭尽忠诚。宋氏家族从宋配到宋矩，再到宋混，历仕前凉早、中、晚三个时期。屡挽张氏政治于危难之中，不惜身家性命。如宋混及其弟宋澄，当永和十年（354）张祚"僭称帝位"时，率其部曲聚众讨逆。粉碎张祚势力后，又与另一个篡逆者张瓘争，"瓘兄弟强盛，负其勋力，有篡立之谋。辅国宋混与弟澄共讨瓘，尽夷其属"[2]。最后，宋混等终因受到嫉恨而被

---

1 《晋书》卷94《隐逸传》，第 2438 页。
2 《晋书》卷86《张玄靓传》，第 2249 页。

"树党专权"的张邕灭族。

张轨依靠河西著姓势力，也不拒绝流徙河西的中原冠带。自永熙到永嘉，中州兵乱，秦陇倒悬，饱经忧患的西晋显贵和黎民百姓都将河西看作躲避战乱的好地方。如洛阳的太常卿挚虞对其友人讲："今天下方乱，避难之国，其唯凉土乎？"[1]为逃避战乱，许多官僚携家渡陇，投靠张轨。"中州避乱来者日月相继"[2]。张轨妥善安置他们，举其贤者，委以重任。如陈留江琼，原任晋冯翊太守，"永嘉大乱，琼弃官西投张轨，子孙因居凉土"[3]；另如杜骥，"京兆杜陵人也。高祖预，晋征南将军；曾祖耽，避地河西，因任张氏"[4]。这样一来，西州官僚势力又与中州官僚势力结合起来，前凉的政治基础也因此更加坚实。需要指出的是，像杜预这样的家族，无论其族姓阀阅的高贵，还是官爵势力的显赫，抑或文韬武略的成就，在西晋朝野都属一流。杜骥一门在前凉任职者有杜勋等，整个家族在前凉灭亡后才重返关中故里。在凉州共历四世，而四世为官。如杜骥兄杜坦自谓："本中华高族，晋氏丧乱，播迁凉土，世业相承，不殒其旧。"[5]像杜氏这样的家族投靠张轨，使前凉政权更有代表性和号召力。而且由于这些家族都有学术根基，也壮大了河西的士林队伍。所以，胡三省注《通鉴》说："永嘉之乱，中州之人士避地河西，张氏礼而用之，子孙相承，衣冠不坠，故凉州号为多

1 《晋书》卷51《挚虞传》，第1427页。
2 《晋书》卷86《张轨传》，第2225页。
3 《魏书》卷91《术艺传》，第1960页。
4 《宋书》卷65《杜骥传》，第1720页。
5 《资治通鉴》卷124宋文帝元嘉二十三年七月条，第3927页。

士。"[1]

张轨时期的选举沿袭了魏晋旧制，即实行察举、征辟和九品中正制。刺史部初建，即"征九郡胄子五百人"，并下令：

> 有司可推详立州已来清贞德素，嘉遁遗荣；高才硕学，著述经史；临危殉义，杀身为君；忠谏而婴祸，专对而释患；权智雄勇，为时除难，谄佞误主，伤陷忠贤；具状以闻。[2]

"有司"系指各郡县行政部门，"具状"即具其"品状"。在选举原则上，除重门第和官历外，根据名实两方面的要求，分志、才、忠、孝、节、义、雄、勇等项计资定品，尤重视"忠""义""节"传统。

> 初，汉末金城人阳成远杀太守以叛，郡人冯忠赴尸号哭，呕血而死。张掖人吴咏为护羌校尉马贤所辟，后为太尉庞参掾，参、贤相诬，罪应死，各引咏为证，咏计理无两直，遂自刎而死，参、贤惭悔，自相和释。轨皆祭其墓而旌其子孙。[3]

张轨"以儒学显"，深受儒家思想教育，在讲求名教治国上与西晋如出一辙，当西晋乱亡时，他强调忠、义、节，并贯穿于选举，从眼前看，能召唤更多亡官失职的官僚团结

---

1 《资治通鉴》卷123宋文帝元嘉十六年十二月条胡注，第3877页。
2 《晋书》卷86《张轨传》，第2224~2225页。
3 《晋书》卷86《张轨传》，第2222页。

在西晋的旗帜下共赴国难；从长远看，一旦西晋亡国，则可凝聚"晋民"的力量，同仇敌忾，实行保据。另外，遵循传统也符合河西"世笃忠厚"的民风民俗，有助于争取民心。因此"拔贤才"使"州中父老莫不相庆"。[1]

张轨将忠、义、节作为选举标准，对前凉政治的顺利发展起了很大作用。一方面，张轨以其对晋室的忠诚而备受中央信任，获得专制一方的权力。他遣主簿令狐亚觐见南阳王司马模，"模甚悦，遗轨以帝所赐剑，谓轨曰：'自陇以西，征伐断割，悉以相委，如此剑矣。'"[2]这等于为前凉划定了疆界。另一方面，有些地方大姓势力预谋颠覆张轨而搞的政变活动，也因忠臣义士节烈者纷纷挺身而出与仗义执言，不得不以失败告终。如永嘉三年（309），张轨患风痹，其子张茂摄领州事后发生的几次颠覆事件，都因颠覆者失道寡助而化解。第一件事是张镇之变。

> 酒泉太守张镇潜引秦州刺史贾龛以代轨，密使诣京师，请尚书侍郎曹祛为西平太守，图为辅车之势。轨别驾麹晁欲专威福，又遣使诣长安，告南阳王模，称轨废疾，以请贾龛。而龛将受之。其兄让龛曰："张凉州一时名士，威著西州，汝何德以代之！"龛乃止。更以侍中爰瑜为凉州刺史。治中杨澹驰诣长安，割耳盘上，诉轨之被诬，模乃表停之。[3]

1 《晋书》卷86《张轨传》，第2225页。
2 《晋书》卷86《张轨传》，第2223页。
3 《晋书》卷86《张轨传》，第2223页。

第二件事是张越之变。

> 晋昌张越，凉州大族。谶言张氏霸凉，自以才力应
> 之。……越志在凉州，遂托病归河西，阴图代轨，乃遣
> 兄镇及曹祛、麹佩移檄废轨，以军司杜耽摄州事，使耽
> 表越为刺史。[1]

这次事变闹得沸沸扬扬，连张轨都难以自持，派主簿尉
髦入长安请求朝廷准许自己去官而归老宜阳。在此情势下，
群僚纷纷劝谏：

> 长史王融、参军孟畅蹋折镇檄，排阁入谏曰："晋室
> 多故，人神涂炭，实赖明公抚宁西夏。张镇兄弟敢肆凶
> 逆，宜声其罪而戮之，不可成其志也。"轨嘿然。融等
> 出而戒严。武威太守张琠遣子坦驰诣京，表曰："魏尚安
> 边而获戾，充国尽忠而被谴，皆前史之所讥，今日之明
> 鉴也。"[2]

有些话言真情切：

> 刺史之莅臣州，若慈母之于赤子，百姓之爱臣轨，
> 若旱苗之得膏雨。伏闻信惑流言，当有迁代，民情嗷
> 嗷，如失父母。今戎夷猾夏，不宜搔动一方。[3]

---

1 《晋书》卷86《张轨传》，第2223页。
2 《晋书》卷86《张轨传》，第2224页。
3 《晋书》卷86《张轨传》，第2224页。

在张玳等支持下，张轨以子张寔为中督护，率兵讨镇。又派遣张镇的外甥令狐亚晓谕张镇说："主公西河著德，兵马如云"，"今数万之军已临近境，今唯全老亲，存门户，输诚归官，必保万全之福"[1]。张镇流涕痛哭，悔恨不已，于是，诿罪功曹鲁连，将其斩首谢罪于张寔。王融、孟畅、张玳、令狐亚反对政变，支持张轨，一方面说明凉州士民不愿再看到凉州出现动乱，另一方面也说明张轨实行的政策颇得人心。

举措之二是弭平河西鲜卑的反晋军事活动，并选择姑臧为政治、军事中心。

永宁元年后的凉州，"凉州之乱"的大规模战事已经结束。早在咸宁五年（279），树机能领导的河西鲜卑主力部队已被马隆击垮，树机能本人也被马隆杀掉。但"凉州之乱"的余波并未完全平息，是张轨最终解决了这个问题。

> 永兴中（304~306），鲜卑若罗拔能皆为寇，轨遣司马宋配击之，斩拔能，俘十余万口，威名大震。[2]

弭平河西乱事后，张轨吸取以往胡烈、牵弘等对"羌胡"民族"不善抚驭"的教训，收编鲜卑余部，组织成驰名天下的凉州"胡骑"，用于勤王护驾和南征北讨。

---

1 《晋书》卷86《张轨传》，第2224页。

2 汤球：《十六国春秋辑补》卷67《前凉录》，第482页。按：《前凉录》云永兴二年张轨平鲜卑"大破姑臧"（第482页），若如此，则从永宁元年（301）至永兴二年（305），其间四年时间张轨行政是在金城进行的，张轨在金城祭阳成远之墓事可为旁证。《晋书》卷86《张轨传》记为"大城姑臧"（第2224页）。

为了利用河西走廊的地理优势和实现控摄长远的战略意图，在驱逐了占据姑臧的鲜卑势力后，张轨立即进驻姑臧。姑臧，西汉前期是匈奴休屠王领地。

> 大城姑臧，其城本匈奴所筑也，南北七里，东西三里，地有龙形，故名卧龙城。[1]

匈奴称此城为"盖藏城"。河西四郡设置后，姑臧成为河西走廊东部咽喉。它北临大漠（腾格里沙漠），南接南山（祁连山），东有洪池岭（乌鞘岭），地势险要，易守难攻。加之物产丰富，人文繁殷，在凉州刺史部设置后，这里一直是河西走廊的政治和经济中心。曹魏明帝时徐邈为凉州刺史，多年兴治，"立学明训"，文教也发展起来。嘉平中（249~254），武威郡学正式在姑臧设立，"郡官果起学馆，筑双阙于泉上，与东门正相望矣"[2]。张轨进驻姑臧，不仅掌握了河西走廊锁钥，而且尽拢了凉州地利人文条件，为后来前凉保据战略的实现奠定了基础。

张轨之后，姑臧城几经扩建。张茂永元元年（320）至永元三年（322），根据"王公设险、武夫重闭"的政治和战略原理，"大城姑臧"[3]。又筑灵钧台，张骏时再修谦光殿。[4]

---

1 《晋书》卷86《张轨传》，第2222页。
2 《晋书》卷86《张轨传》，第2222页。
3 《晋书》卷86《张茂传》，第2222页。洪亮吉《十六国疆域志》卷7引《艺文类聚》云："王隐《晋书》作'南北七十里，东西三十里'。按，两'十'字盖衍。"《二十五史补编》第三册《十六国疆域志》，中华书局，1955，第86页（总第4168页）。
4 《晋书》卷86《张骏传》，第2237页。

姑臧城和谦光殿除作为前凉政府中枢所在之外，也是后来后凉、南凉、北凉的军政重地。张骏时期，随着政治的发展和经济文化的繁荣，姑臧城内已是楼台殿阁鳞次栉比，论道有闲豫堂，迎宾有宾遐观，飞檐斗拱，雄伟壮丽。加上佛寺塔庙，学馆书屋以及稠密如织的店肆、军营、民宅，成为真正的军政要镇和名城大都。而这一切，都肇自张轨。

举措之三是尊奖西晋王室。

尊奖西晋王室是张轨确立的一项基本政治原则。从张轨起，它由一系列举措体现出来，并持之以恒，影响到后世。特别是晋怀帝永嘉（307~313）年间，由匈奴人刘渊和羯人石勒发动的北方民族反晋军事活动步步高涨，西晋王朝将要被摧毁之际，张轨更对晋室表现出超乎寻常的忠诚。永嘉元年，"王弥起兵反，寇青、徐二州"，而"并州诸郡皆为刘元海所陷，刘琨独保晋阳"；二年，"石勒寇常山"，"刘元海侵汲郡，略有顿丘、河内之地；王弥寇青、徐、兖、豫四州。夏四月丁亥入许昌，诸郡守皆奔走。五月甲子，弥遂寇洛阳"，"冬十月甲戌，刘元海僭帝号于平阳，仍称汉"。[1]截至永嘉四年前，刘聪、王弥、石勒的军队横扫中原和关东大地，西晋诸镇望风披靡。永嘉四年（310），石勒大军进抵洛阳。"京师饥，东海王越羽檄征天下兵。帝谓使者曰：'为我语诸征镇，若今日，尚可救，后则无逮矣。'时莫有至者。"[2]此时，唯有凉州张轨在为晋怀帝效命。永嘉二年，王弥围攻洛阳，张轨出兵勤王：

---

1 《晋书》卷5《怀帝纪》，第116、118页。

2 《晋书》卷5《怀帝纪》，第121页。

> 轨遣北宫纯、张篡、马鲂、阴濬等率州军击破之，
> 又败刘聪于河东，京师歌之曰："凉州大马，横行天下。
> 凉州鸲鹆，寇贼消；鸲鹆翩翩，怖杀人。"帝嘉其忠，
> 进封西平郡公，不受。[1]

到永嘉四年，西晋危在旦夕，"于时天下既乱，所在使
命莫有至者，轨遣使贡献，岁时不替。朝廷嘉之，屡降玺书
慰劳"[2]。这时洛阳城中因物资极端匮乏而陷入绝境，如史所
载，"至是饥甚，人相食。百官流亡者十八九。"[3]当着西晋王
公大臣死散流离而晋怀帝嗷嗷待哺时，张轨仍恪尽职守。

> 遣治中张阆送义兵五千及郡国秀孝贡计、器甲方物
> 归于京师。……光禄傅祇、太常挚虞遗轨书，告京饥
> 匮，轨即遣参军杜勋献马五百匹、毯布三万匹。帝遣使
> 者进拜镇西将军、都督陇右诸军事，封霸城侯，进车骑
> 将军、开府辟召、仪同三司。策未至，而王弥遂逼洛
> 阳，轨遣将军张斐、北宫纯、郭敷等率精骑五千来卫
> 京都。[4]

在洛阳被刘曜攻破后，张斐、郭敷等都为晋室殉难。直
到晋怀帝被刘曜俘获押解到平阳（今山西临汾），张轨与其

---

1 《晋书》卷86《张轨传》，第 2223 页。
2 《晋书》卷86《张轨传》，第 2223 页。
3 《晋书》卷5《怀帝纪》，第 122 页。
4 《晋书》卷86《张轨传》，第 2224~2225 页。

臣僚仍执忠不已，冀望以一州之师保全西晋。史称"太府主簿马鲂言于轨曰：'四海倾覆，乘舆未反，明公以全州之力径造平阳，必当万里风披，有征无战。未审何惮不为此举？'轨曰：'是孤心也。'"[1]实际上，西晋在中原的统治已入尾声，大厦将倾，孤木难支。

永嘉七年（313），晋武帝之孙秦王司马邺在雍州贾疋及凉州麹允拥戴下，在长安建立流亡政府。张轨以鞠躬尽瘁、死而后已的态度，立即做出了政治和军事上的反应：

> 又闻秦王入关，乃驰檄关中曰："主上遘危，迁幸非所，普天分崩，率土丧气。秦王天挺圣德，神武应期，世祖之孙，王今为长。凡我晋人，食土之类，龟筮克从，幽明同款。宜简令辰，奉登皇位。今遣前锋督护宋配步骑二万，径至长安，翼卫乘舆，折冲左右。西中郎（张）寔中军三万，武威太守张琠胡骑二万，骆驿继发，仲秋中旬会于临晋。"
>
> 俄而秦王为皇太子，遣使拜张轨为骠骑大将军、仪同三司，固辞。[2]

这次凉州拟派步骑七万匡扶晋室，声势之大可想而知。后来宋配所率军队因秦州刺史裴苞与东羌校尉贯兴"拒险断使"，不得不中途用于对裴、贯作战，后继部队也因此不能成行。虽然如此，也给初即位的晋愍帝以很大安慰。下诏

---

1 《晋书》卷86《张轨传》，第2225页。

2 《晋书》卷86《张轨传》，第2225页。

琅琊王司马睿，指令他借"凉州刺史张轨乃心王室，边旗万里，已到汧陇"[1]的声势，传檄扬、雍、梁诸州遣军入辅。当此之时，张轨已病入膏肓。晋怀帝以张轨年老功高，在建兴元年（313）再遣使封拜张轨为镇西大将军、西平郡公，进位司空，张轨仍"固让"不受。第二年，晋愍帝再遣大鸿胪陇西望族辛攀"拜轨侍中、太尉、凉州牧、西平公，轨又固辞"[2]。

张轨病逝前，除留下"弘尽忠规"的遗令外，还遗嘱其子孙府佐俭为善后：

> 素棺薄葬，无藏金玉。善相安逊，以听朝旨。[3]

张轨死后两年，西晋长安政权被刘曜摧毁。从此，从河西出陇右的道路被前赵切断，加之巴蜀由成汉李雄割据，当建武元年（317）东晋在江南立国时，前凉已难以和东晋取得政治联系，张轨确立的"尊奖晋室"原则，也逐渐变为一种政治象征。

张轨以尊奖西晋王室为基本政治原则和举措，这适应西晋末年北方政治总体形势发展的要求。因为当民族矛盾上升为社会主要矛盾时，垂危中的西晋政府便成了"晋民"所能寄托民族凝聚力的唯一偶像，即所谓的"正朔所在"。这使它统治的腐朽性、垂死性因蒙上民族战争的血光而呈现某种光泽，有了一定感召力和激励性。"尊奖晋室"也因此

---

1 《晋书》卷5《愍帝纪》，第127页。
2 《晋书》卷86《张轨传》，第2226页。
3 《晋书》卷86《张轨传》，第2226页。

而产生唤起汉族民众的作用。如张寔叔父张肃所说，这叫"狐死首丘，心不忘本"[1]。有这样的道理在内，纵然后来"尊奖晋室"已徒具其仪，成为外交策略，但张氏仍对它锲而不舍。如张寔，在西晋覆亡前夕还派遣督护王该"送诸郡贡计，献名马、方珍、经史图籍于京师"，并按诏示"率众以援京城"[2]。另外，当驻在陇右的南阳王司马保谋称尊号时，张寔非但不受假命，反派蔡忠奉表去江南向司马睿劝进。

张轨的政治举措之四是平定分裂割据活动和抑制地方豪强。

当永兴二年张轨受晋惠帝晋封为安西将军后，已成为名副其实的西州藩镇，他有权力为西晋"戡乱伐叛"和对"图谋不轨"者兴师问罪。而张轨也夙夜匪懈，从西晋王室和地方利益两方面着眼，平定了一次次在陇右和河西发生的分裂割据活动。

首先是平定秦州之乱，发生在任安西将军的当年。是年五月，西晋以张辅为秦州刺史。张辅到秦州后，"杀天水太守封尚，欲以立威，又召陇西太守韩稚。稚子朴勒兵击辅，辅军败，死"[3]。由张辅擅杀而引起的韩稚造反，使陇右政局动荡，并将演成分裂割据。在此形势下，少府司马杨胤建议张轨兴兵讨韩。杨胤指出："今稚逆命，擅杀张辅。明公杖钺一方，宜惩不恪，此春秋之义。"张轨按照杨胤建议，"遣

---

1 《晋书》卷86《张寔传》，第2228页。

2 《晋书》卷86《张寔传》，第2227页。

3 《资治通鉴》卷86晋惠帝永嘉二年六月条，第2708页。而《晋书》卷86《张轨传》载："永嘉初，会东羌校尉韩稚杀秦州刺史张辅。"（第2222页）

中督护氾瑷率众二万讨之"[1]。出兵之前，先作书对韩稚晓以大义，指出：

> 今王纲纷扰，牧守宜勠力勤王。适得雍州檄，云卿称兵内侮。吾董任一方，义在伐叛，武旅三万，骆驿继发。伐木之感，心岂可言！古之行师，全国为上，卿若单马军门者，当与卿共平世难也。[2]

韩稚见书后归降，使陇右避免了分裂和兵刃。

其次是平定发生在永嘉四年的湟中之乱。此前，张越、张镇兄弟颠覆张轨的图谋因令狐亚的规劝而作罢。事后，西晋命令张轨诛除割据西平的曹祛，消灭叛乱势力。曹祛惊恐，逃出西平。张轨命张寔率尹员和宋配带步骑三万追歼，并部署从事田迥和王丰带八百轻骑从姑臧西南绕道而出，先占据长宁（今青海西宁市北），以截断曹祛退路。曹祛使部下麴晁与田、王拒战，自己则率部向东突围。这时张寔所率凉军主力已暗中绕过浩亹并在破羌一举击溃曹祛，"斩祛及牙门田嚣"[3]。湟中局势暂时稳定。

张轨还平定了胡瑁、裴苞、麴儒等的分裂割据活动。

当司马邺播迁长安时，金城太守胡瑁反叛。张轨遣都护宗毅、治中令狐浏讨伐。据说渡河时有白鱼跃入船中。"浏曰：'鱼，鳞物。虏必解甲归我矣。'瑁果请降，轨宥

---

1 《晋书》卷86《张轨传》，第2222页。
2 《晋书》卷86《张轨传》，第2222页。
3 《晋书》卷86《张轨传》，第2224页。

之。"[1]此前，张轨派往长安"翼卫乘舆"的宋配也受阻于秦
州刺史裴苞和东羌校尉贯兴。而曹祛余党麹儒等再次生事，
强迫前福禄县（治今甘肃酒泉市）令麹恪为首，劫持酒泉
太守赵彝，响应秦州裴苞，试图与裴苞等东西呼应，实现
割据。为解除来自东、西两翼的威胁，张轨下令宋配、阴
预等讨伐裴、贯，另命张寔由湟中回师，讨伐麹儒。宋配、
阴预击溃裴苞，而张寔也平定了麹儒，将"元恶"六百家
徙离故地。

张轨死后，因张寔和张茂兄弟名威尚轻，河西域内地
方豪强势力颠覆张氏和武断乡曲的事屡有发生。张寔兄弟
贯彻其父"抚宁域内"的方针，在镇压分裂割据活动之外，
对豪强大姓势力的反抗活动也雷厉风行地进行镇压。如张
寔六年（318）镇压了发生在姑臧的阎沙之乱，张寔亦因之
而死。

> 京兆人刘弘者，挟左道，客居天梯第五山，然灯悬
> 镜于山穴中为光明，以惑百姓，受道者千余人，寔左右
> 皆事之。帐下阎沙、牙门赵仰皆弘乡人，弘谓之曰："天
> 与我神玺，应王凉州。"沙、仰信之，密与寔左右十余
> 人谋杀寔，奉弘为主。寔潜知其谋，收弘杀之。沙等不
> 之知，以其夜害寔。[2]

张茂有鉴于"亡兄怛然，失身于物"，在加强姑臧城防

1　汤球：《十六国春秋辑补》卷67《前凉录》引《太平御览》卷935，第485页。
2　《晋书》卷86《张寔传》，第2230页。

之外，对一些有野心的豪强势力则加大力度予以打击。杀贾
搴便是其中一例：

> 凉州大姓贾搴，（张）寔之妻弟也，势倾西土。先
> 是，谣曰："手莫头，图凉州。"茂以为信，诱而杀之。
> 于是豪右屏迹，威行凉域。[1]

张轨对由一些地方官僚和豪强势力发动的分裂割据活动
所采取的镇压措施，有的是为维护西晋统治的"一统性"，
有的是为了强化自己家族在凉州的政治地位和威望，但客
观效果是积极的，因为它有助于实现政治稳定和区域的安
宁，也有助于防微杜渐，使整个河西在后来数十年中保持
完整统一。

张轨的政治举措之五是振兴文教和倡导教化。

前凉从西晋派生出来，而西晋是以"名教治国"的。另
外，张轨及其支持者又大都为儒学名流，深知儒家思想对
维系封建政治所起的作用。因此，从一开始，张轨便视振
兴教育与倡导教化为其治理凉州的根本。他"征九郡胄子
五百人，立学校，始置崇文祭酒，位视别驾，春秋行乡射
之礼"[2]。崇文祭酒相当于文学祭酒、儒林祭酒等，是州级学
官。在国学则称国子祭酒或博士祭酒。"百官表注曰：博士
祭酒一人，掌国子学"[3]，"齐职仪曰：晋令，博士祭酒掌国

---

1 《晋书》卷86《张茂传》，第2232页。
2 《晋书》卷86《张轨传》，第2222页。
3 《艺文类聚》卷46《职官部二·祭酒》，第829页。

子生"[1]。张骏时，"以右长史任处领国子祭酒"[2]；张祚时，曾"以安车束帛征（郭荷）为博士祭酒，使者迫而致之。及至，署太子友。荷上疏乞还，祚许之，遣以安车蒲轮送还张掖东山"[3]。当晋末大乱，学校制度已陷废弛之际，张轨在凉州设立学馆，延师明训，又立制崇文祭酒"位视别驾"，享受"从刺史行部，别乘传车"[4]的殊荣，这表示了他文教兴邦的壮志和移风易俗的决心。他深知下述道理：

> 古之建国君民者，必教学为先，将以节其邪情，而禁其流欲，故能化民裁俗，习与性成也。是以忠孝笃焉，信义成焉，礼让行焉。尊教宗学，其致一也。[5]

虽然，张轨将教育和培养士族子弟列为学馆的主要任务，但由于征聘名士入馆执教，无疑也会对弘扬学术文化起到促进作用，有助于中原文化在河西地域的传播，有助于保存中原文化和提高河西区域文明程度。

张轨不仅立学，而且劝学。"行乡射之礼"是劝学的方式。汉代太学行此礼："后汉质帝本初元年，诏大将军以下至六百石悉遣子弟就学，春秋辄于乡射月一会，有劝勉进用之端。于是游学者增至三万余生。"[6]

1　《艺文类聚》卷 46《职官部二·祭酒》，第 830 页。

2　汤球：《十六国春秋辑补》卷 70《前凉录》，第 502 页。

3　《晋书》卷 94《隐逸·郭荷传》，第 2454 页。

4　《通典》卷 32《职官·总论州佐》，典 185 上。

5　《南齐书》卷 9《礼志》引曹思文《上东昏侯止废学表》，中华书局，1972，第 144 页。

6　《通典》卷 53《礼·大学》，典 301 下。

张轨振兴教育和倡导教化的举措，为其后世及其余诸凉的兴文理学树立了典范。由于张轨将儒学作为学校教育的基本内容，将"文治兴邦"和"教化齐俗"作为学校教育的基本目的，加上察举和征辟以忠、节、义为选格，从而将文教与前凉初期的政治紧密结合起来，既培养了大批封建人才，也使河西一步步走向安定，河西文化也繁荣起来。所以，北魏时期有人称赞张轨尊教崇学的功劳和遗惠说：

> 凉州虽地居戎域，然自张氏以来，号有华风。[1]

张轨的政治举措之六是设置侨郡县，接纳和安置中原流民。

自晋惠帝永宁元年中原陷于战乱，到晋怀帝永嘉中匈奴和羯人起兵，黄河中下游成为军阀军队和民族酋豪的骑兵纵横驰骋的疆场，广大汉族和内徙民族的平民百姓横遭屠杀，惨遭蹂躏。在锋镝之余，大量百姓辗转流离，过着国非国、家非家的生活。在中原人口纷纷为躲避战乱向淮南、江南、巴汉、辽东等区域迁徙时，张轨坐镇的凉州也成为中原流民瞩目的地方。特别是官僚和士人，他们带着对自己身家性命的忧虑，希望找到一块"遗种"之地。因为河西远离乱源，再加上张轨倡名教与兴政治的活动，中原人对河西更加向慕。

> 秘书监缪世征、少府挚虞夜观星象，相与言曰："天下方乱，避难之国唯凉土耳。张凉州德量不恒，殆

---

[1] 《魏书》卷52《胡叟传》，第1150页。

其人乎！"[1]

因此，从"八王之乱"到"永嘉之乱"中，"中州避难来者日月相继"[2]。

为了安置避难者，张轨到凉州不久便上表西晋政府：

> 请合秦雍流移人于姑臧西北，置武兴郡，统武兴、大城、乌支、襄武、晏然、新鄣、平狄、司监等县。又分西平界置晋兴郡，统晋兴、枹罕、永固、临津、临鄣、广昌、大夏、遂兴、罕唐、左南等县。[3]

张轨设立侨郡县之举，比后来东晋政府在淮南、江南采取的同样举措要早十多年。中原流民大量迁徙到河西，对河西经济的开发，对前凉政治和文化的发展，都带来了积极的影响。

张轨死于晋愍帝建兴二年（314），死时六十岁。他治理凉州十三年，是前凉封建割据政治的奠基人，也是五凉政权的开创者，他的活动卓有成效，受到史家赞誉。

第二节　割据局面的演成

张轨死后，子张寔及其弟张茂先后摄理州事。

---

1 《晋书》卷86《张轨传》，第2222页。
2 《晋书》卷86《张轨传》，第2225页。
3 《晋书》卷14《地理志》，第434页。

　　张寔及其弟张茂摄理凉州政务时期，前凉政权的封建割据政治局面逐步演成。封建割据局面演成有两个方面的历史原因：一是中原政治形势的变化，即由北方少数民族反晋军事活动而导致的西晋王朝覆亡；二是河西政治形势的变化，即张寔、张茂继续强化张氏家族对河西的保据，以陇为界，形成与前赵政权的对峙。

　　张寔，字安逊，张轨长子，他"学尚明察，敬贤爱士"[1]，因自幼随父亲生活在洛阳，深受中原文化熏陶和政治影响。他早年以察举入仕，自秀才为尚书郎。"永嘉之乱"发生后受西晋政府委任为骁骑将军。正当中原饱罹战乱、士民百姓纷纷避乱外逃之际，张寔也力辞骁骑之任，请求追随父亲到凉州任职。西晋政府批准他的请求，将他"改授议郎"[2]。到凉州后，他受命镇压内乱，诛曹祛，"徙元恶六百余家"[3]，因功受晋怀帝分封，为建武亭侯。不久，转为西中郎将、福禄县侯。永嘉五年（311）后，其父张轨患风痹病不能主政，由他代理凉州政务。摄政期间，惧有人滋事，隐密其父病情，"闭绝音问，莫能知者"[4]。在晋愍帝即位长安后，他受任为西中郎将，领护羌校尉，第二年（314），张轨病故，他以世子名分被凉州官僚推尊摄理凉州政务，继而正式受晋愍帝册封，为持节都督凉州诸军事、西中郎将、凉州刺史、领护羌校尉、西平郡公。建兴二年，成为张轨政治的合法继承人，在位前后五年（314~319）。

1　《晋书》卷 86《张寔传》，第 2226 页。
2　汤球：《十六国春秋辑补》卷 68《前凉录》，第 487 页。
3　《晋书》卷 86《张轨传》，第 2226 页。
4　《魏书》卷 99《私署凉州牧张寔传》，第 2193 页。

张茂，字成逊，张寔母弟，他"虚靖好学，不以世利婴心"[1]。晋愍帝即位，南阳王司马保征辟他为从事中郎，继而推荐他担任黄门散骑侍郎和中垒将军等职，均被他推辞。建兴二年，晋愍帝征他为侍中，接着又策任他平西将军、秦州刺史，加散骑常侍，命他主持雍州军政，而他以父亲年迈久病为由，一并拒而不受。当大兴三年（320）张寔被阎沙等谋杀后，"左司马阴充等，以寔子骏冲幼，宜立长君。州人乃推茂为大都督、太尉、凉州牧，茂不从，但受使持节平西将军、行都督凉州诸军事、护羌校尉、凉州牧、西平公"[2]。在位共五年（320~324）。

张寔以张轨世子嗣位，这是州府政治转为家族政治的开端。

张寔嗣位时，西晋政权已处在崩溃前夕。建兴二年，刘曜军队连续对关中实行游击战术，使西晋守军鞍马劳顿，疲于奔命。"六月，刘曜、赵冉寇新丰诸县，安东将军索琳讨破之"，"秋七月，曜、冉等又逼京都，领军将军麹允讨破之"。[3] 到建兴三年六月，刘曜军队盗挖西汉霸、杜二陵；十月，攻占冯翊。

面对西晋将亡的形势，张氏兄弟必须在"报国"与"宁家"中进行选择。张茂借口父亲老病，不应晋愍帝征召到秦

---

1 《晋书》卷86《张茂传》，第2230页。

2 汤球：《十六国春秋辑补》卷68《前凉录》，第491页。《晋书》卷86《张寔传》："子骏，年幼，弟茂摄事。"（第2230页）《晋书》卷86《张茂传》："太兴三年，寔既遇害，州人推茂为大都督、太尉、凉州牧，茂不从，但受使持节、平西将军、凉州牧。"（第2231页）

3 《晋书》卷5《愍帝纪》，第128页。

雍去为官，便是一种选择。而张寔作为张轨的继承人，其
选择的难度就更大些。首先，他不能不遵从父亲遗命，继
续"弘尽忠规"。这一点，他是做到了。有两件事可以说明。
第一件是送玉玺事。

> 张寔元年（314），兰池长赵痴上言：军士张冰于青
> 涧水中得一玉玺，钳钮，光照水外，文曰"皇帝玺"。
> 群僚上贺称德。寔曰："孤常忿袁本初拟肘，诸君何忽有
> 此言！"乃送之于京师。[1]

胡三省为此事作注说："晋诸征、镇能知君臣之分者，张
氏父子而已。"[2] 第二件是派王该勤王和入贡事。建兴四年
（316），"寔遣将军王该帅步骑五千入援长安，且送诸郡贡
计"[3]。后王该所率凉州军队与镇军将军胡崧合兵，在长安城
西担任防御，直到城破。鉴于张氏父子执忠不贰，晋愍帝在
投降刘曜的前夜，下诏张寔寄以重托说：

> 君世笃忠亮，勋隆西夏，四海具瞻，朕所凭赖。今
> 进君大都督、凉州牧、侍中、司空，承制行事。琅琊
> 王（指司马睿）宗室亲贤，远在江表。今朝廷播越，社
> 稷倒悬，朕以诏王，时摄大位。君其挟赞琅琊，共济艰

---

1 汤球：《十六国春秋辑补》卷68《前凉录》，第488页。又《晋书》卷86《张
寔传》略同（第2227页）。另《晋书·愍帝纪》记永兴三年十二月，"凉州刺
史张寔送皇帝行玺一纽"。（第129页）
2 《资治通鉴》卷89晋愍帝建兴三年十月条，第2826页。
3 《资治通鉴》卷89晋愍帝建兴四年四月条，第2831页。

运。若不忘主，宗庙有赖。明便出降，故夜见公卿，属以后事，密遣黄门郎史淑、侍御史王冲赍诏假授。临出寄命，公其勉之！[1]

当然，在"弘尽忠规"之外，鉴于西晋亡国而琅琊王司马睿又"远在江表"的形势，张寔还必须做出自己的打算，即积蓄力量准备对付刘曜的西侵。这决定了张寔不能不对政治方略做出某些改变，使其更带有凉州本位性和家族利益性。从主观上说，张氏的割据倾向就从这里滋生。西晋亡国时张寔的政治、军事决策也在朝这个倾向发展。这同样有几件事可以说明。

第一件事是"竞自尊树"。在给晋室送玉玺的次年，即嗣位的第二年初，张寔下令：

> 忝绍前踪，庶几刑政不为百姓之患，而比年饥旱，殆由庶事有缺。窃慕箴诵之言，以补不逮。自今有面刺孤罪者，酬以束帛；翰墨陈孤过者，答以筐篚；谤言于市者，报以羊米。[2]

贼曹佐高昌隗瑾进言说：

> 圣王将举大事，必崇三讯之法，朝置谏官以匡大理，疑承辅弼以补阙拾遗。今事无巨细，尽决圣虑，兴

---

1 《晋书》卷86《张寔传》，第2228页。
2 《晋书》卷86《张寔传》，第2227页。

军布令，朝中不知，若有谬阙，则下无分谤。窃谓宜偃聪塞智，开纳群言，政刑大小，与众共之。若恒内断圣心，则群僚畏威而面从矣。善恶专归于上，虽赏千金，终无言也。[1]

张寔以"增位三等，赐帛四十匹"褒奖了隗瑾。此事反映出三层含义，一是张寔罪己，意在邀取令名。罪己缘由，他自陈是为"比年饥旱，殆由庶事有缺"，实则表明他要将"尊晋攘夷"转移到内修政理方面。二是张寔已按"建邦命氏"的程序和礼仪处理"国事"，高昌隗瑾"圣王将举大事"揭示了这一点。三是张寔时，州府权力已完全集中在张氏家族手中，"兴军布令，朝中不知"，"群僚畏威而面从"。[2]

第二件事是保存实力，并强化陇右防务。史载：

建威将军、西海太守张肃，寔叔父也，以京师危逼，请为先锋击刘曜。寔以肃年老，弗许。肃曰："狐死首丘，心不忘本；钟仪在晋，楚弁南音。肃受晋宠，剖符列位。羯逆滔天，朝廷倾覆，肃宴安方裔，难至不奋，何以为人臣！"寔曰："门户受重恩，自当阖宗效死，忠卫社稷，以申先公之志。但叔父春秋已高，气力衰竭，军旅之事非耄耋所堪。"乃止。既而闻京师陷没，肃悲愤而卒。[3]

---

1 《晋书》卷86《张寔传》，第2227页。又汤球《十六国春秋辑补》卷68《前凉录》(第488页)同。
2 《晋书》卷86《张寔传》，第2227页。
3 《晋书》卷86《张寔传》，第2228页。

张寔不许张肃为晋赴难，而当长安使臣史淑等抵达姑臧后，又借口天子蒙尘，不拜晋使；得知晋愍帝已被刘曜俘往平阳，大临三日延稽岁月，才派遣太府司马韩璞和灭寇将军田齐、抚戎将军张阆、前锋督护阴预等率步骑一万，会同陇西兵马同赴国难，但又戒令韩璞"督五将兵事当如一体"，不得有违机信，不得有乖异之闻。与此同时，张寔又传信给南阳王司马保，陈述自己的苦衷，说"孤州远域，首尾多难"，又说此前派贾骞等带军增援，而军未渡陇闻朝廷倾覆，并表白说："为忠不达于主，遣兵不及于难，痛慨之深，死有余责。今更遣韩璞等，唯公命是从。"[1] 另外，他放出风声说韩璞在南安与断路的羌人相持百余日，粮尽矢尽，杀驾牛饷军后，兵士奋力战斗，直到张阆率领金城军队赶到才打败羌人。如此云云，无非是造成一种不是不出兵赴难，只因鞭长难及的舆论。至于羌人为何挡道，张阆为何在受命出军百余日后才率领金城军队抵达南安，还有为何戒令韩璞统军不能有所"乖异"等，这一切都是机密，故语焉不详，难以为外人道。但稍加分析，便知其中隐情。其实，不许张肃出兵，一是因张肃为张氏宗室，且年老偏执，只知"为人臣"之道，而不懂"全门户"之理。许其出兵，定然是有去无还，损兵折将。分析张寔所说"户门受重恩，自当阖宗效死"的话语，肯定是受到张肃有关指责后，在为自己申辩。说完了事，并不见诸行动。另外，派韩璞统率陇西兵马向东，旨在集结军队，形成陇右防线，以备东境不虞，主要是为防御司马保西进和刘曜西侵。向司马

---

1 《晋书》卷86《张寔传》，第2229页。

保解释"兵不及难"的原因，正在于掩人耳目，免招疑惑，此所谓"兵者，诡道耳"。

总之，在西晋亡国之际，张寔已在推行"保据"策略，故对"勤王"表现得非常消极。这一态度给鹄企西望的长安士民带来极大失望和悲凉。刘曜军队的杀戮，加上陇右又有焦崧、陈安聚众进行骚扰，"雍秦之人死者十八九"[1]，失望之余，长安百姓作民谣说："秦川中，血没腕，惟有凉州倚柱观。"[2]到西晋亡国时，张寔政治上的转变最终得到了印证。

第三件事是遥尊司马睿与近拒司马保。张寔四年（317），焦崧、陈安的军队进攻上邽，南阳王司马保派使者向张寔求救。张寔以金城太守窦涛为轻车将军，率领威远将军宋毅以及和苞、张阆、宋辑、辛韬、张选、董广等人，率步骑二万前往支援。行军到新阳（今甘肃秦安县东南），接到愍帝在平阳被杀的消息。张寔因愍帝有"挟赞琅琊"的遗诏，加上张诜等又说南阳王司马保有"谋称尊号"的野心，建议他从速上表江南，劝司马睿即位，于是，张寔派牙门将蔡忠为使节，往建康献表。第二年，司马睿即位，是为东晋元帝，改元大兴，而"寔犹称建兴六年，不从中兴之改也"[3]。在愍帝被杀后，司马保也在上邽称晋王，并署张寔为征西大将军。但不久，司马保被陈安逐出上邽逃往祁山（今甘肃西和县西北）。继而韩璞驱逐陈安，迎司马保重返上邽。如此反复，司马保先后两次向张寔乞师，张寔两次派兵相助。第二年刘

1 《晋书》卷86《张寔传》，第2229页。
2 《晋书》卷86《张寔传》，第2229页。
3 汤球：《十六国春秋辑补》卷68《前凉录》，第490页。又《晋书》卷86《张茂传》（第2230页）略同。

曜发兵攻陇右，司马保无力抵挡。准备投奔河西时，张寔却"以其宗室之望，若至河右，必动物情，遣其将阴监逆保。声言翼卫，实御之也"[1]。未几，司马保被其将张春、杨次所杀。死后，其部众一万余人逃到凉州投奔张寔。

张寔奉表劝司马睿即帝位，但又不尊用东晋大兴年号而仍称"建兴"，这一方面表明他仍做西晋遗臣的态度，另一方面也表明对"尊奖晋室"的原则和举措已有所修改。表面上帮助司马保，实际上拒纳南阳王司马保入河西，是担心司马保会取代自己家族的地位，给保据事业带来不利的影响。对待司马家族各支势力的不同态度和措置，表现了敬而远之的策略，这个策略在后来的割据政治中还有发挥和使用。

客观形势是西晋灭亡后，凉州孤悬于西陲，并与前赵刘曜政权形成对峙。从张寔主观上说，司马保死后，除"遥尊东晋"，与东晋建康政权保持名分关系之外，很难说在政治上还有什么宗藩之别。

为上述主、客观两方面的条件所决定，张寔时期，前凉政权已步入政治割据时期，史家所谓"寔自恃险远，颇自骄恣"[2]，正是对其政权性质发生变化的点睛之笔。而崔鸿撰《十六国春秋》，所录政权依据的标准是所谓："自晋永宁以来，虽所在称兵，竞自尊树，而能建邦命氏成为战国者，十有六家。"[3]张寔时期，在"竞自尊树"与"建邦命氏"上，是完全够格的。应当说，张寔是前凉割据政治的实际缔造

---

1 汤球：《十六国春秋辑补》卷68《前凉录》，第490~491页。又《晋书》卷86《张茂传》（第2230页）略同。

2 《晋书》卷86《张寔传》，第2230页。

3 《魏书》卷67《崔光传附从子鸿传》，第1503页。

者，从张寔起，前凉跻身于十六国之列。

张茂嗣位后，进一步发展家族政治，发展割据事业。他安内与攘外并举。对内，严厉镇压叛乱颠覆势力，诛杀阎沙及其党羽数百人，又诱杀凉州大姓贾摹。对外，进一步强化东线防务，抵抗前赵进攻，而与东晋基本上无什么政治联系。

张寔被刺在大兴二年（319）六月。在此前的二月，刘曜已称皇帝，并定都长安，继而改国号为赵，是为前赵。同年十一月，石勒在襄国称赵王，是为后赵。黄河流域已成分裂之势。刘曜即位于长安后，前赵军队开始对长安以西地区发动扫荡。时南阳王司马保驻上邽，他集结关陇兵力，并联结秦陇氐羌和屠各胡，在陈仓（今陕西宝鸡市）一线与赵军对垒。但不久即遭焦嵩和陈安的进攻而失败，接着，自己也被张春、杨次刺杀。

所以，张茂主政的前三年（320~322），前凉东部形势并不严峻。当时，陈安占据着上邽，刘曜则忙于兴理内政和抵抗石勒，也附带经略仇池。并且陈安和刘曜之间也时有战事。张茂抓住这个有利时机，占据了原由司马保控制的陇西、南安两郡，将防御前线放在韩璞军队驻扎的冀城（今甘肃甘谷县南）。及至其主政的第四年（323）六月，刘曜攻破陈安占领的陇上诸县并发兵向凉州推进时，由陇西、南安、冀城构成的三角形防线已能发挥有力的牵制和防御作用。

张茂保据和防御政策的初步成功，证明前凉"自成战国"的时机业已成熟，只是还需要进一步整顿内务以扩充实力。为此，他又运用权变策略麻痹刘曜，向刘曜"遣使称藩，献马、牛、珍宝不可胜纪"[1]，而刘曜拜张茂太师、凉王。
这样，"遥尊晋室"的虚伪性暴露无遗，前凉割据的真实性
昭然若揭。

第三节　前凉的强盛

一　张骏的政治

张骏及其子张重华在位时期（324~353），是前凉政权
的强盛时期。

张骏，字公庭。他"幼而奇伟。建兴四年，封霸城侯，
十岁能属文，卓越不羁，而淫纵过度，常夜微行于邑里，国
中化之"[2]。公元324年张茂死，他以张寔世子名分嗣位，时
年十八岁。

张骏嗣位前，天下局面已是四分五裂。北方，除前凉占
有河西和陇西以外，关陇以东辽阔的黄河流域为前赵和后赵
所瓜分；南方，成汉割据巴蜀，而东晋建号江南。总的形
势是南北对峙和相邻政权间互相对抗，民族矛盾与政治矛盾
交织在一起，纷纷扰扰，兵戈不息。就张骏而言，受命于乱
世，君临于弱国，年轻气盛，涉世不深。采取怎样的策略处
理好内外关系，使家族利益兴盛不衰，使前凉霸业兴旺发
达，这将是一个严峻考验。当然，这也是令张茂难以瞑目的

1　《资治通鉴》卷92晋明帝太宁元年八月条，第2915页。
2　《晋书》卷86《张骏传》，第2233页。

事。张茂临死，曾拉着张骏的手哭嘱说："吾先人以孝友见称。自汉初以来，世执忠顺。今虽华夏大乱，皇舆播迁，汝当谨守人臣之节，无或失坠。"[1] 这点，张骏能否做到呢？后事证明，张骏并没有辜负乃祖乃父，他以非凡的韬略和魄力将前凉政权一步步导向兴旺强盛，写出了前凉霸史中最为雄宏的一章。

张骏的政治活动主要有如下几个方面。

一是开展谋略外交，积极推进王权政治。

他鉴于叔父张茂生前"官非王命，位由私议"[2]，以致死后只能以平民礼仪入葬，想到这样下去将群臣不服，而等待东晋给自己册封，向东的道路又被前赵阻断，那么，怎么办呢？于是，他想到了利用早先晋愍帝派来的使臣史淑，指示氾祎和马谟暗示史淑"封拜"自己为使持节、大都督、大将军、凉州牧、领护羌校尉、西平公。[3] 按西晋制度，使持节对郡太守以下官吏有生杀之权，大都督得都督中外诸军，大将军位列三公之上。同时，"都督知军事，刺史治民，各用人"[4]。通过史淑做戏，张骏既为自己正了名分，又取得了专制一方和辟署官吏的权力。接着，他下令"赦其境内，置左右前后四率官，缙南宫"[5]。"四率官"即四卫率府官员，是皇权规模。"晋武帝建东宫，置卫率，初曰中卫率。泰始五年，分为左、右卫率，各领一军。惠帝时，愍怀太子在东宫，又

---

1 《晋书》卷 86《张茂传》，第 2232 页。
2 《晋书》卷 86《张茂传》，第 2233 页。
3 《晋书》卷 86《张骏传》，第 2233 页。
4 《南齐书》卷 16《百官志》，第 328 页。
5 《晋书》卷 86《张骏传》，第 2233 页。

加前后二卫率”，“凡太子出，前卫率导在前黄麾，左、右二率从，使导舆车，后卫率从，在乌皮外，并带戟执刀”[1]。这些事说明，张骏借“事晋”为名，以史淑为道具，导演的却是王权化的政治剧目。

与此同时，为了赢得兴理内政的时间，张骏对前赵也卑辞修好，并对成汉实行睦邻外交。初嗣位，即接受刘曜给他的“大将军、凉州牧、凉王”等虚号。接着，在326年派使者到成都，“使聘于李雄，修邻好”[2]。同是一个执顺修好，但策略意图却不尽相同。对成汉，带有连纵的用意，即劝说李雄事晋，以结成东晋、成汉、前凉三者间的军事同盟，共同对付前、后二赵。这恰合李雄之意。史载，当张骏写信给李雄，劝李雄去掉尊号称藩于晋时，李雄复书说：“吾过为士大夫所推，然本无心于帝王也，进思为晋室元功之臣，退思共为守藩之将，扫除氛埃，以康帝宇。而晋室陵迟，德声不振，引领东望，有年月矣。会获来贶，情在暗室，有何已已。”[3]“骏重其言，使聘相继”[4]。但对刘曜，不过是虚与委蛇，执顺的背后，则在紧锣密鼓部署防务。他在表示接受刘曜封号的同时，又指派宋辑和魏纂带领军队到陇西和南安，将居住在两郡界内的两千多户人家搬迁到姑臧，将两郡地带完全变作军事防区，准备对前赵军队作战。当然，对刘曜表面上

1 《通典》卷30《职官·左右卫率府》，典175上。又《晋书》卷24《职官志》（第743页）略同。

2 《晋书》卷86《张骏传》，第2238页。

3 《晋书》卷121《李雄载记》，第3039页。

4 《晋书》卷121《李雄载记》，第3039页。《通鉴通治》卷93晋成帝咸和元年十二月条：“自是聘使相继。”（第2944页）

的执顺还有另一番用意，那就是缓和矛盾，赢得时日，以便偃文修武，待机而动。对此，史书记载甚为明确。

> 遣参军王骘聘于刘曜。曜谓之曰："贵州必欲追踪窦融，款诚和好，卿能保之乎？"骘曰："不能。"曜侍中徐邈曰："君来和同，而云不能，何也？"骘曰："齐桓贯泽之盟，忧心兢兢，诸侯不召自至。葵丘之会，骄而矜诞，叛者九国。赵国之化，常如今日可也，若政教陵迟，尚未能察迩者之变。况鄙州乎！"曜顾谓左右曰："此凉州高士，使乎得人！"礼而遣之。[1]

王骘说了实话，执顺无非是暂时伏爪以待，不能保证日后不奋戈一击。之所以如此，是因为张骏嗣位时前赵国力正盛，对付强大的后赵也游刃有余，对付前凉就更不在话下。刘曜考虑到后赵的威胁，才决定对张骏实行安抚。张骏当然无必要招惹刘曜以自取战祸。说到底，张骏与刘曜都在行缓兵之计。就张骏而言，一旦疆场形势对前赵不利，他会立刻转变态度，变得强硬起来。如 325 年夏，后赵出动步骑四万，由石虎统率进攻前赵的中原地区，并在洛阳城北的石梁戍重创前赵军队，迫使刘曜一步步撤退到关中。石梁之战，石虎俘虏了前赵中山王刘岳及其将佐八十余人及氐、羌三千余人，后在襄国坑杀前赵士卒数千。"遂攻王腾于并州，执腾，杀之，坑其士卒七千余人。曜还长安，素服郊次，哭

---

1 《晋书》卷 86《张骏传》，第 2233~2234 页。又《通鉴通治》卷 93 晋明帝太宁二年十二月条（第 2931 页）略同。

七日乃入城，因愤恚成疾。"[1] 张骏闻刘曜军为石勒所败，便去其官爵，复称晋大将军、凉州牧。[2]

通权达变，是张骏的性格特点。他颇识时务，能及时地调整和修改对外政策，使其更适应前凉霸业的需要。因此，最初他的谋略性外交和积极推进王权政治的活动，只是他将家族利益与政权利益统筹考虑而采取的一个步骤，也是将前凉割据政治导向兴盛的开端。

二是审时度势，实行稳固防守的保据战略。

在推进王权政治的同时，张骏也静观形势，创造条件以图进取。前赵石梁之败后，他做了一次东进的尝试。327年，派出由武威太守窦涛、金城太守张阆、武兴太守辛岩、扬烈将军宋辑等率领的四部兵马数万，与冀城韩璞合兵，"攻讨秦州诸郡"[3]。前赵则由刘胤率领步骑兵四万迎战。刘胤抢先占据狄道（今甘肃临洮县），给前凉洮水一线造成一定压力。洮水流域的河南地区，张骏之前曾为割据者辛晏盘踞。张骏嗣位后，招降了辛晏，委任其为枹罕护军。至此，辛晏向张骏告急，张骏调韩璞、辛岩二军援救。刘胤虽先发制人，占据了优势，但总兵力少于前凉军，只要速战，前凉军定会获胜。但韩璞却说："夏末以来，日星数有变，不可轻动。且曜与石勒相攻，胤必不能与我相守也。"[4] 结果，前凉军与赵

1 《资治通鉴》卷93晋明帝太宁三年六月条，第2936页。

2 《通鉴通治》卷93晋成帝咸和二年五月条，第2944页。汤球《十六国春秋辑补》卷69《前凉录》（第496页）略同。

3 《晋书》卷86《张骏传》，第2234页。又汤球《十六国春秋辑补》卷69《前凉录》（第496页）略同。

4 《资治通鉴》卷93晋成帝咸和二年五月条，第2944页。又《晋书》卷86《张骏传》（第2234页）略同。

军夹洮水相持七十余日，反造成自己军粮不继。入冬以后，韩璞派辛晏分兵去金城调运粮食，又给了刘胤一个有利机会。刘胤派冠军将军呼延那鸡率亲御郎二千骑，断绝辛晏运道，自己则率骑兵三千在沃干岭（今兰州市南之阿干岭）突袭并击溃辛晏军，接着进逼韩璞。

> 璞众大溃。胤乘胜追奔，济河，攻拔令居，斩首二万级，进据振武，河西大骇。张阆、辛晏帅其众数万降赵，骏遂失河南之地。[1]

本来，这是一次带有"攻讨"和"攻掠"性质的进攻，有壮大前凉声势的意图，最终却因主帅贻误战机而损失惨重。它教训了前凉君臣，使之认识到前凉力量有限，不可能逾越陇西防线去逐鹿中原。想霸业有成，只能效法窦融，立足河西，扩充势力，图谋发展。当张骏明白了这点后，自此再不向东用兵。直到前赵灭亡时，他才乘机收复了河南地区，然后：

> 置武卫、石门、候和、漒川、甘松五屯护军，与（石）勒分境。[2]

此举将南安、陇西与湟中联结起来，构成一道沿洮水向

---

1 《资治通鉴》卷93晋成帝咸和二年五月条，第2945页。又《晋书》卷86《张骏传》（第2234页）与《晋书》卷103《刘曜载记》（第2700页）略同。汤球《十六国春秋辑补》卷69《前凉录》谓韩璞部众"死者三万余人"（第497页）。
2 《晋书》卷86《张骏传》，第2238页。另《资治通鉴》晋成帝咸和五年五月条胡注（第2976页）。

西联结甘松（今白龙江北）、西强山（今西倾山），连通西平郡的弧形防线，带山河以为固，稳步推行保据河西的政治和军事战略。

三是休众息役，兴理刑政。

对前赵的防御及河南之役，前凉投入了巨大的人力物力。河南之役的失败，不仅劳民伤财，也引起了臣僚的非议。有人批评张骏不顾民生，导致"顷年频出，戎马生郊，外有饥羸，内资虚耗"[1]。当时的姑臧一带确实常闹饥荒，这种形势使张骏不得不考虑休众息役。

公元 329 年，外部形势暂时出现了对前凉有利的变化。由于中原战场上前赵对后赵作战接连失败，刘曜不得不抽调长安守军用于中原战场。张骏虚张声势，"大搜讲武，将袭秦雍"[2]，但本意是借此观察一下内外动静。果然，左右都不赞同出兵。理曹郎中索询还指出，再动刀动枪只能重蹈失败的覆辙，是违背民心的。这话得到张骏首肯。

> 骏曰："每患忠言不献，面从背违，吾政教缺然而莫我匡者。卿尽辞规谏，深副孤之望也。"以羊酒礼之。[3]

自此，张骏用不着再考虑因是否尽心东晋"王室"而招非议，他专心致志地经营起前凉霸业了。从 329 年开始，他在政治、经济、外交、文教等方采取了一系列措施。

其一，轻刑纳谏，勤修庶政。公元 329 年，西域诸国向

1 《晋书》卷 86《张骏传》，第 2235 页。
2 《晋书》卷 86《张骏传》，第 2235 页。
3 《晋书》卷 86《张骏传》，第 2235 页。

张骏朝贡，"献汗血马、火浣布、犎牛、孔雀、巨象及诸珍异二百余品"[1]。自前凉肇基以来，西域通贡这是第一次。然而，西域长史李柏却造谣说戊己校尉赵贞谋叛，要张骏准他平叛。这样一来，赵贞果然叛变，并切断了西域道路。群僚认为这是措置不当所致，又"议者以柏造谋致败，请诛之"[2]。张骏借口霸业初展，正是用人之秋，赦免了李柏，并用秦穆公和孟明的故事开导群臣，"竟以减死论，群心咸悦"[3]。以此为开端，下令轻刑，命令说："昔鲧殛而禹兴，芮诛而缺进，唐帝所以珍洪灾，晋侯所以成五霸。法律犯死罪，期亲不得在朝。今尽听之，唯不宜内参宿卫耳。"[4]原来，汉魏旧律有父母犯死罪子女"禁锢"之条，晋初定律令已省去"禁锢"[5]，但因凉州僻远，又乱事较多，并未照晋令执行。张骏借李柏事予以改定，除带有"轻刑"用意外，还表明前凉也在推进法治。由于这个改定对官僚及其亲属有好处，而休众息役也有益于民生，故张骏时期有"刑清国富"之称。

张骏虽性严猛，但善于纳谏，他多次命群僚极言得失。334年，当霸业已成时，他召集群僚在闲豫堂议政，又讨论严刑峻制问题，参军黄斌说："臣未见其可。"张骏问其故。黄斌回答："夫法制所以经纶邦国，笃俗齐物，既立必行，不可洼隆也。若尊者犯令，则法不行矣。"[6]意思是说法制不

1　《晋书》卷 86《张骏传》，第 2235 页。

2　《晋书》卷 86《张骏传》，第 2235 页。

3　《晋书》卷 86《张骏传》，第 2235 页。

4　《晋书》卷 86《张骏传》，第 2235 页。

5　《晋书》卷 30《刑法志》，第 927 页。

6　《晋书》卷 86《张骏传》，第 2237 页。又汤球《十六国春秋辑补》卷 70《前凉录》（第 500 页）同。

在于宽严，而在于上行下效。当政者和其亲属如不遵守法令，法令再严也无用。张骏认为黄斌批评得很对，拔擢他为敦煌太守以示褒奖。史称：

> 骏有计略，于是厉操改节，勤修庶政，总御文武，咸得其用，远近嘉咏，号曰积贤君。自轨据凉州，属天下之乱，所在征伐，军无宁岁。至骏，境内渐平。[1]

张骏勤修庶政的措施之一是安定民生，减轻百姓负担。330年，河西境内再次发生饥荒，谷价踊贵。围绕如何赈饥问题，群臣展开讨论。市长谭详主张将仓谷贷与百姓，秋后三倍征还。从事阴据不同意这样做，他说：

> 昔西门豹宰邺，积之于人；解扁莅东封之邑，计入三倍。文侯以豹有罪而可赏，扁有功而可罚。今详欲因人之饥，以要三倍，反裘伤皮，未足喻之。[2]

张骏采纳了阴据的意见。当然，采纳阴据意见不是贷粮不收利息[3]，但肯定会减轻一些百姓负担。

措施之二是正名统与立储君。324年，经过近十年苦心经营，张骏建邦命氏的时机已经成熟。333年，群僚劝张骏称凉王，领秦、凉二州牧，"置公卿百官，如魏武、晋文故

1 《晋书》卷86《张骏传》，第2237页。又汤球《十六国春秋辑补》卷70《前凉录》（第501页）同。
2 《晋书》卷86《张骏传》，第2238页。
3 《魏书》卷99《张骏传》谓骏"性又贪悋"，第2195页。

事"[1]。张骏虽推辞了这次劝进，"然境内皆称之为王"[2]。接着，群僚又请张骏立世子。中坚将军宋辑对张骏说：

> 礼急储君者，盖重宗庙之故。……建兴之初，先王在位，殿下正名统，况今社稷弥崇，圣躬介立，大业遂殷，继贰缺然哉！臣窃以为国有累卵之危，而殿下以为安踰泰山，非所谓也。[3]

张骏按宋辑意见立子重华为世子。

其二，派遣使者，通表东晋。324年张骏即位时，东晋在江南立国已逾七年。但张骏按父祖遗规，不尊东晋正朔，仍用西晋建兴年号。324年（东晋明帝太宁二年）即建兴十二年，时晋元帝司马睿已死去一年，由于河西通江南之路间阻，直到建兴十三年春张骏才得到死讯。当时手下人报告说有黄龙见于揖次（今甘肃古浪县北）之嘉泉，右长史氾祎乘机提议改年号，对张骏说："案建兴之年，是少帝（晋愍帝）始起之号。帝以凶终，理应改易。朝廷越在江南，音问隔绝，宜因龙改号，以章休征。"[4]张骏虽未采纳改元"龙兴"的建议，但他也并不恪守为臣之道。当时姑臧流传的一首谣谚说："鸿从南来雀不惊，谁谓孤雏尾翅生，高举六翮凤

---

1 《晋书》卷86《张骏传》，第2235页。
2 《晋书》卷86《张骏传》，第2235页。
3 《晋书》卷86《张骏传》，第2235页。
4 《晋书》卷86《张骏传》，第2234页。又汤球《十六国春秋辑补》卷69《前凉录》（第496页）同。

皇鸣。"[1] 意思是纵然传来东晋的王音，但张骏却不诚惶诚恐。谁说他是一只羽翼未丰的雏鸟，他是一只正翻飞于云际、冲腾于九霄、放声鸣叫的凤凰。

张骏时期，前凉对东晋的政策早由此前的政治和军事大势所规定。在"尊崇晋室"的历史传统和"合纵"御侮的策略并行不悖的情况下，张骏也高举"尊晋"的旗号，以掩盖彼此平等的合纵关系。他深知，完全或不完全遵守传统，都会对自己的建霸活动带来影响。在这种传统与现实既统一又矛盾的情况下，他只能对东晋朝廷采取若即若离的外交策略。他通表东晋却不用东晋正朔，正表明了这点。通表东晋，先要打开南下的通路。当此之时，出陇右经关中南下的路早被后赵阻断，向石勒借道无异与虎谋皮。可行的办法只有一条，就是取道汉中。这需要求告成汉主李雄，向其假道；由于张骏嗣位的第二年已与李雄"修邻好"，李雄也表示愿称藩东晋，假道应当顺理成章，但事实上却不然。在333 年前张骏派傅颖等到成都谈判此事，李雄都不同意。多次碰壁之后，张骏在333 年再派治中从事张淳去成都，"称藩于蜀，托以假道焉"[2]。张淳富有辩才，他利用李雄与仇池国主杨初的矛盾，游说李雄道：

> 南氏无状，屡为边害，宜先讨（杨）百顷，次平上邽。二国并势，席卷三秦，东清许洛，扫氛燕赵，拯二帝（指西晋怀帝和愍帝）梓宫于平阳，反皇舆于洛邑，

1 《晋书》卷86《张骏传》，第2234 页。又汤球《十六国春秋辑补》卷69《前凉录》（第496 页）同。
2 《晋书》卷86《张骏传》，第2236 页。

此英霸之举，千载一时。寡君所以遣下臣冒险通诚，不远万里者，以陛下义声远播，必能愍寡君勤王之志。天下之善一也，惟陛下图之。[1]

不料，李雄对这"二国并势"之语十分反感，他表面答应借道，暗中命人将张淳抛入东峡（今成都岷江）淹死。幸得蜀人桥赞及时相告，张淳揭穿李雄阴谋才免于一死。事后，李雄问张淳："贵主英名盖世，土险兵盛，何不称帝自娱一方？"张淳回答："寡君以乃祖乃父世济忠良，未能雪天人之大耻，解众庶之倒悬，日昃忘食，枕戈待旦。以琅邪中兴江东，故万里翼戴，将成桓文之事，何言自娱邪！"李雄面带惭色说："我乃祖乃父亦是晋臣，往与六郡避难此都，为同盟所推，遂有今日。琅邪若能中兴大晋于中州者，亦当率众辅之。"[2]

这样，前凉终于开通了凉州通江南之路，还进一步增强了与成汉的联盟关系。张淳从成都返回河西后，"募兵通表，后皆达京师"[3]。

此前，东晋也在设法与前凉取得联系，派出耿访为正使、陇西人贾陵等十二人为副使的使团出使河西。耿访原为张寔时期的敦煌计吏，建兴二年张寔使王该向长安送诸州贡计时，耿访随行，在从长安返凉途中，因道路被前赵军队切断，耿访逃往汉中，"因东渡江，以太兴二年至京都，屡上

---

1 《晋书》卷86《张骏传》，第2236页。
2 《晋书》卷86《张骏传》，第2237页。又《晋书》卷121《李雄载记》（第3039页）略同。
3 《晋书》卷86《张骏传》，第2237页。

书，以本州未知中兴，宜遣大使，乞为乡导。时连有内难，许而未行"[1]。直到晋成帝司马衍以耿访为使，耿访才得以偿夙愿。他到梁州后，驿道又中断，在襄阳一停就是七年。后东晋召他回建康，他将东晋朝廷加封张骏的诏书交给贾陵。贾陵装扮成商人，先到长安，然后辗转西行，到东晋咸和八年（333）抵达姑臧。这时，张淳招募南下的使节刚出发。

凉晋双方历尽曲折，总算实现了彼此的政治往来。但对张骏来说，这种往来只是幌子。因此，当贾陵向张骏传达东晋朝廷的诏命后，"骏受诏，遣部曲督王丰等报谢，并遣陵归，上疏称臣，而不奉正朔，犹称建兴二十一年"[2]。此后，东晋在334年再派耿访到河西封张骏为大将军，"自是每岁使命不绝"[3]。但这种往来已纯属一种礼仪性活动了。在张骏方面，对东晋的态度甚至不如对后赵那样恭肃。他在与石勒分境后，"惧勒强，遣使称臣于勒，兼贡方物"[4]。但对东晋，只是"往来"而已。尽管如此，以当时大势论，通表东晋十分必要，因为它召唤起汉族士民的民族心理，使更多的人"注心于大凉"，实现了强敌压境时的同仇敌忾。从战略上讲，还能实现东西呼应，与东晋互为犄角，一旦受到后赵威胁时，可借助东晋牵制敌人，减少正面压力，同时还可给成汉政权造成一定压力，使其在凉赵之间保持中立。尤为重要的是，张骏虽以保据河西为基本国策，但他并不忘向东扩展势力，虽然客观形势不允许他做这种选择，然一旦时机到

1 《晋书》卷86《张骏传》，第2238页。
2 《晋书》卷86《张骏传》，第2239页。
3 《晋书》卷86《张骏传》，第2239页。
4 《晋书》卷86《张骏传》，第2238页。

来，他转守为攻时，与东晋配合行动，就可连旌万里，水陆并进，长驱中原。对最后这一点，张骏抱有莫大期望。如他在石勒和李雄相继死后的336年，派参军魏护给晋成帝司马衍上疏述志说：

> （石）勒、（李）雄既死，人怀反正，谓（石）季龙、李期之命曾不崇朝，而皆篡继凶逆，鸱目有年。东西辽旷，声援不接，遂使桃虫鼓翼，四夷喧哗……
>
> 臣闻少康中兴，由于一旅，光武嗣汉，众不盈百，祀夏配天，不失旧物，况以荆杨慓悍，臣州突骑，吞噬遗羯，在于掌握哉！愿陛下敷弘臣虑，永念先绩，敕司空（郗）鉴、征西（庾）亮等泛舟江沔，使首尾俱至也。[1]

全篇疏文洋洋千言，既有对司马衍"天挺歧嶷"的赞谀，又有对其"怀目前之安，替四祖之业"的批评，还有自己"宵吟荒漠，痛心长路"的慨叹，中心意思是希望东晋政府理解他光复中原的壮心，给予军事的配合和支援，让他能一改"遐域僻陋"的局面，大展"势极秦陇"的宏图。总之，假道于蜀以通表东晋，是张骏割据政治的一个重要策略，这一点连后赵石虎也清楚。在凉晋"往来"后，石虎下令加强秦陇一带的戍守，盘查行人，缉拿前凉使臣，"自后，骏遣使多为季龙所获，不达"[2]。337年张骏最后一次遣使通表：

---

1 《晋书》卷86《张骏传》，第2239~2240页。又汤球《十六国春秋辑补》卷70《前凉录》（第502页）同。
2 《晋书》卷86《张骏传》，第2240页。

骏十三年，骏又遣护羌参军陈寓、从事徐虓、华驭等至京师。征西大将军（庾）亮上疏言陈寓等冒险远至，宜蒙铨叙，诏除寓西平相，虓等为县令。[1]

此后直到张重华继位第三年（348），才有东晋使节俞归到凉州。

其三，向西拓展，经营西域。

汉魏以来，西域诸国受戊己校尉管辖，凉州刺史领戊己校尉。西晋时，戊己校尉寄治高昌（今新疆吐鲁番东）。终西晋之世，由于凉州乱事频繁，政府实际上无暇顾及西域事务。张轨、张寔及张茂时期，因未受命主理西域，又因忙于凉州内务和东向勤王，使西域隔塞的形势进一步发展。

张骏嗣位后，东线防御获得成功。随着王权政治日渐强大，沟通河西与西域的联系显得越来越有必要。

329年，即张骏嗣位的第六年，西域诸国向前凉通使纳贡一事促使张骏开始注意西域问题。"初，戊己校尉赵贞不附于骏"[2]，张骏拟击赵贞，指使西域长史李柏"造谋"[3]，并准李柏对赵贞用兵。李柏"造谋致败"后，张骏为掩盖事情真相，对李柏"竟以减死论"，并将西域事暂时搁置。延至331年，张骏终于兵出阳关，对赵贞兴师问罪，并一举将其擒获。当年，张骏在戊己校尉治地高昌壁设立高昌郡。

前凉高昌郡的设置，结束了历代中原王朝只使用军事手

1　汤球：《十六国春秋辑补》卷70《前凉录》，第502页。《晋书》卷86《张骏传》（第2240页）略同。
2　《晋书》卷86《张骏传》，第2238页。
3　《晋书》卷86《张骏传》，第2235页。

段统辖西域的历史，而开了以行政方式管理西域的先河。这一措施实行后，汉族文化圈向西延伸，同时也使边塞西移到阳关和玉门关以西，对于促进边疆地区的开发以及西域与中原经济和文化的交流，都产生了重要的作用。

高昌郡的设置，也为前凉经营西域准备了前提。345年，张骏"使其将杨宣率众越流沙，伐龟兹、鄯善，于是西域并降"[1]。有记载说，杨宣派出的前锋部队在张植率领下，当年六月到达流沙（今新疆东部沙漠）。由于炎热缺水，士卒口渴难行。"植乃剪发肉袒，徒跣升坛，恸泣请雨。俄而云起西北，雨水成川。植杀所乘马，祭天而去。"[2] 当然，这只是传说。

张骏经营西域，结束了晋初以来西域阻绝的局面。第二年，西域诸国朝觐张骏。"鄯善王元孟献女，号曰'美人'，立宾遐观以处之。焉耆前部、于阗王并遣使贡方物。"[3] 从此，西域成为前凉割据政权的管辖区域之一。

抚平西域的当年，张骏重划疆域和行政，将原先仅有凉州一州的行政建置改变为凉、河、沙三州建置。

> 分武威、武兴、西平、张掖、酒泉、建康、西海、西郡、湟河、晋兴、广武合十一郡为凉州，兴晋、金城、武始、南安、永晋、大夏、武成、汉中为河州；敦煌、晋昌、高昌、西域都护、戊己校尉、玉门大护军三郡三营为沙州，张骏假凉州都督，摄三州。[4]

1 《晋书》卷86《张骏传》，第2237页。
2 汤球：《十六国春秋辑补》卷70《前凉录》引《太平御览》卷11，第501页。
3 《晋书》卷86《张骏传》，第2237页。
4 《晋书》卷14《地理志》，第434页。

> 时骏尽有陇西之地，士马强盛。[1]
>
> 跨据三州，带甲十万，西包昆域，东阻大河。[2]

综上所论，张骏时期所采取的保据策略和行政措施适时有效，这些举措与"境内渐平"的社会环境结合起来，形成前凉步入强盛的主客观条件。作为强盛的标志，则是张氏霸业的真正确立和封建王权体制的奠定。339年，张骏"立辟雍、明堂以行礼。十一月，以世子重华行凉州事"[3]。自345年起，张骏再将建邦命氏的活动一环扣一环地展开，他"始置祭酒、郎中、大夫、舍人、谒者等官，官号皆仿天朝，而微变其名；车服旌旗拟于王者"[4]。

为了强本固内和保障世袭制实行，张骏除将京畿军政大权交给张重华外，还任命张重华为五官中郎将，"并领三署郎从"[5]。又根据《禹贡》所示方位，从酒泉太守马岌所请，在酒泉南山立西王母祠，"以裨朝廷无疆之福"[6]。

至此，张轨、张寔及张茂等在河西的政治经营和割据事业有了一个满意的结果。

二 张重华的政治

张重华，字泰临，是张骏次子，他"宽和懿重，沉毅少

---

1 《晋书》卷86《张骏传》，第2237页。
2 《晋书》卷112《苻生载记》引张瓘语，第2874页。
3 《资治通鉴》卷96晋成帝咸康五年九月、十一月条，第3036页。
4 《资治通鉴》卷97晋穆帝永和元年十二月条，第3068页。
5 《通典》卷29《职官·中郎将》，典169上。
6 《晋书》卷86《张骏传》，第2240页。

言"[1]。张骏死时，他年仅十六岁，由国子祭酒右长史任处等拥戴，称持节、大都督、太尉、护羌校尉、凉州牧、西平公、假凉王。又"赦其境内。尊其母严氏为太王太后，居永训宫；所生母马氏为王太后，居永寿宫"[2]。从而发展了前凉的王权政治。

张重华以幼冲袭位，君临前凉的强盛局面。他假三州之地，拥十万雄兵。袭位之初，胸怀壮志，思有匡革。他"轻赋敛，除关税，省园囿，以恤贫穷"[3]，在安定民生和发展经济上有所作为。

本来，张骏初期采取过休众息役措施，这对发展生产有积极意义。当"境内渐平"局面出现后，前凉域内理应有政通人和、内外有蓄的殷富景象。然而，事实并非如此。张骏时期，一方面是士马强盛，另一方面却是"外有饥羸，内资虚耗"[4]。所谓的"刑轻国富"不完全名副其实。导致公私贫困的原因，一方面是自张轨以来"所在征伐，军无宁岁"，另一方面是频繁地兴动劳役，进行大规模营建，还有不断发生的自然灾害，也加深了百姓的困苦。

频繁的土木营建是由张茂发端的，他扩大姑臧城，筑灵钧台，诸凡设险重防，无不巍峨险峻，一应宫阙楼台，尽皆雕镂刻饰，既劳民，又伤财，造成府库虚竭，加重了百姓负担，也引起天怒人怨。张茂修灵钧台时，就遭到很多人的批评。

---

1 《晋书》卷86《张重华传》，第2240页。
2 《晋书》卷86《张重华传》，第2240页。
3 《晋书》卷86《张重华传》，第2240页。
4 《晋书》卷86《张骏传》，第2235页。

武陵人阎曾夜叩门呼曰："武公〔指张轨〕遣我来，曰：'何故劳百姓而筑台乎？'"……太府主簿马鲂谏曰："今世难未夷，唯当弘尚道素，不宜劳役崇饰台榭。且比年已来，转觉众务日奢于往，每所经营，轻违雅度，实非士女所望于明公。"[1]

　　浩大的工程，有些是为了割据政治的需要，有些则完全是为满足王者奢靡生活之需。如张骏修谦光殿，大事铺张，穷极珍巧，主要为"任所游处"。他修闲豫堂，堂前开闲豫池，池底饰以五龙，日出见形，移时乃灭，波光水色相映，只是为了游玩和显示王者气象。

　　前凉时期屡有自然灾害发生，这是因为河西寒冷干燥，生态条件不良。称为凉州，因"盖以地处西方，常寒凉也"[2]。故自汉世以来"河右少雨，常苦乏谷"[3]。张寔以后，自然灾害更加频繁。如314年前后，"比年饥旱"[4]。319年有地震[5]。324年有风灾，"正月，黄雾四塞"[6]。从张骏嗣位到张骏七年（330），"境内尝大饥"[7]。而326年曾有霜灾，"九月，雨冰，状若丝纩，皆著草"[8]。各种自然灾害的交相侵袭，给前凉政治造成严重影响。

1　《晋书》卷86《张茂传》，第2231页。
2　《晋书》卷14《地理志》，第432页。
3　《三国志》卷27《魏书·徐邈传》，第739页。
4　《晋书》卷86《张寔传》，第2227页。
5　汤球：《十六国春秋辑补》卷68《前凉录》，第490页。
6　汤球：《十六国春秋辑补》卷68《前凉录》，第493页。
7　《晋书》卷86《张骏传》，第2238页。
8　汤球：《十六国春秋辑补》卷69《前凉录》引《太平御览》卷877，第496页。

　　由于人祸天灾不断，自张寔以来一方面前凉的霸业日渐形成，另一方面社会矛盾也在日渐萌生。如张寔自己曾说："忝绍前踪，庶几刑政不为百姓之患，而比年饥旱，殆由庶事有缺。"[1]到张重华袭位时，王权政治的强盛与人民生活的贫困已形成鲜明对照。而且，张重华袭位后，后赵主石虎又频繁调动军队，加大了对前凉的威胁。这种种原因，不能不促使张重华采取措施，减轻百姓负担，以安定人民生活和拓宽经济来源。

　　张重华"轻赋敛，除关税，省园囿，以恤贫穷"的举措，就是上述形势下的产物，它带有缓和域内矛盾及笼络民心来抵御外部进攻的用意。

　　张重华时期，对外举措主要是抵御后赵。

　　公元 329 年，后赵军队占领上邽，杀前赵太子刘熙及诸王公侯与将相卿校以下三千多人，最终摧毁了前赵政权。从此，后赵隔陇山与前凉对峙。开始时，后赵拉拢张骏，派使者孟毅授张骏以官爵，但张骏"耻为之臣，不受。留毅不遣"[2]。330 年，后赵发生匈奴休屠部落叛变事件，叛变者被石生击溃后，其部落首领逃奔凉州。张骏害怕后赵借此生事，便释放后赵使臣孟毅，同时派出"长史马诜称臣入贡于赵"[3]。事实上，后赵摧毁前赵之后，并不以前凉为意，而将主要精力用于对付东晋和前燕。张骏见后赵无西进之意，便渐生倨傲之心。当 340 年再派马诜入贡时，因"辞颇寒傲"而惹怒了石虎。石虎要斩杀马诜，但最终仍接受其侍中石璞

<hr />

[1] 《晋书》卷86《张寔传》，第 2227 页。
[2] 《资治通鉴》卷 94 晋成帝咸和五年六月条，第 2976 页。
[3] 《资治通鉴》卷 94 晋成帝咸和五年九月条，第 2978 页。

劝说，未弄僵与前凉的关系。石璞的话代表了此时后赵的基本战略。他说：

> 为陛下之患者，丹杨也。区区河右，焉能为有无！今斩马诜，必征张骏，则南讨之师势分为二，建邺君臣延其数年之命矣。胜之不为武，弗克为四夷所笑，不如因而厚之。彼若改图谢罪，率其臣职者，则我又何求！迷而不悟，讨之未后也。[1]

石虎以穷兵黩武著称，他对张骏的姑息只有三年。从343年起，他开始对河西用兵。当年派征西将军张伏都（疑为孙伏都）"与麻秋率步骑兵三万长驱济河，且城长最。重华大惧，遣将谢艾逆击，败之，秋退归金城"。[2]次年夏，后赵将领王擢再次统军西进，遭到张瓘阻击，赵军再败于三交城。[3]这两次战役拉开了后赵对前凉大规模进攻的序幕。张重华袭位后，石虎派王擢、麻秋、张伏都等"侵寇不辍"。[4]这种形势，迫使张重华不能不把其主要精力投注在抵御后赵进攻上。

为了赢得战争的胜利，张重华在安定民心的同时，还重用贤臣良将。他首先选拔优秀的年轻将领谢艾为全军统率。

1　《晋书》卷 106《石季龙载记》，第 2771 页。

2　《晋书》卷 107《石季龙载记》，第 2781 页。

3　三交城位置不详。《通鉴》卷 97 晋康帝建元二年四月条胡注谓"三交城在朔方之西"（第 3059 页）。而《中国历史地名大辞典》谓在陕西宝鸡市西（史为乐主编，中国社会科学出版社，2005，第 58 页）。二说皆不可信。依后来王擢等的进攻路线看，当在今陇西与兰州之间。

4　《晋书》卷 86《张重华传》，第 2240 页。

谢艾，官居凉州主簿，他"兼资文武，明识兵略"[1]。346年，由牧府相司马张耽推荐给张重华。这一年，后赵兵分两路进攻前凉河州。一路由王擢率领，直扑河南，攻占武街（今甘肃岷县西南），俘虏护军曹权和胡宣，造成张骏与后赵分界的五屯护军防线崩溃。王擢强迫狄道和武街一带的七千多户凉民徙往雍州。另一路赵军由麻秋与张伏都率领进攻金城，金城太守张冲坚守待援。张重华急派西域校尉张植与奋威将军刘霸率骑兵救援，援军未到，金城失陷，张冲与金城令车济都成为赵军俘虏。车济忠直刚烈，麻秋招降他，软硬兼施，"济辞色不挠，曰：'吾虽才非庞德，而受任同之。身可杀，志不可移。'乃伏剑而死"[2]。武街和金城的相继失陷，使前凉境内人心震恐。张重华调集全境军队，委任征南将军裴恒为帅御敌。裴恒怯战，将军队驻扎在广武（今甘肃永登县）而不前进。在"强寇在郊、诸将不进"[3]的危殆关头，张耽推荐谢艾。他慷慨陈词，阐述将领的重要性，远引燕王任用乐毅，近以韩信、穰苴、吕蒙、魏延等见拔于行伍为例，主张不拘一格选用人才。他说：

> 盖明王之举，举无常人，才之所能，则授以大事。

他担保任用谢艾，"授以斧钺，委以专征，必能折冲御

---

1 《晋书》卷86《张重华传》，第2241页。
2 《晋书》卷89《忠义传·车济》，第2320页。
3 《晋书》卷86《张重华传》，第2241页。又汤球《十六国春秋辑补》卷71《前凉录》（第505页）略同。

侮，歼殄凶类"[1]。张重华召见谢艾，问破敌方略，谢艾提出请兵七千，破赵以报。张重华接受其要求，委任他为中坚将军，配给步骑兵五千。果然，由谢艾统领的凉军一出振武（今甘肃永登与兰州之间），便击败麻秋所率赵军，"斩首五千级"[2]。接着，在347年谢艾又两次指挥凉军在河南一线击败麻秋和王擢。谢艾屡破赵军，使后赵主石虎大为伤神，他感慨地说："吾以偏师定九州，今以九州之力困于枹罕，真所谓彼有人焉，未可图也。"[3]后来，北宋苏东坡有感于辽、夏交侵，作《祭常山小猎》诗，引张重华擢拔谢艾之事讽喻朝政说："圣朝若用西凉簿，白羽犹能效一挥。""西凉簿"即凉州主簿，指谢艾。"白羽犹能效一挥"指谢艾用兵有诸葛神风。谢艾指挥作战常"乘轺车，冠白韬，鸣鼓而行"。后赵宿将麻秋对此十分生气地说：

> "艾年少书生，冠服如此，轻我也。"命黑矟龙骧三千人驰击之。艾左右大扰。左战帅李伟劝艾乘马，艾不从，乃下车踞胡床，指麾处分。贼以为伏兵发也，惧不敢进。[4]

1 《晋书》卷86《张重华传》，第2241页。又汤球《十六国春秋辑补》卷71《前凉录》（第506页）略同。

2 《晋书》卷86《张重华传》，第2241页。又汤球《十六国春秋辑补》卷71《前凉录》（第506页）略同。

3 《晋书》卷86《张重华传》，第2242页。又汤球《十六国春秋辑补》卷71《前凉录》（第507页）略同。

4 《晋书》卷86《张重华传》，第2242页。又汤球《十六国春秋辑补》卷71《前凉录》（第507页）略同。

　　用人有气度是张重华的特点。除谢艾外，后来他还不计前嫌，任用被前秦打败而投奔凉州的赵将王擢，对王擢"重华厚宠之，以为征虏将军、秦州刺史、假节"，"复授擢兵，使攻秦州，克之"[1]。

　　在善于用人之外，张重华也颇能体恤将士。351年，他以王擢为将，并派张弘与宗悠带领步骑一万五千与前秦作战。"擢等大败，单骑而还，弘、悠皆没。重华痛之，素服为战亡吏士举哀号恸，各遣吊问其家。"[2]由于上述种种举措，张重华的政治颇得人心，不仅将士死战连破劲敌，而且文臣敢言有所匡正。尽管有时他本人对于谏言纳而不改，但能做到谦礼有加和"优文答谢"。如因他"颇怠政事，希接宾客"，司直索遐以严词批评他"文奏入内，历月不省，废替见务，注情于棋弈之间，缱绻左右小臣之娱，不存将相远大之谋。至使亲臣不言，朝吏杜口"，并用"王室如毁，百姓倒悬"之类的尖刻语言刺激他，而"重华览之大悦"。另外，征事索振批评他"章奏停滞，动经时月，下情不得上达，哀穷困于图圄，盖非明主之事"，他听后也诺诺称善。

　　总之，因张重华时期的政治和军事都有所成就，前凉强盛的局面继而不衰，以致有资本与东晋王朝分庭抗礼。张重华晚年虽上疏东晋政府，大讲"臣守任西荒"及"瞻云望日"之类的话，但当351年东晋使臣俞归到河西委他以凉州牧和大将军之任时，他又不肯受诏，并指使亲信沈猛向俞归讨价还价说："我家主公奕世忠于晋室，而不如鲜卑矣。台

1　《晋书》卷86《张重华传》，第2244页。
2　《晋书》卷86《张重华传》，第2244页。

加慕容皝燕王，今甫授州主大将军，何以加劝有功忠义之臣乎！明台今宜移河右，共劝州主为凉王。大夫出使，苟利社稷，专之可也。"[1]俞归这时也只能用华夷有别进行搪塞，而不敢擅自做主。

353年，张重华死，时年二十四岁，在位首尾八年。[2]

第四节　前凉衰亡

一　政治的衰落

前凉政权从肇基到最后灭亡共经历七十六年时间（301~376）。七十六年中，共经历九位统治者。张重华前四主：张轨、张寔、张茂、张骏。其后四主：张耀灵、张祚、张玄靓、张天锡。如同所有的封建政权一样，它前期艰辛，中期强盛，后期衰落，最终由衰落走向灭亡。它的发展也符合一个通常的规律，那就是强盛的局面一旦形成，腐败乱亡也就由此开始。

从张重华之子张耀灵起，前凉国是日非，政治江河日下，各种社会矛盾都暴露出来，又演成一连串内乱。而统治集团的腐败和朝政的荒废，是造成社会矛盾的主要根源。

统治集团的腐败集中表现在两个方面。一是奢靡无度，

---

1 《晋书》卷86《张重华传》，第2244页。又汤球《十六国春秋辑补》卷71《前凉录》（第510页）略同。

2 《晋书》卷86《张重华传》误记张重华之死为"时年二十七，在位十一年"。（第2245页）此据《资治通鉴》《十六国春秋辑补》改。

二是荒淫残暴。作为封建统治者的本性所在，这两个方面从割据局面形成起就在滋生，而张耀灵之后有加无减，形成积重难返之势。

奢靡无度的表现是滥为挥霍物质财富。

前凉政权建立在河西经受长期动乱以后，因百废待兴，一些土木营建逐渐上马，后愈演愈烈，如张轨时修筑姑臧城，带有兴废理乱用意，并且出于设立州府行政的需要；到张茂"复大城姑臧，修灵钧台"，则是为了巩固家族利益，带有了劳民伤财的性质，被人斥为"实非士女所望于明公"，"徒见不安之意而失士民系托之本心"。[1]张骏生前修谦光殿，"饰以金玉，穷尽珍巧"，造成前凉"内资虚耗"；死时，又违背张轨"索棺薄葬，勿藏金玉"的遗教，隆坟厚葬，随葬物品，无奇不有，则表现出统治者的腐化。后凉吕纂时，胡人安据盗发张骏墓，"得真珠簾、琉璃榼、白玉樽、赤玉萧、紫玉笛、珊瑚鞭、马脑钟，水陆奇珍不可胜纪"[2]。

奢靡之外，是荒淫和残暴。史称张骏"淫纵过度"[3]，"少而淫佚，常夜出微行，奸乱邑里，少年皆化之"[4]。张祚的秽行更有过于张骏，史载其"淫暴不道，又通重华妻裴氏，自阃内媵妾及骏、重华未嫁子女，无不暴乱，国人相目，咸赋墙茨之诗"[5]。上有所好，下必甚焉。张玄靓时期的权臣张邕，

1 《晋书》卷86《张茂传》，第2231、2232页。

2 《晋书》卷122《吕纂载记》，第3067页。

3 《晋书》卷86《张骏传》，第2233页。

4 《魏书》卷99《张骏传》，第2195页。

5 《晋书》卷86《张祚传》，第2246页。

"自以功大，骄矜淫纵，又通马氏（重华母），树党专权，国人患之"[1]。张天锡则另有癖好，他宠信嬖人，引其为股肱，甚至不顾惜国统。

> 天锡荒于声色，不恤政事。初，安定梁景、敦煌刘肃并以门胄，总角与天锡友昵。张邕之诛，肃、景有勋，天锡深德之，赐姓张氏，又改其字，以为己子。……废（世子）大怀为高昌公，更立嬖子大豫为世子，景、肃等俱参政事。人情怨惧。[2]

统治者的奢靡，必然加重人民负担。史家谓张骏修谦光殿，"其奢僭如此，民以劳怨"[3]。其实，从前凉初建，河西百姓即为繁重的徭役和赋税所困扰。张骏不同意谭详盘剥百姓，自己却"以谷帛付民，岁收倍利，利不充者，簿卖田宅"，[4]重演着汉代"倍称之息"迫使农民"卖田宅鬻子孙以偿债"的丑剧和悲剧，使"反裘伤皮"之喻成为现实，而"积贤君"的美称却名实有违。张骏以后，统治者与被统治者的关系处在极度的不协调中，一面讲"刑清国富"，一面是赋役不时；一面在奢靡无度，一面是啼饥号寒。张轨、张茂所定的"务安百姓"及"完保百姓"的国策无影无踪，而社会问题却越来越多。张重华采取"轻赋敛"和"省园囿以恤贫穷"的措施正是为了改善上述不协调的关系，缓和一下社会问题的困扰。

---

1 《晋书》卷86《张玄靓传》，第2249页。
2 《晋书》卷86《张天锡传》，第2251页。
3 《魏书》卷99《张骏传》，第2194页。
4 《魏书》卷99《张骏传》，第2195页。

　　论及荒淫，历代封建统治集团中人只有小巫大巫之别，但前凉统治集团却独具特点，这一特点很像西晋，就是荒淫往往与残暴共生，又与国家政治相联系。如果说张骏"淫纵过度"败坏了社会风俗的话，那么张祚等则不仅是宣淫内宫，而且借助于后妃谋逆乱政，制造政变和同室操戈。史称张祚"淫暴不道"，正是指此而言。

　　前凉的张祚之乱和张邕之乱，都与淫暴有直接关系。

　　353 年，张耀灵十岁袭位。因年幼无知，不能主政，由其伯父长宁侯张祚辅政。张祚串通张重华的宠臣赵长和尉缉，策划发动政变。他唆使赵、尉制造"时难未夷，宜立长君"的舆论。[1] 又凭借与他私通的张骏妻马氏进行篡权的活动。"祚先烝重华母马氏，马氏遂从缉议，命废耀灵为凉宁侯而立祚。祚寻使杨秋胡害耀灵于东苑，埋之于沙坑。"[2] 杨秋胡害耀灵使用的是"拉其腰而杀之"的"拉杀"酷刑。除张祚凭奸得遂夺位之愿外，张邕"树党专权"及制造动乱，也有马氏从中支持。前凉后期，这种淫乱与残暴互为表里，形成的恶性政治事件非止一端。

　　前凉政治衰落的原因还有张氏统治集团的荒怠政务。

　　张骏在位时，前凉进入强盛时期。与此同时，张氏统治集团的奋厉之气也在消退，他们或沉湎于声色，或注情于弈棋，不再以国事为念。张骏开了这方面的先河。他不仅立"宾遐观"金屋藏娇，而且经常夜出邑里寻花问柳。谦光殿初建成时，他还能依四时而居，及至晚年，则"任所游处"，

---

1 《晋书》卷 86《张耀灵传》，第 2245 页。按，汤球《十六国春辑补》卷 71《前凉录》作张灵曜。
2 《晋书》卷 86《张耀灵传》，第 2245~2246 页。

极尽园池游宴之乐。张重华继位后，初期励精图治，尚贤任能，并取得防御战争的重大胜利。但不久便生骄情，"自以连破勍敌，颇怠政事，希接宾客"。从此不再听朝议政，不再处理国家大事，如索遐批评的那样，"去贼投诚者应即抚慰，而弥日不接。国老朝贤，当虚己引纳，询访政事，比多经旬积朔，不留意接之。文奏入内，历月不省，废替见务"，"至使亲臣不言，朝吏杜口"[1]。这种苟且怠惰的习气到张天锡时变本加厉，达到顶点。张天锡本人骄恣淫昏，不体察民情，终日与嬖幸作乐，"数宴园池，政事颇废"[2]。"自天锡之嗣事也，连年地震山崩，水泉涌出，柳化为松，火生泥中。而天锡荒于声色，不恤政事"[3]。有人向他进谏，他不但听不进去，反用自我标榜来解嘲，说什么：

> 吾非好行，行有得也。观朝荣，则敬才秀之士；玩芝兰，则爱德行之臣；睹松竹，则思贞操之贤；临清流，则贵廉洁之行；览蔓草，则贱贪秽之吏；逢飘风，则恶凶狡之徒。若引而申之，触类而长之，庶无遗漏矣。[4]

仿佛张天锡的纵情山光水色，真像处身于庙堂之上那样。事实上，他并非旷达清高君子，而是残暴自私小人。他不以国家和百姓为念，却耿耿于他的私情。他宠爱阎妃和薛妃，"二姬国色，并不知何许人也"。"天锡寝疾，谓之曰：

---

1 《晋书》卷86《张重华传》，第2243页。
2 《晋书》卷86《张天锡传》，第2250页。
3 《晋书》卷86《张天锡传》，第2251页。
4 《晋书》卷86《张天锡传》，第2250页。

'汝二人何以报我？我死之后，岂可更为人妻乎？'皆曰：
'尊若不讳，妾请效死于前，供洒扫于地下，誓无他志。'及
其疾笃，二姬皆自刭。"[1]阎、薛二妃以血腥的爱情填了张天
锡死后的欲壑。

张重华死后，前凉统治力的下降与张氏统治者的荒怠政
务有密切关系。由于荒怠政务，中央政府对政治与军事的控
制能力下降，以致权臣窃命，后妃干政，地方军阀势力坐大
等种种弊端丛生，酿成后期一连串的动乱和变故。由于荒怠
政务，国计民生无人主理，使灾荒不断，农事不修，民不聊
生，怨声四起，演化为尖锐的社会矛盾。由于荒怠政务，边
备松懈，攻防失措，以致面对前秦进攻，自保乏力。

而且，前凉后期的怠政并非只有张氏子孙如此。当时，
居官者多无上进之心，在职者鲜有勤勉之意。敦煌索孚因劝
张骏勿治石田被贬为宜禾都尉，他借射箭针砭时势，讽喻怠
政官吏。有一次，别人问他为什么射箭十发九中，其中有无
秘诀。他回答说：

> 射之为法，犹人主之治天下也。射者，弓有强弱，
> 矢有铢两。弓不合度，矢不端直，虽逢蒙不能以中。才
> 不称官，万物荒怠，虽有尧舜之君，亦无以为治也。[2]

可见，前凉国力的衰落与后期统治集团的苟且偷安及因
循怠惰的风习有直接关系。

1　汤球：《十六国春秋辑补》卷73《前凉录》，第522页。又《晋书》卷96《列
女传·张天锡二妾阎氏薛氏》（第2522页）略同。
2　汤球：《十六国春秋辑补》卷72《前凉录》，第515页。

二 统治集团的内讧

自张耀灵起，前凉统治集团内部争权夺利的斗争纷至沓来。斗争尖锐时，不惜大动干戈，肆行屠戮。所有争权夺利的斗争以及由此酿成的动乱，都造成一个结果，就是前凉统治元气大损，统治能力削弱，并且河西社会陷入纷扰和不宁。

张祚之乱开了内讧和动乱的先河。

张祚，字太伯，是张骏的庶长子，他"博学雄武，有政事之才"[1]。张骏时，他任延兴太守，受封长宁侯。张耀灵袭位后，他以都督中外诸军事和抚军大将军名义辅政。

353 年，张祚串通赵长、尉缉，又勾结张重华母马氏，废杀张耀灵，自称大都督、大将军、凉州牧、凉公。第二年，又经赵、尉等人拥戴，"僭即王位（一作僭越称帝位）于谦光殿，立宗庙，舞八佾，置百官"[2]。并改建兴四十二年为和平元年，从而成为前凉历史上第一个行天子之礼，改元建号的统治者。[3]

张祚的"淫暴不道"和废杀自恣，加之他僭即王位后，"凶虐愈甚"[4]，招致前凉朝臣的不满。又加上当时风灾、霜灾

1 《晋书》卷 86《张祚传》，第 2246 页。

2 汤球：《十六国春秋辑补》卷 72《前凉录》，第 513 页。

3 "建兴"年号系张轨起至张耀灵止前凉各代沿袭崇奉的年号，张祚为始改元者。张祚被杀，张玄靓即位，"复称建兴四十三年"。张天锡专制国政，从建兴四十九年（公元 361 年，东晋升平五年）始改奉东晋"升平"年号，此事《晋书》记载甚确。侯灿对此有考证。可参见侯灿《前凉年号新考辩》，《新疆社会科学》1982 年第 2 期。

4 《晋书》卷 86《张祚传》，第 2246 页。

的不断侵袭，一般百姓也对他十分愤恨。于是尚书马岌和郎中丁琪向他进谏，引述张氏子弟"累执忠节，远宗吴会，持盈守谦，五十余载"的勋绩，指出"苍生所以鹄企西望"和"四海所以注心大凉"，都是因为前凉"尊崇晋室"和恪守仁义。[1] 而张祚却认为马、丁二人忤逆自己，罢免了马岌，诛杀了丁琪。

张祚虽有政治之才，但因他一即位便陷入四面楚歌的境地，所以猜忌心很重。他既怕东晋派兵讨伐自己，又怕兵将起来造反。354 年东晋桓温北伐，本来矛头指向前秦，但他接到秦州刺史王擢从陇西传递的情报，听说桓温已进入武关，忧虑"温善用兵，势在难测"[2]，内心很恐慌。又担心王擢会倒戈"反噬"自己。于是，他重新起用马岌，商量对策，并按马岌的主意，派人刺杀王擢，结果被王擢察觉。这样一来，他更加紧张，赶忙调集军队，"声言东征，实欲西保敦煌"[3]。恰在此时，桓温从关中撤走了军队。他闻讯后放弃了西保敦煌的计划，却委任刘霸为秦州刺史，派他与司兵张芳带领三千人讨伐王擢，这样一来，又迫使王擢投降了前秦。王擢受猜忌和降秦一事，搞得前凉将领人人自危，结果激起了张瓘兄弟的反抗。

张瓘自张骏分州以来，一直位居方面，统领重兵。张祚时，任征东将军、河州刺史，坐镇枹罕（今甘肃临夏市）。

---

1 《晋书》卷 86《张祚传》，第 2247 页。
2 《晋书》卷 86《张祚传》，第 2247 页。
3 《晋书》卷 86《张祚传》，第 2247 页。

"祚恶其强，遗其将易揣、张玲率步骑万三千以袭之。"[1] 当时有张掖人王鸾假托神道之言，劝张祚不要对张瓘用兵，并揭露张祚"三不道"，[2] 竟被张祚以妖言沮众之罪灭族。王鸾临死大呼："我死不二十日，军必败。"[3] 张祚一边派兵东出，一边部署张掖太守索孚接替张瓘。结果，索孚被张瓘杀掉，而张玲的军队未渡黄河也被击溃，易揣则单骑逃回姑臧。接着，张瓘传檄域内废除张祚，要他"以侯还第，复立耀灵"[4]。张祚闻讯后，逮捕张瓘弟张琚及其子张嵩，并急命杨秋胡将耀灵杀掉。张祚还怀疑与自己有嫌隙的骁骑将军宋混及其弟宋澄与张瓘合谋，迫使宋混弟兄出姑臧西逃，接着"招合夷晋，聚众至万余人以应瓘，还向姑臧"[5]。这样，一场内战爆发了。

张祚和平二年（355）九月，宋混军队兵临城下，被张祚逮捕尚未处死的张琚、张嵩乘机招募数百市民在城内发难，"扬言：'张祚无道，我兄大军已至城东，敢举手者诛三族！'遂开西门纳混兵"[6]。张祚慌忙逃上飞鸾观（一作神雀观），"张琚、张嵩杀祚守卒，死者四百余人"[7]。赵长等惧罪，入后宫，"呼张重华母马氏出殿，立凉武侯玄靓为主。易揣

1 《晋书》卷86《张祚传》，第2247页。汤球《十六国春秋辑补》卷72《前凉录》（第514页）略同。

2 《资治通鉴》卷100晋穆帝永和十一年七月条，第3148页。

3 《晋书》卷86《张祚传》，第2247页。又《资治通鉴》卷100晋穆帝永和十一年七月条："鸾临刑曰：'我死，军败于外，王死于内，必矣！'"（第3148页）

4 汤球：《十六国春秋辑补》卷72《前凉录》，第515页。

5 汤球：《十六国春秋辑补》卷72《前凉录》，第515页。

6 《资治通鉴》卷100晋穆帝永和十一年八月条，第3149页。

7 汤球：《十六国春秋辑补》卷72《前凉录》，第515页。

等引兵入殿，收长等，杀之。祚按剑殿上，大呼，叱左右力战。祚素失众心，莫肯为之斗者，遂为兵人所杀"[1]。随后，张瓘率军进入姑臧，拥立七岁的张玄靓为凉王，复称建兴四十三年。

张祚之乱历时三年（353~355），由张祚夺位开始，至张祚被诛结束。乱政和战乱是事件的形式，权力之争是事件的实质。张祚夺位后亲小人，重佞臣，妄杀忠良，遭他杀害的除丁琪、王鸾外，还有前凉著名军事家、学者谢艾[2]以及张重华妃裴氏等。他下令废止河西境内祭祀诸神，对于宗教的传播及文化的发展起了反作用。他下令禁四品以下官员衣缯帛，庶人不得畜奴婢、乘车马，造成官僚怨愤。他"又广征兵三十余道，入击南山诸种夷"[3]，"遣其将和昊率众伐骊轩戎于南山，大败而还"[4]，激化了少数民族与前凉政权的矛盾。

正是张祚的倒行逆施使他人心丧尽。所以当宋混兄弟"招合夷晋"讨伐张祚时，很快便聚合起万人大军。而张琚、张嵩在姑臧城内发难时，也获得市民的支持。张祚被枭首

---

1 《资治通鉴》卷100晋穆帝永和十一年八月条，第3149页。又汤球《十六国春秋辑补》卷72《前凉录》谓："祚以（赵）长败贼，下观劳之。"（长）遂奋槊刺祚中额。（易）揣等率众人入殿，收长杀之。祚奔入万秋阁，为厨士徐黑（一作里）所杀。"（第515页）又《十六国春秋辑补》卷72《前凉录》"张玄靓"作"张玄靖"。

2 《隋书》卷35《经籍志四》所著书目中有《谢艾集》七卷（第1067页），书今不存。

3 汤球：《十六国春秋辑补》卷72《前凉录》，第514页。《资治通鉴》卷100晋穆帝永和十一年七月条谓张祚"使（张）瓘讨叛胡"（第3149页）。

4 《晋书》卷86《张祚传》，第2247页。

暴尸时，"国内咸称万岁"。[1]在一定意义上，正义在反张祚一方。

由于张祚乱政问题是通过军事方式解决的，因而给河西造成了一定纷扰。战争在姑臧发生，死伤数百人，致使人心震骇，市井骚动。更重要是在平定张祚之乱后，各"中兴"勋臣屯军于城内城外，他们人人虎视京华，彼此存有戒心，从此使前凉王畿不得安宁。

所以，张祚之乱甫平，张宋内讧又接踵而起。

张玄靓从被捧上国主之位起，便是个傀儡。由于他只有七岁，只能受张瓘挟制。张瓘以卫将军都督中外诸军事，又以尚书令、凉州牧辅政。他统兵万余，权倾朝野。他在宫中安插亲信，在朝中"改易僚属"[2]。张玄靓只能唯命是从。

此时，前凉割据局面已危机四伏，首先是东线防务崩溃。本来，陇右由王擢镇守，王擢降秦后，陇右失防。陇西本是前凉的重要防线，但在讨伐张祚时，这里的主力部队被张瓘调往姑臧。这样一来，一些豪族势力有机可乘。张玄靓即位未几，陇右便出现了失控形势。"有陇西人李俨，诛大姓彭姚，自立于陇右，奉中兴年号，百姓悦之。"[3]张瓘派牛霸去讨伐，兵刚派出，西平郡（治今青海西宁市）又发生了卫缞的反叛，西平大族中的田旋游说酒泉太守马基支持卫缞，从而使张瓘陷入东西交困的境地。张瓘兄弟花费很大气力，才将卫缞、马基镇压下去，但陇右却因牛霸失败，形势

---

1 《晋书》卷86《张祚传》，第2248页。
2 《晋书》卷86《张玄靓传》，第2248页。
3 《晋书》卷86《张玄靓传》，第2248页。

依旧严重。

在镇压卫、马后，张瓘兄弟更加跋扈，"负其勋力，有篡立之谋"[1]。而且张瓘"猜忌苛虐，专以爱憎为赏罚"。他说："虎生三日，自能食肉，不须人教也。"史家云："由是人情不附。"[2] 于是，他与宋氏家族的矛盾又激化起来。

此时，宋氏家族也在积极培植势力，酝酿发动政变，诛杀张瓘兄弟。内讧一触即发。

359 年（建兴四十七年，东晋升平三年），是张玄靓即位第五年。这一年，埋葬张耀灵的东苑大坟发生塌陷，"地燃，广袤数丈"[3]。张瓘让人言其征兆，执法御史杜逸却提出用"移之他族"的办法来禳灾，暗示张瓘拿宋氏家族开刀。于是，张瓘"征兵数万，集于姑臧，谋讨宋氏"[4]。宋氏家族则先发制人，宋混及其弟宋澄聚合壮士杨和等四十余人，骑马奔入姑臧南城，"申令诸营曰：'张瓘谋逆，被太后诏诛之。'俄而众至二千"[5]。张瓘急急带兵出战，被宋混击败，手下兵将四散逃亡。他知大势已去，于是自杀身亡。宋混则株连张氏的家族及部下，"尽夷其属"[6]。

诛除张瓘势力后，宋混任都督中外诸军事、车骑大将军，假节辅佐朝政，"兄弟擅权，玄靓虚坐而已"[7]。361 年，宋混死，其弟宋澄继续掌权。

1　《晋书》卷 86《张玄靓传》，第 2249 页。
2　《资治通鉴》卷 100 晋穆帝升平三年六月条，第 3175 页。
3　汤球：《十六国春秋辑补》卷 72《前凉录》，第 517 页。
4　汤球：《十六国春秋辑补》卷 72《前凉录》，第 517 页。
5　汤球：《十六国春秋辑补》卷 72《前凉录》，第 517 页。
6　《晋书》卷 86《张玄靓传》，第 2249 页。
7　汤球：《十六国春秋辑补》卷 72《前凉录》引《太平御览》卷 876，第 517 页。

张宋内讧之时，凉州境内暴雨成灾。张玄靓四年（358），"六月，大风、震雷、晦冥。宫中雨水深四尺"。过后又久无雨水，"五年六月，大旱，令诸祈雨之官皆咏云汉诗"[1]。凉州百姓生活的疾苦更一步步加深。

早在张瓘专权时，宋氏家族中也有人在为非作歹。如右将军宋熙，他强占姑臧天龟观，改为私宅。[2]但宋混本人清介忠正，他死前，张玄靓及其祖母马氏去探望，他提出不让自己的儿子宋林宗继掌国政。认为即使宋澄掌权，也当"策励而使之"。他还一再告诫宋澄及宋氏子弟，"无恃势位以骄人"[3]。

宋澄的政治才能远不及其兄，他为人"儒缓，机事不称"[4]，掌权后不知防范以右司马张邕为首的反对派官僚，结果仅以领军将军辅政五个月便被张邕推翻。"右司马张邕，恶澄专擅，杀之，遂灭宋氏。"[5]

自宋配起，宋氏家族历仕前凉，竭尽股肱之力，多次拯前凉于危难。宋混死时，"行路为之挥涕"[6]。至此，宗族惨遭张邕的夷灭，族人因这场前凉内讧而凋零殆尽。

张天锡诛除张邕并杀张玄靓，是前凉灭亡前的最后一次内讧。

1　汤球：《十六国春秋辑补》卷72《前凉录》，第517页。
2　汤球：《十六国春秋辑补》卷72《前凉录》，第516页。
3　《资治通鉴》卷101晋穆帝升平五年四月条，第3185页。
4　《资治通鉴》卷101晋穆帝升平五年四月条，第3185页。
5　《晋书》卷86《张玄靓传》，第2249页。另，张邕"遂灭宋氏"之载不确。因西凉时仍有宋氏后裔宋繇为官，可参见《晋书》卷87《凉武昭王李玄盛传》、《魏书》卷52《宋繇传》。
6　《资治通鉴》卷101晋穆帝升平五年四月条，第3185页。

张邕消灭宋氏势力后，与张玄靓的叔父张天锡共掌兵权，张邕为中护军，天锡为中领军。

> 邕自以功大，骄矜淫纵，又通马氏，树党专权，国人患之。[1]

张天锡与他的矛盾又随之上升。张天锡的嬖人郭增、刘肃，"并年十八九"[2]，一次就寝中与天锡论及国事，谈到虽然张瓘死于前，宋澄亡于后，但朝中之事并未因此平静。张天锡问他们是什么缘故？郭、刘回答说张邕进出宫门，仿佛当年的张祚。张天锡又问他们该如何对付？郭、刘回答说应当尽速铲除。"天锡曰：'安得其人？'肃曰：'肃即是也。'天锡曰：'汝年少，更求可与谋者。'肃曰：'赵白驹及肃二人足以办之矣。'"[3]

张天锡大计已定，要诛除张邕。随后他带领从兵四百人，邀请张邕一同入朝，让刘肃、赵白驹簇拥于左右。走到宫门口时，刘肃突然持刀扑向张邕，"肃斫之不中，白驹继之，又不克，二人与天锡俱入禁中。邕得逸走，因率甲士三百余人反攻宫门"[4]。张天锡登上宫殿屋顶，对张邕的部众大声说："张邕凶逆无道，既灭宋氏，又欲倾覆我家。汝将

1　《晋书》卷86《张玄靓传》，第2249页。
2　《晋书》卷86《张玄靓传》，第2249页。
3　《晋书》卷86《张玄靓传》，第2249页。
4　《资治通鉴》卷101晋穆帝升平五年十月条，第3187页。又《晋书》卷86《张玄靓传》（第2249页）及汤球《十六国春秋辑补》卷72《前凉录》（第518页）略同。

士世为凉臣，何忍以兵相向邪？今所取者，止张邕耳，他无
所问！"[1]顷刻之间，张邕军队瓦解散尽。张邕自杀，其宗族
随后也被张天锡夷灭。

诛除张邕势力后，张天锡以使持节、冠军大将军、都督
中外诸军事而辅政，时为 361 年。这一年是建兴四十九年，
被他改成升平五年。从此，前凉开始尊奉东晋正朔。

张天锡辅政，仍玩弄张玄靓于股掌之上。363 年（东
晋兴宁元年）张骏之妻马氏死，张天锡立玄靓庶母郭氏为
太妃。郭氏与大臣张钦等密谋铲除张天锡，"事泄，钦等伏
法"[2]。张玄靓恐惧，让位于张天锡，张天锡不受。数日后，
张玄靓被刘肃等人刺杀，对外却宣布是"暴薨"。

从张祚之乱到张宋内讧，再到张天锡诛除张邕和杀掉张
玄靓，这反反复复的内乱长达十年时间（353~363）。此间，
前凉朝廷内外除血腥外，毫无文治武功可言。在血腥的杀戮
中，张氏宗室及以宋混、谢艾为代表的良臣接连丧命。由于
国事无人问津，造成陇右地区因李俨割据而失控；因忙于你
争我夺，水旱灾害连年肆虐。于是，前凉政权就在这人祸天
灾的交互侵袭下走向没落。

三　前秦灭前凉

当前凉政权因一次次内乱国力急剧衰落时，中原形势也
变得越来越对前凉不利。

本来，由于 354 年东晋将领桓温率军北伐前秦并挺进关

1　《资治通鉴》卷 101 晋穆帝升平五年十月条，第 3187 页。

2　《晋书》卷 86《张玄靓传》，第 2250 页。

中，前凉曾获得一个向东扩展的机会。当时，秦州刺史王擢主动统兵东进，接应桓温，并攻破陈仓（今宝鸡），杀前秦扶风内史毛难。[1]但是，因为张祚怀疑桓温"势在难测"和顾虑王擢将会"反噬"，派牛霸等发动内战，进攻王擢，从而失掉了这一东进良机。接着，王擢投降了前秦，陇右失防，继而又出现李俨的割据。这等于前凉东部国门已为前秦打开。只是在张玄靓时，前秦因忙于对付东晋和前燕，对前凉一直采取羁縻政策，暂不作进攻。

356年，即张玄靓即位的第二年。前秦派阎负和梁殊出使姑臧。时张瓘用事，他问阎、梁使凉之意，阎、梁回答说是为"修好"，并说："今大秦威德方盛，凉王若欲自帝河右，则非秦之敌。"张瓘又问，既然前秦很强，为何不先取江南？阎、梁回答说："主上以为江南必须兵服，河右可以义怀，故遣行人先申大好。若君不达天命，则江南得延数年之命，而河右恐非君之土也。"[2]这等于告诉张瓘，前秦早晚要进攻河西，只是眼下还不是时候。张瓘还算知趣，派了使者称藩于秦。

357年，秦王苻坚即位。他任用王猛，大力革新政治，行富国强兵之策。史称：

　　猛宰政公平，流放尸素，拔幽滞，显贤才，外修兵革，内崇儒学，劝课农桑，教以廉耻，无罪而不刑，无才而不任。庶绩咸熙，百揆时叙。于是兵强国富，垂及

---

1 《资治通鉴》卷99晋穆帝永和十年三月至五月条，第3139~3141页。
2 《资治通鉴》卷100晋穆帝永和十二年二月条，第3153~3154页。

升平。[1]

前秦国力上升后，苻坚开始了统一北方的进程。370年，苻坚灭掉前燕；371年，对陇南用兵，灭仇池；373年，攻取东晋梁、益二州。至此，兵锋渐及前凉。

363年，张天锡杀张玄靓自立前，已感受到来自前秦的压力。他在改奉东晋年号的当年，遣使到建康请求东晋朝廷委命，同时护送早在347年（东晋穆帝永和三年）已到凉州的东晋使者俞归南返，以此结好东晋。同时又与前秦修好，于次年接受苻坚封拜的大将军、凉州牧、西平公官职和爵位。

鉴于日益增大的前秦压力，张天锡虽荒怠政务，却也不得不抽出时间整顿东线防务。

当时，割据陇右的李俨已投降前秦。张天锡整顿东线防务，先要对李俨用兵。

367年，张天锡兵分四路，讨伐李俨。一路由杨遹统率出金城（今兰州市），一路由掌据统率向左南（今甘肃夏河县境），一路由张统率领趋白土（今甘肃临洮县境），另一路由自己亲自统率，屯驻仓松（今甘肃武威市南）。开始进兵顺利，很快攻下李俨占据的大夏和武始二郡；逼李俨退守枹罕，派侄子李纯向前秦求救。在凉军出师前，陇右发生了一件事：略阳（今甘肃秦安县东南）四千余家羌民在首领廉岐[2]带领下背叛前秦，投靠了李俨。前秦为追回羌人部落，

1 《晋书》卷114《苻坚载记下》，第2932页。
2 廉岐又作"敛岐"。参《晋书》卷86《张天锡传》"校勘记"之一五，第2254~2255页。

也决定对陇右用兵，并且在凉军未出前，已由王猛、姚苌等统兵七万攻占了略阳。廉岐所带羌部原为姚苌父亲姚弋仲部下，听说姚苌到了略阳，纷纷背叛李俨归属姚苌。廉岐只身逃往武都，投靠了白马氏部。王猛接到李俨的求救信后，带着军队从略阳赶往枹罕，在枹罕东郊与杨遹遭遇。杨部不堪一击，"猛大破之，俘斩万七千级"[1]。接着，王猛布开阵势，与凉军相持于枹罕城下，并且送信给张天锡。信中说，秦军之出本为李俨，不是为和前凉作战。如果两家相持下去，旷日持久，两败俱伤，不是上策。"若将军退舍，吾执俨而东；将军徙民西旋，不亦可乎！"[2]张天锡出兵，本来也不是为和前秦作战，接信后便下令军队西撤。这样，王猛的军队占领了枹罕，李俨也被秦军押送长安。

枹罕遭遇战虽不是前秦进攻前凉的战争，但这次遭遇战使凉军损失惨重，"死者十二三"[3]。重要的是这次遭遇战拉开了前秦灭凉的序幕。枹罕被秦军占领，等于前秦军事势力已深入陇西和河南一带，而前凉东部防线退缩到洮水和黄河口岸。此后，两家在这一带经常交兵，"时苻坚强盛，每攻之，兵无宁岁"[4]。

到 371 年左右，前凉已危在旦夕。张天锡虽然内心恐惧，但依旧不改恶习。他"荒于声色，不恤政事"[5]，在与嬖人梁景、刘肃等寻欢作乐的同时，又寄希望于东晋，

---

1 《资治通鉴》卷 101 晋海西公太和二年四月条，第 3204 页。
2 《资治通鉴》卷 101 晋海西公太和二年四月条，第 3204~3205 页。
3 《晋书》卷 86《张天锡传》，第 2251 页。
4 《晋书》卷 86《张天锡传》，第 2251 页。
5 《晋书》卷 86《张天锡传》，第 2251 页。

派韩博、康妙奉表于晋，并送盟文给东晋大司马桓温，"克期年夏，誓同大举，都会上邽"[1]。另外，又加大对百姓的征敛，搞得怨声载道，大失民心。少府长史纪端上疏议论时政，谴责张天锡只顾竭泽而渔，而不问鱼之有无。疏文说：

> 臣闻东野善驭而败其驾，秦氏富强而覆其国。马力已尽，求之弗休；人既劳竭，役之无已故也。造父之御，不尽其马；虞舜之治，不穷其人。故造父无失御，虞舜无失人。[2]

376 年夏，前秦正式对前凉用兵。苟苌、毛盛、梁熙、姚苌等共统领步兵和骑兵十三万，浩浩荡荡向河西进发。有人认为前秦这次出兵规模之大是"戎狄以来，未之有也"[3]。前军刚出，苻坚又派出苟池、李辩、王统带秦、河、凉三州军队为后继。

在出军的同时，苻坚派阎负、梁殊为使者，随同枹罕之役被俘的阴据先期到凉州晓谕张天锡到长安投诚自首。张天锡与臣僚计议何去何从，禁中录事席仂认为应行屈伸之术以缓秦军，建议张天锡以爱子为质，赂以重宝，以退秦师。而多数臣僚认为这是席仂"老怯"之谈，如照办将辜负祖宗，招来奇耻大辱。还有人说"河西天险，百年无虞"，主张倾

1　汤球：《十六国春秋辑补》卷73《前凉录》，第520~521 页。《晋书》卷86《张天锡传》作"六年夏誓同大举"，第2251 页。
2　汤球：《十六国春秋辑补》卷73《前凉录》引《太平御览》卷623，第521 页。
3　《资治通鉴》卷104 晋孝武帝太元元年五月条引周虓语，第3274 页。

全境之兵，"右招西域，北引匈奴"以抗秦。张天锡采纳后一种意见，下令用乱箭射死阎负和梁殊。事情传至后宫，其母严氏哭着说：

> 秦主以一州之地，横制天下，东平鲜卑，南取巴、蜀，兵不留行。汝若降之，犹可延数年之命。今以蕞尔一域，抗衡大国，又杀其使者，亡无日矣！[1]

消息传到前线，前秦兵士人人激愤，加快了进攻步伐。

八月，梁熙、姚苌、王统、李辩等率领的秦军相继渡过黄河，进攻河会城（今兰州市区与永登县之间），前凉骁烈将军梁济降秦。接着，苟苌所率秦军也取道金城渡河，与马建所率前凉主力相遇。马建出身行伍，勇而无谋，张天锡任他为主帅时，西平相赵疑已指出此人"必不为用"。[2] 果然，他与苟苌接战便溃退，接着降秦。

当秦军势如破竹进入河西时，掌据所统三万凉军驻守于洪池岭（今乌鞘岭），张天锡所统五万军队驻扎于金昌（今甘肃永昌县北）。掌据想主动迎敌，但迟迟得不到张天锡命令。等待之中，苟苌已率军到达洪池岭。掌据所部被动挨打，很快溃败。掌据不愿只身逃跑，伏剑自杀，老将席仂也力战而死。苟苌挥军翻越洪池岭，前凉将军赵充哲和中卫将军史景等殊死抵抗，又相继战死，姑臧外围部队三万多人也丧失殆尽。当此之时，张天锡再无将可遣，当他自己带兵与

---

1 《资治通鉴》卷104晋孝武帝太元元年七月条，第3274~3275页。
2 《资治通鉴》卷104晋孝武帝太元元年八月条，第3275页。又"马建"《晋书》卷86《张天锡传》作"马达"，第2251页。

秦军交战时，姑臧城内又发生了叛变。在进退失据的形势下，他只得向苟苌请降。"甲午，秦兵至姑臧。天锡素车白马，面缚舆榇，降于军门"，"凉州郡县悉降于秦"[1]，前凉政权至此灭亡。

> 自轨为凉州，至天锡，凡九世，七十六年矣。[2]

亡国后，张天锡被苻坚迁往长安。"（苻）坚封天锡重光县之东宁乡二百户，号归义侯。初，（苟）苌等将征天锡，坚为其立第于长安，至是而居之。"[3] 张天锡之外，前秦还迁徙凉州豪右七千余家到关中。

383年，前秦南征东晋，张天锡以征南司马之职随苻融出征。前秦军队在淝水战败，他乘机逃往江南，被东晋任为散骑常侍、左员外，并复爵西平郡公。

> 天锡少有文才，流誉远近。及归朝，甚被恩遇。朝士以其国破身虏，多共毁之。会稽王（司马）道子尝问其西土所出，天锡应声曰："桑葚甜甘，鸱鸮革响，乳酪养性，人无妒心。"后形神昏丧，虽处列位，不复被齿遇。隆安中，会稽世子元显用事，常延致之，以为戏弄。以其家贫，拜庐江太守，本官如故。桓玄时，欲招怀四远，乃用天锡为护羌校尉、凉州刺史。寻卒，年

1 《资治通鉴》卷104晋孝武帝太元元年八月条，第3276页。
2 《晋书》卷86《张天锡传》，第2252页。
3 《晋书》卷113《苻坚载记上》，第2898页。

六十一。追赠金紫光禄大夫。[1]

先前，张天锡所立世子张大豫已乘前秦衰亡之际，由长安逃归河西，并招集旧部，图谋复辟，事具《后凉篇》。

---

1 《晋书》卷86《张天锡传》，第2252页。

后凉篇

【卷三】

第一节 后凉立国

一 吕光征西域

后凉是吕光建立的。如同前凉从西晋派生那样，后凉是由前秦派生的。它的建立与吕光征西域有关。

吕光，字世明，略阳（今甘肃秦安县东南）氐人。史书有关其先世的记载是："其先吕文和，汉文帝初，自沛避难徙焉，世为酋豪。父婆楼，佐命苻坚，官至太尉。"[1]吕文和事迹无从考证，恐属附会，但吕婆楼佐命苻坚，史载其确："婆楼，字广平，佐命前秦苻坚。"[2]苻生即前秦帝位，婆楼为侍中、左大将军。苻坚时，婆楼先为司隶校尉，后至太尉。"王猛、吕婆楼、强汪、梁平老，皆有王佐之才，坚并倾身礼之，以为股肱羽翼。"[3]在辅佐苻坚的过程中，婆楼协同王猛，改良前秦政治，加强中央集权，打击氐族贵族保守势力，为前秦政权的强大做出过重大贡献。

据载，吕光生于枋头（今河南浚县西南），这是因为333年后赵石虎曾迁徙关中豪杰到关东，吕氏家族与苻氏家

---

1 《晋书》卷122《吕光载记》，第3053页。
2 汤球：《十六国春秋辑补》卷81《后凉录》，第565页。
3 汤球：《十六国春秋辑补》卷33《前秦录》引《太平御览》卷474，第254页。

族同在被迁之列，后又趁后赵衰乱，随苻洪返回关中。在枋头时，吕光出生。

依上述经历而言，吕光不仅为氏族贵族家庭出身，也是前秦勋望之后。他自幼受封建政治影响，具有谋略和才干。史称吕光：

> 年十岁，与诸童儿游戏邑里，为战阵之法，俦类咸推为主，部分详平，群童叹服。不乐读书，唯好鹰马。及长，身长八尺四寸，目重瞳子。左肘有肉印。沈毅凝重，宽简有大量，喜怒不形于色，时人莫之识也，惟王猛甚异之。[1]

由于王猛推荐，吕光自察举贤良入仕。在任美阳（今陕西武功县西南）令期间，宽严相济，颇存惠声，"民夷惮爱，邻境肃清。迁鹰扬将军，以功赐爵关内侯"[2]。

357年九月，原后赵降秦将领张平发动叛乱：

> 据新兴、雁门、西河、太原、上党、上郡之地，壁垒三百余，夷、夏十余万户，拜置征镇，欲与燕、秦为敌国。[3]

前秦甘露元年（358）二月，苻坚亲率军队讨张平，吕光从征。张平用全部兵力抵御秦军。铜壁之役，张平养子张

1 《晋书》卷122《吕光载记》，第3053页。
2 汤球：《十六国春秋辑补》卷81《后凉录》，第565页。
3 《资治通鉴》卷100晋穆帝升平元年九月条，第3166页。

蚝骁勇善战，锐不可当，"出入秦阵者四五，坚募人生致之。鹰扬将军吕光刺蚝，中之。邓羌擒蚝以献，平众大溃。平惧，请降"[1]。从此以后，吕光威名大震。

367年，苻坚母弟秦州刺史苻双叛变，占据上邽，割据陇右。时吕光为宁朔将军，奉命与武卫将军王鉴率兵三万前往讨伐。在平定苻双叛乱中，吕光的军事指挥才能得到展示。他看到敌方前锋苟兴来势凶猛，提出"持重以待其弊"的策略。在苟兴因粮竭退兵时，他又提出从速进师，以至于大获全胜，再立功劳。

370年，吕光随王猛讨慕容暐，在灭前燕后，受封都亭侯，继而被任为豫州长史。378年，豫州刺史苻重以洛阳为基地造反，长安大震。有人怀疑吕光会与苻重同谋，而苻坚却深信吕光，他说："长史吕光忠正，必不与之同。"[2] 下令吕光逮捕苻重。吕光按命令将苻重收押并槛车送长安。此后，吕光被调入京城，任"太子右率，甚见敬重"[3]。

从358年到380年，吕光数次为前秦靖难，并屡建奇功。从张平之乱到苻双、苻重、李焉、苻洛之乱，这一次次叛乱的平定，都使他显名于朝，地位节节上升，并决定了他将会出人头地。在平山东后，苻坚士马强盛，遂有图西域之志。建元十八年（382），他任命吕光为持节都督西讨诸军事出征：

> （光）率将军姜飞、彭晃、杜进、康盛等总兵七万，

1 《资治通鉴》卷100晋穆帝升平二年三月条，第3168页。
2 《资治通鉴》卷104晋孝武帝太元三年十月条，第3287页。
3 《晋书》卷122《吕光载记》，第3054页。

铁骑五千，以讨西域。以陇西董方、冯翊郭抱、武威贾虔、弘农杨颖为四府佐将。[1]

吕光受命征西域，成为后凉立国的开端。

本来，从376年秦军灭前凉时起，前秦已接管了西域。但因秦师并未占领西域，前秦对西域实际不具备控摄能力。另外，在灭前凉的最初一段时间，所任凉州刺史梁熙忙于修整内务，无暇顾及西域，而"西障氐、羌"也不臣服于秦，西域道路并不通畅，政令也难及于西域。378年，苻坚决定改变这种状况，他下诏梁熙，让他派使者到西域"扬秦威德"[2]。结果只有大宛使者到河西向苻坚献大宛马，而其余诸国仍无使者入贡。到了382年秋，车师前部王弥寘和鄯善王休密駮入朝时，言及西域事，二人"请为向导，以伐西域之不服者"[3]。于是，有了苻坚派吕光统师西行之举。吕光出师前，前秦也开始计议进攻东晋。

383年初，吕光兵出长安。六月，苻坚下诏进攻东晋。当苻坚下令攻晋时，吕光已率师进抵高昌，他想停下来等待下一步的命令，而部将杜进对他说：

> 节下受任金方，赴机宜速，有何不了，而更留乎！

在杜进的敦促下，吕光乃进及流沙，"三百余里无水，

---

1 《晋书》卷122《吕光载记》，第3054页。
2 《资治通鉴》卷104晋孝武帝太元三年九月条，第3287页。
3 《资治通鉴》卷104晋孝武帝太元七年九月条，第3300页。

将士失色"[1]，幸而骤降暴雨，得用雨水消渴，进兵至焉耆。焉耆王泥流惧吕光讨伐，带领一些西域小国请降。十二月，兵至龟兹，龟兹王帛纯凭险拒守，不降吕光。于是：

> 光军其城南，五里为一营，深沟高垒。广设疑兵，以木为人，被之以甲，罗之垒上。帛纯驱徙城外人入于城中，附庸侯王各婴城自守。[2]

双方相持到第二年六月，帛纯援引狯胡、温宿、尉头等国王及诸国兵共七十余万，试图解龟兹之困，被吕光军队击破。八月，帛纯收其珍宝逃走，受龟兹控制的西域三十余国尽降吕光。

> 诸国惮光威名，贡款属路。……光抚宁西域，威恩甚著，桀黠胡王昔所未宾者，不远万里咸来归附，上汉所赐节传，光皆表而易之。
>
> （苻）坚闻光平西域，以为使持节、散骑常侍、都督玉门已西诸军事、安西将军、西域校尉。[3]

在吕光与帛纯两军相持时，杜进曾谶言吕光有"人君利见之象"。据说当时吕光左臂内侧血管隆起，隐然成"巨霸"字样，接着有黑龙降于营外，鳞甲昭然。议者附会吕光"道合灵和"，吕光听后很高兴。在平龟兹后，因东归道远，吕

1 《晋书》卷 122《吕光载记》，第 3054 页。
2 《晋书》卷 122《吕光载记》，第 3054 页。
3 《晋书》卷 122《吕光载记》，第 3055~3056 页。

光迷恋龟兹城和帛纯宫室的辉煌壮丽，产生了羁留西域的念头。天竺高僧鸠摩罗什劝他东返，告诉他"此凶亡之地，不可掩留"，并说"中路自有福地可居"。[1]

385年春，吕光大飨将士，并讨论留返问题。"众咸请还，光从之。"[2] 三月，正式从龟兹出发，率军东归。东返时"以驼二万余头致外国珍宝及奇伎异戏、殊禽怪兽千有余品，骏马万余匹"[3]。

吕光带领的"总兵七万，铁骑五千"，加上从西域掳掠的无数珍宝和骏马，成为他建立后凉的军事及物质基础。

二　后凉的建立

吕光率军入西域时，前秦已在淝水之战中失败。苻坚部下慕容垂、姚苌、乞伏国仁等纷纷叛秦。因前秦战败，关东、陇西等区域的形势也变得对前秦不利。从384年六月到385年六月，慕容冲包围前秦国都长安城整整一年，他"纵兵大掠"，以致"长安大饥，人相食，诸将归而吐肉以饲妻子"[4]，关中"人皆流散，道路断绝，千里无烟"[5]。苻坚留太子苻宏坚守长安，自率数百骑，携其家口逃往五将山（今陕西岐山县东北）。七月，姚苌派骑兵包围五将山，活捉苻坚，继而将其勒死于新平（郡治漆，今陕西彬县）佛寺中。吕光对上述这些事略无所知，而凉州官吏却多有知者。所以，吕

1　汤球：《十六国春秋辑补》卷81《后凉录》，第567页。
2　《晋书》卷122《吕光载记》，第3056页。
3　《晋书》卷122《吕光载记》，第3056页。
4　《晋书》卷114《苻坚载记》，第2925页。
5　《晋书》卷114《苻坚载记》，第2927页。

光回师的消息传到河西后，高昌太守杨翰建议凉州刺史梁熙
拒纳吕光入境，他说：

> 吕光新破西域，兵强气锐，闻中原丧乱，必有异
> 图。河西地方万里，带甲十万，足以自保。若光出流
> 沙，其势难敌。高梧谷口险阻之要，宜先守之而夺其
> 水，彼既穷渴，可以坐制。如以为远，伊吾关亦可拒
> 也。度此二厄，虽有子房之策，无所施矣！[1]

另外，张统也建议梁熙奉以前贬徙西海的苻洛为盟主，使
吕光不敢有异心，再向东兼并河州刺史毛兴，联合秦州刺史
王统和南秦州刺史杨璧，合四州之众，"为桓文之举"。但梁
熙"文雅有余，机鉴不足"，对杨、张的建议不感兴趣。而吕
光却加紧进军步伐，原前秦河西守宰望风而降。吕军到玉门
时，梁熙才感到不妙，发檄谴责吕光"擅命还师"，派其子梁
胤和振威将军姚皓、别驾卫翰率众五万拒守酒泉。这时，吕光
已招降高昌太守杨翰、敦煌太守姚静和晋昌太守李纯。他反檄
姑臧，谴责梁熙在国难当头时无赴难之志，反而阻遏"归国
之师"。又派遣彭晃、杜进、姜飞为前锋，带兵急进，在安弥
（今甘肃酒泉市东）击败并活捉了梁胤。"于是四山胡、夷皆附
于光。武威太守彭济执（梁）熙以降，光杀之"[2]。

385年十月，吕光进入姑臧，自领凉州刺史、护羌校尉，
又以杜进为辅国将军、武威太守，封武始侯，"自余封拜各

---

1 《资治通鉴》卷106晋孝武帝太元十年九月条，第3352页。
2 《资治通鉴》卷106晋孝武帝太元十年九月条，第3353页。

有差"。[1] 后凉进入了立国时期。至此，凉州各郡县都已归降吕光，仅酒泉太守宋皓和西郡太守宋泮坚守城池。吕光派兵攻克二城，诛杀二宋。

吕光入姑臧前，前秦国主苻坚已被羌族首领姚苌杀害，其庶长子苻丕在晋阳继位称帝，改元太安。到386年秋，吕光闻知苻坚被杀，下令凉州全城上下举哀。十一月，奉太安年号。这时，群僚向他劝进，他表示只"进位元台"，自称"使持节、侍中、中外大都督、督陇右河西诸军事、大将军、领护匈奴中郎将、凉州牧、酒泉公"[2]。这一大堆名号表明，他已割据河西。389年，吕光改元麟嘉，即三河王位于姑臧南郊，置官司，大宴群臣，后凉政权正式建立。

吕光建国时，即位于晋阳的前秦皇帝苻丕已被慕容永军队杀掉。苻丕死后，割据陇西的苻登继称前秦皇帝。394年，姚苌之子、后秦国主姚兴杀苻登于平凉。苻登子苻崇在逃向湟中时，被陇西鲜卑首领、西秦国主乞伏乾归逐杀。至此，前秦亡国。吕光的后凉、姚兴的后秦、慕容垂的后燕、乞伏乾归的西秦并立于北方大地，并与江南东晋相对峙。396年，吕光去三河王号，改元龙飞，称大凉天王，确立起封建王权统治。

综上所述，后凉政权之兴，发端于前秦苻坚派遣吕光经营西域。而苻坚败于淝水及北方出现再分裂的形势，给后凉立国提供了条件。在这一点上，它与前凉政权在形成背景上有相似之处。

1 《晋书》卷122《吕光载记》，第3056页。
2 《晋书》卷122《吕光载记》，第3057页。

第二节　前期政治

一　尖锐的民族矛盾

吕光不同于张轨，他是以关陇氐族酋豪的身份割据河西的，这决定了他不会受到河西著姓社会的承认和拥戴。后凉政权是吕光依靠氐族的军事力量，通过对河西的占领建立起来的，这必然会遭到汉族及河西其他民族的反抗。

从吕光入主姑臧起，民族矛盾就在上升，吕光屠杀姚皓等名士以及夷夏百姓，是其端倪。

> 光主簿尉祐，奸佞倾薄人也，见弃前朝，与彭济同谋执梁熙，光深见宠任，乃谮诛南安姚皓、天水尹景等名士十余人，远近颇以此离贰。[1]

尉祐谮杀姚、尹后，出任金城太守，在允吾叛变吕光，"扇动百姓，夷夏多从之"[2]。

以张大豫为首，由河西汉族政治势力发动的前凉复国活动，反映了后凉初期民族矛盾带给吕光的困扰。

张大豫是张天锡的嬖子，于373年被张天锡立为世子。376年，前凉为前秦所灭，大豫随张天锡被俘往长安。383年苻坚败于淝水，随苻坚南征的张天锡乘败乱逃到江南，投奔了东晋。张大豫惧罪，藏匿于前秦长水校尉王穆家中。后

1　《晋书》卷122《吕光载记》，第3056页。
2　《晋书》卷122《吕光载记》，第3056页。

随王穆潜逃，重返河西，被河西鲜卑秃发部收容。在秃发部首领树机能玄孙秃发思复鞬的帮助和汉族豪望的支持下，开始了复辟前凉的活动。

386年十一月，魏安（今甘肃古浪县东）人焦松、齐肃、张济等起兵数千奉迎大豫，攻下后凉昌松郡（治今甘肃古浪县西），击败吕光派去镇压的杜进所部。接着，张大豫指挥军队进攻姑臧。当时，王穆等人得知姑臧城防牢固，城内粮储丰富，吕光的军队士气又盛，认为不如向吕光防守薄弱的地方进军，先取岭西（今甘肃张掖境内祁连山岭以西），厉兵秣马，积蓄军粮，待力量充足后再东争姑臧，实现坐定河西的宏图。但张大豫急功心切，听不进王穆的劝告，坚持要攻取姑臧。他自号抚军将军、凉州牧，改元凤凰，任王穆为长史，派他去联络建康（郡治今甘肃酒泉）太守李隰和祁连都尉严纯，让他们率兵东进，合河西鲜卑军队共三万余，从南面攻打姑臧，而自己从城西进攻。他试图从西、南两个方向夹击，驱逐吕光出姑臧。然而当王穆与思复鞬等到达城南时，吕光突然兵出南门，打得王穆措手不及，并杀鲜卑部帅奚于及其部下两万多人。姑臧城南战役失败后，张大豫的复国梦成为泡影。他带兵撤离姑臧，掠凉州百姓千余户，退往临洮（今甘肃岷县）。后凉将领彭晃、徐灵等带兵追击。387年春，彭、徐进攻临洮，张大豫败逃广武（治今甘肃永登县南），王穆逃往建康。八月，张大豫被广武郡人押送姑臧，接着被吕光处死。王穆在袭据酒泉后，自称大将军、凉州牧。

初，王穆起兵，遣使招敦煌处士郭瑀，瑀叹曰："今民将左衽，吾忍不救之邪！"乃与同郡索嘏起兵应穆，运粟三万石以饷之。[1]

郭瑀、索嘏及河西鲜卑能支持张大豫，说明河西汉族士民和"胡夷"百姓对后凉政权所持的敌对态度。

王穆刚愎自用，喜听谗言。在郭、索起兵后，他委任郭瑀为太府左长史、军师将军，以索嘏为敦煌太守。但不久便因相信谗言和忌妒索嘏的名气，带兵进攻索嘏。

（郭）瑀谏不听，出城大哭，举手谢城曰："吾不复见汝矣！"还而引被覆面，不与人言，不食而卒。[2]

吕光乘王穆进攻索嘏之际，发兵二万攻酒泉，迫使王穆向东溃退。中途部众逃散，本人也被骍马（今酒泉东）县令郭文杀掉。

除河西士民支持张大豫起兵复国之外，作为后凉初期民族矛盾尖锐化的另一个表现是郭黁之变。

郭黁任吕光的散骑常待、太常卿，他"明天文，善占候"，曾预言"凉之分野，将有大兵"，鼓动仆射王详并联络田胡部族和东西二苑禁军起兵反吕。397年，他推田胡王乞基为帅，以略阳氏人杨轨为谋主，与凉人张捷和宋生等招集戎夏三千人反于休屠城。

---

1 《资治通鉴》卷107晋孝武帝太元十二年十二月条，第3381页。
2 《资治通鉴》卷107晋孝武帝太元十二年十二月条，第3381页。

> 麿之叛也，得（吕）光孙八人于东苑。及军败，恚
> 甚，悉投之于锋刃之上，枝分节解，饮血盟众；众皆掩
> 目不忍视之，麿悠然自若。[1]

郭麿之变，利用了汉、胡各族对吕光的不满，但却极其残酷地屠杀吕氏子孙，这注定了他不会成功。

除汉族联合"胡夷"民族反吕外，"胡夷"民族单独反抗后凉统治的活动也层出不穷。387年冬，西平太守康宁自称匈奴王，杀湟河太守强禧以叛。397年，沮渠蒙逊率卢水胡部在张掖起兵，其从兄沮渠男成遥为呼应，"逃奔赀虏，扇动诸夷，众至数千"[2]。同年，秃发乌孤率河西鲜卑占据湟中，与后凉对峙。

后凉初期，民族矛盾作为社会的主要矛盾动摇着后凉统治。因此，后凉从建立起就缺乏稳定性。适如胡三省所说：

> 吕光新得河西，党叛于内，敌攻于外，虽数战数胜，而根本不固，宜不足以贻子孙也。[3]

二　氐族本位政治

吕光出身于氐族贵族家庭，后凉政权本于前秦，这必然使后凉深深打上前秦政治的某些烙印。

我们知道，前秦一度出现强盛，是苻坚任用汉族士人王

---

1 《晋书》卷122《吕光载记》，第3062页。
2 《晋书》卷122《吕光载记》，第3061页。
3 《资治通鉴》卷107晋孝武帝太元十二年十二月条胡注，第3382页。

猛和推行政治改革的结果。其政治改革的主要内容之一，是通过抑制氐族贵族集团内部的落后保守势力来强化封建中央集权。但因改革未能彻底消除前秦社会的民族矛盾，故而不可能完全改造前秦落后的氐族本位政治。前秦氐族本位政治的落后性，一是移植氐族居民到被征服地区，借以突出氐族的政治地位和对其他民族实行同化的能力；二是以氐族贵族为核心，建立军事性和政治性相统一的统治体制，用以对被征服区进行强制性管理；三是迁徙被征服区其他民族的豪望到京畿地区，以便进行有效的控制。

苻坚时期为推行上述政策，凡分散移置被征服区的氐族种姓共十五万户之多，而被分封和委派到各地区的苻氏子弟及氐族勋贵也多达数十人。当然，派吕光征服西域也是此种本位政治的产物。另外，苻坚在灭前燕之后，"徙关东诸豪杰及诸杂夷十万户于关中（内有鲜卑四万余户，徙于长安），处乌丸杂类于冯翊（今陕西大荔县）、北地（今陕西铜川市南），丁零翟斌于新安（今河南渑池县东）"[1]，以至"鲜卑、羌、羯，布满畿甸"[2]。这不但激化了被征服地区原有民族与氐族间的矛盾，而且也分散削弱了氐族自己的力量，将自己置于其他民族的重重包围之中。

后凉建立后，吕光也基本仿照前秦上述办法统治河西，但他手下的氐族官僚数量有限，在推行氐族本位政治上，不能不权宜行事。在389年即三河王位后，他设置官司，建立中央和地方政权机构，既要用氐族人担任中央官吏，又要使

1　王仲荦：《魏晋南北朝史》上册，上海人民出版社，1979，第276~277页。
2　《资治通鉴》卷104晋孝武帝太元七年十月条，第3303页。

他们去管理地方，在难以措置的情况下，只能采取"自丞郎已下犹摄州县事"[1]的办法，让中央官员兼职地方军政，以解决氐族官员不足的问题。

吕光还迅速集结吕氏家族势力，使他们分别承担军国重任，"光妻石氏、子绍、弟德世至自仇池，光迎于城东"[2]。吕光将氐族贵族中的吕、石二姓一直作为后凉政权的中坚。这吕、石二姓既支撑着后凉政权，也为争夺政权骨肉相残。诸吕子弟中的吕纂、吕他、吕绍、吕方、吕宝、吕延、吕弘、吕超、吕纬、吕隆等，以及外戚石氏中的石聪、石元良等，均位居将军、郡守之职。396年，吕光改称大凉天王，大封宗室，"立世子绍为太子，诸子弟为公侯者二十人"[3]，为后来的政治埋下了祸根。

以氐族为本位对其他民族实行统治，并不表示后凉政权对外族一概实行排斥。事实上，后凉初期也有非氐族人士参政。如吕光称三河王时，以"中书令王详为尚书左仆射，段业等五人为尚书"[4]。只是外族一般都任偏裨之职，偶或有居要职者，也极易因谗获罪。如杜进，最初支持吕光最坚决，吕光定河西，杜进出过大力，受任为辅国将军、武威太守。史称杜进：

> 既居都尹，权高一时，出入羽仪，与光相亚。光甥石聪至自关中，光曰："中州人言吾政化何如？"聪曰：

1　汤球：《十六国春秋辑补》卷81《后凉录》，第573页。
2　《晋书》卷122《吕光载记》，第3059页。
3　《晋书》卷122《吕光载记》，第3060页。
4　《晋书》卷122《吕光载记》，第3060页。

"止知有杜进耳，实不闻有舅。"光默然，因此诛进。[1]

另外，吕光也用重刑对付敢于反对他的外族官吏。在诛杜进后的一次饮宴中，酒酣语及政事，担任参军的汉族士人段业说，"严刑重宪，非明王之义"。吕光责问段业："商鞅之法至峻而兼诸侯。吴起之术无亲而荆蛮以霸，何也？"段业回答，严刑峻法要看如何使用，河西本是"道义神州"，"欲以商申之末法临道义之神州，岂此州士女所望于明公哉"？吕光听后，小有领悟，"于是下令责躬，乃崇宽简之政"[2]。虽说如此，吕光事事偏袒氐族贵族，借故诬罪其他民族官吏的事并不鲜见，如他诛杀卢水胡官吏沮渠罗仇和沮渠麹粥一事，便是狭隘民族心理恶性发作的结果。事情发生在龙飞二年（397）。此前，陇西鲜卑建立的西秦入占金城，与后凉不断摩擦。从393年开始，吕光屡次派兵进攻，均被西秦主乞伏乾归击败，连吕宝和吕延也因此丧命。每次对西秦用兵，吕光都征发卢水胡部军队。397年，后凉军队终于攻入金城，但却中了乞伏乾归的计谋。乾归放风说将率部逃向成纪（今甘肃秦安县北），诱吕光追击，使其中伏失败。"光荒耄信谗，杀尚书沮渠罗仇、三河太守沮渠麹粥。"[3]

在氐族本位政治之下，其他民族的头面人物往往受到不同程度的排斥。他们得不到重用，心中怀有怨愤。如段业，最初只担任著作郎，"以光未能扬清激浊，使贤愚殊贯，因

1 《晋书》卷122《吕光载记》，第3058页。
2 《晋书》卷122《吕光载记》，第3058页。
3 《晋书》卷122《吕光载记》，第3061页。

疗疾于天梯山，作表志诗九叹、七讽十六篇以讽焉"[1]。而一些欲谋亲幸的氐、汉家族，则不惜通过进谗和婚宦来取得吕氏家族的欢心和重用。如尉祐以进谗为手段，在唆使吕光诛杀姚、尹等名士后得任金城太守，杨桓等则凭借与吕氏的通婚，位至通显。杨桓以女嫁于吕纂，自己得任散骑常侍、尚书左仆射、凉都尹，封金城侯。在诸吕相残中，吕超杀吕纂。但杨桓之女还算有些气节：

> 杨氏国色也，超将妻之，谓其父桓曰："后若自杀，祸及卿宗！"桓以言告杨氏。杨氏曰："大人本卖女与氐，以图富贵，一之已甚，可复使女辱于二氐乎？"桓不能强，乃自杀。[2]

吕光初征西域，所率军队不过七万五千人，后凉建立后，他不可能依照苻坚的做法，将其中的氐族健卒分派到河西各郡县去作镇抚之用，只能以其作为"六军"的中坚力量，用于镇压民族反抗活动。如392年他率这支军队征伐南羌彭奚念部，396年亲征乞伏乾归，398年征郭䴥，都靠这支亲军。399年吕光临终，念念不忘的还是这支军队。他在立太子吕绍为天王而自号太上皇后，又以吕纂为太尉，以吕弘为司徒，反复叮嘱吕绍："使纂统六军，弘管朝政，汝恭己无为，委重二兄，庶可以济。"[3]

1 《晋书》卷122《吕光载记》，第3059页。
2 汤球：《十六国春秋辑补》卷81《后凉录》，第583页。《晋书》卷96《列女传》（第2526页）略同。
3 《晋书》卷122《吕光载记》，第3063页。

吕光也仿照前秦，将一些边远地带的居民移置便于控制的区域，如他将西海郡（治居延泽西）人迁徙到内地各郡，使河西域内纷纷扰扰。西海人怨恨吕光，作歌谣说："朔马心何悲，念旧中心劳。燕雀何徘徊，意欲还故巢。"[1]被徙者"遂相扇动"，试图摆脱后凉的控制。最终，吕光在394年将他们"徙之于西河乐都"[2]。

另外，对一些关隘要冲，如高昌郡，吕光派宗室子弟前往镇守。史载：

> 群议以高昌虽在西垂，地居形胜，外接胡虏，易生翻覆，宜遣子弟镇之。光以子覆为使持节、镇西将军、都督玉门巳西诸军事、西域大都护，镇高昌，命大臣子弟随之。[3]

吕光推行氐族本位政治，说明后凉是一个民族政权。虽然氐族是一个汉化程度较深的民族，后凉的政治也有继承前凉的地方，但靠有限的氐族势力去统治民族十分复杂的河西，又不主动吸收其他民族参政，这样的政治行为必然将后凉政治拖入落后与被动，不可能持久有为。吕光及其氐族统治集团也势必因其他民族的一致反对，陷入民族征服活动的泥淖中难以自拔，并导致内政不修和经济失调等许多问题。

因此，吕光刚立国，统治危机便暴露出来。387年，姑

---

1 《晋书》卷122《吕光载记》，第3060页。
2 《晋书》卷122《吕光载记》，第3060页。
3 《晋书》卷122《吕光载记》，第3060页。

藏发生严重饥荒，"谷价踊贵，斗直五百，人相食，死者太半"[1]。而此时，后凉"中仓积粟，数百千万"[2]，却不见赈济措施。在这种形势下，吕光仍连年征讨，赋税、徭役及兵役征发无已，人民生活越来越痛苦。到397年左右，吕光的统治已是内外交困，如史所载："吕氏政衰，权臣擅命。刑罚失中，人不堪役。一州之地，叛者连城。瓦解之势，昭然在目。百姓嗷然，无所宗附。"[3]这时，河西鲜卑秃发乌孤起兵于湟中，卢水胡沮渠蒙逊起兵于张掖，他们分别从姑藏以南和以西打击吕氏势力，分割和蚕食后凉领土，使后凉政权所控制的地域范围越来越小。"吕光初据姑藏，前凉旧址，宛然如昨也。乃未几而纷纭割裂。迨凉之亡，姑藏而外唯余苍松、番和二郡而已。"[4]在各种社会矛盾的综合作用下，后凉政权从它初建时起便举步维艰。

第三节　后期政治

一　吕纂和吕隆的腐朽统治

龙飞四年（399）年十二月，吕光病死。从太安元年（386）他入姑藏"进位元台"计，共在位十六年。死前，已立太子吕绍为大凉天王，自己称太上皇。

1　《晋书》卷122《吕光载记》，第3057页。

2　汤球：《十六国春秋辑补》卷81《后凉录》，第577页。

3　《晋书》卷122《吕光载记》，第3061页。

4　顾祖禹：《读史方舆纪要》卷3《历代州域形势》，中华书局，2005，第138页。

吕绍，字永业，为吕光嫡子。他"才非拨乱，直以正嫡有常，猥居元首"[1]。军政大权实际由其庶兄吕纂和吕弘把持。

吕纂，字永绪，吕光长庶子。他生性"凶武"，"少便弓马，好鹰犬。苻坚时入太学，不好读书，唯以交结公侯声乐为务"。[2]吕光临死前，嘱他与吕弘辅佐吕绍，"执纂手戒之曰：'汝性粗暴，深为吾忧。善辅永业，勿听谗言！'"[3]吕光死后，吕绍秘不发丧，"（吕）纂排阁入哭，尽哀而出"[4]。这使吕绍心里恐惧，提出让位给吕纂。然而，不等吕绍让位，吕纂便串通吕弘发动政变，迫使吕绍自杀，自己登上了大凉天王王位。即位后，改龙飞四年（399）为咸宁元年，任命吕弘为持节侍中、大都督、都督中外诸军事、大司马、车骑大将军、录尚书事，封番禾郡公。

吕纂生性暴戾，不能容其手足，即位后便和吕弘发生矛盾。"吕弘自以功名崇重，恐不为纂所容，纂亦深忌之。"[5]吕弘先发制人，胁迫陇右著姓中的尹文、杨桓为谋主，又拉拢河西名士宗燮，从姑臧东苑起兵，讨伐吕纂。吕纂早有防范，"遣其将焦辨击弘，弘众溃，出奔广武"[6]。打垮吕弘后，吕纂"纵兵大掠，以东苑妇女赏军。弘之妻子亦为士卒所辱"[7]。当此之时，吕纂笑着问群臣："今日之战如何？"侍中房晷回答：

1 《晋书》卷122《吕光载记》，第3063页。

2 《晋书》卷122《吕纂载记》，第3064页。

3 《资治通鉴》卷111晋安帝隆安三年十二月条，第3504页。

4 《晋书》卷122《吕纂载记》，第3064页。

5 《晋书》卷122《吕纂载记》，第3065页。

6 《晋书》卷122《吕纂载记》，第3066页。

7 《晋书》卷122《吕纂载记》，第3066页。

> 天祸凉室，衅起戚藩。……虽弘自取夷灭，亦由陛下无棠棣之义。宜考己责躬，以谢百姓，而反纵兵大掠，幽辱士女。衅自由弘，百姓何罪？且弘妻，陛下之弟妇也；弘女，陛下之侄女也，奈何使无赖小人辱为婢妾？天地神明，岂忍见此！[1]

吕纂穷兵黩武，在杀掉吕弘后，又谋划对秃发利鹿孤用兵。中书令杨颖劝说他先缮甲养锐，劝课农殖，以待可乘之机。并说后凉"比年多事，公私罄竭"，实难与敌作战。但吕纂根本不听，还选择盛夏出兵，使"百姓废农"，民不安业。

吕纂"游田无度，荒耽酒色"。他继位后，很少料理国政，沉溺于杯觚犬马，常"饮酒过度，出入无恒。宴安游盘之乐，沉湎樽酒之间，不以寇仇为虑"。每当正直的大臣苦苦劝谏，他都承认不对，但过后却顽性照旧，"昏虐自任，终不能改，常与左右因醉驰猎于坑涧之间"。

吕纂在位期间，后凉"疆域未辟，崎岖于二岭之内"[2]。所能控制的领土，只有东起今乌鞘岭，西至今武威的方圆百里之地，其余土地已被北凉和南凉所瓜分。

由于吕纂的腐败，他在位仅三年（399~401）便被吕隆取代。

吕隆，字永基，是吕光弟吕宝之子。他"美姿貌，善骑

---

1 《晋书》卷122《吕纂载记》，第3066页。
2 《晋书》卷122《吕纂载记》，第3067页。

射"。401年，其弟吕超发动政变，推翻并杀死吕纂，然后让位于他。即位后，因番禾境内（今甘肃永昌县境）发现小鼎，故改元"神鼎"。

吕隆好色荒淫，即位后即逼吕绍之姜张氏嫁给自己。

> 张氏年十四，为沙门，清辩有姿色，吕隆见而悦之，欲秽其行。遣中书郎裴敏设之。张氏善言明理，敏为之屈。隆亲逼之，张氏曰："钦乐至法，故投身道门，誓不受辱！且一辱于人，誓不毁节。今逼如此，岂非命也！"遂开门楼，自投于地。二胫俱折，口颂佛经，俄然而卒。[1]

比之吕纂，吕隆的残暴有过之而无不及。他残虐成性，"多杀豪望，以立威名，内外嚣然，人不自固"[2]。他在位时，魏安人焦朗派人送信给后秦将领姚硕德，请率秦军乘后凉衰乱之机进攻河西。焦朗在信中说，吕隆"德刑不恤，残暴是先"，境内"饥馑流亡，死者太半"[3]。

吕隆时期，外有强敌，内有叛离。史称：

> 连兵积岁，资储内尽。强寇外逼，百姓嗷然无糊口之寄。假使张（良）、陈（平）、韩（信）、白（起），亦无如之何。[4]

1　汤球：《十六国春秋辑补》卷83《后凉录》引《太平御览》卷439，第585页。
2　《晋书》卷122《吕隆载记》，第3069页。
3　《晋书》卷122《吕隆载记》，第3069页。
4　《晋书》卷122《吕隆载记》，第3070页。

402 年，姑臧饥荒达到空前程度：

> 谷价踊贵，斗直钱五千文。人相食，饿死者十余万口。城门昼闭，樵采路绝，百姓请出城乞为夷虏奴婢者日有数百。隆惧沮动人情，尽坑之。于是积尸盈于衢路。[1]

统治者变得如此腐败懦弱和残暴，这在五凉中是独一无二的。

二 诸吕相残

落后的氐族本位政治使吕氏子弟个个兵权在握，人人觊觎王位。诸吕都凶残成性，毫无亲情手足之念，这使后凉统治集团内讧不断，骨肉相残接连发生。

吕光死前，预料到国祚将因其子弟生性"粗武"而难以守成。他遗言吕绍，要他委重吕纂与吕弘，以免"内相猜贰，衅起萧墙"，又叮嘱吕纂要做到"兄弟缉穆"；还警告说"若内自相图，则祸不旋踵"。[2]后凉的一些臣僚，也预见到吕氏家族在吕光死后必自相残杀。郭黁起兵前曾对王详说："主上（吕光）老病。太子（吕绍）冲暗，纂等凶武。一旦不讳，必有难作。"[3]后来一切都如预见的那样演出了。

首先是吕纂废杀吕绍。当时吕光尸骨未寒。

---

1 《晋书》卷 122《吕隆载记》，第 3071 页。
2 《晋书》卷 122《吕光载记》，第 3064 页。
3 《晋书》卷 122《吕光载记》，第 3062 页。

吕绍幼年即位，因"惧为纂所害"，提出要将王位让给吕纂，而吕纂不受。但吕纂专擅朝政，吕绍处处受到挟制，又引起吕氏家族中其他成员的不满。于是吕超等撺掇吕绍除掉吕纂。吕超对吕绍说："纂统戎积年，威震内外，临丧不哀，步高视远。观其举止乱常，恐成大变。宜早除之，以安社稷。"[1]但吕绍优柔寡断，"宁坐而死"。

吕弘也嫉恨吕绍，"初，光欲立弘为世子，会闻绍在仇池，乃止。弘由是有憾于绍"[2]。

于是，吕纂与吕弘勾结起来对付吕绍。

当吕纂得知吕超与吕绍策划要除掉自己，"于是夜率壮士数百，逾北城，攻广夏门。弘率东苑之众，斫洪范门"，闯入宫杀吕绍。[3]吕绍遣武贲中郎将吕开率禁兵接战于端门，而吕超带两千兵士助守官门。因卫士们早就对吕纂怀有恐惧，因此"悉皆溃散"。吕绍登紫阁自杀，吕超逃往广武（治今甘肃永登县南）。"纂惮弘兵强，劝弘即位"[4]，吕弘不敢受。推让之后，吕纂终于登上王位。

吕纂即位不久，吕弘发动东苑之变，谋杀吕纂，结果反被吕纂所杀。

401年，吕超再度发动政变，终于杀掉吕纂。事情的经过如下。

吕超原为吕绍出谋诛吕纂，吕绍失败自杀后，他逃往广武。后被赦免，任为番禾（治今甘肃永昌县西）太守。

---

1 《晋书》卷122《吕纂载记》，第3064页。
2 《晋书》卷122《吕纂载记》，第3064页。
3 《晋书》卷122《吕纂载记》，第3065页。
4 《晋书》卷122《吕纂载记》，第3065页。

401 年初，他因擅伐鲜卑思盘部，被思盘控告给吕纂，吕纂命他入朝述职。"超至姑臧，大惧，自结于殿中监杜尚。纂见超，怒曰：'卿恃兄弟桓桓，欲欺吾也，要当斩卿，然后天下可定！'超顿首不敢。"[1]后吕纂与群臣宴于内殿，吕隆频频劝酒，将纂灌醉。吕纂于昏醉之际，乘步辇车与吕隆等共游宫内。至琨华堂东阁，吕超取剑击纂，洞穿其胸。纂忍痛逃向宣德堂。纂妻杨氏命令禁兵讨伐吕超，但为杜尚约束而不敢动。"将军魏益多入，斩纂首以徇。"魏又历数吕纂之罪说："纂违先帝之命，杀害太子；荒耽酒猎，昵近小人；轻害忠良，以百姓为草芥。"[2]当时，吕氏家族中的吕他和吕纬正在北城，吕纂部将姜纪和焦辨在南城，杨桓和田诚在东苑，闻知祸起萧墙，多坐观成败。而吕纬甚而相信吕超会立他为王，与吕超结盟"单马入城"，被超"执而杀之"[3]。

吕超刺杀吕纂后，拥吕隆继位。吕隆的残暴引起朝野怨恨，魏安人焦朗引后秦将领姚硕德进攻姑臧。另外，魏益多等也鼓动倒吕，使事态越发严重。

至此，吕氏集团再无余力自相残杀，因为后秦、北凉、南凉等外敌已近逼国门，包围了姑臧。

从吕纂废杀吕绍开始的"迭相篡弑"，既将后凉的统治力量消耗殆尽，也使吕氏贵族集团人心丧尽。

---

1 《晋书》卷 122《吕纂载记》，第 3068 页。
2 《晋书》卷 122《吕纂载记》，第 3068 页。
3 《晋书》卷 122《吕纂载记》，第 3068~3069 页。

第四节　后凉灭亡

后凉基础不稳，民族矛盾尖锐，统治腐败，吕氏子弟同室操戈，使它无法逃脱灭亡的命运。另外，来自南凉与北凉的外部压力以及后秦军队的进攻，又加速着它的灭亡。

首先是南凉的进攻。

401年，南凉主秃发利鹿孤称河西王，加快了与吕氏争夺姑臧的步伐。同年，因吕隆杀吕篡，吕篡妻杨氏的父亲杨桓避祸外逃，投向秃发利鹿孤。四月，杨桓引南凉军队攻姑臧，吕隆出城迎战不力，被利鹿孤掳掠姑臧居民二千户撤往湟中。这次战役，南凉摧毁了后凉外围的防卫能力。

其次是后秦的进攻。

401年六月，吕隆在姑臧城内大杀豪望，企图借此树立威名和压制人们的不满情绪，结果适得其反。焦朗派人到陇右游说后秦陇西公姚硕德，请他乘诸吕篡杀之际发兵攻凉，自己在城内接应。姚亲率三千军队昼夜兼程，赶到姑臧，另有七万大军及西秦七千骑兵随后。吕隆命令吕超出城迎战，大败而回。吕隆不敢再战，紧闭城门，婴城固守。此时姑臧城内，士无斗志，民有叛离。特别是先前随吕光远征而滞留河西的"东人"，欲保全身家性命，多谋外叛。魏益多借此鼓动氐人造反，结果有三百多户人家因涉嫌遭吕隆杀害。

当此内外交困、走投无路之际，后凉王公大臣纷纷要求吕隆向后秦主姚兴请降，以解秦军围城之困。其中，吕超的言辞最为恳切。他说：

通塞有时，艰泰相袭。孙权屈身于魏，谯周劝主迎降，岂非大丈夫哉？势屈故也。天锡承七世之资，树恩百载，武旅十万，谋士盈朝，秦师临境，识者导以见机，而愎谏自专，社稷为墟。前鉴不远，我之元龟也！何惜尺书单使，不以危易安？且令卑辞以退敌，然后内修德政，废兴由人，未损大略。[1]

吕超还指出，如眼前形势，即使张良、韩信等在世，也无可奈何。他要吕隆从保全宗族考虑，从速做出抉择。

吕隆迫不得已接受了吕超的建议，派人给姚硕德送上降书。硕德作表给姚兴，请委任吕隆为后秦使持节镇西大将军、凉州刺史、建康公。吕隆"于是遣母弟爱子文武旧臣慕容筑、杨颖、史难、阎松等五十余家质于长安，硕德乃还"[2]。吕隆以请降纳质为条件，使后凉得以苟延残喘。

秦军撤退后，吕隆并不内修德政，而是继续耀兵扬武。他派吕超进攻在晏然（今甘肃武威市西北）的姜纪。姜纪原是后凉将领，秃发利鹿孤攻姑臧时，投降了南凉，在焦朗引姚硕德攻姑臧时他转而投秦，被姚硕德举为武威太守，配兵二千屯驻晏然。吕超攻姜纪，只以伐叛泄恨为目的，结果反被姜纪打败。失败后仍不甘心，又掉头进攻占据魏安（今甘肃武威东南）的焦朗。焦朗遣其弟子焦嵩为质于河西王利鹿孤求援，"利鹿孤遣车骑将军傉檀赴之"[3]。吕超闻焦朗引南凉为援，不敢再攻，便退回姑臧。傉檀再次深入武威郡，"曜

---

1 《晋书》卷122《吕隆载记》，第3070页。
2 《晋书》卷122《吕隆载记》，第3070页。
3 《资治通鉴》卷112晋安帝隆安五年十二月条，第3530页。

兵姑臧，壁于胡坑（今武威西）"[1]。吕超知傉檀已在胡坑扎营，拟夜袭，而傉檀早有预料，"畜火以待之"。当夜，吕超中垒将军王集率精兵二千袭击南凉军营，"集入垒中，内外皆举火，光照如昼。（傉檀）纵兵击之，斩集及甲首三百余级"[2]。吕隆不敢再与秃发傉檀交锋，便使用起阴谋诡计。他"伪与傉檀通好，请于苑内结盟"[3]，谋在苑内伏杀傉檀。傉檀派大臣俱延前往。俱延不走苑门，毁苑墙而入，险些丧命。秃发傉檀一怒之下，率兵进攻后凉昌松郡（治今甘肃永昌县东），俘虏昌松太守孟祎，吕隆派的救兵也"惮傉檀之强，遁还"[4]。

吕隆一味耀兵扬武、不顾内政，加上连续遭受围困和打击，到402年初，后凉统治一蹶不振。而且又遇饥荒侵逼，姑臧实际上已近于一座空城。

此时，沮渠蒙逊引兵对姑臧作试探性进攻。吕隆为抵御进攻，求助于秃发傉檀。蒙逊撤兵时，为瓦解姑臧人心，"留谷万余斛以振饥人"[5]。北凉撤兵后，秃发傉檀却趁火打劫，"乃徙凉泽（今武威东古休屠泽）段冢民五百余户而还"[6]。

在北凉与南凉围攻姑臧时，后秦也在计议攻取姑臧。姚兴的谋臣对姚兴说：

1 《资治通鉴》卷112晋安帝隆安五年十二月条，第3531页。
2 《资治通鉴》卷112晋安帝隆安五年十二月条，第3531页。
3 《资治通鉴》卷112晋安帝隆安五年十二月条，第3531页。
4 《资治通鉴》卷112晋安帝隆安五年十二月条，第3531页。
5 《晋书》卷122《吕隆载记》，第3071页。
6 《资治通鉴》卷112晋安帝元兴元年二月条，第3536页。

　　（吕）隆藉伯父余资，制命河外。今虽饥窘，尚能
自支。若将来丰赡，终非国有。凉州险绝，世难先违，
道清后顺。不如因其饥弊而取之。[1]

　　403年秋，南凉和北凉对后凉的进攻更加频繁和猛烈。
吕隆受二凉逼迫已走投无路。此时，后秦派使者到姑臧"征
吕超入侍"[2]。吕隆所仰仗也只有吕超一人，姚兴名义上召吕
超入侍，实际上是要吕隆放杖投降。"隆念姑臧终无以自存，
乃因超请迎于秦"[3]，"遣超率骑二百，多赍珍宝，请迎于姚
兴"[4]。姚兴派齐难等统率步骑四万，于九月抵达姑臧，"隆素
车白马迎于道旁"[5]。继而后秦徙吕隆宗族、僚属及民万户于
长安，后凉政权至此灭亡。时为吕隆神鼎三年（403）。[6] 不
久，吕隆因涉嫌参与姚兴少子姚弼谋反被姚兴杀掉。

　　从吕光入居姑臧形成割据起，到吕隆投降后秦止，后凉
政权共存在十七年（386~403），历四主。

---

1 《晋书》卷122《吕隆载记》，第3070~3071页。

2 《资治通鉴》卷113晋安帝元兴二年七月条，第3550页。

3 《资治通鉴》卷113晋安帝元兴二年七月条，第3550页。

4 《晋书》卷122《吕隆载记》，第3071页。

5 《晋书》卷122《吕隆载记》，第3071页。

6 《晋书》卷122《吕隆载记》（第3071页）云吕隆降秦事在东晋安帝元兴三年
（404），误。《资治通鉴》卷113（第3550页）云在元兴二年（403），此从《通
鉴》。

南凉篇

〖卷四〗

第一节　南凉立国

一　秃发乌孤的早期战略

南凉是秃发乌孤所建。

"秃发乌孤，河西鲜卑人也。其先与后魏同出。八世祖匹孤率其部自塞北迁于河西。"[1] 秃发乌孤是秃发树机能玄孙思复鞬之子。思复鞬时，秃发部在河西生活已历八世。[2] 他死后，乌孤继承酋长之位，"务农桑，修邻好"[3]，逐步进入农耕生活和建立国家时期。389 年，吕光自称三河王，但由于实行氐族本位政治，对其他民族进行排斥和压抑，故激起其他民族和部族的反抗。"乌孤雄勇有大志"[4]，他看准这个时机，开始了反抗后凉的活动，并打算与吕光争夺凉州。他与大将纷陀计议此事，纷陀为他策划说："公必欲得凉州，宜先务农讲武，礼俊贤，修政刑，然后可也。"[5] 意思是要乌孤从发展农业生产，提高军事素质，广集治国用兵的人才，推

1　《晋书》卷 126《秃发乌孤载记》，第 3141 页。

2　《晋书》卷 126《秃发乌孤载记》，第 3141 页。

3　《晋书》卷 126《秃发乌孤载记》，第 3141 页。

4　《资治通鉴》卷 108 晋孝武帝太元十九年正月条，第 3412 页。

5　《资治通鉴》卷 108 晋孝武帝太元十九年正月条，第 3412 页。

进和增强中央集权政治等几个方面入手，积蓄力量，待机而动。纷阤的建策成为南凉的建国大纲。

394年春，南凉进入立国时期。后凉主吕光为缓冲来自秃发部方面的压力，派人到湟中，册封乌孤为冠军大将军、河西鲜卑大都统。乌孤很清楚这是吕光在羁縻自己，他问部下："吕氏远来假授，当可受不？"部下回答："吾士众不少，何故属人？"只有部将石真若留回答说："今本根未固，理宜随时。（吕）光德刑修明，境内无虞。若致死于我者，大小不敌，后虽悔之，无所及也。不如受而遵养之，以待其衅耳！"[1] 此意见与纷阤建策大体相同。乌孤采纳了这一意见，接受吕光的委署，但同时又进一步加紧强兵立国的活动。

乌孤首先兼并邻近鲜卑部落，并选取廉川（今青海民和县西北）作为政治军事据点，"讨乙弗、折掘二部，大破之，遣其将石亦干筑廉川堡以都之"[2]。与此同时，他广招英才，"广武赵振，少好奇略，闻乌孤在廉川，弃家从之。乌孤喜曰：'吾得赵生，大事济矣！'拜左司马"[3]。

乌孤之前，河西鲜卑部落联盟曾出现过两次强盛时期。一次在树机能时，树机能在泰始初年举兵反晋，有过"尽有凉州之地"的辉煌。另一次在思复鞬时，"思复鞬立，部众稍盛"[4]。及至乌孤，因后凉建立，一些原河西鲜卑部落联盟

---

1 《晋书》卷126《秃发乌孤载记》，第3141~3142页。

2 《晋书》卷126《秃发乌孤载记》，第3142页。又《资治通鉴》卷108晋孝武帝太元二十年七月条胡注谓："乙弗、折掘二部，皆在秃发氏之西。廉川在湟中。"（第3422页）

3 《资治通鉴》卷108晋孝武帝太元二十年七月条，第3422页。

4 《晋书》卷126《秃发乌孤载记》，第3141页。

的成员受到羁縻，纷纷脱离联盟而独立，形成"诸部离叛"问题。建都廉川后，乌孤根据苻浑等建议，振旅誓师，讨伐这些叛部，使其他鲜卑部落重新归服自己。还收编了活动于金城以南的"河西鲜卑"吐秾等十二部，获得了地域及军事力量方面的基础。

时至 397 年，乌孤部落联盟重新崛起，并控制了东起洮水，西到西平，北达洪池岭的一片不大不小的地盘。这片地盘内土地肥沃，物产丰富。当乌孤经营湟中时，后凉主吕光已感觉到日益增大的政治威胁，为了诱使乌孤向南发展，吕光改署乌孤为"征南大将军、益州牧、左贤王"，但乌孤识破了吕光的政治用心。当后凉使者到廉川后，受到乌孤的冷遇。

> 乌孤谓使者曰："吕王昔以专征之威，遂有此州。不能以德柔远，惠安黎庶。诸子贪淫，三甥肆暴。郡县土崩，下无生赖。吾安可违天下之心，受不义之爵！帝王之起，岂有常哉！无道则灭，有德则昌。吾将顺天人之望，为天下主。"留其鼓吹羽仪，谢其使而遣之。[1]

乌孤从此宣告了自己政治上的独立。

二　南凉的建立

397 年春，乌孤建元太初，称大都督、大将军、大单于、西平王，表明南凉行将立国。接着他对后凉发动进攻。他以弟利鹿孤为骠骑将军，傉檀为车骑将军，耀兵广武，攻克金城。

1　《晋书》卷 126《秃发乌孤载记》，第 3142 页。

吕光则遣将军窦苟应战，战于街亭（今永登县南），后凉兵大败。

从 397 年起，乌孤开始执行他的第二步政治战略，与后凉争夺湟中各郡。

397 年，段业与沮渠蒙逊在张掖起兵反抗后凉，姑臧城内又发生郭黁之变。乘此机会，乌孤谋取湟中各郡。事情的起因是这样的：当时，郭黁的谋主杨轨也驻屯廉川，拥有夷夏军队万余。398 年，杨轨的部将河西鲜卑人王乞基向杨轨建议说：秃发氏才高而兵盛。当年是乞基之主，应当归附他。杨轨从其议，遣使向乌孤请降。不料，羌酋梁饥也谋吞并杨部，对杨轨用兵，迫其率部逃奔西海（今青海湖），后袭乙弗鲜卑而据其地。接着，梁饥又转攻西平。西平人田玄明逮捕太守郭倖，与梁饥对抗，又遣子为质于乌孤，求乌孤救援。乌孤部下"惮饥兵强，多以为疑"[1]，唯左司马赵振和平西将军浑屯认为当救。赵振给乌孤分析形势说：

> 杨轨新败，吕氏方强，洪池以北，未可冀也。岭南五郡（广武、西平、乐都、浇河、湟河），庶几可取。大王若无开拓之志，振不敢言；若欲经营四方，此机不可失也。使羌得西平，华、夷震动，非我之利也。[2]

赵振的想法与乌孤不谋而合。于是先攻西平，一举而克，梁饥败退浇河（今青海贵德县西）。这一战，俘斩羌兵数万，逼使后凉湟河太守张稠、浇河太守王稚不战而降。"岭南羌胡

---

1 《资治通鉴》卷110晋安帝隆安二年九月条，第3480页。
2 《资治通鉴》卷110晋安帝隆安二年九月条，第3480页。

数万落皆附之。光将杨轨、王乞基率户数千来奔。"[1] 在占领后凉的西平、湟河、浇河三郡后，乌孤改称武威王。

399年，乌孤徙治乐都（今青海乐都），授官任能，正式建立了南凉政权。

> 署弟利鹿孤为骠骑大将军、西平公，镇安夷（今西宁市东）；傉檀为车骑大将军、广武公，镇西平（今乐都）。以杨轨为宾客。金石生、时连珍，四夷之豪俊；阴训、郭倖，西州之德望；杨统、杨贞、卫殷、麹丞明、郭黄、郭奋、史暠、鹿嵩，文武之秀杰；梁昶、韩疋、张昶、郭韶，中州之才令；金树、薛翘、赵振、王忠、赵晁、苏霸，秦雍之世门，皆内居显位，外宰郡县。官方授才，咸得其所。[2]

一个小朝廷，汇集了各民族各地区的头面人物，既包括河西著姓中的阴、郭、麹、杨等家族，也包括氐族中的杨姓、匈奴中的金姓等家族，更多的则是侨居河西的中原冠带和士人，可谓人物荟萃，英才济济。靠着他们的赞襄，南凉的文治武功逐步展开。建制之后，乌孤与部下进一步分析河西形势，商讨政治决策。他从容问其部下说：

> 陇右区区数郡地耳！因其兵乱，分裂遂至十余。（乞伏）乾归擅命河南，段业阻兵张掖。虐氏假息，偷据姑

---

1 《晋书》卷126《秃发乌孤载记》，第3142页。
2 汤球：《十六国春秋辑补》卷89《南凉录》，第614~615页。

臧。吾藉父兄遗烈，思廓清西夏，兼弱攻昧，三者何先？[1]

杨统认为乞伏乾归和段业都不足虑，吕光是真正的敌人。他说吕光衰老，王位继承人年幼驽钝，另外两个儿子吕纂和吕隆虽颇有文韬武略，却内相猜忌，难成气候，应当先结好乾归和段业，联合他们打击后凉。杨统还说：

> 宜遣车骑（指傉檀）镇浩亹，镇北（指洛回）据廉川。乘虚迭出，多方以误之。救右则击其左，救左则击其右，使（吕）纂疲于奔命，人不得安其农业。兼弱攻昧，于是乎在，不出二年，可以坐定姑臧。[2]

南凉立国初期的外交、政治、军事方略就这样确定了。

事实上，乌孤只建立起南凉政权，并未来得及实施"坐定姑臧"的政治宏图。因为太初三年（399）八月，他因酒醉坠马而死。南凉割据事业由利鹿孤和傉檀继承和实现。

第二节　秃发利鹿孤的政治

一　修结邻好

南凉实行兄终弟及制。利鹿孤是乌孤之弟，乌孤死后，

1　《晋书》卷126《秃发乌孤载记》，第3143页。
2　《晋书》卷126《秃发乌孤载记》，第3143页。

他即武威王之位，改元建和，将都城再由乐都迁到西平（今青海西宁），开始实行乌孤所确立的内政外交方略。

首先是与北凉结盟。利鹿孤即位之初，便派麹梁明出使张掖。时段业已即北凉王位，他问麹梁明，乌孤有子叫羌奴，为什么不立子而立弟呢？麹回答是因羌奴年幼之故。段业又问，为何不效法汉昭帝八岁即位，由金日磾和霍光辅佐以成其政的故事呢？麹回答：

> 宋宣能以国让，《春秋》美之；孙伯符委事仲谋，终开有吴之业。且兄终弟及，殷汤之制也，亦圣人之格言，万代之通式。何必胤己为是，绍兄为非。[1]

意思是说成霸王之业不在于如何传位。

但利鹿孤的外交并不成功，因为他结好北凉的同时却得罪了西秦。早在乌孤太初年间，南凉已与西秦"修邻好"。南凉以宗室女嫁西秦主乞伏乾归，约定两国诚信相托，互为唇齿。但利鹿孤一即位，这种唇齿关系就出现了裂缝，原因是南凉不以义为重。原来，在建和元年（400），后秦主姚兴派姚硕德率兵五万，自陇西入南安峡攻西秦，并击败西秦主力，迫使乞伏乾归步步向西败退，从金城渡黄河退保允吾（今甘肃皋兰县境）。此时，利鹿孤仍遵守盟约，派人保护乾归，并迎至晋兴（治今青海省民和县西）。而宗室大臣俱延却对利鹿孤说：

---

1 《晋书》卷 126《秃发利鹿孤载记》，第 3144 页。

　　乾归本我之属国，妄自尊立，理穷归命，非有款
诚。若奔东秦，必引师西侵，非我利也。宜徙于乙弗之
间，防其越逸之路。[1]

　　他要利鹿孤落井下石，利鹿孤虽不从其议，但却部署其
弟吐雷屯军于扪天岭（今甘肃永登县东南），以防乾归逃奔
南羌。此事使乾归既惧又忿，他对儿子炽磐说：

　　利鹿孤义兼姻好，翼存唇齿之援。方乃忘义背亲，
谋人父子，忌吾成名，势不全立。[2]

　　利鹿孤在处理与西秦关系上的失策，给南凉后期政治带
来严重后果。乞伏炽磐时，西秦连年蚕食南凉，构成南凉的
肘腋之患，并最终使南凉陷入灭顶之灾。

二　兴理内政

　　在处理外交的同时，利鹿孤也兴理内政。即位就下令：
"二千石长吏清高有惠化者，皆封亭侯、关内侯。"[3] 这一时
期，南凉由单纯以武兴邦开始向文武兼修过渡。
　　南凉立国初期，政治生活方面残留着许多军事游牧生活
的遗风。反映在如何兴邦治国的问题上，鲜卑贵族和汉族官
僚之间分歧很大。鲜卑贵族主张不设国都，不置府库，兵农
分离，胡汉分治，专征为务。如输勿仑说：

1　汤球：《十六国春秋辑补》卷89《南凉录》，第616页。
2　《晋书》卷125《乞伏乾归载记》，第3120页。
3　《晋书》卷126《秃发利鹿孤载记》，第3144页。

昔我先君肇自幽朔，被发左衽，无冠冕之仪；迁徙不常，无城邑之制，用能中分天下，威振殊境。今建大号，诚顺天心。然宁居乐土，非貽厥之规；仓府粟帛，生敌人之志。且首兵始号，事必无成，陈胜、项籍，前鉴不远。宜置晋人于诸城，劝课农桑，以供军国之用。我则习战法以诛未宾。若东西有变，长算以縻之；如其敌强于我，徙而以避其锋，不亦善乎！[1]

　　依照锍勿峗的意见，南凉政治始终要与部落制度结合在一起，并依靠掳掠汉族人口来维持经济存在。

　　开始时，利鹿孤接受了锍勿峗的建议。他乘吕光死后后凉变乱屡起，对后凉发动了频繁的袭击，并一次次地迁徙人口。如400年，他在吕纂攻北凉之际乘虚出兵，进攻姑臧，"耀兵于青阳门，虏八千余户而归"[2]。401年，再攻姑臧，"与凉王（吕）隆战，大破之，徙二千余户而归"[3]。402年，攻克显美，俘后凉昌松太守孟祎，"徙显美、丽轩二千余户而归"，又"徙凉泽、段冢五百余家而归"[4]。

　　为频繁的军事活动所局限，利鹿孤即位之初，兴理内政成效并不显著。因此，建和二年（401）他下令臣僚检讨政治得失。

1　《晋书》卷126《秃发利鹿孤载记》，第3145页。
2　《晋书》卷126《秃发利鹿孤载记》，第3144页。
3　《资治通鉴》卷112晋安帝隆安五年三月条，第3521页。
4　《晋书》卷126《秃发利鹿孤载记》，第3147页。

谓其群下曰："吾无经济之才，忝承业统，自负乘在位，三载于兹。虽夙夜惟寅，思弘道化，而刑政未能允中，风俗尚多凋弊；戎车屡驾，无辟境之功；务进贤彦，而下犹蓄滞。岂所任非才，将吾不明所致也？二三君子其极言无讳，吾将览焉。"[1]

针对秃发贵族落后保守的治国思想，以祠部郎中史暠为代表的官僚建议利鹿孤实行文治，并提出从稳固民心、改革选举、振兴教育等方面入手，破除旧俗，增强国力。史暠说：

古之王者，行师以全军为上，破国次之。拯溺救焚，东征西怨。今不以绥宁为先，惟以徙户为务，安土重迁，故有离叛，所以斩将克城，土不加广。今取士拔才，必先弓马，文章学艺为无用之条。非所以来远人，垂不朽也。孔子曰："不学礼，无以立。"宜建学校，开庠序，选耆德硕儒以训胄子。[2]

根据史暠的建议，利鹿孤开始兴办教育。他"以田玄冲、赵诞为博士祭酒，以教胄子"[3]。同时，注意珍惜人才。如杨桓，原是后凉右仆射，401年被俘；孟祎，原为吕隆昌松太守，402年被俘。二人同时受到利鹿孤礼遇，杨桓任为左司马，孟祎恩释归姑臧。时利鹿孤虽称制，但仍称臣于姚

1　《晋书》卷126《秃发利鹿孤载记》，第3145~3146页。
2　《晋书》卷126《秃发利鹿孤载记》，第3146页。
3　《晋书》卷126《秃发利鹿孤载记》，第3146页。

兴。杨桓兄（杨）经佐命姚苌，早死。姚兴闻杨桓有德望，征之入长安。利鹿孤饯桓于城东。临别之际，依依不舍，"为之流涕"[1]。

利鹿孤志在争夺姑臧，也不放弃掠民，这使他难以克服部落军事习气，也难将文治持之以恒。这一点也影响到傉檀。傉檀入姑臧后，随着北凉和后秦对姑臧围攻的加紧，南凉就完全变成了一部战争机器，所谓的文治活动也因此荡然无存。

402 年春，利鹿孤病死。死前，遗令传位秃发傉檀。

第三节　秃发傉檀的政治

一　入主姑臧

秃发傉檀是秃发利鹿孤之弟。他"少机警，有才略"[2]。利鹿孤时期，担任都督中外诸军事、凉州牧、录尚书事，"军国大事皆以委之"[3]。袭位后，改元弘昌，称凉王。又将都城从西平迁回乐都，并在弘昌二年（403）"大城乐都"[4]。

傉檀即位时，河西形势发生了微妙的变化。一方面，后凉、南凉、西凉、北凉四国并立的局面业已形成；另一方面，后秦重兵压境，后凉政权危在旦夕。此时，南凉的主要敌人不再是后凉吕隆，而变为北凉主沮渠蒙逊。同时，因为

1　《晋书》卷 126《秃发利鹿孤载记》，第 3146 页。
2　《晋书》卷 126《秃发傉檀载记》，第 3147 页。
3　《晋书》卷 126《秃发傉檀载记》，第 3148 页。
4　《晋书》卷 126《秃发傉檀载记》，第 3148 页。

此前利鹿孤得罪了西秦主乞伏乾归，已建国于苑川（今甘肃榆中县）的乞伏炽磐也将报仇。傉檀要在河西立足，要实现"坐定姑臧"，就必须适应形势的变化，在复杂多变的各种关系中进行周旋，于是他将结好后秦，争取西秦，抗衡北凉作为基本对策。

弘昌元年，后秦遣使封拜傉檀为车骑将军、广武公，傉檀受而不拒；同年，傉檀派人将原扣押的乞伏炽磐妻子送还苑川，目的在于稳住后秦和西秦。

傉檀这样做，是为了实现其坐定姑臧的政治战略，因为这时南、北二凉围绕姑臧进行的角逐正在逐步升级。情况是每逢北凉出兵，南凉也随之出兵。总之，谁都想得到姑臧，谁都不想让对方得到姑臧。如傉檀就曾对婆衍屹说：

> 姑臧今虽虚弊，地居形胜。河西一都之会，不可使蒙逊据之。[1]

又如姜纪对姚硕德所说：

> 今秃发在南，兵强国富。若兼姑臧而据之，威势益盛，沮渠蒙逊、李暠不能抗也，必将归之。如此，则为国家之大敌矣。[2]

403年秋，后凉亡国与后秦的强盛使秃发傉檀和沮渠蒙

---

1 《晋书》卷126《秃发利鹿孤载记》，第3147页。
2 《资治通鉴》卷112晋安帝隆安五年八月条，第3526页。

逊以武力争夺姑臧的图谋化为泡影。但双方都知道，即使姑臧为后秦所得，后秦也不会长期占据。将姑臧交给谁，这取决于后秦主姚兴。于是双方都极力与后秦搞好关系，以防产生对自己不利的后果。

后秦并灭后凉后，委派王尚为凉州刺史。王尚派宗敞为使节，到乐都见秃发傉檀。宗敞名重凉州，其父宗燮与傉檀为故交，早年曾将宗敞兄弟托付给傉檀。宗敞的到来，给了傉檀一个启示，就是设法从后秦手里讨得姑臧。

但要讨取姑臧，谈何容易。首先得对后秦表示臣服，承认后秦是自己的宗主国。傉檀在这点上做得很及时。当年，他"密图姑臧，乃去其年号，罢尚书丞郎官"[1]。用政治上例降一等的办法，初步解除姚兴的猜疑后，又派遣参军关尚到长安朝觐。当时，姚兴针对"大城乐都"一事责问关尚："车骑（指傉檀）投诚献款，为国藩屏，擅兴兵众，辄造大城，为臣之道固若是乎？"关尚答："王侯设险以自固，先王之制也，所以安人卫众，预备不虞。车骑僻在遐藩，密迩勃寇，南则逆羌未宾，西则蒙逊跋扈，盖为国家重门之防，不图陛下忽以为嫌。"姚兴笑了。[2]使后秦主姚兴完全放心后，傉檀于当年上表，请求姚兴委任自己为凉州刺史。姚兴虽未准其请，但"加傉檀散骑常侍，增邑二千户"[3]。

405年，傉檀采用贿赂手段，"献兴马三千匹，羊三万

1 《晋书》卷126《秃发傉檀载记》，第3148页。
2 《晋书》卷126《秃发傉檀载记》，第3148~3149页。
3 《晋书》卷126《秃发傉檀载记》，第3149页。

头"[1]，于是，"秦王兴以为忠"[2]。接着委任傉檀为都督河右诸军事、车骑大将军、凉州刺史，"镇姑臧"[3]，征王尚还长安。凉州吏民得知此消息后，纷纷挽留王尚。申屠英等选派主簿胡威奔赴长安求见姚兴，转达凉州吏民的请求。胡威流着眼泪对姚兴说：

> 臣州奉戴王化，于兹五年。土宇僻远，威灵不接，士民尝胆拉血，共守孤城。仰恃陛下圣德，俯杖良牧仁政，克自保全，以至今日。陛下奈何乃以臣等贸马三千匹、羊三万口；贱人贵畜，无乃不可！若军国须马，直须尚书一符，臣州三千余户，各输一马，朝下夕办，何难之有！昔汉武倾天下之资力，开拓河西，以断匈奴右臂。今陛下无故弃五郡之地忠良华族，以资暴虏，岂惟臣州士民坠于涂炭，恐方为圣朝旰食之忧！[4]

姚兴听后有些反悔。而此时，傉檀与其镇南将军文支已率步骑三万到达了五涧（今甘肃武威市南），原凉州刺史王尚也已进行了权力的交割。"（王）尚出自清阳门，镇南文支入自凉风门。"[5]时间是406年七月。这样，秃发傉檀兵不血刃，轻而易举地占领了河西重镇姑臧城，开始了南凉政治的新时代。

---

1 《晋书》卷126《秃发傉檀载记》，第3149页。又汤球《十六国春秋辑补》卷90《南凉录》（第622页）同。另《资治通鉴》卷114系此事于406年（第3590页）。
2 《资治通鉴》卷114晋安帝义熙二年六月条，第3590页。
3 《资治通鉴》卷114晋安帝义熙二年六月条，第3590页。
4 《资治通鉴》卷114晋安帝义熙二年六月条，第3590页。
5 《晋书》卷126《秃发傉檀载记》，第3149页。

二　姑臧时期的外患内忧

史家云：“秃发累叶酋豪，擅强边服，控弦玉塞，跃马金山，候满月而窥兵，乘折胶而纵镝。”[1]这说明秃发部是个英武善战的部族，习于马上生活。因此，除少数首领外，一般成员汉化程度不深，不熟悉政治。王位的兄终弟及，都城的一迁再迁，频繁地进行征战，不断地掳掠人口，都说明南凉政权在政治生活的各个方面都处于落后状态。在利鹿孤时期，史暠等官僚已指出一些落后性，并力图进行匡革，并提出一些文治主张。但长期形成的部族意识和生活习惯，不可能通过一两项建议和举措便得到扭转。好在利鹿孤和傉檀等都愿意接受汉族的政治经验，并且喜听谠言，这有助于南凉政权沿着封建化轨道发展。在入主姑臧后，秃发部又与汉族发达的封建人文环境结合了起来。假如能把握这一历史机遇，积极推进社会改革，学习汉族的政治经验，克服自己部族的弱点，那么，南凉的割据局面定会有一个较大的发展，并保持得长久些。

对求得长治久安的道理，南凉的君臣是懂得的。傉檀进入姑臧后，宴群臣于宣德堂，谈到创业与守业的关系，“仰视而叹曰：‘古人言作者不居，居者不作，信矣！’”[2]前昌松太守孟祎乘机向他讲述政治兴衰与宣德堂的关系。他从张骏构筑宣德堂时的全盛光景讲到前凉亡于前秦，又从梁熙拥十万强兵讲到他败死吕光之手，再从吕氏以排山之势称王建

1　《晋书》卷126《秃发傉檀载记》史臣语，第3158页。

2　《晋书》卷126《秃发傉檀载记》，第3150页。

霸讲到衔璧秦雍，投降后秦，最后告诫傉檀说：

> 此堂之建，年垂百载，十有二主。唯信顺可以久安，仁义可以永固，愿大王勉之！[1]

就是说，要傉檀行仁德之政以保持基业长久。

孟祎借人事言兴废，讲出了一般性政治道理，而宗敞则具体地向傉檀献策。此前，傉檀能入居姑臧，宗敞功不可没。因此，傉檀对宗敞感激备至。姚兴征王尚返长安，宗敞以别驾相从，临行，傉檀说："吾得凉州三千余家，情之所寄，唯卿一人！"[2]他请教宗敞，用什么样的"怀远安迩之略"才能治理好凉州。宗敞先向他"荐本州名士十余人"[3]，再建议他从使用人才和刷新政治做起，并说：

> 段懿、孟祎，武威之宿望；辛晁、彭敏，秦陇之冠冕；裴敏、马辅，中州之令族；张昶，凉国之旧胤；张穆、边宪，文齐杨（雄）、班（固）；梁崧、赵昌，武同（张）飞、（关）羽。以大王之神略，抚之以威信，农战并修，文教兼设，可以纵横于天下，河右岂足定乎？[4]

1　《晋书》卷126《秃发傉檀载记》，第3150页。另"十有二主"《十六国春秋辑补》卷90《南凉录》作"十有三主"（第623页）。

2　《晋书》卷126《秃发傉檀载记》，第3149页。

3　《资治通鉴》卷114晋安帝义熙二年六月条，第3591页。

4　《晋书》卷126《秃发傉檀载记》，第3149页。按，中华书局点校本将"文齐"视作人名，误，今据其后"武同飞羽"改。

对孟祎讲的道理和宗敞提的建策，傉檀虽喜闻乐受，但就姑臧时期的政治而言，产生的作用并不很大。究其原因，传统政治生活方式的影响是一方面，外部环境的限制也是一方面。所谓外部环境的限制是指敌国的军事包围，它使傉檀很难得到喘息的机会，更不用说有兴理文治的时间了。

406 年底，南凉迁都姑臧。此前，傉檀已"车服礼章一如王者"[1]。这等于否定了后秦是宗主国，也必然要激怒姚兴。另外，他为防备北凉与后秦等对姑臧的进攻，借巡游为名，行掳掠人口之实，大量集结军队，屯扎于姑臧周围。

> 袭徙西平、湟河诸羌三万余户于武兴（治今武威西北）、番禾（治今永昌西）、武威（治今甘肃武威）、昌松（治今古浪西）四郡。征集戎夏之兵五万余人，大阅于方亭。[2]

政治上和军事上的这些活动，反而加速了敌人的进攻并引起百姓的骚动。不久，外患内忧迭至，使他遭受到一次次挫折。

首先是阳武之败，这是南凉建国以来遭受的最严重挫折之一。

定都姑臧后，南、北二凉的关系更加紧张。从 407 年始，要么傉檀以攻为守，进攻北凉；要么沮渠蒙逊先发制

---

1 《晋书》卷 126《秃发傉檀载记》，第 3150 页。

2 《晋书》卷 126《秃发傉檀载记》，第 3150 页。

人，围攻姑臧。张掖到姑臧之间，战争越来越频繁。但多数情况下，都是北凉占上风。如407年南凉有均石（今张掖东）之败，既而失掉西郡（治今山丹县东南）。

当傉檀因北凉攻击无暇顾及其他时，新崛起于高平川（今宁夏固原境）的夏主赫连勃勃趁火打劫。他先向傉檀提出联姻，又以傉檀不许为口实，带兵二万攻姑臧，在从杨非（今庄浪西）到支阳（今会宁县）三百余里的地面上处处打击南凉军，使南凉死伤万余人，被掳居民二万七千余口，被掳牛、马、羊等四十余万头。赫连勃勃撤兵时，诱傉檀率兵追击，而其在阳武下峡（今兰州东黄河峡口）凿冰埋车，部署伏兵。傉檀中伏后，被夏兵一直追奔八十里到南山（今兰州南山）上，"杀伤万计，名臣勇将死者十六七"[1]。赫连勃勃得胜后，将杀死的南凉将士尸首堆积起来，"号曰髑髅台"[2]。

阳武峡的惨败，使南凉朝野极为震动。傉檀在心有余悸之外，还感受到政治上的压力。他"责躬悔过"[3]，表示不再恃勇轻出，却反过来实行堡垒政策，"傉檀惧东西寇至，徙三百里内百姓入于姑臧，国中骇怨"[4]。结果，乘姑臧及其周围百姓受到骚扰，屠各胡人成七儿率其部民三百余人据北城起义，一时响应者数千人。

在阳武之败和成七儿事件的影响下，南凉朝廷中的一些官僚更对傉檀不满。汉族官僚借机滋事，"军咨祭酒梁裒、辅

---

1 《资治通鉴》卷114晋安帝义熙三年十一月条，第3603页。
2 《资治通鉴》卷114晋安帝义熙三年十一月条，第3603页。
3 《晋书》卷126《秃发傉檀载记》，第3151页。
4 《晋书》卷126《秃发傉檀载记》，第3150~3151页。

国司马边宪等七人谋反，傉檀悉诛之"[1]。史称"边梁之乱"。

边梁之乱发生在南凉统治上层，属于高级官僚反对傉檀的政治活动，又因它是统治集团内部矛盾与民族矛盾的综合反映，故对南凉政权造成的震动十分强烈。

内忧外患加在一起，使傉檀入居姑臧的本意未能实现，也使南凉统治更加艰难。如胡三省分析的那样："自是之后，秃发氏之势日以衰矣。"[2]

第四节　南凉灭亡

一　"韦宗观衅"与"东苑之诛"

姑臧时期的南凉政权是十分脆弱的。因为这种脆弱，周围列强蜂拥而至，又使南凉社会的各种矛盾更加激化。列强中首先虎视南凉的是后秦。这与傉檀妄自尊立和与后秦为敌有关。他入姑臧前讨好后秦，入姑臧后马上对后秦翻脸。不但如此，还派使者游说乞伏炽磐与后秦绝交，被炽磐将使者斩首报告姚兴。在阳武之败和边梁之乱发生后，后秦主姚兴认为教训傉檀的时机成熟，便于408年派尚书郎韦宗到姑臧"观衅"，实则为侦察虚实。韦宗到姑臧后见到傉檀，坐而论道：

> 傉檀与宗论六国纵横之规，三家战争之略，远言天

1　《晋书》卷126《秃发傉檀载记》，第3151页。
2　《资治通鉴》卷114晋安帝义熙三年十一月条胡注，第3603~3604页。

命废兴，近陈人事成败，机变无穷，辞致清辩。宗出而叹曰："命世大才、经纬名教者，不必华宗夏士；拨烦理乱、澄气济世者，亦未必《八索》《九丘》。五经之外，冠冕之表，复自有人。车骑神机秀发，信一代之伟人，由余、日䃅岂足为多也。"[1]

韦宗返长安后向姚兴汇报情况，对姚兴说："凉州虽残弊之后，风化未颓。"[2]认为河西有山河之固，傉檀有惊世之才，主张不对南凉用兵。但姚兴不听他的，说赫连勃勃能击败傉檀，自己也定能征服河西。他派姚弼和敛成等率步骑三万为前锋，另派姚显等为后继进攻南凉。为了麻痹南凉群臣，还事先送信给傉檀，佯称出兵是此前已在讨伐赫连勃勃，因"惧其西逸，故令弼等于河西邀之"[3]。傉檀信以为真，不再做防御准备。因此秦军很快进到漠口（今甘肃古浪县境），并杀昌松太守苏霸。又很快到达姑臧城下，屯驻于西苑。

当此之时，姑臧城内骚乱再起。州人王钟、宋钟、王娥等谋应秦军。事情泄露后，傉檀欲诛王钟等以儆效尤，而前军将军伊力延侯认为非常之时当用非常之刑，"今强敌在外，内有奸竖，兵交势蹙，祸难不轻，宜悉坑之以安内外"。"傉檀从之，杀五千余人，以妇女为军赏"[4]。这就是"东苑之诛"。

东苑之诛发生后，姑臧城内人心惶惶。因此，当411年

---

1 《晋书》卷126《秃发傉檀载记》，第3151页。又汤球《十六国春秋辑补》卷90《南凉录》（第624页）同。

2 《晋书》卷126《秃发傉檀载记》，第3151页。

3 《晋书》卷126《秃发傉檀载记》，第3151页。

4 《晋书》卷126《秃发傉檀载记》，第3152页。

沮渠蒙逊进围姑臧时，"百姓惩东苑之戮，悉皆惊散。叠掘、麦田、车盖诸部尽降于蒙逊"[1]。这使傉檀的堡垒政策失去防御效能，而傉檀也不得不以司隶校尉敬归及其子佗为人质，向北凉请和。

二 穷兵黩武以至于亡

从阳武之败到边梁之乱，再到东苑之诛，这一系列的事件表明了姑臧时期南凉所面临的困难和危机，也反映了南凉统治者在处理内部矛盾时表现出的残忍与暴虐，它与孟祎当初讲的仁德为政的道理大相径庭，也与宗敞所献的"文教兼设"策略背道而驰。于是，南凉政权只能沿着秃发部族"礼容弗被，声教斯阻"和"穷兵黩武，丧国颓声"[2]的方向滑下去，最终还得将姑臧拱手让人，并滑向穷途末路。

如前所论，南凉政治有许多落后性，一味征伐弱小部族和暴力掠民两点是最突出的。从乌孤立国时起，专征和掠民就作为一种传统性国家职能而存在。专征的结果，使南凉徒具国家形式而实则仍是以秃发氏为核心的军事联合体，它内部松散，基础极不稳固。大量掠民虽使南凉获得兵源、劳力和物资方面的补给，但却造成种种积怨，导致秃发部与汉族及其他民族之间的尖锐对立，这是形成众叛和内乱的根源。在强敌压境时，种种矛盾都会在内部起作用，这又最终造成南凉的崩溃。

傉檀时期，对弱小部族的武力征伐仍在不断进行。如405年，"遣其将文支讨南羌、西虏，大破之"[3]；406年迁都

---

1 《晋书》卷126《秃发傉檀载记》，第3153页。
2 《晋书》卷126《秃发傉檀载记》史臣语，第3158页。
3 《晋书》卷126《秃发傉檀载记》，第3149页。

姑臧前袭击西平、湟河羌部，徙其民于武兴诸郡；414 年灭亡前夕，远袭乙弗部，掠其牲畜。诸如此类的活动屡见不鲜。关于徙民，更是利鹿孤惯常性的活动。所以史称其"唯以徙户为务"[1]。

嘉平三年（410），南、北二凉在武威以西和张掖以东地带拉锯作战，你攻掠过来，我攻掠过去，但总的形势对南凉十分不利。临松本是沮渠蒙逊老家，410 年南凉掠徙临松人之后，"蒙逊大怒，率骑五千，至于显美方亭，破车盖鲜卑而还"[2]。接着，南凉反报复，派俱延再攻北凉，又大败而归。傉檀还不甘心，坚持要率军亲征。当赵晁及太史令景保谏止时，他对赵、景说："蒙逊往年无状，入我封畿，掠我边疆，残我禾稼。吾畜力待时，将报东门之耻。"[3]景保坚持说军不可动，动必无利，傉檀十分生气，锁保而行，曰："有功当杀汝以徇，无功封汝百户侯。"[4]结果又败于穷泉（今张掖东），所带五万骑兵丧失殆尽，而自己单马逃回。北凉军队乘胜追击，包围了姑臧。姑臧城内，各族百姓怕再有像东苑之诛那样的事发生，纷纷逃散，包括叠掘、麦田、车盖诸部鲜卑在内的"夷、夏万余户降于蒙逊"[5]。傉檀无计可施，

---

1 《晋书》卷 126《秃发利鹿孤载记》，第 3146 页。又汤球《十六国春秋辑补》卷 89《南凉录》（第 617 页）同。
2 《晋书》卷 126《秃发傉檀载记》，第 3152 页。又汤球《十六国春秋辑补》卷 91《南凉录》（第 627 页）同。
3 《晋书》卷 126《秃发傉檀载记》，第 3152~3153 页。又汤球《十六国春秋辑补》卷 91《南凉录》（第 627 页）同。
4 《晋书》卷 126《秃发傉檀载记》，第 3153 页。又汤球《十六国春秋辑补》卷 91《南凉录》（第 627 页）同。
5 《资治通鉴》卷 115 晋安帝义熙六年三月条，第 3630 页。

在将司隶校尉敬归与其子佗作为人质向蒙逊请和时，敬归又半路逃回。蒙逊一怒之下，掳走姑臧居民八千余户。

到410年左右，南凉已无能力进行拉锯战，也无力再镇守姑臧。可是变乱并不停止，"右卫将军折掘奇镇据石驴山（今武威西南）以叛"[1]。傉檀既怕姑臧被北凉攻陷后自己国破家亡，又怕折掘奇镇攻占洪池岭以南自己失去退路。于是，他决定留大司农成公绪守姑臧，自己率群臣撤向乐都。君臣刚离姑臧，城内又发生民变，焦谌与王侯聚城民三千余家推焦朗为首，占领了南城。

411年春，沮渠蒙逊攻入姑臧，派其弟沮渠挐为秦州刺史镇姑臧，自己则率军入湟中攻乐都。傉檀乘北凉军队来伐，"遣其安北（将军）段苟、左将军云连乘虚出番禾以袭其后，徙三千余家于西平"[2]。

沮渠蒙逊在包围乐都一月后，派使者传信城中，提出要傉檀以子为质换取退兵，遭傉檀拒绝后，"蒙逊怒，筑室返耕，为持久之计"[3]。在群臣苦求下，傉檀才答应派子安周为质，蒙逊也撤围而去。但北凉刚撤军，吐谷浑树洛干又率军来攻，大败傉檀太子武台。

从姑臧到乐都，南凉接连失利。所以，胡三省评论说：

> 傉檀自据姑臧之后，与四邻交兵，所遇辄败，不惟失姑臧，亦不能保乐都矣！《诗》曰："毋田甫田，维莠

---

1 《资治通鉴》卷115晋安帝义熙六年三月条，第3630页。
2 《晋书》卷126《秃发傉檀载记》，第3154页。
3 《晋书》卷126《秃发傉檀载记》，第3154页。

骄骄。无思远人，劳心忉忉。"正谓此也。[1]

　　亡国在即，傉檀仍不思养兵蓄民，而一味穷兵黩武。以质子换得北凉撤兵后，他再谋雪耻。孟恺等一班臣僚阻止他，劝他固守伺隙，不要妄动，但他听不进去。既而"五道俱进，至番禾、苕藋，掠五千余户"[2]。小胜后，鲜卑将领屈右与伊力延又各执一词，屈右主张退兵，伊力延主张进兵。

　　其将屈右进曰："陛下转战千里，前无完阵，徙户资财，盈溢衢路。宜倍道旋师，早度峻险。蒙逊善于用兵，士众习战。若轻军卒至，出吾虑表，大敌外逼，徙户内攻，危之道也。"卫尉伊力延曰："我军势方盛，将士勇气自倍，彼徒我骑，势不相及。若倍道旋师，必捐弃资财，示人以弱，非计也。"[3]

　　傉檀竟不用屈右之言，以致屈右含愤告其诸弟说："吾言不用，天命也。此吾兄弟死地。"[4]果然，蒙逊乘风雨晦暗挥军进击，大破傉檀军，再次追奔到乐都城下，迫使傉檀又以子染干为质。

　　在南凉与北凉兵连祸结，南凉屡告失利之时，西秦火中取栗。411年秋天，乞伏乾归派他的两个儿子炽磐与审虔进攻南凉。八月，秦军渡过黄河，傉檀子武台在洪池岭南阻击

1　《资治通鉴》卷115晋安帝义熙六年三月条胡注，第3630页。
2　《晋书》卷126《秃发傉檀载记》，第3154页。
3　《晋书》卷126《秃发傉檀载记》，第3154页。
4　《晋书》卷126《秃发傉檀载记》，第3154页。

秦军失利，被掳走牛马十余万头。

412年春，傉檀再向蒙逊寻衅，遣安西将军纪勃耀兵于西境。蒙逊则用突袭西平和掠其牛马进行报复。

在穷兵黩武的同时，一些南凉重臣则纵情享乐而不思报国。如湟河太守文支，他"荒酒愎谏，不恤政事"[1]。另外，汉族官僚内部也闹内讧。邯川人卫章等谋杀孟恺，以应西秦，被郭越密告，"恺诱章等饮酒，杀四十余人"[2]。这时，南凉在经济上也捉襟见肘，致使举国上下人心惶惶。于是当乞伏炽磐耀兵至邯川（今西宁南黄河北岸），沮渠蒙逊再攻南凉时，湟河太守文支举郡投降了北凉，城内五千余户百姓被徙往姑臧。傉檀不得已又送太尉俱延入北凉为人质。

北凉为了最终攻克乐都，从412年起一直采用袭扰和围困战术削弱南凉。南凉虽一次次用送宗室成员作人质的方式换得北凉姑息，但无法克服因受围困造成的困难，也无法组织农业生产。到414年时，乐都已"不种多年，内外俱窘"，"连年不收，上下饥弊"，"百姓骚动，民不安业"，经济境况越来越不佳，粮食和一应物资的匮乏，对政治形成沉重压力。这时，孟恺等主张通过"结盟炽磐，通籴济难，慰喻杂部，以广军资"的途径度过危难，然后再"畜力缮兵，相时而动"[3]，而傉檀则要用掠夺其他部族来补充给养，最后竟决定远袭乙弗。乙弗又称乙弗敌，在吐谷浑之北，"众有万余落，风俗与吐谷浑同。然不识五谷，唯食鱼与苏子。苏子状

---

1 《晋书》卷126《秃发傉檀载记》，第3154页。

2 《晋书》卷126《秃发傉檀载记》，第3155页。

3 《晋书》卷126《秃发傉檀载记》，第3155页。又汤球《十六国春秋辑补》卷91《南凉录》（第629页）同。

若中国枸杞子，或赤或黑。西有契翰一部，风俗亦同。"[1] 远袭乙弗的原因一是乙弗、契翰都背叛了南凉，二是两部都盛产牲畜。出军时，傉檀对太子武台说："蒙逊近去，不能猝来；旦夕所虑，唯在炽磐。然炽磐兵少易御。汝谨守乐都，吾不过一月必还矣。"[2] 但他万万没料到，他这次远征乙弗却招致了亡国，而亡其国的正是乞伏氏。

在傉檀率七千骑兵西出后，乞伏炽磐率兵而至。武台与抚军从事中郎尉肃等商讨守城之计。尉肃提议聚"国人"（指秃发部人）于内城，由自己带"晋人"（指汉族人）拒战于城外。武台则认为西秦军队旦夕可退，不足为虑，他忧虑的是城中汉人。"武台惧晋人有二心也，乃召豪望有勇谋者闭之于内。"[3] 孟恺哭着对武台说，汉族大臣世受国恩，人思自效，并且明白一旦城破，必作俘虏及必遭迁徙的命运。他希望武台丢掉民族成见，动员一切力量，众志成城。武台不听，结果，"一旬而城溃"[4]。

乐都被西秦军队攻陷后，驻在西平的安西将军、乌孤之子樊尼赶往乙弗向傉檀报告消息。时傉檀已破乙弗部，"获牛马羊四十余万"[5]。得知乐都陷落，谋"藉乙弗之资，取契汗（即

---

1 《通典》卷 190《边防六·西戎二》，典 1022 上。

2 《资治通鉴》卷 116 晋安帝义熙十年五月条，第 3666 页。

3 《晋书》卷 126《秃发傉檀载记》，第 3156 页。又汤球《十六国春秋辑补》卷 91《南凉录》（第 630 页）同。

4 《晋书》卷 126《秃发傉檀载记》，第 3156 页。又汤球《十六国春秋辑补》卷 91《南凉录》（第 630 页）同。

5 《晋书》卷 126《秃发傉檀载记》，第 3155 页。又汤球《十六国春秋辑补》卷 91《南凉录》（第 630 页）同。

契翰）以赎妻子"。[1]又挟众西攻契翰部。途中，部众多数逃返湟中，去追逃亡者的镇北将军段苟也一去不返，"将士皆散，唯中军纥勃、后军洛肱、安西樊尼、散骑侍郎阴利鹿在焉"[2]。

傉檀自知无路可走，痛悔万分。他对樊尼等说：

> 与其聚而同死，不如分而或全。樊尼，长兄之子，宗部所寄。吾众在北者户垂一万。蒙逊方招怀遐迩，存亡继绝，汝其西也。纥勃、洛肱亦与尼俱。吾年老矣，所适不容，宁见妻子而死。[3]

傉檀投降西秦时，身边只有阴利鹿。他问阴利鹿，为什么在众叛亲离时他却跟随？阴利鹿回答说：在国破家亡时，虽不能效申包胥哭秦廷乞北凉出兵，"而侍陛下者，臣之分也。惟愿开弘远猷，审进止之算"。傉檀感叹说："知人固未易。"[4]阴利鹿说出了南凉亡国的要害，即只图武功而不知进止。

嘉平七年（414）六月，秃发傉檀到西平投降了乞伏炽磐。至此，南凉灭亡。一年后，傉檀被鸩杀。

南凉政权共存在十八年（397~414）。其中，傉檀在位十三年（402~414）。

---

1 《晋书》卷 126《秃发傉檀载记》，第 3156 页。又汤球《十六国春秋辑补》卷 91《南凉录》（第 630 页）同。
2 《晋书》卷 126《秃发傉檀载记》，第 3156 页。又汤球《十六国春秋辑补》卷 91《南凉录》（第 630 页）同。
3 《晋书》卷 126《秃发傉檀载记》，第 3156 页。又汤球《十六国春秋辑补》卷 91《南凉录》（第 630 页）同。
4 《晋书》卷 126《秃发傉檀载记》，第 3156~3157 页。又汤球《十六国春秋辑补》卷 91《南凉录》（第 631 页）同。

西凉篇

〖卷五〗

第一节　西凉立国

西凉是李暠所建。

李暠，字玄盛，小字长生，祖籍陇西成纪（今甘肃秦安县北），为西汉李广的第十六世孙。

> 广曾祖仲翔，汉初为将军，讨叛羌于素昌，素昌即狄道也。众寡不敌，死之。仲翔子伯考奔丧，因葬于狄道之东川（甘肃今临洮县），遂家焉。世为西州右姓。[1]

自汉及晋，李暠家族累世簪缨。西晋时，他的高祖父李雍任东莞太守，曾祖父李柔任北地太守。祖父李弇仕张轨，官至武卫将军、天水太守，封安世亭侯。父李昶，初有令名，任前凉世子侍讲，早卒。李暠是李昶的遗腹子。

李暠好学，幼时受到良好教育。他"通涉经史，尤善文义"，"颇习武艺，诵孙吴兵法"。[2] 又喜结交名士，与郭黁、宋繇志同道合。郭黁是西平人，精通易学，明习占侯，尤擅

---

1 《晋书》卷 87《凉武昭王李玄盛传》，第 2257 页。又汤球《十六国春秋辑补》卷 92《西凉录》谓："李暠，字玄盛，小字长生，陇西狄道人也。"（第 633 页）

2 《晋书》卷 87《凉武昭王李玄盛传》，第 2257 页。

长于卜吉凶，测未来。言诸事，多所应验。吕光时任太史令，"光比之京（房）、管（辂），常参帏幄密谋"[1]。他后来起兵反吕，"百姓闻靡起兵，咸以圣人起事，事无不成，故相率从之如不及"[2]。宋繇，敦煌人，宋配之后，是李暠异父同母兄弟，二人常共起居。他"博通经史，诸子群言，靡不览综"[3]，是著名的敦煌学者。

吕光末年，后凉失政。段业、沮渠蒙逊及秃发乌孤等纷纷起兵反对吕光，李暠、郭靡、宋繇等响应段业。龙飞二年（397），段业自称凉州牧及建康公后，以敦煌太守孟敏为沙州刺史，拜李暠为效谷（今敦煌市西）令。不到一年，孟敏卒，敦煌护军冯翊人郭谦等劝暠自领郡太守：

推（暠）为宁朔将军、敦煌太守。玄盛初难之，会宋繇仕于（段）业，告归敦煌，言于玄盛曰："兄忘郭靡之言耶？白额驹今已生矣。"玄盛乃从之。[4]

原来，段业起兵前，郭靡已预料到后凉将败，曾对宋繇说：

君当位极人臣，李君有国土之分。家有骊草马生白额驹。此其时也！[5]

---

1 《晋书》卷95《郭靡传》，第2498页。
2 《晋书》卷95《郭靡传》，第2498页。
3 《魏书》卷52《宋繇传》，第1152页。
4 《晋书》卷87《凉武昭王李玄盛传》，第2258页。
5 《晋书》卷87《凉武昭王李玄盛传》，第2257页。

398 年，李暠进号冠军将军，称藩于段业。受段业委署，为安西将军、敦煌太守，领护西胡校尉。西凉进入建国时期。

399 年春，段业称凉王，其右卫将军索嗣在段业面前构陷李暠，谋取而代之为敦煌太守。而段业也怀疑李暠有异志，便同意索嗣代替李暠。于是，索嗣率五百骑兵，从张掖赶往敦煌。在离城二十里处传语李暠迎接自己。李暠拟将出城迎接时，被效谷令张邈和宋繇劝止。张邈对他说：

> 吕氏政衰，段业暗弱，正是英豪有为之日。将军处一国成资，奈何束手于人！索嗣自以本邦，谓人情附己，不虞将军卒能距之，可一战而擒矣。[1]

宋繇也说：

> 大丈夫已为世所推，今日便授首于（索）嗣，岂不为天下笑乎！大兄英姿挺杰，有雄霸之风。张王之业不足继也！[2]

意思是要他当机立断，与段业决裂，效法张轨，自成霸业。

李暠虽出身于陇西士族并素著人望，但与索嗣相比，他

---

1 《晋书》卷 87《凉武昭王李玄盛传》，第 2258 页。
2 《晋书》卷 87《凉武昭王李玄盛传》，第 2258 页。

毕竟不是敦煌籍人。当时的敦煌不仅地理位置特殊，而且文化发达，人物荟萃，具有不同于一般地区的人文环境条件。李暠也曾说：

> 此郡世笃忠厚，人物敦雅，天下全盛时，海内犹称之，况复今日！实是名邦。正为五百年乡党婚亲相连，至于公理，时有小小颇回，为当随宜斟酌。[1]

他深知自己不具备乡党与婚姻缔结成的社会基础，难以在敦煌地域政治中立足。他所谓的社会基础，是指索、宋、阴、张等敦煌著姓家族。而索嗣敢于取代李暠，正是因为具备"自以本邦，为人情附己"的条件。虽然"玄盛素与嗣善，结为刎颈交"[2]，但李暠不属于敦煌著姓家族，因此在坐镇敦煌这一点上，索嗣是当仁不让的。而李暠也正是惧于敦煌著姓豪门不支持自己，在受索嗣构陷后虽"深恨之"，但也只能听命于段业，坐等索嗣来取代自己。张邈、宋繇作为敦煌著姓和士人领袖，提出拒索嗣于敦煌城外，无疑给李暠增添了信心，至少使他了解了敦煌著姓豪门的态度。他说：

> 吾少无风云之志，因官至此。不图此郡士人忽尔见推！向言出迎（索嗣）者，未知士大夫之意故也。[3]

这道出了他的心曲，也说明西凉政权的产生，是陇西和

---

1 《晋书》卷87《凉武昭王李玄盛传》，第2262页。
2 《晋书》卷87《凉武昭王李玄盛传》，第2258页。
3 《晋书》卷87《凉武昭王李玄盛传》，第2258页。

敦煌两大右姓集团实现政治联合的结果。

按照张、宋的主张，李暠遣子李歆、李让与张邈、宋繇及司马尹建兴等率兵拒战索嗣。索嗣兵败逃回张掖后，李暠又上书给段业，历数索嗣罪状。而北凉权臣沮渠男成一方面与索嗣有芥蒂，另一方面早就图谋剪除段业羽翼，于是怂恿段业，使其杀掉索嗣，并"遣使谢玄盛"[1]。接着，段业"分敦煌之凉兴（治今敦煌东、瓜州西）、乌泽（治今瓜州东）、晋昌之宜禾（治今瓜州县）三县为凉兴郡，进玄盛持节、都督凉兴已西诸军事、镇西将军、领护西夷校尉"[2]。西凉的割据局面初步形成。

400 年底，北凉晋昌太守唐瑶叛段业而支持李暠，还传檄敦煌、酒泉、晋昌、凉兴、建康等张掖以西各郡，推举李暠为大都督、大将军、凉公、领秦凉二州牧、护羌校尉。"玄盛乃赦其境内，建年为庚子。追尊祖弇曰凉景公，父昶凉简公"，[3]并大事册封勋望。这标志着西凉正式立国。

第二节　李暠的政治

一　著姓政治

五凉中，只有前凉和西凉是汉族官僚建立的割据政权，故政治上两者有相似之处。此外，李暠时期的政治更带有封

1 《晋书》卷 87《凉武昭王李玄盛传》，第 2258 页。
2 《晋书》卷 87《凉武昭王李玄盛传》，第 2258 页。
3 《晋书》卷 87《凉武昭王李玄盛传》，第 2259 页。

建特点和著姓政治色彩。

首先，李暠选用清一色的河陇著姓担任政府要职，敦煌大族和名门之后居其大半。

在庚子元年（400）李暠册封的官吏中，宋、索、氾、阴、令狐、张氏等家族人数最多。计有索氏五人：索仙为长史，索承明为牧府右司马，索训为威远将军、西平太守，索慈为广武太守，索术为武兴大守；张氏六人：张邈为右长史，张体顺为右司马，张条为牧府左长史，张林为太府主簿，张谡为牧府右司马加扬武将军，张靖为折冲将军；令狐氏二人：令狐溢为右长史，令狐赫为武威太守；氾氏一人：氾德瑜为宁远将军、西郡太守；阴氏一人：阴亮为西安太守。关陇人士中，天水著姓中的尹建兴为左司马。尹建兴是李暠妻尹氏的胞兄，西州谣谚有"李尹王敦煌"之说[1]，这与东晋"王与马，共天下"的谣谚意思相仿。另外，受册封者还有赵开，其郡望不明，疑与北凉赵柔同宗，为金城著姓，受任为骅马护军、大夏太守。

李暠用清一色的豪门著姓人物作为西凉统治集团核心，这在同时期的后凉、南凉、北凉等诸凉政权中独树一帜。其政治目的如李暠自己所说，在借此"以招怀东夏"[2]，即换取汉族上层社会的支持来与其他民族建立的诸凉政权相对抗。

被李暠罗致西凉政府中的著姓豪门大都是前凉名士和贵胄的后裔。如宋繇是宋配之后，索仙等是索袭和索纮之后，氾德瑜是氾瑷之后，阴亮是阴澹之后。他们的祖先在为前凉

1　《晋书》卷96《列女传》，第2526页。

2　《晋书》卷87《凉武昭王李玄盛传》，第2259页。

竭尽股肱之力的同时，也沉淀起门户，成为河西地方政治势
力的代表。此外，令狐氏家族中的令狐亚和令狐敏也曾居前
凉要职，张氏家族在前凉做官的人数更多，张谘、张质、张
植、张穆是其中几个。与索、宋、氾、阴等家族相比，令狐
氏与张氏的门第更古老，堪称河西旧姓。有记载说令狐氏源
于西周王室，原封地在太原（今宁夏固原北）。王莽代汉，
令狐迈起兵讨莽，兵败身死。三个儿子避难"皆奔敦煌"。
后来，长、次二子相率入西域，幼子令狐称"为故吏所匿，
遂居效谷"。[1]也有记载说从令狐迈起，令狐家族已定居敦
煌。[2]要紧的不是落户敦煌的早晚，而是门资和宦历。如令
狐迈官居西汉建威将军，为兴复汉室而死，属忠义节烈之
流。这决定了其家族的社会地位和声望，也决定了其家族在
河西政治中举足轻重的影响作用。张轨时，"晋昌大族"张
镇、张越兄弟谋逆，担任太府主簿的令狐亚用几句话就令其
放杖，就是明证。河西著姓家家门宗强盛，这是他们能左右
地方政治的原因。晋昌（今甘肃瓜州县东）张氏是一个例
子。前凉时期，张氏已显示过门宗势力。张镇与张越自不必
说，即如张邕，他"树党专权"，几使宋氏灭族。张氏门宗
的强盛情况由张士度的事迹可见点滴。西晋初，张士度游学
洛阳，遇到瘟疫，在洛的"乡人宗族"一下子死掉十多人。[3]
侨居他乡尚且如此，在本乡本土，他们家族的枝繁叶茂是可
想而知的。张氏的门宗势力是从曹魏时期开始沉淀的。曹魏
初，张免官居执金吾，是京城洛阳的最高警备长官。执金

---

1 《新唐书》卷75下《宰相世系表五下》，中华书局，1975，第3397页。
2 《通志》卷25《氏族略》。
3 汤球：《十六国春秋辑补》卷74《前凉录》，第527页。

吾一职，秦时称中尉，汉武帝太初元年（前 104）更名执金吾。平时司京城治安，遇到皇帝出巡，负责先导和防范意外。此时，"缇骑二百人，五百二十人舆服导从，光生满路。群僚之中，斯最壮矣"。刘秀贫微时，瞻仰执金吾仪卫规模，感叹说："仕宦当为执金吾！"[1] 张奂正由此显贵。他是"敦煌渊泉人"[2]，渊泉县，故城在今瓜州县东。与晋昌是同一地域，故晋昌张氏和渊泉张氏实为同宗。曹魏时，敦煌郡内，"大姓雄张，遂为风俗"，历任守宰"循故而已，无所匡革"[3]，正为有张氏这样的家族之故。李暠深知对这样的家族只能"尽礼承敬"，不能有丝毫冒犯。所以，他见到前凉金城太守张质之子张显时，立即擢为酒泉太守，"引为功曹，甚器异之。尝称曰：'吾之臧子原也！'"[4]

李暠用人颇有气量，"至于朝为寇雠，夕委心膂"[5]。他能恰当运用策略，消弭著姓社会内部的矛盾。他自己曾说，敦煌历史悠久，实是名邦，乡党和婚亲关系复杂，家族和门宗盘根错节，因此事事都须小心谨慎。"至于公理，时有小小颇回，为当随宜斟酌"，以此来做到"无负于新旧"。[6] 他对索氏家族的态度就是这样。按理，索嗣是他的政敌，索氏子弟理应受到黜斥，但他没有这样做，对索仙、索承明、索慈等照样重用。

1　《通典》卷 28《职官·左右金吾卫》，典 165 上。
2　《后汉书》卷 65《张奂传》，第 2137 页。
3　《三国志》卷 16《魏书·仓慈传》，第 512 页。
4　《北史》卷 34《张湛传》，中华书局，1974，第 1265 页。
5　《晋书》卷 87《凉武昭王李玄盛传》，第 2262 页。
6　《晋书》卷 87《凉武昭王李玄盛传》，第 2262~2263 页。

李暠依靠著姓的政策确实起到了"招怀东夏"的作用。402 年，北凉西郡太守梁中庸来奔。梁中庸与沮渠蒙逊私交甚深，蒙逊得知他投奔西凉的事后，无可奈何地说：

> 吾与中庸义深一体，而不信我，但自负耳。[1]

这说明"招怀东夏"起到了瓦解敌人营垒的作用。由于重用著姓豪门，只有一郡之地的西凉政权不仅能迅速壮大，而且群臣和洽，内部稳定，很少发生内乱。

二 "东伐"战略

西凉立国于敦煌。名为一郡，最初实则仅有今甘肃敦煌和瓜州两县之地。因为"地狭民稀"，政治、经济和军事上缺乏实力。为了改变这种形势，创造与北凉抗衡的条件，李暠积极偃文修武，积蓄物资，扩充地盘；在立国当年，他派宋繇等向东、西两翼进取，"东伐凉兴，并击玉门已西诸城，皆下之"[2]。在拥有东起凉兴（治今敦煌东、瓜州南），西至玉门关和阳关之间的土地后，他蓄养兵力，在玉门关和阳关一带兴办屯田，"广田积谷，为东伐之资"[3]。

"东伐"是李暠的基本发展战略，也是他个人的政治志向。其主旨是继承前凉，追踪窦融，坐镇河西。405 年，李暠改元建初，正月，派遣舍人黄始与梁兴间行赴建康，给晋安帝司马德宗上表。表章洋洋数千言，从汉末讲到三

---

1 《晋书》卷 129《沮渠蒙逊载记》，第 3193 页。
2 《晋书》卷 87《凉武昭王李玄盛传》，第 2259 页。
3 《晋书》卷 87《凉武昭王李玄盛传》，第 2259 页。

国，再讲到西晋统一和分裂，陈述了前凉以来的河西形势和自己在"五胡僭袭"艰难世事中的心境，他希望东晋朝廷理解自己"依窦融故事"成"桓文之业"的苦衷。表章字字诚挚，句句慷慨，字里行间浸透着对国家和民族的忧患感情。其中谈道，"至如此州，世笃忠义"，"江凉虽辽，义诚密迩。风云苟通，实如唇齿"[1]。这篇表章可以说是李暠的政治宣言，宣告他要依托东晋，保据河西，即"冀杖宠灵，全制一方"[2]。为了实现他的志向和完成"东伐"，他积极推进封建政治。

403 年，李暠在敦煌南门外党河岸边建筑堂舍，取名靖恭堂，"以议朝政，阅武事"，兼为教化群臣之所。堂成，"图赞自古圣帝、明王、忠臣、孝子、烈士、贞女。玄盛亲为序颂，以明鉴戒之义。当时文武群僚亦皆图焉"[3]。敦煌著名学者刘昞撰写《靖恭堂铭》以志此事。堂成当月，有白雀飞翔于其上，"玄盛观之大悦"[4]。此时，吕光称凉王时被派到于阗购求"六玺"之玉的使者返回敦煌，李暠将玉收入府库，准备作六玺之用。

为了培养人才，并为著姓子弟提供优先受教育的机会，李暠在敦煌兴办了学校。"（庚子）五年（404）正月，立泮宫，增高门学生五百人。"[5]为表示奖掖人才和招贤纳士，又

---

1 《晋书》卷 87《凉武昭王李玄盛传》，第 2261 页。
2 《晋书》卷 87《凉武昭王李玄盛传》，第 2261 页。
3 《晋书》卷 87《凉武昭王李玄盛传》，第 2259 页。
4 汤球：《十六国春秋辑补》卷 92《西凉录》，第 635 页。
5 汤球：《十六国春秋辑补》卷 92《西凉录》，第 635 页。

"起嘉纳堂于后园，以图赞所志"[1]。

李暠重视教育，是要做到让教育为西凉政治服务。他在建初元年（405）写的《诫子书》是他寓政于教的经典作品，也是将儒家修身治国思想同西凉政治相结合的教科书。书中他要求诸子处世要谦恭谨慎，为政要公正廉明。要"杜渐防萌，深识情变"。要"详审人，核真伪；远佞谀，近忠正；蠲刑狱，忍烦扰；存高年，恤丧病；勤省按，听讼诉"。要"禁御左右，勿作威福"，"广加咨询，无自专用。从善如顺流，去恶如探汤"。要"富贵而不骄"，"僚佐邑宿，尽礼承敬，……退朝之暇，念观典籍。面墙而立，不成人也"。413年，李暠又抄《诸葛亮训励》勉励诸子，并针对他们"弱年受任"提出术业上要求：

> 古今之事，不可以不知。苟近而可师，何必远也？览诸葛亮训励，应璩奏谏，寻其终始，周孔之教，尽在中矣！为国足以致安，立身足以成名。……且经史道德，如采菽中原，勤之者则功多，汝等可不勉哉！[2]

李暠尊重士人，尊重文化。他重用宋繇，除宋繇与他为同母兄弟以及宋繇在西凉建国中立有殊功之外，还因为宋繇是当时的著名学者。另外，他对刘昞更是崇礼有加。刘昞，字彦明，敦煌人。出身于儒学世家，又师承郭瑀，任李暠儒林祭酒从事中郎，主管文教和注记。李暠尊重文化，从他对

1　汤球：《十六国春秋辑补》卷92《西凉录》，第635页。

2　《晋书》卷87《凉武昭王李玄盛传》，第2264~2265页。汤球《十六国春秋辑补》卷92《西凉录》（第642~643页）同。

书籍的珍爱和与刘昞的关系中可见一斑。

> 暠雅好文典，书史穿落者，亲自补治。时昞侍侧，前请代暠。暠曰："躬自执者，欲人重此典籍。吾与卿相值，何异孔明之会玄德！"迁抚夷护军。虽有政务，手不释卷。暠谓之曰："卿注记篇籍，以烛继昼，白日且然，夜可休息。"昞曰："朝闻道，夕死可矣！不知老之将至，孔圣称焉。昞何人哉，敢不如此？"[1]

李暠与刘昞是政治与学术相统一的关系。

所以，李暠时期文治之风昌盛，这在五凉中也是独树一帜的。

在经过五年左右的内修政理和积蓄国力后，李暠开始实施他的"东伐"战略。

东伐的第一步是迁都酒泉。酒泉原属北凉。401年，酒泉与凉宁二郡叛降于西凉。为了迁都，李暠先委任张体顺为宁远将军和建康（治今高台县南）太守，镇乐涫（今高台县西北）；以宋繇为右将军，领敦煌护军，协同其子敦煌太守李让镇敦煌。迁都前，他向群僚阐述此举的政治意图。

> 玄盛谓群僚曰："昔河右分崩，群豪竞起。吾以寡德为众贤所推，何尝不忘寝与食，思济黎庶。……今惟蒙逊，鸱跱一城。自张掖已东，晋之遗黎虽为戎虏所制，

1　汤球：《十六国春秋辑补》卷92《西凉录》，第641页。

> 至于向义思风，过于殷人之望西伯！"[1]

意思是招怀东夏已见成效，迁都为的是"渐逼寇穴"[2]，然后待机直捣张掖。对于这点，只有长史张邈一人表示赞同，其余属僚都保持沉默。因为与北凉相比，西凉显然弱小得多，它能用于作战的部队通常不过二三万，"渐逼寇穴"不一定有利。胡三省对此也有评论：

> 李暠迁酒泉欲以逼沮渠蒙逊，安知反为蒙逊所逼邪！[3]

李暠于405年迁都。迁都以后，西凉与北凉之间的冲突加剧。

李暠推行东伐战略时，蒙逊也在推行西取战略。只是406年以后，秃发傉檀从姚兴手中讨得姑臧，沮渠蒙逊必须将南凉作为主要敌人加以对付，因此不得不暂缓对西凉的进攻。这使李暠的东伐间或也取得一些小胜。如406年，李暠亲自率领骑兵二万，略地到建康。沮渠蒙逊回击，掠建康百姓三千户东返，李暠率骑兵追击，在安弥（今酒泉市东）击败北凉军队，夺回被掠民户。但西凉更多的是失利，如407年，沮渠蒙逊再次率军进攻酒泉，待李暠发觉敌情时，北凉军队已行进到离酒泉城仅六十里的地方。李暠仓促出战，结

---

1 《晋书》卷87《凉武昭王李玄盛传》，第2261页。
2 《晋书》卷87《凉武昭王李玄盛传》，第2261页。
3 《资治通鉴》卷114晋安帝义熙元年八月条胡注，第3587页。

果失败，"（暠）闭城自守，蒙逊亦引而归"。[1] 可见，迁都酒泉后，形势开始对西凉不利。

形势越是不利，李暠越要做出"东伐"的姿态。为此，从406年起，他在酒泉发展生产，积蓄力量。

> 玄盛既迁酒泉，乃敦劝稼穑。群僚以年谷频登，百姓乐业，请勒铭酒泉，玄盛许之。[2]

另外，他也不轻易消耗国力，"蒙逊每年侵寇不止。玄盛志在以德抚其境内，但与通和立盟，弗之校也"[3]。但李暠也为东伐无功而抚剑长叹，正如他在407年上东晋朝廷的表文所说，他进师酒泉虽构成对沮渠蒙逊的威胁，只是"黠虏恣睢，未率威教，凭守巢穴，阻臣前路。窃以诸事草创，仓帑未盈，故息兵按甲，务农养士。时移节迈，荏苒三年，抚剑叹愤，以日成岁"[4]。

这一时期，李暠也实行远交近攻。他称藩于后秦，还与南凉通盟。

> 初，玄盛之西也，留女敬爱养于外祖尹文。文既东迁，玄盛从姑梁褒之母养之。其后秃发傉檀假道于北山，鲜卑遣褒送敬爱于酒泉，并通和好。玄盛遣使报

1　汤球:《十六国春秋辑补》卷95《北凉录》，第658页。
2　《晋书》卷87《凉武昭王李玄盛传》，第2264页。
3　《晋书》卷87《凉武昭王李玄盛传》，第2264页。
4　《晋书》卷87《凉武昭王李玄盛传》，第2263~2264页。

聘，赠以方物。[1]

他想利用南凉从东面牵制北凉。

李暠虽则经营酒泉，实际仍将敦煌作为"军国之本"大力充实。406年，他进行"土断"，设置侨郡县，安置迁徙到敦煌一带的"东人"，将他们大部分编制于敦煌和晋昌二郡之间。另将一部分人口迁到酒泉。被编制和东迁的侨人约有两万多户，他们分别来自不同地方。有的早在前秦时期已流落河西。

> 初，符坚建元之末，徙江汉之人万余户于敦煌，中州之人，有田畴不辟者，亦徙七千余户。郭廧之寇武威，武威、张掖已东人西奔敦煌、晋昌者数千户，及玄盛东迁，皆徙之于酒泉，分南人五千户置会稽郡（治今瓜州县东南），中州人五千户置广夏郡，余万三千户分置武威、武兴、张掖三郡（三郡均治今敦煌东南）。[2]

为了防范敦煌以北鲜卑和以南羌人部落对敦煌的骚扰，李暠陆续整理敦煌城防，修城筑围。406年，"筑城于敦煌南子亭，以威南虏"，413年，"修敦煌旧塞东西二围，以防北虏之患，筑敦煌旧塞西南二围，以威南虏"[3]。

这一切内政外交举措说明，李暠的"东伐"战略实际在借攻为守。经营酒泉和充实敦煌，为的是攻守有据。在和北

1 《晋书》卷87《凉武昭王李玄盛传》，第2263页。
2 《晋书》卷87《凉武昭王李玄盛传》，第2263页。
3 《晋书》卷87《凉武昭王李玄盛传》，第2265页。

凉的较量中，他不敢轻举妄动，所谓"但与通和，弗之校
也"，"我闭门不与战，待其锐气竭而击之"[1]，都是上述策略
的具体化。这样做，并非出自李暠本意，实在是迁都酒泉以
后他才真正感受到了形势的压力。他的《述志赋》表述了他
内心的苦闷：

> 玄盛以纬世之量，当吕氏之末，为群雄所奉，遂启
> 霸图。兵无血刃，坐定千里，谓张氏之业指期而成，河
> 西十郡岁月而一。既而秃发傉檀入据姑臧，沮渠蒙逊基
> 宇稍广，于是慨然著《述志赋》焉。[2]

赋中讲到张氏以后到吕氏之末：

> 人希逐鹿之图，家有雄霸之想……求欲专而失逾
> 远，寄玄珠于罔象。
> 悠悠凉道，鞠焉荒凶；杪杪余躬，迢迢西邦，非相
> 期之所会，谅冥契而来同。跨弱水以建基，蹑昆墟以
> 为墉。

由这里讲到他景仰张良、诸葛亮、周瑜、鲁肃等前世英
杰，很想像汉高祖、刘玄德、孙伯符等前世明君那样：

> 穆穆盛勋，济济隆平，御群龙而奋策，弥万载以飞

---

1 《资治通鉴》卷116晋安帝义熙七年八月条，第3647页。
2 《晋书》卷87《凉武昭王李玄盛传》，第2265页。

荣。仰遗尘于绝代，企高山而景行。将建朱旗以启路，
驱长毂而迅征。[1]

总之，字里行间充满了壮志难酬的怅惘。

建初十三年（417），李暠病重。向宋繇嘱托后事，大
有"出师未捷身先死，长使英雄泪满襟"之悲怆。他在为自
己"不能一同河右"，"所恨志不申耳"，感到痛悔之余，将
军国重任交给宋繇，要他辅导李歆，"勿令居人之上，专骄
自任"，"无使筹略乖衷，失成败之要"。[2]然后带着深深的
遗憾死去，时年六十七岁。死后，群僚上书谥其为武昭王。
死前，李暠曾著《槐树赋》以寄情：

先是，河右不生楸、槐、柏、漆，张骏之世，取于
秦陇而植之，终即皆死。而酒泉宫之西北隅有槐树生
焉，玄盛又著《槐树赋》以寄情，盖叹僻陋遐方，立功
非所也。[3]

李暠在位共十八年（400~417）。死后，子李歆继位。

第三节　李歆的政治

李歆，字士业，是李暠的次子。庚子五年（404），原

---

1 《晋书》卷87《凉武昭王李玄盛传》，第2266~2267页。
2 《晋书》卷87《凉武昭王李玄盛传》，第2267页。
3 《晋书》卷87《凉武昭王李玄盛传》，第2267页。

世子李谭死，他继立为世子。嗣位后，改年号为嘉兴。417年是嘉兴元年。

西凉作为代表著姓利益的政权，李氏家族仍处于制重地位。从李暠的《诫子书》中可以看出，李歆兄弟"皆弱年受任"，置身戎旅，掌握军权。建初三年（407），李暠给东晋的表章也说："又臣州界迥远，勍寇未除，当须镇副，为行留部分。"为此他请求东晋政府承认他几个儿子的军政权力，提出：

> 辄假臣世子士业监前锋诸军事、抚军将军、护羌校尉，督摄前军，为臣先驱。又敦煌郡大众殷，制御西域，管辖万里，为军国之本。辄以次子让为宁朔将军、西夷校尉、敦煌太守，统摄昆裔，辑宁殊方。自余诸子，皆在戎间，率先士伍。臣总督大纲，毕在输力，临机制命，动靖续闻。[1]

因李歆等久在戎旅，不谙政治，李暠才反复训诫他们勤学静思，劝勉他们通晓古今，练达时务，懂君臣之道，识安危之机。但李暠最终并未能将其对诸子的愿望与西凉的政治完美统一起来。李歆嗣位后，倒行逆施，使西凉政权转向了衰落。

首先，李歆穷兵黩武。他不顾国计民生，频繁地劳师动众。李歆嗣位时，河西已成西凉与北凉角逐的形势。当414年南凉亡国后，北凉解除了东顾之忧，可以专力来对付西

---

1 《晋书》卷87《凉武昭王李玄盛传》，第2264页。

凉，但李歆似乎不明白这一点。有人对他指出"区域三分，势不久并。并兼之本，实在农战。怀远之略，事归宽简"[1]。但他充耳不闻，总想在军事上以求一逞。他尚未占据张掖，却已命索仙为征虏将军并张掖太守，实际是向北凉寻衅，这导致了417年蓼泉之战的发生。[2]是战，沮渠蒙逊采用诱敌深入之计，叫张掖太守沮渠广宗假降西凉。李歆派武卫将军温宜去建康接应广宗，自己率大军继后。中途得知蒙逊已埋伏三万大军于蓼泉（今临泽境），他即撤兵回酒泉。这时蒙逊率兵追击，"歆亲贯甲先登，大败之"，追奔蒙逊百余里，俘斩北凉兵士七千余级。[3]蓼泉之战虽取得胜利，但李歆的轻躁急进和勇而少谋却暴露无遗。蒙逊了解了李歆的鲁莽，在次年又带兵进攻。当李歆又要出战时，被左长史张体顺力劝而止。然而，酒泉城外农田中已成熟的粮食却被北凉军队抢掠一空。

嘉兴四年以后，李歆更是接连出兵与北凉鏖战。七月，他命中外戒严，谋攻张掖。其母尹太后劝说也无效。

> 宋繇又固谏，士业并不从。繇退而叹曰："大事去矣，吾见师之出，不见师之还也！"士业遂率步骑三万东伐。[4]

1 《晋书》卷87《李歆传》，第2268页。
2 《资治通鉴》卷118晋安帝义熙十三年三月条胡注引《新唐书·地理志》谓："甘州张掖郡西北九十里有祁连山，山北有建康军，军西百二十里有蓼泉守捉城。"第3704~3705页。
3 汤球：《十六国春秋辑补》卷94《西凉录》，第647页。
4 《晋书》卷87《李歆传》，第2270页。又汤球《十六国春秋辑补》卷94《西凉录》（第649页）略同。

这样一次次地发动战争，即使"人力凋残，百姓愁悴"[1]，也使兵不卸甲，帑藏虚竭。年复一年，西凉的实力消耗殆尽，最后变得不堪一击。

其次，李歆生性暴戾刚愎，生活奢靡腐化。他"用刑颇严，又缮筑不止"[2]，杜忠拒良，一意孤行。

李歆嗣位后，气候异常，灾害不断。风、涝、沙暴及地震等频繁出现。照儒家天人感应学说讲，这是因政治不修而致"阴阳失序"和"犯伤和气"，故上天垂灾，进行谴责。鉴于李歆"用刑颇严"，又不听劝谏，一般臣僚只能借言天人之际进行迂回委婉的劝诫。如氾称上疏，从东晋咸安之初（371）西平地震、有狐狸入谦光殿讲到前凉灭亡，从前秦建元十九年（383）姑臧南门坍塌和陨石坠于闲豫堂，讲到梁熙"外不抚百姓，内多聚敛"，以致受戮于吕光。认为举凡地震地裂，日精无光都预示着"中国将为胡夷之所陵灭"，暗喻北凉将灭西凉。在迂回委婉之后，氾称直言时弊，他要李歆做到"亲仁善邻，养威观衅，罢宫室之务，止游畋之娱。后宫嫔妃、诸夷子女，躬受分田，身劝蚕绩，以清俭素德为荣，息兹奢靡之费。百姓租税，专拟军国。虚衿下士，广招英隽。修秦氏之术，以强国富俗"。并警告说，如仍不顾仓库有没有积贮和庭中有没有文武而一味逞强，"臣恐宗庙之危必不出纪"[3]。

1　《晋书》卷87《李歆传》，第2268页。又汤球《十六国春秋辑补》卷94《西凉录》（第647~648页）略同。

2　《晋书》卷87《李歆传》，第2268页。又汤球《十六国春秋辑补》卷94《西凉录》（第647页）略同。

3　《晋书》卷87《李歆传》，第2268~2270页。

像氾称这样从国家安危出发劝谏李歆的旧臣还有张显等，但李歆对他们的忠言一概置若罔闻，"并不纳"[1]。这样，西凉政治步入穷途末路。

第四节　西凉灭亡

西凉亡于北凉。在五凉中，只有它是被同时期的河西政权并灭的。

李歆嗣位的第四年，即嘉兴四年（420），江南的东晋政权也灭亡了。东晋权臣刘裕废掉晋恭帝司马德文，自立为帝，建立刘宋王朝。当时，宋武帝刘裕招怀四裔，册封李歆为都督高昌等七郡诸军事，征西大将军、酒泉公，但这已是西凉灭亡的前夕。因为就在此时，北凉主沮渠蒙逊开始了他统一河西的攻势，攻取酒泉和敦煌二郡，是统一攻势的第一步。

沮渠蒙逊利用李歆的好战和勇而少谋，仍运用诱敌远出进行打击的战术。当年七月，他扬言进攻西秦的浩亹，在虚张声势后，又悄悄将军队带回张掖。

李歆听说沮渠蒙逊东攻西秦的事后，谋乘张掖防守空虚而袭取张掖。宋繇、张体顺等都认为不宜出师，但李歆不听。尹太后也反复劝阻李歆，并对他说：

汝新造之国，地狭民希，自守犹惧不足，何暇伐

1　《晋书》卷 87《李歆传》，第 2270 页。

人！先王临终，殷勤戒汝，深慎用兵，保境宁民，以俟天时。言犹在耳，奈何弃之！蒙逊善用兵，非汝之敌，数年以来，常有兼并之志。汝国虽小，足为善政，修德养民，静以待之。彼若昏暴，民将归汝；若其休明，汝将事之；岂得轻为举动，侥冀非望！以吾观之，非但丧师，殆将亡国！[1]

尹氏，天水冀（今甘谷县南）人，"幼好学，清辩有志节"，为李暠继室。"玄盛之创业也，谟谋经略，多所毗赞。故西州谚曰：'李尹王敦煌。'"[2]李歆不纳尹氏之言，使宋繇深感痛心，他愤而长叹："今兹大事去矣！"[3]

李歆这次谋袭张掖，倾全国兵力，才步骑三万。他企图与北凉决战，毕其功于一役。这正中蒙逊下怀。因此，这次战役关系到最终鹿死谁手。

沮渠蒙逊得知李歆兵出酒泉的消息，高兴地说："歆已入吾术中。"[4]他再诈传情报，说自己浩亹之战已经得胜，不日将进攻黄谷，再诱使李歆步步深入。当李歆率军到达都渎涧时，发兵出击，两军"战于怀城"[5]。李歆遭到痛击。这时身边将领劝他先退回酒泉。但他负气逞强地说：

---

1 《资治通鉴》卷119 宋武帝永初元年七月条，第3736~3737页。又《晋书》卷96《列女传》（第2526~2527页）略同。
2 《晋书》卷96《列女传》，第2526页。
3 《资治通鉴》卷119 宋武帝永初元年七月条，第3737页。
4 《资治通鉴》卷119 宋武帝永初元年七月条，第3737页。
5 《资治通鉴》卷119 宋武帝永初元年七月条，第3737页。

吾违太后明诲，远取败辱。不杀此胡，复何面目以见母也！[1]

勒兵再战中，又败于蓼泉，自己也被北凉军队杀死。

李歆前后在位四年（417~420）。

李歆战死后，北凉军队乘胜追击，迫使李歆诸弟酒泉太守李翻、新城太守李预、羽林右监李密、左将军李姚、右将军李亮等放弃酒泉，逃往敦煌。随后。沮渠蒙逊统领北凉大军占领了酒泉城。据说此前，酒泉通街大树上有乌鹊争巢，鹊为乌所杀。"又有敦煌父老令狐炽梦白头公衣帢而谓炽曰：'南风动，吹长木，胡桐椎，不中毂。'"[2]桐椎是李歆小名。这些传说和谚语表明西凉百姓民心所向。

北凉军队在攻占酒泉后，继续向西挺进。李翻及包括敦煌太守李恂在内的李氏子弟再退出敦煌城，逃上北山。沮渠蒙逊接收敦煌后，委派索嗣之子索元绪行敦煌太守事。

西凉虽将亡国，但敦煌人对李氏家族却深怀眷恋。特别是李恂，他任敦煌太守时，在郡中实行惠政，深受士民拥戴和敬重。而索嗣子索元绪则"粗嶮好杀，大失人和"[3]，为士民所不满。在这种情况下，敦煌宋氏中的宋承和张氏中的张弘暗中送信给在北山的李恂，请他重返敦煌。李恂得信后，率数十骑返回城中，驱逐了索元绪，受宋承、张弘等推举，称冠军将军、凉州刺史，改年号为永建。

为了彻底摧毁西凉残余势力，沮渠蒙逊派其子沮渠德政

1 《晋书》卷87《李歆传》，第2270页。
2 《晋书》卷87《李歆传》，第2270页。
3 《晋书》卷87《李歆传》，第2271页。

率兵进攻李恂。李恂紧闭城门　　　城。于是，蒙逊亲自率领两万军队，"三面起堤．　　　"[1]。而李恂则"遣壮士一千，连版为桥，潜欲决　　　终，李恂因孤立无援而难以支持。当蒙逊再勒兵攻　　承等先开城出降。李恂见败局已定，以自杀了事　　　李恂进行报复，蒙逊在入敦煌之后，实行了屠城。

　　李恂是李暠第六　　　称制是西凉政权的尾声。李恂最小的弟弟是李翻，　　子李宝即北魏李冲之父。沮渠蒙逊将李宝捕获，并　　　臧。422 年，李宝跟随其舅唐契逃到伊吾（今新疆　　　称臣于柔然（蠕蠕）。"民归附者，稍至二千。宝倜　　甚得众心，皆乐为用，每希报雪。"[3]直到北魏大　　　（440）北魏扫荡了盘踞敦煌的沮渠无讳，李　　　"无讳捐城遁走。宝至伊吾，率流人及虏骑市　　　修缮城府，规复先业。遣弟怀达奉表归降　　　　及诸女死于伊吾"[4]后北魏以李宝为使持节侍　　　四陲诸军事、护西戎校尉、沙州牧、敦煌公，承　　　　以西。"宝宽雅有度量，甚著威惠于西土。在敦煌三　　　因入朝，遂留京师。"[5]这些，仅是西凉政权的绪余。

　　西凉历二主，存在共二十一年（400~420）。

---

1 《晋书》　　　　　　　1 页。

2 《　　　　　　　　271 页。

3 　　　　　卷 94《西凉录》，第 650 页。

4 　　　：《十六国春秋辑补》卷 94《西凉录》，第 650 页。

　　场球：《十六国春秋辑补》卷 92《西凉录》，第 650 页。

北凉篇

【卷六】

第一节　北凉立国

一　沮渠蒙逊起义和段业初立

北凉始于沮渠蒙逊发动的反吕起义。

沮渠蒙逊，临松（在今甘肃张掖市南）卢水胡人。卢水胡为匈奴支裔。因匈奴有左右沮渠之官，蒙逊先世曾任左沮渠，便以官为姓氏。其家族"世居卢水为酋豪"[1]。

蒙逊高祖父晖，曾祖父遮，祖父祁复延，都以雄武著称。父法弘，苻坚时任前秦中田护军，并袭爵北地王（又称狄地王）。法弘死后，"蒙逊代领部曲"[2]，直至后凉建立。史家介绍蒙逊说：

> 蒙逊博涉群史，颇晓天文。雄杰有英略，滑稽善权变。梁熙、吕光皆奇而惮之。[3]

蒙逊出身于卢水胡贵族，汉化程度甚深，又富有才智和

1　汤球：《十六国春秋辑补》卷95《北凉录》，第653页。按：有关卢水地理位置及卢水胡事迹见本书《民族篇》。
2　汤球：《十六国春秋辑补》卷95《北凉录》，第653页。
3　《晋书》卷129《沮渠蒙逊载记》，第3189页。

韬略，并拥有一支部落军事力量。这些条件决定了他将在群
雄竞逐的河西政治环境中崛起。而吕光时期，推行氐族本位
政治和排斥其他民族的做法，给了蒙逊集合部落力量，利用
民族矛盾崛起的机遇。当吕光时，"使蒙逊自领营人，配厢
直，又以蒙逊伯父罗仇为西平太守。罗仇弟麹粥为三河太
守"[1]。名义上重用而实际上隔离，使罗仇、麹粥等内心不安。
蒙逊则为不引起吕光怀疑，"常游饮自晦"[2]。

后凉龙飞二年（397），吕光征讨乞伏乾归失败，诿罪
于罗仇和麹粥，制造民族仇杀，这成为蒙逊起义的导火线。

早在395年，吕光曾发兵十万，进攻西秦。西秦王乞伏
乾归接受左辅密贵周和左卫将军莫者羖蔡等建策，称藩于吕
光。送子勃勃为质，换得吕光退兵。接着乾归反悔，杀掉建
策者。后凉龙飞元年（396），吕光即后凉天王位后，即谋
讨伐西秦。次年，他兵出枹罕，进攻金城，连下西秦金城、
临洮、武始、河关等郡县。但随后，乾归运用羸师之计，诱
吕光弟吕延入埋伏，一举击溃吕延统率的后凉兵，并杀吕
延，迫使吕光放弃已攻占的金城等郡县，退兵枹罕。

这次战役，罗仇及麹粥率部人从征。败回姑臧后，麹粥
知吕光必嫁祸他族。为不做替罪羊，麹粥便劝兄罗仇率部起
义。他对罗仇说：

> 主上荒耄骄纵，诸子朋党相倾，谗人侧目。今军败

1　汤球：《十六国春秋辑补》卷95《北凉录》，第653页。又《资治通鉴》卷
109晋安帝隆安元年四月条胡注："三河谓金城河、赐支河、湟河。此郡（指三
河郡）当置于汉张掖、金城郡界。"（第3453页）
2　汤球：《十六国春秋辑补》卷95《北凉录》，第653页。

将死，正是智勇见猜之日，可不惧乎！吾兄弟素为所惮，与其经死沟渎，岂若勒众向西平（今青海西宁），出苕藿（在今永昌县界），奋臂大呼，凉州不足定也！[1]

但罗仇愚执，说什么沮渠家族"累世忠孝，为一方所归。宁人负我，无我负人"[2]。结果二人都遭吕光杀害。

吕光擅杀卢水胡酋豪，推行民族压迫政策，激发了卢水胡部族对后凉统治的反抗情绪。罗仇二人入葬时，"宗姻诸部会葬者万余人"[3]。当此之对，沮渠蒙逊哭着对部人说：

昔汉祚中微，吾之乃祖翼奖窦融，保宁河右。吕王昏耄，荒虐无道，岂可不上继先祖安时之志，使二父有恨黄泉！[4]

于是，一场反对后凉民族压迫的起义就这样爆发了。蒙逊和诸部首领订立盟约，共谋推翻吕光。不到十天，部众发展到一万多人，并屯兵于金山（在今山丹县南）。

起义初期，蒙逊小有失利。屯军金山后，遭到吕纂的进攻，"蒙逊败绩，将六七人逃入山中，家户悉散亡"[5]。未几复振，因为驻在晋昌的沮渠男成为配合蒙逊起兵，潜入赀虏部落，鼓动与赀虏有联系的"诸夷"起兵，聚合起数千人的队

1 《晋书》卷129《沮渠蒙逊载记》，第3189页。
2 《晋书》卷129《沮渠蒙逊载记》，第3189页。
3 《晋书》卷129《沮渠蒙逊载记》，第3189页。
4 《晋书》卷129《沮渠蒙逊载记》，第3189页。
5 汤球：《十六国春秋辑补》卷95《北凉录》，第654页。

伍，屯驻于乐涫（今高台县西北）。赀虏部队击败前来讨伐的后凉军队，并杀掉酒泉太守叠滕[1]，从西面支持了蒙逊。这样，蒙逊得以招聚溃散的部曲，再整旗鼓。

接着，沮渠男成进攻建康。他先派使者入建康城，游说吕光的建康太守段业。使者对段业说：

> 吕氏政衰，权臣擅命；刑罚失中，人不堪役；一州之地，叛者连城，瓦解之势，昭然在目，百姓嗷然，无所宗附。府君岂可以盖世之才，而立忠于垂亡之世！男成等既唱大义，欲屈府君抚临鄯州，使涂炭之余蒙来苏之惠。[2]

因段业不听，男成包围建康两月。段业等不到吕光的救兵，又因他素日与吕光侍中房晷及仆射王详有矛盾，在走投无路的情况下，接受郡人高逯、史惠等劝说，答应了男成的拥戴，并在蒙逊与男成推举下自称使持节、大都督、龙骧大将军、凉州牧、建康公。又改吕光龙飞二年为神玺元年（397），并授任蒙逊为镇西将军、张掖太守，授男成为辅国将军、酒泉太守，并"委以军国之任"[3]。这标志着北凉政权的初步形成。

1　汤球：《十六国春秋辑补》卷95《北凉录》作"叠滕"（第654页），而《晋书》卷122《吕光载记》（第3061页）《资治通鉴》卷109晋安帝隆安元年五月条（第3454页）均作"垒澄"。

2　《晋书》卷122《吕光载记》，第3061页。

3　汤球：《十六国春秋辑补》卷95《北凉录》，第654页。又《晋书》卷129《沮渠蒙逊载记》（第3190页）略同。

二　沮渠蒙逊夺权和北凉立国

段业，汉族，京兆人（今陕西西安市长安区西北）。他"博涉史传，有尺牍之才"，"懦素长者，无他权略"。[1] 原为前秦小吏，在吕光部将杜进手下任记事之职，随杜进跟吕光征西域，后转迁吕光参军。吕光入龟兹，赋诗言志，命段业著《龟兹宫赋》。吕光入姑臧，段业任著作郎，郁郁不得志，疗疾于天梯山，作诗讽谏吕光不能激浊扬清。后做建康太守，仍不受重用。被蒙逊等推举改元称制后，"威禁不行，群下擅命。尤信卜筮、谶记、巫觋、征祥，故为奸佞所误"[2]。

以段业的政治才干，难以担当推翻吕光的大任。最初，他依靠蒙逊，尚能屡战屡胜。如神玺元年攻西郡，部下都怀疑难以攻克，独蒙逊坚持认为西郡地势险要，势在必取，使段业坚定了信心。后来蒙逊引水灌城，活捉太守吕纯。西郡一攻克，后凉晋昌太守王德及敦煌太守孟敏等都相继投降。克西郡后，段业又派男成和王德进攻张掖，驱逐了后凉的常山公吕弘。而后，段业徙治张掖。

可见，北凉初创时期，段业主要仰仗蒙逊。但徙治张掖后，段业开始疏远蒙逊，以致军事上的失败接踵而至。如吕弘弃张掖东逃，蒙逊谏段业"穷寇弗追"，段业不听，率众追击，为吕弘所败；又如段业筑西安城（今张掖市东南），以臧莫孩为太守。蒙逊深知臧莫孩为人，对段业说："莫孩

1　汤球：《十六国春秋辑补》卷95《北凉录》，第656页。又《晋书》卷129《沮渠蒙逊载记》（第3192页）略同。

2　《晋书》卷129《沮渠蒙逊载记》，第3192页。

勇而无谋，知进忘退，所谓为之筑冢，非筑城也。"[1] 段业又不听。未几，臧莫孩也败于吕纂。

在一次次失败之后，段业不但不思悔改，反而更加猜忌蒙逊。蒙逊明白难以与段业为谋，"惧业不能容己，每匿智以避之"[2]。

天玺元年（399），段业称凉王，以蒙逊为尚书左丞，以梁中庸为右丞。此后，蒙逊又多次展现了他的权智雄勇。天玺二年（400），西凉立国，李暠"招怀东夏"，原晋昌太守唐瑶叛归李暠。接着，酒泉太守王德也叛变，自称河州刺史。蒙逊击败王德，逼其奔晋昌与唐瑶合军。蒙逊率兵追击到池头（酒泉郡属县），虏王德妻子和部众而还。蒙逊越是屡建奇功，段业对他猜忌之心越重，"业惮蒙逊雄武，微欲远之"[3]。便改派蒙逊去做临池太守，而以马权代之为张掖太守。马权武略过人，段业想借他挟制蒙逊。而马权也"每轻陵蒙逊，蒙逊亦惮而怨之"[4]。这迫使蒙逊寻找机会除去马权。他利用段业喜听谗言和马权残忍好杀，离间段、马之关系，终使段业杀掉马权。另外，沮渠男成为剪除羽翼，也用同样方法使段业杀掉索嗣。

在翦除段业的羽翼后，蒙逊建议男成起兵取代段业。他对男成说："段业愚暗，非济乱之才。信谗爱佞，无鉴断之明。所惮唯索嗣、马权，今皆死矣！蒙逊欲除业以奉兄何

1 《晋书》卷129《沮渠蒙逊载记》，第3190页。
2 《晋书》卷129《沮渠蒙逊载记》，第3190页。
3 《晋书》卷129《沮渠蒙逊载记》，第3191页。
4 《晋书》卷129《沮渠蒙逊载记》，第3191页。

如？"[1] 男成认为段业是羁旅之人，由自己推举，先举后弃未免不义，于是此谋搁置。

天玺三年（401）三月，蒙逊以段业越来越嫉恨自己，为防不测，主动要求去做西安太守。段业深知蒙逊有大志，必不肯久居人下。为防"朝夕之变"，答应了蒙逊的要求。这时，蒙逊已做好了朝夕为变的准备。他利用男成在朝廷中的威望，再次使用计谋，使段业杀男成以激起朝野愤懑。

> 蒙逊期与男成同祭兰门山，密遣司马许咸告业曰："男成欲谋叛，许以取假日作逆。若求祭兰门山，臣言验矣。"至期日，果然。业收男成，令自杀。[2]

男成是为何死的，他自己也不知道。男成被杀后，蒙逊集其部下，誓众起义：

> 泣告众曰："男成忠于段公，枉见屠害，诸君能为报仇乎？且州土兵乱，似非业所能济。吾所以初奉之者，以之为陈（胜）、吴（广）耳！而信谗多忌，枉害忠良。岂可安枕卧观，使百姓离于涂炭！"男成素有恩信，众皆愤泣而从之。比至氐池（今张掖市界），众逾一万。[3]

蒙逊这次起事，是他前次起义的继续。前次是反抗吕光，这次是反抗段业。吕、段二人，虽一氐一汉，种族不

---

1 《晋书》卷 129《沮渠蒙逊载记》，第 3191 页。
2 《晋书》卷 129《沮渠蒙逊载记》，第 3191 页。
3 《晋书》卷 129《沮渠蒙逊载记》，第 3191 页。

同，但其所作所为实际上并无差别。首先，他们都持有狭隘的种族主义和民族偏见。他们利用卢水胡的雄武善战，却都不信任卢水胡将领，采取压制、排斥，甚至残杀态度。沮渠罗仇、沮渠麹粥与沮渠男成在不同时期的相同命运说明了这一点。蒙逊虽利用了段业的民族偏见和喜谗多忌制造出男成的不幸，但他自己也常因惧祸而"内不自安"。因此，他对段业的反抗与对吕光的反抗都带有反抗民族压迫的性质。其次，段业与吕光都"信谗多忌"，并且刚愎自用。所不同者，段业无济世之才，而吕光荒耄老病，他们的统治妨碍着河西社会的发展。由于他们都滥杀无辜，造成统治集团内部矛盾的激化，导致了社会的不宁和区域分裂形势的加剧。正因为这样，蒙逊的两次起义都具有正义性。而史家讥评蒙逊"见利忘义，苞祸灭亲"[1]，既缺乏公正，又不足为训。事实上，封建政治多有权诈。蒙逊利用段业杀掉男成，激起公愤，发动起义，这种权诈，也许正是他"英略"和"善权变"之处。男成因"愚忠"受戮，罪在段业。蒙逊反对段业之所以受到胡族如臧莫孩，汉族如"西平诸田"及梁中庸等人响应和支持，并在起兵后能迅速安定张掖一域，对北凉政治造成新的建树，这些都证明蒙逊第二次起事深得人心，正因如此，沮渠蒙逊才成为北凉政权的真正奠基人和建立者。

二次起兵后，军事进展很快。"五月，蒙逊至张掖"，"（段）业左右皆散走"[2]。蒙逊杀掉段业，占据了张掖，夺取了政权。

1　《晋书》卷129《沮渠蒙逊载记》史评，第3199页。
2　汤球：《十六国春秋辑补》卷95《北凉录》，第656页。

天玺三年（401）六月，蒙逊受梁中庸、房晷、田昂等推奉，称大都督、大将军、凉州牧、张掖公。改元永安，设置文武：

> 署从兄伏奴为镇军将军、张掖太守、和平侯，弟挐为建忠将军、都谷侯，田昂为镇南将军、西郡太守，臧莫孩为辅国将军，房晷、梁中庸为左右长史，张骘、谢正礼为左右司马。擢任贤才，文武咸悦。[1]

北凉在张掖正式立国。

第二节　沮渠蒙逊时期的政治

一　审时度势，示外以弱

沮渠蒙逊称凉州牧时，河西分裂的局面已经形成。397年，秃发乌孤称西平王，次年定都乐都，割据湟中；400年，李暠称凉公，割据敦煌。而姑臧仍为吕隆所盘踞。另外，后秦将领姚硕德也已兵临姑臧城下。

蒙逊是将推翻吕氏统治作为政治目标的。在推翻段业后，他不改初衷，继续出兵打击吕隆势力。这时，李暠正在"招怀东夏"，他感到来自西部的压力越来越大，也感到吕隆必将降于后秦，怕姚硕德再率军西进使自己陷于东西临敌的境

---

1 《晋书》卷129《沮渠蒙逊载记》，第3192页。

地。为了应付这种复杂的形势，他用稳妥的外交对付四邻。

首先是结好后秦。称凉州牧后，蒙逊立即派出从事中郎李典到长安去拜见后秦主姚兴，奉表入贡以通和好。吕隆归降姚硕德后，特别是酒泉与凉宁二郡叛归西凉后[1]，他又派弟沮渠挐和牧府长史张潜去姑臧，向姚硕德表示自己愿意率领部众随姚硕德东迁秦雍。这样做，是想阻止近在咫尺的秦军攻张掖。所谓"率郡人东迁"[2]虽是一句虚语，但却叫姚硕德信以为真，连张潜等也未辨其诈。张潜返回张掖后，极力劝说蒙逊兑现诺言，而沮渠挐私下对蒙逊说：

> 姑臧未拔，吕氏犹存，硕德粮尽将还，不能久也，何为自弃土宇，受制于人乎！[3]

在这场政治游戏中，张潜因倾向后秦而被蒙逊处死。

其次是纳质南凉。南凉是反吕光的，在400年秃发利鹿孤称河西王后，南凉国力正盛，又假威于后秦，蒙逊对此不能视而不见。在反吕的共同目标之下，为了减少与南凉的摩擦，他主动与利鹿孤修好，遣子奚念为质。但利鹿孤知道北凉受制于西凉和后秦的处境，向蒙逊讨价还价，提出奚念年龄太小，要以沮渠挐为人质。为此，蒙逊在401年冬天上疏利鹿孤说：

1　《魏书》卷106下《地形志下》："凉宁郡，领县二：园池、贡泽。"第2625页。

2　《晋书》卷129《沮渠蒙逊载记》，第3192页。

3　《资治通鉴》卷112晋安帝隆安五年七月条，第3529页。

臣前遣奚念具披诚款，而圣旨未昭，复征弟挐。臣窃以为，苟有诚信，则子不为轻；若其不信，则弟不为重。今寇难未夷，不获奉诏，愿陛下亮之。[1]

利鹿孤见蒙逊不屈服，便采取威慑之法，派俱延和文支率一万骑兵袭北凉，并在万岁临松俘获蒙逊从弟鄯善苟子[2]，虏其民六千余户。蒙逊不想扩大事态，派从叔孔遮朝见利鹿孤，答应送沮渠挐为人质。对方也答应归还掳掠的人口，并召还俱延和文支。北凉和南凉暂时结成联盟。402年，两国联合"共攻凉州"[3]，但却被吕隆击败。

蒙逊的上述外交策略似乎带有妥协性和软弱性，但它是在面对西凉政治上的瓦解为减少矛盾而采取的。通过这一策略，北凉至少获得了三年（401~404）的安宁时间，这对北凉政权的巩固和发展是有利的。

二　安定民生，注重经济

与五凉时期其他割据者相比，沮渠蒙逊有一个显著特点，就是他对民生和经济比较重视。他的权变性特殊外交策略，也在为安定民生和恢复经济创造条件。这一点，在他401年下达的制书中阐述得很明白。制书说：

1　《资治通鉴》卷112晋安帝隆安五年七月条，第3529页。

2　《资治通鉴》卷112晋安帝隆安五年七月条，第3529页。胡注云："《晋书·地理志》，酒泉郡有延寿县，当是后改为万岁。张天锡置临松郡。"（第3529页）

3　汤球：《十六国春秋辑补》卷95《北凉录》，第657页。

孤以虚薄，猥忝时运。未能弘阐大猷，戡荡群孽，使桃虫鼓翼东京，封豕荐涉西裔，戎车屡动，干戈未戢，农失三时之业，百姓户不粒食。可蠲省百徭，专功南亩，明设科条，务尽地利。[1]

意思是说起兵以来，东有吕隆，西有李暠，战事不断，兵役与徭役无休，干扰了百姓生活，影响了农业生产。现在要休众息役，专力于恢复和发展农业。劝课农桑是制书的要义。为此。他规定要"明设科条，务尽地利"，即要求郡县长吏制定必要的条例和规定，保证农业生产的最大效益。

蒙逊知道民生状况是决定经济能否发展的关键，而民生好坏又与政治相关。因此，他经常将天灾和人祸相联系，反省和检讨政治，倡导实行惠政。如玄始二年（413），其母车氏病重，他登张掖南景门散钱给百姓为母祈福，并下书说：

太后不豫，涉岁弥增。将刑狱枉滥，众有怨乎？赋役繁重，时不堪乎？群望不絜，神所谴乎？内省诸身，未知罪之攸在。可大赦殊死已下。[2]

又玄始六年（417），时雨不至：

下书曰："顷自春炎旱，害及时苗。碧原青野，倏为

1 《晋书》卷129《沮渠蒙逊载记》，第3193页。
2 《晋书》卷129《沮渠蒙逊载记》，第3196页。

枯壤。将刑政失中，下有冤狱乎？役繁赋重，上天所谴乎？内省多缺，孤之罪也。"[1]

三 搜求谠言，招礼英贤

蒙逊是个明哲的封建统治者，他懂得以人为镜可以明得失的政治道理。将搜求谠言与广开贤路作为改良政治的措施。403年，他下达教令说：

> 养老乞言，晋文纳舆人之诵，所以能招礼英奇，致时邕之美。况孤寡德，智不经远，而可不思闻谠言以自镜哉！内外群僚，其各搜扬贤隽，广进刍尧，以匡孤不逮。[2]

虚怀大度和礼贤下士，是沮渠蒙逊的性格特点，也是北凉振兴的基本原因。蒙逊喜闻批评意见，对持不同政见者能一视同仁。在梁中庸和句呼勒乃至汉平问题的处理上就表现出这点。梁中庸在起兵反吕和推翻段业上，曾建有殊勋。作为蒙逊的主要信从者和拥戴者，他被委以西郡（治今山丹县东）太守重任。但他受李暠招怀，402年西凉军队攻入酒泉，在形势对北凉十分不利的关头投降了西凉，使西郡落入南凉之手。当时，臣僚中有人主张加罪其妻儿老小，蒙逊听后一笑了之。他不仅不加罪其妻，反派人将梁中庸的妻子儿女送往酒泉，让其全家团聚。还有句呼勒，

---

1 《晋书》卷129《沮渠蒙逊载记》，第3197~3198页。
2 《晋书》卷129《沮渠蒙逊载记》，第3193页。

他任张掖太守，在 410 年投降了西凉，后来又从西凉回归，按理当受到罪罚，但蒙逊却不予计较，并"待之如初"[1]。汉平是蒙逊之弟，为湟河太守。415 年乞伏炽磐攻湟河将他俘虏，五年后释放回来，"蒙逊执其手曰：'卿，孤之苏武也！'以为高昌太守"。[2]

蒙逊性情豁达，他不邀取时誉，不专擅功劳。410 年，北房大人思盘率其部落三千人归降北凉，张掖郡永安县内又发现连理木，永安县令张披上书称庆说：

> 异枝同干，遐方有齐化之应；殊本共心，上下有莫二之固。盖至道之嘉祥，大同之美征。[3]

而蒙逊回答说：

> 此皆二千石令长匪躬济时所致，岂吾薄德所能感之！[4]

蒙逊唯贤是举，唯才是用。408 年，他从南凉手中夺回西郡，俘虏太守杨统。杨统被称为南凉的文武之秀杰，蒙逊委任为右长史；蒙逊待他"宠逾内旧"[5]，胜过一般北凉有功旧臣。412 年，蒙逊得姑臧，在谦光殿大宴有功将士，论功

---

1 《晋书》卷 129《沮渠蒙逊载记》，第 3194 页。
2 《晋书》卷 129《沮渠蒙逊载记》，第 3197 页。
3 《晋书》卷 129《沮渠蒙逊载记》，第 3194 页。
4 《晋书》卷 129《沮渠蒙逊载记》，第 3194 页。
5 《晋书》卷 129《沮渠蒙逊载记》，第 3194 页。

行赏，"以敦煌张穆博通经史，才藻清赡，擢拜中书侍郎，委以机密之任"[1]。这先后用人都不拘一格。

四 整肃纪纲，厉行法治

蒙逊重视吏治，严明政教。玄始七年（418），其臣僚上书，提出建立朝纲及整肃吏治的建议。上书中说：

> 设官分职，所以经国济时；恪勤官次，所以缉熙庶政。当官者以匪躬为务，受任者以忘身为效。自皇纲初震，戎马生郊，公私草创，未遑旧式。而朝士多违宪制，不遵典章；或公文御案，在家卧署；或事无可否，望空而过。至令黜陟绝于皇朝，驳议寝于圣世，清浊共流，能否相杂，人无劝竞之心，苟为度日之事。岂忧公忘私，奉上之道也！今皇化日隆，遐迩宁泰。宜肃振纲维，申修旧则。[2]

蒙逊采纳了这个建议，责成征南将军姚艾与尚书左丞房晷等撰定朝堂之制，"行之旬日，百僚振肃"[3]。

就五凉政权而言，有关撰定朝堂之制的记载仅见于北凉。由上文可知其制度的核心内容是对官吏考绩黜陟。所谓"申修旧则"，是说依据传统办法，当沿用则沿用，当修改则修改。其实汉魏晋以来，对什么是传统办法，历代都有

---

1 《晋书》卷129《沮渠蒙逊载记》，第3195页。
2 《晋书》卷129《沮渠蒙逊载记》，第3198页。
3 《晋书》卷129《沮渠蒙逊载记》，第3198页。

讨论，并且莫衷一是。[1]但作为汉魏考绩制度的要义，当如西汉京房和曹魏杜恕所说，是"令百官各试其功"[2]，"明试以功，三考黜陟"[3]。也就是说，考察官吏履行职责的效能和效绩，如是三番以后决定其禄位的升降。从北凉臣僚给蒙逊上书的内容看，所要"申修"的正是这个旧则。所谓"百僚振肃"，是说制度一实行就起到了改进吏治政风的作用。法制是履行行政职能的保证，吏治政风是政治好坏的标志，蒙逊下令撰定朝堂之制，申修官吏考绩和黜陟制度，一方面反映出北凉政治的封建化程度高于其余诸凉政权，另一方面又推动北凉政治进一步发展，使之变得更加昌明，更加有力。

在整肃吏治和厉行法治上，蒙逊是有魄力的。他通晓法不避亲的道理，早在永安四年（404），就严惩了祸国殃民的宗室勋贵沮渠亲信和沮渠孔笃。

　　蒙逊伯父中田护军亲信、临松太守孔笃并骄奢侵害，百姓苦之。蒙逊曰："乱吾国者，二伯父也，何以纲纪百姓乎！"皆令自杀。[4]

五　驱逐南凉，迁都姑臧

蒙逊在经济上和政治上的一系列措施，有力地推进了他在河西的霸业。随着后凉灭亡，他的政治活动转向进取姑臧

1　事见《通典》卷15《选举·考绩》，典八六上至典八六下。
2　《汉书》卷75《京房传》，第3160页。
3　《三国志》卷16《魏书·杜畿传子恕附传》，第500页。
4　《晋书》卷129《沮渠蒙逊载记》，第3193页。

和统一河西。

当时，与他争夺姑臧的是南凉主秃发傉檀。

403年，姑臧被后秦占领。此前南北二凉在军事上对吕隆采取一致行动。这种一致行动促使吕隆将姑臧拱手交给后秦。"隆以二寇之逼也，遣（吕）超率骑二百，多赍珍宝，请迎于姚兴。"[1]

从404年起，秃发傉檀策划从后秦手中讨取姑臧，到405年七月，他终于如愿以偿。这样一来，南凉在争夺姑臧的较量中暂时取胜。就在当年秋天，李暠也将西凉国都迁到酒泉。从而使北凉处于南、西二凉的夹击中。

面对复杂的环境，蒙逊一方面称藩于姚兴，避免后秦干涉诸凉的纷争，另一方面加快整修内政的步伐。他息役休众，力农养士，准备与南凉决战。秃发傉檀也明白，一旦北凉养成气候，势必先争夺姑臧。因此，积极拉拢李暠，试图通过与西凉结盟，增加对北凉的压力。406年，南凉和西凉订立了盟约。蒙逊为粉碎此盟约，在第二年向酒泉发动了一次进攻，在安弥（今酒泉东）击败西凉军，迫使李暠闭城自守，不敢东窥。

408年，即永安八年，北凉经过长达七年的内修政理，国力大大增强。出兵东伐，与南凉争夺姑臧的条件已经成熟。对此，北凉君臣取得了共识。史载：

> 太史令刘梁言于蒙逊曰："辛酉，金也。地动于金，金动刻木。大军东行无前之征。"时张掖城每有光色。

---

1 《晋书》卷122《吕隆载记》，第3071页。

蒙逊曰："王气将成，百战百胜之象也。"[1]

这时，秃发傉檀也谋倾南凉全国之兵，进攻北凉。蒙逊抓住机会，与南凉战于均石（今张掖市东），一举将敌击垮，乘胜夺回西郡（治日勒，即今山丹县东南），俘虏太守杨统，获取军粮四万多石。

409年后，蒙逊每次东伐都有战果。东伐之隙，也作西取，屡创西凉军队。如410年马庙（今酒泉东）之战[2]，大败李歆，俘西凉战将朱元虎，迫使李暠用白银两千斤、黄金两千两将朱赎回，并答应与北凉结盟。此战缓解了北凉的压力，使蒙逊可以集中力量对付南凉。

永安十年（410），蒙逊动员步骑兵共计三万进攻南凉[3]。大军过西郡后，突然遭遇到沙尘暴，"大风从西北来，气有五色，俄而昼昏"[4]。在恶劣的气候条件下，北凉军队仍攻克了显美（今永昌县东），并徙数千户居民而还。傉檀得知北凉军队徙民西撤，率五万军队追至穷泉（今永昌县界）。蒙逊回军与战，"傉檀大败，单马而还"[5]。接着，蒙逊"乘胜

1　汤球：《十六国春秋辑补》卷95《北凉录》，第658页。《晋书》卷129《沮渠蒙逊载记》（第3194页）同。

2　《资治通鉴》卷115晋安帝义熙六年七月条胡注："古者祭马祖，后世因立庙以祭之，故名其地为马庙。"（第3636页）按：此说待考。

3　《资治通鉴》卷115系此次战役于东晋义熙六年，即410年（第3630页）；汤球《十六国春秋辑补》卷91《南凉录》系于南凉嘉平三年，亦即410年（第628页）。但《十六国春秋辑补》卷95《北凉录》则系此次战役于北凉永安十一年，即411年（第659页）。此从《通鉴》及《南凉录》。

4　《晋书》卷129《沮渠蒙逊载记》，第3195页。

5　《资治通鉴》卷115晋安帝义熙六年三月条，第3630页。

至于姑臧"[1]。他将姑臧城牢牢包围，又有"夷夏降者万数千户"[2]。直到傉檀送人质请和，蒙逊才撤兵。南凉经此重创后一蹶不振，姑臧城内城外变乱迭起，傉檀无法在姑臧立足，只得放弃姑臧，撤往乐都。接着，姑臧为焦朗所据。

411年，沮渠蒙逊再次统兵三万，围攻姑臧。焦朗开城投降。姑臧终为北凉所得。

姑臧之得，表明北凉已拥有了河西走廊一半以上的土地。同时，沮渠蒙逊从此不再有东顾之忧，他可以游刃有余地对付西凉，并将统一河西作为他下一步的战略目标。

六　摧毁西凉，廓清走廊

412年，沮渠蒙逊将北凉都城由张掖迁到姑臧。是冬，他即河西王位于谦光殿，改元玄始，"置官僚，如吕光为三河王故事。缮宫殿，起城门诸观"[3]。从此开始了北凉的封建王权时代。

在占领姑臧后，南凉于412年春天曾分兵五路，向北凉反扑，结果再次受挫。蒙逊乘胜进围乐都，逼秃发傉檀以子染干为质。

蒙逊即河西王位后，又在413年连败南凉军队于若厚坞和若凉两地（两地均在今武威南），并两次进围乐都，还收降南凉湟河太守文支和湟川护军成宜侯。在委署文支为广武太守、成宜侯为湟川太守、王建为湟河太守后，北凉的领土又扩展到湟中。

1　《晋书》卷129《沮渠蒙逊载记》，第3195页。

2　《晋书》卷129《沮渠蒙逊载记》，第3195页。

3　《晋书》卷129《沮渠蒙逊载记》，第3195页。

文支投降后，蒙逊下书，表明他必灭南凉及统一河西之志。书称：

> 古先哲王应期拨乱者，莫不经略八表，然后光阐纯风。孤虽智非靖难，职在济时。而狡虏僭檀鸱峙旧京，毒加夷夏。东苑之戮，酷甚长平；边城之祸，害深猃狁。每念苍生之无辜，是以不遑启处，身疲甲胄，体倦风尘。虽倾其巢穴，僭檀犹未授首。僭檀弟文支追项伯归汉之义，据彼重藩，请为臣妾。自西平以南，连城继顺。惟僭檀穷兽，守死乐都。四支既落，命岂久全！五纬之会已应，清一之期无赊。方散马金山，黎元永逸。可露布远近，咸使闻知。[1]

正当蒙逊做好彻底摧毁南凉的部署时，西秦主乞伏炽磐却于414年乘秃发僭檀西征乙弗的机会，袭取了乐都。灭掉南凉后，炽磐又与北凉争湟河郡。415年，蒙逊之弟湟河太守汉平降炽磐，湟中落入西秦之手。

南凉亡国后，沮渠蒙逊开始集中兵力打击西凉，实现其统一走廊和"散马金山，黎元永逸"的恢宏志向。

416年，他与西秦通和，两国在湟中罢兵并各守已有疆界。次年（417）出巡金山（在今山丹县西南），击乌啼、卑和二羌部。[2]又循西海（在今青海湖）向西，至盐池（今酒泉东），再到酒泉南山祀西王母祠。"寺中有玄石神图，

---

1 《晋书》卷129《沮渠蒙逊载记》，第3195~3196页。
2 《资治通鉴》卷118晋安帝义熙十三年二月条胡注："乌啼虏居张掖删丹县金山之西，卑和羌居西海。"（第3700页）

命其中书侍郎张穆赋焉，铭之于寺前，遂如金山而归。"[1] 这一次出动军队共四万五千，是一次向西凉扬威的活动。但截至 418 年以前，北凉与西凉争战，北凉并未全立于不败之地。如 411 年蒙逊攻酒泉，因军粮不继，在撤退时被李歆追杀，主将沮渠百年也被西凉俘去。417 年春天，西凉主李暠病逝，李歆嗣位。蒙逊在蓼泉伏兵三万，让沮渠广宗诈降李歆，谋诱李歆出酒泉后进行打击。李歆识破此计，在鲜支涧又打败蒙逊。经过两次挫折，蒙逊知摧毁西凉尚待时日，于是在建康（今高台县南）筑城置戍，深沟高垒。

李歆即位后，西凉政治败坏。由于李歆好治宫室，不断征发徭役，造成民力凋残，农业不修。当西凉经济上捉襟见肘时，蒙逊在 418 年出动军队，将酒泉城外秋收在望的庄稼全部芟刈。

419 年前后，北凉政通人和，兵精粮足，而西凉却已十分衰弱。但李歆仍刚愎自用，继续对北凉用兵，不断消耗国力。形势已如张显向李歆指出的那样：

> 沮渠蒙逊，胡夷之杰，内修政事，外礼英贤，攻战之际，身均士卒；百姓怀之，乐为之用。臣谓殿下非但不能平殄蒙逊，亦惧蒙逊方为社稷之忧。[2]

420 年，蒙逊按照太史令张衍"今岁临泽城西当有破兵"

---

1 《晋书》卷 129《沮渠蒙逊载记》，第 3197 页。汤球《十六国春秋辑补》卷 96《北凉录》（第 663 页）同。又孙盛《魏氏春秋》谓："青龙三年（235），删丹县金山元川溢涌，宝石负图，立于川西。"
2 《资治通鉴》卷 118 晋恭帝元熙元年四月条，第 3728 页。

的预言[1]，决定对西凉实行最后一击。他部署世子政德屯兵于姑臧东南的若厚坞后，才向张衍等宣布其战略决策：

> 吾今年当有所定，但太岁在申，月又建申，未可西行。且当南巡，要其归会，主而勿客，以顺天心。计在临机，慎勿露也。[2]

也就是要用声东击西的战术，诱西凉军队进入国门，然后一举歼灭。果然，李歆听到蒙逊去取西秦浩亹的消息后，便带兵出酒泉，图谋乘虚攻打张掖。蒙逊在虚张一番声势后，将军队埋伏在川岩（今临泽县境），等李歆带领军队进入都渎涧狭谷时，他挥军出击，逼李歆退到怀城将其击溃。接着，在蓼泉又击杀李歆。

玄始九年（420）七月，北凉军队攻占酒泉。入酒泉后，蒙逊"禁侵掠"[3]，"百姓安堵如故，军无私焉"。同时，对西凉旧臣"皆随才擢叙"[4]。

同年十月，北凉出兵敦煌，李歆之弟敦煌太守李恂坚守城池一直到第二年正月。蒙逊见敦煌久攻不下，"乃筑长堤，以水灌城"[5]。数十日后，李恂部下宋承和张弘等开城出降。

玄始十年（421）四月，蒙逊率领北凉军队攻入敦煌，

1　汤球：《十六国春秋辑补》卷96《北凉录》，第664页。
2　《晋书》卷129《沮渠蒙逊载记》，第3198~3199页。
3　《资治通鉴》卷119宋武帝永初元年七月条，第3737页。
4　《晋书》卷129《沮渠蒙逊载记》，第3199页。
5　汤球：《十六国春秋辑补》卷95《北凉录》，第665页。

"杀（李）恂而屠其城"[1]，"获其弟子宝，囚于姑臧"[2]。423年，李宝与其舅晋昌太守唐契出逃伊吾（今新疆哈密）。

在攻占敦煌后，"鄯善王比龙入朝，西域三十六国皆诣蒙逊称臣贡献"[3]。

至此，沮渠蒙逊终于实现了他摧毁西凉及统一河西走廊的壮志宏图，拥有了东起黄河，西到敦煌的辽阔土地。427年以后，他又在西秦灭亡声中夺得西平和乐都二郡，据有了包括湟水流域在内的整个河西地区。其势力所及，至于天山南北。

七　通使宋魏，期应一统

沮渠蒙逊的政治才能不但造成了北凉的昌盛发达，而且也在北方"分久必合"的大势中得以发挥，从而使这位"胡夷之杰"具有了更高的历史地位。饶有趣味的是，从411年起，北凉政治几乎每十年上一个台阶：411年，蒙逊攻克姑臧，驱逐南凉；421年，蒙逊攻克敦煌，摧毁西凉；430年，北凉归附北魏；439年，北凉并于北魏。实际上，从411年起，北凉政权的政治外交活动已远远超越了河西走廊的范围，成为中国北方重归统一历史活动的一部分。

411年，蒙逊占领姑臧后开始向北魏"频遣使朝贡"[4]。另外，他还与东晋互通使节，在415年东晋益州刺史朱龄石通使姑臧后，他派舍人黄迅报聘益州并向晋安帝上表称臣，表

1　汤球：《十六国春秋辑补》卷95《北凉录》，第665页。
2　汤球：《十六国春秋辑补》卷95《北凉录》，第665页。
3　汤球：《十六国春秋辑补》卷95《北凉录》，第665页。
4　《魏书》卷99《沮渠蒙逊传》，第2204页。

章上说："臣之先人，世荷恩宠，虽历夷崄，执义不回，倾首朝阳，乃心王室。""若六军北轸，克复有期，臣请率河西戎为晋右翼前驱。"[1]

尽管这些通贡和上表活动有时只是一种姿态，但蒙逊承认东方大国的主权地位，这一点是无疑的。作为区域性割据者，谁也不情愿别的政治势力驾驭自己，何况远在边服的蒙逊。如417年，东晋太尉刘裕北伐到关中，俘虏后秦主姚泓，灭掉后秦，蒙逊对此"怒甚"。恰值门下校书郎刘祥向他言事，他申斥刘祥说："汝闻刘裕入关，敢研研然也！"一气之下杀了刘祥。[2]但是，无论为时势所迫，还是为其"善权变"的性格所决定，在统一大势到来时，沮渠蒙逊毕竟能识时务并作出合理的选择。当426年北魏太武帝拓跋焘率魏军进攻关中，灭掉匈奴赫连氏建立的夏政权攻占了长安，而居住在秦、雍一带的氐羌纷纷归附北魏时，沮渠蒙逊也遣使北魏，再次表明"附魏"的态度。

430年是北凉玄始三年，亦即北魏神䴥三年，蒙逊派尚书郎宗舒与左常侍高猛到平城朝贡上表，表文中为"九服纷扰，神旗暂拥，车书未同"而抱憾，并说自己"前后奉表，贡使相望，去者杳然，寂无旋返"，只有侍郎郭祗返回时带来诏书，使"三接之恩始隆，万里之心有赖"，知北魏对自己"诱劝既加，引纳弥笃"，甚得慰藉。郭祗之后，又有商胡带来的北魏公卿书信，"援引历数安危之机，厉以窦融知命之美"。表示要在太武帝"方将振神纲以掩六合，洒玄泽以润八荒"

<hr>

1 《晋书》卷129《沮渠蒙逊载记》，第3197页。
2 《晋书》卷129《沮渠蒙逊载记》，第3198页。又《魏书》卷99《沮渠蒙逊传》"研研"作"妍妍"（第2204页）。

时，"独步知机之首"，作"老臣尽效之会"[1]。知机，是说知道北魏将统一北方；尽效，是说要为统一效力。

义和元年（431）蒙逊送儿子安周赴平城"入侍"。年底，魏太武帝派出的使节李顺到达姑臧，策封蒙逊为假节加侍中、都督凉州西域羌戎诸军事、凉州牧、凉王，并加九锡之礼。李顺带来魏太武帝命崔浩撰写的册书，其中要求蒙逊："盛衰存亡，与魏升降。北尽穷发，南极庸、岷，西被昆岭，东至河曲，王实征之，以夹辅皇室。"[2]

除向北魏称藩纳贡外，在420年宋晋"禅代"后，蒙逊也几次派使者到江南向宋王朝称贡。429年，还向宋文帝求《周易》及子集诸书"，受到宋文帝刘义隆"诏许"，得到典籍共475卷，另外，还从宋司徒王弘处得到王弘亲手抄写的干宝《搜神记》[3]。

蒙逊上述政策后来也被其子沮渠牧犍所继承。[4]永和元年（433），牧犍遣使请命于魏，并与魏缔结婚姻，送妹兴平公主到平城，受拜为魏右昭仪；而牧犍则娶太武帝妹武威公主，并遣宋繇"表谢"，献马五百匹，黄金五百斤。永和五年（437），牧犍再派镇西将军沮渠旁周诣魏入贡，而北魏则派侍中古弼和尚书李顺到姑臧，向牧犍等班赐官服，并要牧犍送世子封坛入侍。牧犍接受了这一要求。同在永和五年，牧犍也遣使入宋，奉表入贡，献方物及图籍154卷，再向宋文帝求取图书数十种。

1　引号内行文均见《魏书》卷99《沮渠蒙逊传》，第2204~2205页。
2　《资治通鉴》卷122宋文帝元嘉八年九月条，第3834页。
3　《宋书》卷98《氐胡传》，第2415页。
4　《晋书》《宋书》"牧犍"均作"茂虔"。此据《魏书》《通鉴》。

蒙逊时期通使魏宋的政治外交活动，固然带有以弱事强，求取自安和延续割据的用意，但从客观效果看，这些外交活动恰与北魏统一河西的战略相吻合，并且也确实起到了减少统一阻力的作用。另外，它符合河西和整个北方士民要求结束分裂和期望消除割据的心理。因此，不能不认为这是北凉政权以及沮渠蒙逊本人对历史发展做出的又一贡献。

综上所述，沮渠蒙逊是个杰出的少数民族政治、军事人物。北凉政治由他而兴，河西统一由他完成。他死于义和三年（433），活到六十六岁，在位三十三年（401~433），这三十三年是北凉政权的辉煌时期。但蒙逊毕竟是封建统治者，史载他晚年"忍于刑戮，闺庭之中，略无风礼"[1]。

第三节 北魏灭凉

沮渠蒙逊死后，沮渠牧犍即位。

牧犍是蒙逊第三子，先为酒泉太守，后任敦煌太守。他"聪颖好学，和雅有度量"[2]。即位后改年号为永和，433 年即永和元年。

牧犍即位，继续向北魏和刘宋称臣纳贡。北魏太武帝拓跋焘派李顺封拜他为都督凉、沙、河三州，西域羌戎诸军事；车骑将军；开府仪同三司；凉州刺史；河西王。拜宋繇为河西王右相。牧犍"上表乞安、平一号，优诏不许"[3]。也就是说，他要求北魏加封为安西将军或平西将军，但未得允

1 《魏书》卷 99《沮渠蒙逊传》，第 2206 页。
2 汤球：《十六国春秋辑补》卷 97《北凉录》，第 669 页。
3 《魏书》卷 99《沮渠蒙逊传附子牧犍传》，第 2206 页。

许。另外，宋文帝刘义隆也下诏封拜牧犍为持节散骑常侍，都督秦、凉、河、沙四州诸军事，征西大将军，领护匈奴中郎将，西夷校尉，凉州刺史，河西王。

但牧犍既没有他父亲沮渠蒙逊那样的文韬武略，也不像他的兄长沮渠正德和沮渠兴国那样长期从戎受艰苦军旅生活的磨炼。[1]他继承的是国家强盛和王权上升的局面，难免因沾染一些封建割据者夜郎自大和骄奢淫逸的习气，而淡忘了居安思危的道理。

永和三年（435）正月，敦煌太守沮渠唐儿给牧犍上书，称有一老者在敦煌东门留下一封书信书信中写道："凉王三十年，若七年。"牧犍问奉常张慎其中有什么寓意，张慎回答说：

> 昔猇将亡，神降于莘。深愿陛下克念修政，以副三十年之庆。若盘于游田，荒于酒色，臣恐七年，将有大变。[2]

牧犍听后，十分不悦。

这说明，牧犍即位后，一反其父的明哲和英武，开始纵情享乐，沉溺酒色。由于荒怠政务，顿时朝议横生。牧犍也不乐意听取谏言，臣僚有意见，百姓有怨言，只能隐晦地说出来。如永和四年（436）发生过一次剧烈的雷震，震过以

---

[1]　沮渠蒙逊原立正德为世子。422年，正德死于与柔然的战争，继而立兴国为世子；429年，兴国在与西秦作战中被俘，蒙逊以谷三十万斛赎兴国，未得西秦同意。
[2]　汤球：《十六国春秋辑补》卷97《北凉录》，第670页。

后人们发现一块石头，上面用红笔写着一首谣谚。谣谚说："河西河西三十年，破带石，乐七年。"[1]带石是姑臧城南一座山的名称。"破带石"是说北凉统治河西三十年时姑臧将有山崩地裂之变，"乐七年"是说快乐的岁月再多也不过七年。

在蒙逊死前，凉魏关系的发展趋势已很明显。时北魏正加紧统一黄河流域的步伐，北凉是被统一的对象。因此，当北魏派到北凉的使者李顺返回平城后，魏太武帝即向他询问北凉政事情况。李顺当时汇报说：

> 蒙逊控制河右，逾三十年，经涉艰难，粗识机变，绥集荒裔，群下畏服。虽不能贻厥孙谋，犹足以终其一世。[2]

又说：

> 蒙逊诸子，臣略见之，皆庸才也。如闻敦煌太守牧犍，器性粗立，继蒙逊者，必此人也。然比之于父，皆云不及。此殆天之以资圣明也。[3]

魏太武帝对李顺说：

> 朕方有事东方，未暇西略。如卿所言，不过数年之

1　汤球：《十六国春秋辑补》卷97《北凉录》，第670页。
2　《资治通鉴》卷122宋文帝元嘉九年十二月条，第3844页。
3　《资治通鉴》卷122宋文帝元嘉九年十二月条，第3844~3845页。

外，不为晚也！[1]

北魏的"有事东方"是指统一黄河中下游的事业。截至431年前，魏军对割据北方的大夏（都长安）、北燕（都和龙，即今辽宁辽阳）发动强大攻势。大夏自407年赫连勃勃在高平川（今宁夏固原清水河）称天王后，先后据有原属后秦的长安以北及陇右安定（治今泾川县北）、上邽（今天水市）一些郡县。416年，东晋刘裕北伐，在灭掉后秦后不久撤兵南返，勃勃又乘势占领长安，称皇帝。此前，他筑统万城（今内蒙古乌审旗南白城子），其城高峻险固，"坚可以砺刀斧"[2]。大夏的军事力量也十分强盛，这从赫连勃勃对后秦及对南凉的战争可见一斑。北魏从426年起开始对大夏用兵。时赫连勃勃刚死，其子赫连昌即位，局势尚不稳定。北魏的战略意图是通过消灭夏政权，为统一关陇及河西开辟道路，故攻势进展得很快。426年，奚斤所率五万大军占领关中，并攻克长安，赫连昌逃往上邽。427年，魏太武帝拓跋焘亲率十万大军攻拔统万城，摧毁了赫连氏的军事根据地。428年，魏军攻克上邽，俘虏了赫连昌。赫连昌之弟赫连定逃奔平凉（今平凉市西北），于431年攻灭西秦。赫连定后图谋西渡黄河消灭北凉并代牧犍割据河西，当大军半渡时，突然遭到吐谷浑军队进攻，赫连定兵败被俘，夏国至此灭亡。当此之时，北魏也正在进攻北燕，迫使北燕主冯弘于436年放弃和龙城逃往高丽。

1 《资治通鉴》卷122宋文帝元嘉九年十二月条，第3845页。
2 《魏书》卷95《铁弗刘虎附赫连昌传》，第2059页。

可见，到436年前后，北魏在东方的战事已落下帷幕，该向河西用兵了。但北凉主沮渠牧犍对此全不在意，仍在北魏和刘宋之间徘徊，同时终日盘于游田，荒于酒色。

439年初，魏太武帝派尚书贺多罗出使姑臧，"且观虚实"[1]。贺多罗返回平城后，汇报北凉情况说："牧犍虽称藩致贡，而内多乖悖。"[2]于是，太武帝决定亲征北凉。出兵之时，先令公卿作檄对牧犍进行笔伐，历数牧犍十二条"罪状"，说牧犍：

> 外从正朔，内不舍僭，罪一也。民籍地图，不登公府，任土作贡，不入司农，罪二也。既荷王爵，又受伪官，取两端之荣，邀不二之宠，罪三也。知朝廷志在怀远，固违圣略，切税商胡，以断行旅，罪四也。扬言西戎，高自骄大，罪五也。坐自封殖，不欲入朝，罪六也。北托叛虏，南引仇池，凭援谷军，提挈为奸，罪七也。承敕过限，辄假征、镇，罪八也。欣敌之全，幸我之败，侮慢王人，供不以礼，罪九也。既婚帝室，宠逾功旧，方恣欲情，蒸淫其嫂，罪十也。既违伉俪之体，不笃婚姻之义，公行酖毒，规害公主，罪十一也。备防王人，候守关要，有如寇仇，罪十二也。为臣如是，其可恕乎！[3]

北魏公卿所数牧犍十二罪中，有的是事实。如"外从正

---

1 《魏书》卷99《沮渠蒙逊传附子牧犍传》，第2207页。
2 《魏书》卷99《沮渠蒙逊传附子牧犍传》，第2207页。
3 《魏书》卷99《沮渠蒙逊传附子牧犍传》，第2207页。

朔，内不舍僭"，据新疆社会科学院侯灿对酒泉文殊山经塔残石刻铭和吐鲁番出土古文书的考证，北凉有"缘禾"年号。"缘禾"年号与北魏的"延和"年号同音。牧犍既使用"缘禾"年号，又在上冠以"凉故大沮渠缘禾"。另外，魏太武帝的延和年号只用了三年（432~434），当改元太延后，沮渠牧犍违而不改，至有"缘禾五年、六年"之谓。[1] 当然，牧犍"内不舍僭"的主要问题，可能还在于他对外使用"缘禾"年号，对内使用"义和"年号。另外如罪状第三条："既荷王爵，又受伪官"，当时北魏视刘宋为僭伪，而牧犍对刘宋也称藩致贡，并接受宋文帝刘义隆的册封。以此为由斥责他政治上首鼠两端也有根据。罪状第十条、第十一条申斥牧犍在对待与北魏婚姻上的无礼和失于检点也符合实情。蒙逊晚年"闺庭之中，略无风礼"。而牧犍则私通其嫂李氏，史载：

> 河西王牧犍通于其嫂李氏，兄弟三人传嬖之。李氏与牧犍之姊共毒魏公主。魏主遣解毒医乘传救之，得愈。魏主征李氏，牧犍不遣，厚资给，使居酒泉。[2]

还有第五、第六、第九及第十二条，牧犍都难辞其咎。因为原先北魏每通使西域，都诏令牧犍派兵护送和引导越渡流沙，但当439年使者从西域返回姑臧时，牧犍冷淡不说，还宣扬柔然对北魏作战的胜利。另外，对柔然可汗唆使西域

1　参见侯灿《北凉缘禾年号考》，《新疆社会科学》1981年第1期。
2　《资治通鉴》卷123宋文帝元嘉十六年三月条，第3870页。

诸国不供魏使的事也听之任之，甚至与柔然联络，共谋抗击魏师。

当然，北魏所数牧犍十二罪中，有些也是牵强附会。如所谓"民籍地图，不登公府，任土作贡，不入司农"以及"切税商胡，以断行旅"等，无非是为师出有名寻找口实。出兵的真正原因是此时大夏与北燕都已被消灭，只剩下北凉不遵"王化"。亦如太武帝对与李顺说的那样，"卿往年言取凉州之策，朕以东方有事，未遑也。今和龙已平，吾欲即以此年西征"[1]。本来，应在437年用兵河西，所以推后两年，是李顺用"国家戎事屡动，士马疲劳"劝阻太武帝。李顺这样说，是因他常常出使河西，接受过牧犍的贿赂。从432年开始，李顺来往于姑臧与平城之间，"凡十二返"。接受了北凉不少财宝，常为牧犍父子美言，又隐晦其"骄慢之语"，还买通奚斤与古弼等一般元老重臣制造有关河西的假情报。奚斤对太武帝说：

> 牧犍，西垂下国，虽心不纯臣，然继父位以来，职贡不乏。朝廷待以藩臣，妻以公主；今其罪恶未彰，宜加恕宥。国家新征蠕蠕，士马疲弊，未可大举。且闻其土地卤瘠，难得水草。大军既至，彼必婴城固守。攻之不拔，野无所掠，此危道也。[2]

古弼也附和说：

---

1 《资治通鉴》卷123宋文帝元嘉十四年十一月条，第3866~3867页。
2 《资治通鉴》卷123宋文帝元嘉十六年三月条，第3871页。

自温围水（即媪围水，指甘肃靖远至景泰之间黄河
河段）以西至姑臧，地皆枯石，绝无水草。彼人言，姑
臧城南天梯山上，冬有积雪，深至丈余。春夏消释，下
流成川，居民引以灌溉。彼闻军至，决此渠口，水必乏
绝。环城百里之内，地不生草，人马饥渴，难以久留。
（奚）斤等之议是也！[1]

只有崔浩支持太武帝出兵，并指出李顺等河西水草之语
的虚谬。

其实北魏用兵河西，是北方政治形势发展的必然结果，
也是魏凉之间政治关系发展的必然趋势。李顺等人故作危
言，还有崔浩对李顺的反驳，乃至所谓十二条罪状，都是一
种舆论。北魏对北凉采取军事行动，是要用军事占领来对业
已形成的凉魏关系进行肯定。所以，北魏虽动员了庞大的军
队，但使用的主要还是招怀河西百姓和分化北凉的方略。其
中，源贺起了很大作用。源贺，本名秃发贺，是南凉国君秃
发傉檀之子。乐都被西秦军队攻占后，他逃跑出来，投奔了
北魏。"世祖（太武帝）谓贺曰：'卿与朕源同，因事分姓，
今可为源氏。'"[2] 源贺给太武帝上"取凉方略"，建议太武帝
先招怀河西鲜卑旧部，瓦解北凉外援。他说：

姑臧城外有四部鲜卑，各为之援。然皆是臣祖父旧
民。臣愿军前宣国威信，示其福祸，必相率归降。外援

1 《资治通鉴》卷123宋文帝元嘉十六年三月条，第3871~3872页。
2 《魏书》卷41《源贺传》，第919页。

既服，然后攻其孤城，拔之如反掌耳！[1]

另外，北魏公卿奉太武帝之命而作檄书，其意也在对沮渠牧犍晓以大义。檄书给北凉君臣指出"三策"，归根结底是为实现对河西的"义取"或说"和平统一"创造条件。这"三策"是：

> 若亲帅群臣委贽远迎，谒拜马首，上策也。六军既临，面缚舆榇，其次也。若守迷穷城，不时悛悟，身死族灭，为世大戮！宜思厥中，自求多福！[2]

北魏灭凉也没费许多周折，其简单经过如下。

439 年夏，魏太武帝先部署太子拓跋晃监理国政，使长乐王拓跋稽敬和建宁王拓跋崇率兵二万屯驻漠南以防备柔然，继而自己亲率大军自云中（今内蒙古托克托县）渡黄河。及秋，至上郡属国城[3]，即今陕西榆林，然后分兵两路，以平西将军源贺为向导，向西挺进。永昌王拓跋健所率前锋部队一进入河西，即"获河西畜产二十余万"[4]。沮渠牧犍根本没料到北魏真会对他用兵，得知魏师到姑臧时吃惊地问部下："何为乃尔？"但又企图负隅顽抗，采用左丞姚定国之

1 《魏书》卷 41《源贺传》，第 919 页。
2 《资治通鉴》卷 123 宋文帝元嘉十六年五月条，第 3873 页。又《魏书》卷 99《沮渠蒙逊传附子牧犍传》（第 2207 页）同。
3 《资治通鉴》卷 123 宋文帝元嘉十六年七月条胡注："汉置属国于边郡以处降胡，此属国城，汉旧城也。班书《地理志》：上郡龟兹县，属国都尉治。"（第 3873 页）
4 《资治通鉴》卷 123 宋文帝元嘉十六年八月条，第 3873 页。

计，不出城迎接魏军，还派人向柔然求救。又部署其弟沮渠董来带兵万余拒战于姑臧城南。时源贺已先行"率精骑历（鲜卑）诸部招慰，下三万余落"[1]，从而瓦解了北凉外援。拓跋健专力攻城，沮渠董来所率凉军望风披靡。当北魏常山王拓跋赤坚兵临城下招谕牧犍出降时，牧犍还想等待柔然援兵，结果一直等到九月仍不见柔然动静，而其兄子万年又率其部降魏。在此情势下，牧犍难以坚持，只得率其文武五千人面缚请降。可见，对牧犍降魏起主要作用的仍是北魏的分化政策。故史载："茂虔（牧犍）兄子万年为虏内应，茂虔见执。"[2] 其实，鲜卑的附魏和万年的"内应"，都是和平统一的大势所趋。

牧犍降魏标志着北凉灭亡。牧犍在位共七年（433~439），恰应"乐七年"之谶。

魏军攻占姑臧后，收城内户口二十余万，获北凉府库所藏珍宝不可胜计。魏太武帝又使张掖王秃发保周与源贺慰喻凉州杂胡，得降附者十余万落。这样，北魏基本上以和平方式统一了河西。

自沮渠蒙逊立国至牧犍降于北魏，北凉共历二主，前后凡三十九年（401~439）。

北凉亡国，也标志着自前秦政权崩溃后历时半世纪之久的北方分裂局面正式结束。从此，北魏成为黄河流域的唯一政权。

1 《魏书》卷41《源贺传》，第919页。
2 《宋书》卷98《氐胡传》，第2416页。

第四节　北凉绪余

北凉亡国后，柔然敕勒可汗发兵攻怀朔镇，并深入到善无（今山西右玉县南），但被魏军击退。

439年冬，太武帝徙沮渠牧犍宗族及吏民三万户于平城。牧犍被东徙后，起初尚受到魏太武帝的厚遇：

> 犹以妹婿待之。其母死，以王太妃礼葬焉。又为蒙逊置守墓三十家，改受牧犍征西大将军，王如故。[1]

但到447年牧犍就被太武帝赐死。北魏加给牧犍的罪名有二：一是盗取凉州府库珍宝，二是"隐窃杀人"并图谋造反。

> 初，官军未入（姑臧）之间，牧犍使人斫开府库，取金银珠玉及珍奇器物，不更封闭。小民因之入盗，巨细荡尽。……又告牧犍父子多畜毒药，前后隐窃杀人乃有百数。[2]
>
> 是年（447），人又告牧犍犹与故臣民交通谋反，诏司徒崔浩就公主第赐牧犍死。[3]

1　《魏书》卷99《沮渠蒙逊传附子牧犍传》，第2208页。
2　《魏书》卷99《沮渠蒙逊传附子牧犍传》，第2208页。
3　《魏书》卷99《沮渠蒙逊传附子牧犍传》，第2209页。

与牧犍一同被处死的还有魏太武帝右昭仪沮渠氏及宗族成员，唯沮渠万年因先行降魏而获免。451年，万年任冀定二州刺史时也以谋叛罪被处死。

在加给沮渠宗族的罪名中，"谋反"是要害。因北凉虽亡，但其残余势力犹存，并一直在西域活动。所谓牧犍与"故臣民交通谋反"之说，反映出北魏政府对牧犍家族的不放心。

北凉亡国前，牧犍曾委派其弟无讳为河州刺史、都督建康以西诸军事、领酒泉太守，委派另一个弟弟宜得为秦州刺史、都督丹岭（在今山丹县境内）以西诸军事、领张掖太守，而以弟安周为乐都太守。北魏军队占领姑臧后，魏太武帝分派镇南将军奚眷攻张掖，镇北将军封沓攻乐都。宜得在张掖不能守，便焚烧仓库后西奔酒泉，投靠无讳；而安周则南奔吐谷浑（今青海境内）。继而奚眷进攻酒泉，无讳和宜得携带家口逃到晋昌，再由晋昌逃到敦煌，投奔其从弟敦煌太守沮渠唐儿。

在无讳与宜得分别逃离酒泉和张掖后，北魏在这里置将镇守，而永昌王拓跋健则坐镇姑臧。

无讳和宜得到敦煌后，重整旗鼓，返军复攻酒泉，并重新加以占领，还俘虏了北魏酒泉太守弋阳公元洁。无讳接着攻张掖，因未能克城，撤至临松。他在临松聚合族人四万余户，图谋保据酒泉。

魏太武帝对无讳势力采取了不加征讨而待其自毙的方略。

无讳占据酒泉不久，就因粮食短缺而陷入极度饥饿之中。在迫不得已之下，只能主动向镇守姑臧的拓跋健投降，并答应献酒泉城和送还在俘的魏弋阳公元洁及其部下。

　　无讳降魏后，受北魏委署为征西大将军、凉州牧，封酒泉王。但太武帝对他终究不放心，怕他一旦保存实力，日后东山再起形成边患，故在441年春派奚眷进兵酒泉。奚眷的威慑使沮渠唐儿背叛了无讳。无讳见酒泉已难保，于是留从弟天周留守，自己与宜得引兵击唐儿。四月，"唐儿败死"。年底，酒泉城中食尽，万余口皆饿死。沮渠天周杀妻以饷战士。未几，奚眷攻克酒泉，俘获天周，移送平城后处死。无讳一来因缺乏粮食，二来因受到魏军逼迫，于是决定西渡流沙入西域。他派遣从吐谷浑返回的弟弟安周率兵先行，进攻鄯善，自己暂守敦煌。当安周到鄯善时，北魏使者也接踵而至，并传达太武帝旨意，晓谕行将投降安周的鄯善王比龙坚守城池。安周围攻鄯善都城抒泥前后几十天，因不能破城，于是保守抒泥东城。442年初，无讳放弃敦煌带领族属万余家，开始向鄯善进发。鄯善王闻知无讳大军将临，带领城民四千余家西奔且末。无讳留安周驻鄯善，自己带领部众再向高昌（今新疆吐鲁番）。

　　无讳放弃敦煌后，李暠的孙子李宝带领部下二千人重返敦煌，"修缮城府，规复先业"[1]。并遣弟李怀达奉表平城，归附了北魏。

　　在无讳前往高昌时，高昌已被阚爽占据。[2]另外，在432年与外甥李宝一同奔伊吾臣服于柔然的唐契，此时也因受到柔然的逼迫，带领部众向西，图谋从阚爽手中夺取高昌。阚爽为了对付唐契，派使者诈降于无讳。但唐契自己则未来得

1 《魏书》卷39《李宝传》，第885页。
2 《资治通鉴》卷124宋文帝元嘉十九年四月条："沮渠牧犍之亡也，凉州人阚爽据高昌，自称太守。"第3896页。

及进攻高昌，便被柔然军队击杀。

442 年秋，无讳到达高昌，阚爽听说唐契已死，便拒绝无讳入城。无讳发兵攻打，攻破城池，逼阚爽逃往柔然。

无讳占领高昌后，派其常侍氾俊奉表前往建康称藩致贡。宋文帝刘义隆特为下诏说：

> 往年狡虏纵逸，侵害凉土。西河王茂虔（牧犍）遂至不守，沦陷寇逆，累世著诚，以为矜悼。次弟无讳克绍遗业，保据方隅。外结邻国，内辑民庶，系心阙庭，践修贡职。宜加朝命，以褒笃勋。可持节、散骑常侍、都督凉河沙三州诸军事、征西大将军、领护匈奴中郎将、西夷校尉、凉州刺史、河西王。[1]

444 年，沮渠无讳死于高昌。

无讳死后，安周继位。安周为牧犍第七弟，原任北凉乐都太守，封屋兰县（今山丹县西北）。继兄自立后，也遣使朝宋。宋文帝下诏奖掖他"才略沈到，世笃忠款，统承遗业，民众归怀"[2]，并册封他继为河西王。

安周继立后，适逢西域大饥荒，人相食，饿死者无数。"周敕以三百斛麦以施饥者，别发仓廪以赈贫民"[3]，有惠于西域百姓。

450 年，安周进攻车师前部。此前，车师前部大帅车伊

---

1 《宋书》卷 98《氐胡传》，第 2417 页。又汤球《十六国春秋辑补》卷 97《北凉录》（第 672~673 页）同。
2 《宋书》卷 98《氐胡传》，第 2417~2418 页。
3 《高僧传》卷 12《释法进传》，中华书局，1992，第 447 页。

洛已附北魏，被北魏册封为平西将军、前部王。沮渠无讳在世时，屡与车伊洛作战。无讳死后，安周夺无讳子乾寿所领部队，引起乾寿不满，在车伊洛游说下，乾寿率部下五百余户投降了北魏。安周以此积怨车伊洛，故乘车伊洛西击焉耆时引柔然兵袭取了车师前部所在的交河城（今新疆吐鲁番西）。

459 年，即宋孝武帝大明三年，沮渠安周再次遣使向刘宋王朝"奉献方物"[1]。第二年，即 460 年，被柔然袭杀。

> 柔然攻高昌，杀沮渠安周，灭沮渠氏，以阚伯周为高昌王。高昌称王自此始。[2]

自 439 年至 460 年，沮渠无讳和沮渠安周盘踞西域及高昌达二十年之久。他们的活动是北凉政治在河西以外的延续。

1　《宋书》卷 98《氐胡传》，第 2418 页。
2　《资治通鉴》卷 129 宋孝武帝大明四年十一月条，第 4053 页。

民族篇

【卷七】

第一节　十六国时期河西主要民族的地位与作用

古代河西是民族杂居之地，羌、匈奴、汉族是其中主要民族。汉魏以降，北方各民族奋起参与政治，介入北方社会事务。适应这一形势，这三个民族也积极探索本民族的命运之路。这种探索活动，也就是他们历史作用的主要方面。

一　羌

首先是羌族。汉代人讲"河西斗绝，在羌胡中"[1]，又讲"河关之西南，羌地是也"[2]，说明它是河西最主要的民族。魏晋以后，河西羌的命运不佳。当关陇羌赫然建立后秦时，它只能在河西割据政权的夹缝中以"分散为附落"的状态生活。五凉之列，无其名字，正史也无它的载记。可是，这种弱小的民族地位也有好处，那就是迫使它更积极地参与生存竞争。竞争的方式则是与其他非羌的部族相依为命。因为它种落多，人口众，又较其他部族进步，故这种相依为命实际表现为它对其他部族的聚合与融合。其历史作用也由此表

---

1 《后汉书》卷23《窦融传》，第797页。

2 《后汉书》卷87《西羌传》，第2869页。

现出来。河西羌只聚合弱小，似是传统性的民族行为。西汉前期，受匈奴欺凌的月氏在西迁之余，曾通过羌得到生存依托。部族中的"赢弱者""南入山阻，依诸羌居止，遂与共婚姻"[1]，形成独立而又与羌同俗的小月氏。东汉后期，匈奴衰落西迁，原是匈奴奴婢的"赀虏"总共数万落之众"亡匿"于自金城至张掖的河西地带。对此，羌族也给予了包容，与之和睦相处。史书中说"赀虏"之间"颇有羌杂处"[2]实即指此。

十六国之际，靠河西羌而壮大起来的部族首先是鲜卑秃发部。它作为河西的新部族，能在"东至麦田、牵屯，西至湿罗，南至浇河，北接大漠"[3]的河西地域中居留，而且有的地区是羌部密集地区，只能是羌族接纳的结果。后来秃发树机能率部反晋，河西羌不是其盟友，而是直接参与者，以致西晋政府在讨论对策时羌、鲜卑不分，称"羌虏树机能等叛"[4]，认为起于地方长吏"失羌戎之和"。[5]"羌虏""羌戎"之谓表明秃发部是受羌聚合，加入羌族共同体的部族。树机能失败后，秃发部退居河湟，托庇于河曲羌部。而羌部还在战斗，"时南虏成奚每为边患"[6]即指此。数十年后，秃发乌孤重整旗鼓，在与后凉争夺乐都、湟河、浇河三郡时，"岭南羌胡数万落皆附之"[7]，说明了羌族对弱小部族聚合作用的

---

1 《后汉书》卷 87《西羌传》，第 2899 页。

2 《三国志》卷 30《魏书·西戎传》注引《魏略》，第 859 页。

3 《晋书》卷 126《秃发乌孤载记》，第 3141 页。

4 《晋书》卷 38《扶风王骏传》，第 1125 页。

5 《晋书》卷 57《马隆传》，第 1554 页。

6 《晋书》卷 57《马隆传》，第 1556 页。

7 《晋书》卷 126《秃发乌孤载记》，第 3142 页。

始终如一。

因河西羌有聚合弱小的作用，故河西一直让汉晋统治者忧虑。于是，在汉族统治者那里又有了传统的抑羌政策。自东汉政府始置护羌校尉，西晋复置，到张轨、李暠领其职，是这一政策的说明。汉族统治者的"羌患"心理，反证出羌的民族聚合作用。

与汉族统治者相对，河西的弱小部族，即使其中上升到统治部族地位的，他们不与羌族为敌或不敢与羌族为敌。氐族本位严重的吕光，曾在建制之初自领护羌校尉，但一月之后便改称护匈奴中郎将。其余秃发南凉、沮渠北凉均无"护羌"之设。

可见，羌族及其他河西弱小部族能够形成聚合，是汉族统治者的种族偏见及民族压迫政策造成他们共同命运之故。

河西羌也扶助邻近地域的危难部族。这是更大范围上的民族聚合行为。后秦攻破西秦，陇西鲜卑乞伏部面临"人众已散，势不得安"的绝境[1]。乞伏乾归拟"西保允吾"，做这样的选择当充分考虑了地理和民族条件。到允吾，可依河为阻；到允吾，也可依托羌部，因为允吾是汉世以来守塞诸羌的聚居地。果然，渡河以后羌部即有反应，"南羌梁弋遣使招之"[2]。

河西羌对东部鲜卑也有关照。

> 初，南燕主备德仕（前）秦为张掖太守，其兄纳与

1 《晋书》卷 125《乞伏乾归载记》，第 3120 页。
2 《晋书》卷 125《乞伏乾归载记》，第 3120 页。

母公孙氏居于张掖。……备德与燕王垂举兵于山东，张掖太守符昌收纳及备德诸子，皆诛之。公孙氏以老获免，纳妻段氏方娠，未决。狱掾呼延平，备德之故吏也，窃以公孙氏及段氏逃于羌中，段氏生子超。[1]

备德即慕容德，超即慕容超。慕容超生于羌中，在羌中长到十余岁，后随后凉亡臣被后秦迁到长安，又从长安逃到广固，被慕容德立为继嗣，后为后燕国主。应当说他是一个有"羌化"色彩的东部鲜卑贵族。

十六国时期，河西民族融合的特点是诸多部族的"羌化"现象。"羌化"便是有了羌的特征。"杂胡"之一的卢水胡即一例。这一部曾居湟水流域[2]，早有与羌杂处的历史。积渐成习，后竟出胡入羌，变得亦此亦彼，非此非彼了。故史书载沮渠蒙逊的出生本末，称他是以匈奴沮渠的官位为氏，并说"羌之酋豪曰大"，故姓名前加上"大"字，称"大沮渠蒙逊"[3]。

吐蕃源于羌族，这为史界公认。但羌是如何变成吐蕃的呢？这必须找到羌、蕃之间在民族发展上的联系。史载：

后魏神瑞元年，傉檀为西秦乞佛炽盘所灭，樊尼招集余众，以投沮渠蒙逊，蒙逊以为临松太守。及蒙逊

---

1 《资治通鉴》卷114晋安帝义熙元年四月条，第3583页。

2 郦道元著，陈桥驿校证：《水经注校证》卷2《河水》："湟水又东，卢溪水注之。水出西南卢川，东北流，注于湟水。"李贤注以为卢溪即卢水。据此可知卢水胡曾居湟水流域。（中华书局，2007，第48页）

3 《宋书》卷98《氐胡传》，第2412页。

灭，樊尼……于羌中建国，开地千里……遂改为窋勃野，以秃发为国号，语讹谓之吐蕃。[1]

这段史料因史家行文用了"或曰"的口气，遂成聚讼。其实，秃发部早有"入羌"的历史，樊尼在南凉亡后确也依照傉檀分拨投了北凉。北凉灭亡后，投降北凉而留居姑臧的秃发贵族如保周、破羌等，均被北魏东徙，名单中独无作为傉檀"长兄之子"、承担"宗部所寄"重任的樊尼[2]，那么樊尼的下落呢？他带着"户垂二万"的"余众""渡黄河、逾积石"是最有可能的。假如他果真成为临松太守，则可能性更大。关于这点，拙文《河西鲜卑事迹钩沉（下）》[3]已有专论，此不赘述。

二 匈奴

匈奴是河西另一古老民族。秦汉之际它曾是走廊的主人。汉武帝时期，它被逐出走廊；东汉以后，则彻底衰落。但衰落并不等于沉寂。因为有为数众多的余部仍在河西遗留，并有活动。大者如"赀虏"中之大胡、卢水胡、屠各胡等。其中，卢水胡最活跃，并曾在黄初二年举兵反魏，声势之猖使"河西大扰"[4]。

西晋至十六国初期，河西匈奴也屡有起兵之事，但总的

---

1 《旧唐书》卷196《吐蕃传上》，中华书局，1975，第5219页。《新唐书》卷216《吐蕃传上》（第6071页）略同。
2 《晋书》卷126《秃发傉檀载记》，第3156页。
3 载《西北师大学报》1992年第3期。
4 《三国志》卷15《魏书·张既传》，第474页。

表现仍不如中原匈奴。在中原匈奴屠各部打击西晋统治，拉开割据序幕时，河西匈奴仍被"羌胡"并称，沦为弱小民族。然而，十六国历史帷幕的降落，却有它的功劳。因为它建立的北凉政权统一了河西，并且又被北魏所统一。它的历史作用，也正是在促进统一的活动中得以实现的。

先是统一河西。

前秦崩溃之后的后凉因其腐败的政治导致了各民族的反抗。随着后凉的瓦解，参加反抗的匈奴、鲜卑及汉族群雄建邦命氏，瓜分了河西。所谓：

> 及吕隆降于姚兴，其地三分，武昭王为西凉，建号于敦煌。秃发乌孤为南凉，建号于乐都。沮渠蒙逊为北凉，建号于张掖。而分据河西五郡。[1]

以卢水胡为代表的河西匈奴诸部，以弱小而进入五凉之列，这是它发扬民族进取精神的结果。它的首领沮渠蒙逊借吕光滥杀无辜的本部贵族罗仇、麹粥并因此激起愤懑之事，集合"宗姻诸部会葬者万余人"[2]，又联络赀虏与"诸夷"，以段业号召汉族，举起各民族联合反抗后凉压迫的起义大旗。因蒙逊活动的正义性，蒙逊也受到史家赞评。

北凉建立后，河西匈奴卢水部成为统治民族，鉴于诸凉割据政权及由此引起的战乱和纷扰，蒙逊回顾先祖"翼奖窦融，保宁河右"的业绩，表示要"上继先祖安时之志"[3]，消

---

1 《晋书》卷14《地理志上》，第434~435页。
2 《晋书》卷129《沮渠蒙逊载记》，第3189页。
3 《晋书》卷129《沮渠蒙逊载记》，第3189页。

弭分裂和战乱，实现"清一之期无赊"而"散马金山，黎元永逸"。[1] 这就使他的民族担负起更高的历史使命。完成此使命，既符合本民族利益，也符合河西"黎元"的普遍愿望。

当蒙逊展开统一河西的战事时，南凉与西凉均处于矛盾重重、内外交困的状态，政治上极端虚弱，军事上不堪一击，民心皆已丧尽。适如西凉尹太后告诫其子李歆所说：

> 蒙逊骁武善用兵，汝非其敌。吾观其数年以来，有并兼之志……彼若淫暴，人将归汝……[2]
>
> ……若其休明，汝将事之，岂得轻为举动，侥冀非望！[3]

所以，仅数年的工夫，蒙逊便攻克姑臧、酒泉、敦煌等重镇，完成了统一河西的事业。

统一，是河西历史的大事。首先，它将河西的多元政治导向一元政治，这无疑是对割据纷争局面的一种澄清。封建集权的形成，有利于改变政治、经济上的不平衡。以北凉政权而论，它比南凉、西凉显得进步，它重视人才，注重文教，吸收各民族参政，不搞民族分治，鼓励发展经济，尤重农业生产，很早便实行"蠲省百徭，专功南亩，明设科条，务尽地利"的劝课政策[4]；统一以后，又沟通东西商道，远致胡商到走廊进行贸易。所有这些，对扭转河

---

1 《晋书》卷129《沮渠蒙逊载记》，第3196页。
2 汤球：《十六国春秋辑补》卷94《西凉录》，第650~651页。
3 《资治通鉴》卷119宋武帝永初元年七月条，第3737页。
4 《晋书》卷129《沮渠蒙逊载记》，第3193页。

西历史发展的方向，推动河西社会进步都有重要意义。其次，它适应了北方将统一的形势，为北魏解决河西问题准备了条件。

而后面这一点，恰又是河西匈奴再一次在促进统一方面表现出的作用。

我们说，不论一个国家还是一个地域，它由分裂走向统一，乃是对峙中的各方共同活动导致的结果。统一者的一方也许是历史过程的主角，但被统一者也绝非毫无作用可言。相反，由于统一最终乃是政治上的统一，被统一者的政治态度将是决定统一时间和统一程度的重要因素。当凉魏对峙局面形成时，北魏还在经略中原，故"有事东方，未暇西略"[1]。北凉抓住这个机会，采取追踪前凉以河为阻与赵分境的抵抗战略，北援柔然，南结刘宋，则可能在较长时期内拒魏师于国门之外，继续延长割据的岁月。这便是逆潮流而动。然而，蒙逊不这样做，而是审时度势，采取了积极靠拢北魏的态度，尽管其中包含"缓兵"的意思，但毕竟也反映了一个民族政治家的远见卓识。他委质纳款，"遣子安周入侍于魏"[2]，受魏册命，以凉州牧、凉王名号"王武威、张掖、敦煌、酒泉、西海、金城、西平七郡"[3]，承认与北魏的宗藩关系，确定了河西对北魏的归属。蒙逊死后，其子牧犍巩固关系，为魏斥塞，"（魏）每遣使西域，常诏河西王牧犍令护送，至姑臧，牧犍恒发使导路出于流沙"[4]。与魏通婚，遣嫁其妹入魏为右昭仪，

---

1 《资治通鉴》卷122宋文帝元嘉九年十二月条，第3845页。
2 《资治通鉴》卷122宋文帝元嘉八年八月条，第3833页。
3 《资治通鉴》卷122宋文帝元嘉八年八月条，第3834页。
4 《魏书》卷102《西域传》，第2260页。

而"魏主以其妹武威公主妻河西王牧犍"[1]。当此之时，北魏对河西的统治基本形成，只差军事权了。

统观北方统一的始末，应当说不是军事而是政治因素起了作用，统一也是北凉灭亡前积二十年之久的凉魏关系的最后总结，而这种总结也恰是十六国割据历史的总结。所以，作为被统一者的北凉政权自有它的功劳。河西匈奴卢水胡部是功劳的建立者，是它的政治活动减少了统一的障碍，促进了统一的进程。

三 汉

汉民族不仅是河西的主要民族，也是主体民族。认识河西，开发河西，汉民族有重大的贡献。

继两汉以后，西晋后期是河西汉族人口猛增的时期。这是中原战乱迭起而河西相对安宁的政治形势使然。"八王之乱"后，"中原避乱来者日月相继"。[2]十六国时期，前秦曾向河西徙民，又使河西汉族人口再次增长。"初，苻坚建元之末，徙江汉之人万余户于敦煌；中州之人，有田畴不辟者，亦徙七千余户"。[3]

十六国时期，整个北方民族矛盾上升为社会的主要矛盾，而河西却表现出它的特殊性，民族矛盾在发展，但并不激烈。这也许是胡汉杂居久远，羌、匈奴等主要民族汉化程度较深的缘故。而且五凉政权一般都实行胡汉杂糅的政策，即如氐族本位色彩浓重的后凉，也重视汉族，"备置群司"，

1 《资治通鉴》卷123 宋文帝元嘉十四年十一月条，第3866页。

2 《晋书》卷86《张轨传》，第2225页。

3 《晋书》卷87《凉武昭王李玄盛传》，第2263页。

以"王详为尚书左仆射，段业等五人为尚书"[1]；秃发贵族的南凉，也吸收"西州德望""中州才令""秦雍世门"参政，使他们"内居显位，外宰郡县，官方授才，咸得其所"[2]。因为这些，汉族即使做了被统治民族，其地位与作用也一样重要。因为少数民族的政权，本身就是按魏晋模式设计的。

具体说，十六国时期河西汉族的作用主要是通过改良社会政治和弘扬民族文化来表现的。

首先是改良社会政治，它以倡导和推进"文化"为内容。在这方面，前凉、西凉自不必多论。北凉政治修明如上所述。后凉、南凉政治相对落后，有待改良的程度也大。以南凉为例，它由一个"肇自幽朔，被发左衽，无冠冕之仪"[3]的部族缔造出来，长时期内重武轻文，"取士拔才，必先弓马，文章学艺，为无用之条"，利鹿孤即位后仍是"刑政未能允中，风俗尚多凋弊"[4]。这种"礼容弗被"的落后性导致许多恶果，如得地不守，土不加广；不设仓廪，不重农耕；频繁掠民，民怨沸腾。克服落后，鲜卑贵族既无经验，又无能力，必须仰仗汉人。于是，儒家的"王道"理论被史暠等抬出来，具体化为"以绥宁为先"及"宜建学校，开庠序，选耆德硕儒以训胄子"[5]。史暠等设计的改良方案，是一个向落后政治肌体输入先进文化和先进统治方式的方案。它奏了效，故史家认为利鹿孤能"开

---

1 《晋书》卷122《吕光载记》，第3060页。

2 《晋书》卷126《秃发乌孤载记》，第3143页。

3 《晋书》卷126《秃发利鹿孤载记》，第3145页。

4 《晋书》卷126《秃发利鹿孤载记》，第3146页。

5 《晋书》卷126《秃发利鹿孤载记》，第3146页。

疆河右，抗衡强国"系因"从史嵩之言"[1]，兴理"文治"的结果。以后，西州名士宗敞也给秃发傉檀设计过一个改良方案，其要有二，第一是重用各族豪望，特别是汉族豪望；第二是"农战并修，文教兼设"[2]，将"文治"内容扩展到经济方面。

在五凉的建立者中，秃发部的社会形态相对落后，这使南凉社会政治中一些弱点根深蒂固。但通过汉族士人提倡和推进的"文治"活动，在改良社会政治上成效颇著。所以，当后秦使者韦宗到河西"观衅"之后，结论是华宗夏士之外复有经纶名教者。

> 宗还长安，言于（姚）兴曰："凉州虽残弊之后，风化未颓。"[3]

其次是弘扬民族文化，振兴教育与学术。

东汉以后，学校制度废弛。地处荒遐的河西更是如此。恢复教育制度，重振教育事业的使命落在汉族士人身上。由于十六国时期在河西出现的第一个政权是汉族的前凉政权，而当时又有大批中原学者避地河西，并与河西本土学者会合一起，故河西也成为北方率先恢复官学的地域。张轨任凉州刺史不久，便"征九郡胄子五百人，立学校，始置崇文祭酒，位视别驾，春秋行乡射之礼"[4]，在教育方面开了范例。

---

1 《晋书》卷 126《秃发利鹿孤载记》，第 3158 页。
2 《晋书》卷 126《秃发傉檀载记》，第 3149 页。
3 《晋书》卷 126《秃发傉檀载记》，第 3151 页。
4 《晋书》卷 86《张轨传》，第 2222 页。

以后诸凉继承传统，都有兴理文教之举。为此它们征名士，延耆老，并鼓励私学，形成汉族学者在教育中各展其长，教育事业蓬勃发展的景象。河西社会的文明也因此得以提高，故有人总结说：

凉州虽地居戎域，然自张氏以来，号有华风。[1]

教育带动了学术。汉族士人中的教育家也都是学问家，他们在文学、史学、哲学、文字学、历算学等领域中多有成就。有些中原已不传的学术，通过他们得以维护，有些是时代和地域文化的结晶，通过他们得以总结和发扬，如刘昞的《敦煌实录》《凉书》，阚骃的《十三州志》。他们弘扬民族文化的活动，不仅对汉世以来已进入汉族文化圈的河西各民族都产生积极的影响，而且对刘宋治下的江南、北魏治下的中原，也有重大影响。北凉后期，与刘宋交流典籍，输出的 20 部共 150 卷典籍中，经、史、子、集无不具备，绝大部分是河西学者创造的成果。而北魏，因是河西后来的统治者，则更全面地接受了河西的文化遗产。被迁到平城的河西学者对以后北魏"文治"及"文教"的贡献更是不同凡响。

综上所述，作为十六国时期生活于河西地域中的羌、匈、汉等主要民族，尽管他们彼此地位不同，民族活动的方式不同，但都在对历史发生作用。羌族推动了民族的融合，匈奴促进了西北地区的统一，汉族在改良社会政治中发挥了重要作用。

1　《魏书》卷 52《胡叟传》，第 1150 页。

第二节 鲜卑事迹

一 "秃发氏"的由来

五凉时期，河西境内分布着许多民族。其中事迹最为丰富的当为河西鲜卑。如本书《绪论篇》所论，它是一个庞大的鲜卑民族群体，包括有许多部族或种落，以秃发氏为最强盛，留下的事迹也最为丰富。其次如乙弗、折掘、麦田、叠掘、车盖、意云等部，均各有其势力和事迹。

以秃发部而论，它不仅一度成为河西域内的统治部族，建立了南凉政权，而且它参与河西政治的时间，要远远早于五凉时期。因为它在西晋泰始初便已通过所谓的"凉州之乱"表现了它的地位。而且，从前凉肇基到北凉灭亡，在河西民族关系中始终都有它的作用。

关于秃发氏在嘉平中 (250~254) 入徙河西这点，本书《绪论篇》中已作简要论述。此问题在史学界颇为模糊。如吕思勉先生，他曾根据匹孤到乌孤之间的世系，以一世为三十年计，判断秃发氏入徙河西的时间是东汉中叶。[1] 其实，东汉中叶是鲜卑在蒙古高原大聚合的时期。

> 和帝永元中，大将军窦宪遣右校尉耿夔击匈奴，北单于遁走。留者十余万落。鲜卑因此徙居其地而有其

---

1 参见吕思勉《两晋南北朝史》第三章"西晋乱亡"，第82页。

人，由此渐盛。[1]

延至东汉桓帝时，檀石槐才在漠北建立王庭，并分鲜卑为东、中、西三部。这时，拓跋部的历史尚十分朦胧，更遑论秃发氏会在此前入徙河西。另外，无论历史上哪个民族和部落，其转徙的根本目的只有一个，就是追寻更为良好的经济生活环境，并求取自己民族或部落的发展与兴盛。东汉中叶的河西不具备这种环境条件，一则羌族起义的风暴正席卷河西，二则北匈奴经常进扰，造成"河西大被其害"。况且曹魏之前，在史籍中也见不到秃发氏的踪迹。相对而言，魏晋之际北方民族关系发展中出现"西北诸郡，皆为戎居"[2]，还有曹魏政府民族政策转变造成的"自魏氏以来，夷虏内附"[3]，这些形势和动向以及入晋以后秃发氏首先在北方民族关系中崭露头角，都给我们判断秃发氏入徙河西的时间提供了启示。至于将秃发氏入徙河西的时间具体到嘉平年中，《绪论篇》也有论述，在此不再赘述。

对于秃发氏部落的早期事迹，史书有如下记载：

秃发乌孤，河西鲜卑人也。其先与后魏同出。八世祖匹孤率其部自塞北迁于河西。其地东至麦田、牵屯，西至湿罗，南至浇河，北接大漠。匹孤卒，子寿阗立。初，寿阗之在孕，母胡掖氏因寝而产于被中，鲜卑谓被

1 《通典》卷196《边防十二·鲜卑》，典1061下。
2 《晋书》卷97《四夷·北狄·匈奴传》，第2549页。
3 《晋书》卷52《阮种传》，第1445页。

为"秃发"，因而氏焉。[1]

这段记载说明，秃发氏原与北魏的建立者拓跋氏同姓，只是从寿阗起，才改姓秃发。而寿阗正是该部徙入河西后的第一位酋长。关于秃发氏原为拓跋氏这点，也可从魏太武帝对秃发傉檀之子源贺的话中得验证。414年，南凉灭亡，源贺从乐都逃出，投奔了北魏，受到魏太武帝的器重。魏太武帝对源贺说："卿与朕源同，因事分姓，今可为源氏。"[2] 这就是说，秃发氏部落在迁入河西前，也是与拓跋氏"因事分姓"前，与北魏先世有过同样的经历，即起源于大兴安岭地区，先南迁到大泽（今内蒙古呼伦贝尔湖一带），因这里地势低洼，不利于人畜的繁衍，由当时的部落酋长诘汾统率，继续向西南行进，历经"山谷高深""九阻八难"的长途跋涉后抵达漠南，"始居匈奴之故地"[3]。

于是，南迁河西一事就是"分姓"之因。

早在诘汾南徙时，拓跋部已因"人众日多"发生"田畜射猎不足给食"的问题，有时得以捕鱼来弥补生活不足。因此，迁到漠南后，划分牧地，分散放牧，已是势在必行。其结果必然导致血缘纽带松弛。而由于众多的鲜卑纷纷云集于漠南，牧地争端由此而兴。诘汾晚年，"西部内侵，国民离散"[4]。诘汾之子力微投靠了没鹿回部，做了其酋长窦宾的女婿，居留长川（今内蒙古兴和县境）一带，"积十数岁，德

1 《晋书》卷126《秃发乌孤载记》，第3141页。
2 《魏书》卷41《源贺传》，第919页。
3 《魏书》卷1《序纪》，第2页。
4 《魏书》卷1《序纪》，第3页。

化大洽，诸旧部民，咸来归附"。[1]或许就在这样的历史变动中，诘汾的长子匹孤未能再归附到原来的部落群体中，永久地与拓跋部分离了。分离之后，匹孤率其部落逐渐向西，沿黄河顺贺兰山南下，最终到达了河西，时为曹魏嘉平中。从此，河西的胡姓系列中有了秃发氏，完成了秃发与拓跋氏间的"因事分姓"。

但迁到河西后，匹孤这一支何来"秃发"姓氏呢？这是河西鲜卑事迹中先要搞清的一个问题。搞清它便于理解民族关系中的许多问题。

对匹孤一支之所以称"秃发"氏，传统的解释有两种。

第一种是"被中"说，即上引《载记》所谓寿阗之生，"母胡掖氏因寝而产于被中，鲜卑谓被为'秃发'，因而氏焉"。此说来自唐人所修《晋书》，《晋书》所本，又来自《魏书》。所不同者，《魏书》原无"母胡掖氏"一句，而《晋书》加上此句。在这里，唐人是有眼力的，因为这一句之得说清了事情的症结。

第二种是"音转"说。认为秃发、拓跋是同音异译，并引证《廿二史考异》之论："古读轻唇如重唇，从发得声，与跋音正相近。"并说这是魏收撰《魏书》有意尊魏抑凉，"别而二之"，以至《晋书》也承袭魏收之说。[2]

对上述两种传统解释，史学界多倾向于后一种，并由此得出前者出自附会的定论。其实，这种观点不一定正确。相反，由于前一种解释是从民俗学角度看问题，反而有些道

1　《魏书》卷1《序纪》，第3页。
2　参见吕思勉《两晋南北朝史》第六章"东晋中叶形势下"，第220~221页。

理。因为在古代民族中，因俗得姓和因俗为号的事例是屡见不鲜的。如鲜卑之称鲜卑，是因为原居鲜卑山之故，拓跋鲜卑之被南人称为"索虏"，是因为辫发于头顶之故。尤其是西戎民族，因发饰之俗得姓的民族不止一二，在发饰上做文章的也不止一二。如焉耆，其俗"丈夫并翦发以为首饰"[1]。悦般，"其人清洁于胡，俗剪发齐眉，以醍醐涂之，昱昱然光泽"。[2]以俗得姓的部族中，柔然最为典型。史载，力微末年，拓跋部的游骑捉到一名奴隶，"发始齐眉，忘本姓名，其主字之曰'木骨间'。木骨间者，首秃也。木骨间与郁久间声相近，故后子孙因为氏"[3]。

秃发氏，文献中作"秃髪氏"，这显然是在发饰上做的文章。如木骨间那样，秃发也是首秃之意。但木骨间是鲜卑语，"秃发"是汉语。因此，"秃髪"姓氏很可能是河西汉族人根据寿阗部落祖姓拓跋，结合他们入河西后发俗改变而给他们的称呼，并得到寿阗部人的认可后才具有的姓氏。其中，"音转"是一个原因，而习俗的变化是根本原因。秃发部与拓跋氏"因事分姓"当是指后一方面而言。

尤可注意者，剪发和秃发之俗多见于西戎和北狄民族，以至焉耆、悦般、柔然、丁零等都是如此。之所以如此，与其受到匈奴习俗迁染有关。如悦般，史称"其先匈奴北单于之部落也"[4]。鲜卑中，也有受匈奴迁染而断发为俗的，宇文莫槐部即其一。该部"出于辽东塞外，其先南单于远属也，

1 《魏书》卷102《西域传·焉耆》，第2265页。

2 《魏书》卷102《西域传·悦般》，第2268页。

3 《魏书》卷103《蠕蠕传》，第2289页。

4 《魏书》卷102《西域传·悦般》，第2268页。

世为东部大人。其语与鲜卑颇异，人皆剪发留其顶上，以为首饰，长过数寸则截短之"[1]。同是鲜卑，吐谷浑未受匈奴影响，却受到汉族影响，"其俗，丈夫衣服略同于华夏。多以罗幂为冠，亦以缯为帽。妇人皆贯珠贝，束发，以多为贵"[2]。与西戎和北狄有别的东胡民族，则多用索发及绳发为俗。东部鲜卑中多数部落以及室韦、乌洛侯等部都如此。

秃发部落从匹孤后期起已生活于河西，已成源于东胡而入于西戎的部落。河西向为西戎和北狄民族杂居之地，它不可能不受到西戎和北狄习俗的影响。而曹魏时期，河西大地上正好有一支庞大的西戎和北狄民族群落在游弋，那就是赀虏。有关的记载说：

> 赀虏，本匈奴也，匈奴名奴婢为赀。始建武时，匈奴衰，分去其奴婢，亡匿在金城、武威、酒泉北黑水、西河东西，畜牧逐水草，钞盗凉州。部落稍多，有数万，不与东部鲜卑同也。其种非一，有大胡，有丁令，或颇有羌杂处，由本亡奴婢故也。[3]

这是一个人数众多，势力庞大，活动地域很广的断发民族群体。记载虽没说明其间杂有鲜卑，但依时代而论，正是匹孤到寿阗时期。作为一支刚徙入河西的鲜卑部落，秃发氏不可能不同他们杂处。不光秃发氏部落，这时期徙入河西的任何种族群落都将毫无例外地落入这个由西戎和北狄民族组

---

1 《魏书》卷 103《宇文莫槐传》，第 2304 页。
2 《魏书》卷 101《吐谷浑传》，第 2240 页。
3 《三国志》卷 30《魏书·乌丸鲜卑东夷传》注引《魏略·西戎传》，第 859 页。

成的包围圈中，都会无一例外地改变原有习俗。所谓"不与东部鲜卑同也"，正是指包括秃发氏在内的河西鲜卑诸部落而言。按理说，这时秃发氏也应被作为赀虏群体中的一员来认识，但只因寿闻母姓胡掖氏，胡掖氏亦即呼延氏，本为匈奴贵族。[1]在古代，将"鲜卑父胡母"这一血缘关系作为区别鲜卑与其他民族的根本标志。因此，秃发民才保留了它鲜卑族属的存在，被称为河西鲜卑秃发氏。

所以，河西鲜卑秃发氏之由来，其实是河西民族关系发展的结果。秃发氏之与众多的西戎和北狄民族接触、聚合，甚至融合，使其习俗发生了明显变化，这不仅是它与拓跋分姓之由，也是它与其他鲜卑分俗之由。此后，秃发氏虽仍被作为鲜卑而与其他河西民族相区别，但由于它与河西其他民族如羌族、匈奴等长期生活在同一地域，又征服了乙弗、折掘、意云等鲜卑部落而形成河西鲜卑部落联盟，因此在魏晋时期的汉族人眼中，他们都属于羌胡系列，被泛称为"凉州房"。以后秃发树机能发动的反晋军事活动，有时被具体称为"鲜卑叛"，有时被笼统称为"凉州房寇边"，这从另一方面又反映出河西鲜卑在河西民族关系发展中所处的重要位置及所起的重大作用。

二 "凉州之乱"

所谓"凉州之乱"，是西晋政府对河西鲜卑反晋活动的定性。这一事件作为晋初河西民族问题中的一个重大事件，既拉开了北方民族反晋军事活动的序幕，也拉开了五凉历史

1　汤球：《十六国春秋辑补》卷1《前赵录》引《广韵》，第1页。

的序幕。

河西鲜卑的反晋活动，是由秃发树机能领导的。史载：

> 寿阗卒，孙树机能立，壮果多谋略。泰始中，杀秦
> 州刺史胡烈于万斛堆，败凉州刺史苏愉于金山（按：《通
> 鉴考异》作"斩凉州刺史牵弘"）。又杀凉州刺史杨欣于
> 丹岭，尽有凉州之地，武帝为之盱食。后为马隆所败，
> 部下杀之以降。能死，从弟务丸代立；丸死，孙推斤立；
> 斤死，子思复鞬立。乌孤即思复鞬之子也。[1]

从记载看，树机能是寿阗之孙，也是秃发乌孤的从太祖
父。他的反晋活动声势浩大，战果辉煌。现据史料对其事迹
做如下钩沉。

西晋泰始元年（265），司马炎代魏，建立西晋。为了
做好灭吴准备，积极经营长江上游的巴蜀及其门户秦雍地
区，并把对内徙民族的防范作为经营重点。针对此前邓艾
纳鲜卑降者数万，置于雍凉之间"与民杂居"的问题[2]，又
将鲜卑视为重点防范对象。泰始五年（269），晋政府从雍、
凉、梁三州分出陇西、南安、天水、略阳、武都、金城、
阴平等七郡，另立秦州，并抽调负责荆扬江防的著名将领
胡烈、牵弘分别担任秦州和凉州刺史。这样部署以后，朝
廷内还有人担心安定至武威间空隙太大，建议复置高平郡
（西汉置，东汉末废。治今宁夏固原市原州区），切断鲜卑

1　汤球：《十六国春秋辑补》卷89《南凉录》，第613页。又《晋书》卷126《秃
发乌孤载记》（第3141页）略同。
2　《资治通鉴》卷79晋武帝泰始五年二月条，第2509页。

奔逸和回旋之路。西晋政府的上述用意是将以秃发部为核心的河西鲜卑和以乞伏部为核心的陇西鲜卑进行隔离，以此来制约鲜卑。故虽选择胡、牵二人为秦、凉刺史，但朝廷中仍有人忧虑二人无"绥边"才干，担心会因他们"强于自用"而弄巧成拙。

果然，胡烈任秦州刺史后，下马伊始，便屯重兵于高平。接着，又对金城以北的鲜卑部落发动攻击。当时，树机能正驻部于万斛堆（今靖远县西），他率部众奋勇抵抗，打响了河西鲜卑反晋的战争。从此，金城到武威间战争乌云笼罩，兵连祸结三十余年。这就是所谓的"凉州之乱"。

树机能领导的反晋战争可分三个阶段。第一阶段从泰始六年（270）到泰始十年（274），即晋军高平之败到鲜卑二十部弭兵并遣子入质；第二阶段从泰始十年到咸宁四年（278），即鲜卑军队攻占凉州到西晋军队收复凉州；第三阶段从太康元年（280）到永兴元年（304），即轲成泥进攻西平到张轨遣宋配击降鲜卑。

各阶段的战事情况大致如下：

第一阶段，战争主要在武威以东进行。树机能与胡烈在万斛堆接战，杀胡烈，挫晋军锐气。接着，鲜卑军队向东北推进，占领高平。消息传到洛阳，西晋朝廷大受震动，晋武帝为此寝食不安，将都督关中诸军事的汝南王司马亮免官，而任尚书石鉴为安西将军，调杜预为秦州刺史。杜预素有"武库"之称，他认为鲜卑的优势在于骑兵迅捷，建议石鉴先行筹粮，待到来春牧草不继时发动进攻。石鉴轻躁刚愎，不以杜预建策为是，反诬杜预贻误战机，将杜预交廷尉论罪。而石鉴与树机能作战，不但毫无战果，还虚报功劳，以此受到朝廷纠劾。史载：

> 司隶校尉石鉴以宿憾奏预，免职。时虏寇陇右，以预为安西军司，给兵三百人，骑百匹。……属虏兵强盛，石鉴时为安西将军，使预出兵击之。预以虏乘胜马肥，而官军悬乏，宜并力大运，须春进讨，陈五不可、四不须。鉴大怒，复奏预擅饰城门官舍，稽乏军兴，遣御史槛车征诣廷尉。……其后陇右之事卒如预策。[1]

鲜卑杀了西晋封疆大吏，鼓舞了其他民族的反晋斗志。北地（治今陕西铜川市耀州区）"羌胡"谋与鲜卑互为犄角，进攻金城。牵弘轻敌悬师远征。泰始七年（271）七月，树机能屯兵青山（今庆阳市西北），击毙牵弘，再败晋军。是战之后，秦、凉二州之间西晋防务被彻底摧毁。鲜卑铁骑东西驰骋，再无阻挡。

河西鲜卑连战连捷，靠强劲的骑兵，更靠部落联盟内部"鞭一样"牢固的血亲凝聚力，这种内聚力把二十多个部落扭在一起，结成机动灵活而又刚健有力的战斗整体，在运动中将晋军分割包围，使其不敢出州郡城池一步。一旦晋军出城作战，即刻陷入困境，损兵折将，铸成败局。这就是树机能对晋作战的制胜战略。

连续几年的战争严重影响了经济，致使汉族百姓无法尽力地亩，而鲜卑的畜牧业也难以维持。不久，秦、凉二

---

1 《晋书》卷34《杜预传》，第1027页。

州闹起严重饥馑，村落荒毁，人口死散。由于树机能可以获取的粮资越来越少，迫使他铤而走险攻略城市。此时晋军也更加注意城防，形势开始发生对鲜卑不利的变化。在金城郊外，鲜卑军队遭到汝阳王司马骏的打击，部帅乞文泥战死，损兵三千多。攻城不克，粮资匮乏，迫使树机能把注意力转向凉州各屯田点。但老谋深算的司马骏早有防备，他用精兵饱卒增援屯田兵士，使树机能难以掠到粮谷。泰始十年（274），树机能为饥饿所迫，向司马骏投降：

> 机能乃遣所领二十部及弹勃面缚军门，各遣入质子。[1]

协同作战的金城"诸胡"首领胡吉轲罗、侯金多及"北虏"热罔等二十万人也一同降晋。

第二阶段，战争主要在武威附近展开。树机能不得已降晋，事出权宜。在此之际，散居在敦煌以西的"西部鲜卑"东还，与晋戊己校尉（治高昌，即今新疆吐鲁番）马循统率的戍军发生接触。另外，晋武帝正部署攻吴，暂时放松了河西军务。树机能抓住这个有利时机，再次起兵，兵锋直指武威。在这样的形势下，西晋政府只得将攻吴大事暂且搁置，抽调在秦、雍二州集结待命的军队渡河向西。这一支军队在平虏护军文俶的指挥下，于咸宁三年（277）抵达凉州。树机能久攻武威不下，又有晋师大军压境，于是再次诈降。晋廷旋召文俶回师，只留七千名军士防守凉州。次年六月，树

---

1 《晋书》卷38《扶风王骏传》，第1125页。

机能又重整旗鼓，与凉州刺史杨欣在武威激战，杀杨欣，占武威，"尽有凉州之地"。

攻陷凉州，标志着树机能领导的反晋斗争达到高潮。对此，晋武帝深感忧虑。史载：

> 帝每有西顾之忧，临朝而叹曰："谁能为我讨此虏通凉州者乎？"朝臣莫对。[1]

后来，职卑位微的司马督马隆毛遂自荐，经晋武帝允许，选募三千军士"鼓行而西"。马隆渡过温围水，运用诸葛亮阵法，制作"偏箱车"，且战且前。又备磁石，使身着铁铠的鲜卑兵行动困难。咸宁四年底，马隆转战到武威城下，先击败猝跋韩和且万能两部鲜卑，又驱督"善戎"没骨能部与秃发部作战。由于戎、晋部队的夹击，树机能失败，被叛部杀死。西晋军队收复了凉州。

第三阶段，战争主要在武威以南展开。树机能战死后，秃发部被晋军驱赶到大通河与湟水流域。从此，河西鲜卑与其他民族结成的反晋联盟宣告瓦解，秃发部的反晋活动也进入尾声。虽然战争时断时续，但规模越来越小。

太康元年（280），轲成泥部东山再起，南攻西平（治今青海西宁），北攻浩亹（今永登西南大通河东岸），"杀（晋）督将以下三百余人"[2]。晋武帝调马隆作西平太守，"又给牙门一军"，再次遏制了秃发部的发展。但是，

1 《晋书》卷57《马隆传》，第1554~1555页。
2 《晋书》卷3《武帝纪》，第72页。

当290年西晋调马隆到秦陇任东羌校尉以后，树机能的部将若罗拔能又以十万部众控制了凉州地区。这时，洛阳附近爆发了宗室争夺皇位的"八王之乱"，晋王朝实在再无力顾及河西。此后，"鲜卑反叛，寇盗纵横"之势不可抑制。

永宁元年（301），时任西晋镇西将军司马的张轨出任凉州刺史，他对河西鲜卑进行了残酷的镇压，因"斩首万余级"而"威著西州"[1]。两年后，宋配击杀若罗拔能，鲜卑十余万口成了张轨的俘虏。

树机能领导的反晋战争，爆发早，历时长，规模大，声势与东汉的"羌患"相仿佛，它打击了西晋统治，几乎使河西"非复晋有"。当它接近尾声时，中原地区各民族的反晋战争才刚刚兴起。可以说，所谓"凉州之乱"是西晋时期民族斗争的先声。所谓"凉州之乱"，有反抗西晋民族压迫的性质。由于它表现为河西鲜卑与其他民族部落的联合行动，也有助于促进河西各民族间的融合。西晋屡对河西用兵及鲜卑在战争中攻城略地，对河西地区的社会经济也有一定破坏作用。

为什么说"凉州之乱"有反抗西晋民族压迫的性质呢？

周边民族的内徙，有时会伴随偶发性的民族冲突。在"华夷之防"甚为严峻的古代社会，这种冲突往往是统治者欲拒内徙民族于国门之外而引起的。如李憙任凉州刺史领护羌校尉时，"羌虏犯塞，憙因其隙会，不及启闻，辄以便宜

---

1 《晋书》卷86《张轨传》，第2221页。

出军深入，遂大克获”[1]。时当嘉平初年[2]，可能与秃发鲜卑事有关。"犯塞"，也就是入塞。除李憙之外，终魏之世，看不到"羌虏"与魏对抗的迹象。所以有人说："自魏氏以来，夷虏内附，鲜有桀悍侵渔之患。"[3]

延至晋世，形势有了变化。同是李憙，在泰始四年、五年任仆射时，接触了凉州内徙民族"寇边"的问题。史载：

> 凉州虏寇边，憙唱义遣军讨之。朝士谓出兵不易，虏未足为患，竟不从之。后虏果大纵逸，凉州覆没，朝廷深悔焉。[4]

这一次"寇边"，便是"凉州之乱"的前兆。

为什么在魏世显得平静的河西，入晋后民族冲突来得如此剧烈？答案要从魏晋之际民族政策的变化及由此带来的地方官吏措置不当等方面寻找。

魏晋之际的民族政策发生了怎样的变化呢？

由于魏晋时期突出的民族问题是周边民族内徙并和汉族接触更加广泛，那么，作为汉族统治者，对这个问题抱什么

1　《晋书》卷41《李憙传》，第1189页。

2　据《晋书》卷38《宣五王·司马伷传》："琅邪武王伷字子将，正始初封南安亭侯。早有才望，起家为宁朔将军。"（第1121页）《晋书》卷41《李憙传》："司马伷为宁北将军，镇邺，以憙为军司。顷之，除凉州刺史，加扬威将军、假节，领护羌校尉，绥御华夷，甚有声绩。"（第1189页）知李憙任凉州刺史领护羌校尉在任宁朔将军军司后数年，而司马伷任宁朔将军是曹魏正始中事；后数年恰值嘉平初。按，《晋书·司马伷传》"宁朔将军"《晋书·李憙传》作"宁北将军"。

3　《晋书》卷52《阮种传》，第1445页。

4　《晋书》卷41《李憙传》，第1190页。

态度，采取什么措施，便决定着民族政策的内容。诚然，在"华夷之防"仍很严格的魏晋时期，不能期望汉族统治者对内徙民族给予优待，但只要不是极力排斥和压抑，那便算是明智的了。曹魏后期，邓艾所倡议的"诱而致之，使来入侍"的政策，本质上虽然仍为分化周边民族，削弱它们以便统治，但其中也含有拉拢利用的成分。这种拉拢利用，在以羌胡健儿为灭蜀前驱的事情中得到说明。

曹魏政府在进攻蜀汉前，曾给西北州郡下达《己未诏书》，要求召募羌胡从征，但不许强迫他们。申令"羌胡道远，其但募取乐行，不乐勿强"。这与对汉族"差简丁强"[1]的政策有所区别。可以看出，曹魏政府在对待边族内徙和内徙边族的态度及措施上是比较宽柔的。而魏初的西北地方官吏，在这方面做得更好。如苏则，"为金城太守"，"外招怀羌胡，得其牛羊，以养贫老"[2]。仓慈，太和中任敦煌太守，对通贡的"西域杂胡""为封过所"，"西域诸胡闻慈死，悉共会聚于戊己校尉及长吏治下发哀。或有以刀画面，以明血诚"。[3]之所以说魏世内附边族"鲜有桀悍侵渔之患"，是魏世宽柔的民族政策产生的效力。

魏晋交替，司马氏掌权后，民族关系变得错综复杂起来。同时，随着汉族封建王权上升，对"羌胡"的利用政策也转而被隔离政策所取代。一时之间，各种各样的排胡、徙胡理论与主张纷纷出笼。叫得最响的是江统和郭钦，他们一个主张"宜及平吴之威，谋臣猛将之略"，"峻四夷出入之

---

1 《晋书》卷48《段灼传》，第1348页。

2 《三国志》卷16《魏书·苏则传》，第491页。

3 《三国志》卷16《魏书·仓慈传》，第512~513页。

防，明先王荒服之制"[1]。一个主张将内徙者"申谕发遣，还其本域"，使"戎晋不杂，并得其所"[2]。地方官吏也亦步亦趋，"受方任者，又非其材，或以狙诈，侵侮边夷；或干赏啖利，妄加讨戮"[3]。这些理论主张与行为，必然会进一步将西晋政府的民族政策推向极端，造成以排斥代替安抚，以压抑代替宽柔的后果。西晋初期这方面的例子甚多。如刘渊曾以"文学武事"见知于某些洛阳权贵，有人推荐任他以平吴之事，晋武帝虽以为是，但终究相信孔恂、杨珧之流，将"平吴之后，恐其不复北渡也"的讹言当真，不敢任用刘渊。[4]"凉州之乱"发生后，又有人建议"发匈奴五部之众，假元海一将军之号，鼓行而西"，孔恂也说："元海若能平凉州，斩树机能，恐凉州方有难耳！"使武帝不敢任用刘渊和匈奴军队。[5]司马氏讲"名教治天下"，孔、杨之流排斥和压抑刘渊及匈奴之众的言论，正是儒教"非我族类，其心必异"理论的翻版。这或许就是其民族政策变化的思想理论根源。

具体到河西，西晋政府在伐蜀得胜后，对从征的羌胡健儿封赏极不公平，像段灼说的那样，在募取凉州"羌胡"健儿前，曾许以重报，因此羌胡健儿，勇敢出征，而结果却是有功不录：

---

1 《晋书》卷 97《北狄·匈奴传》，第 2549 页。

2 《晋书》卷 56《江统传》，第 1532 页。

3 《晋书》卷 52《阮种传》，第 1445 页。

4 汤球：《十六国春秋辑补》卷 1《前赵录》，第 2 页。

5 汤球：《十六国春秋辑补》卷 1《前赵录》，第 3 页。

五千余人，随（邓）艾讨贼，功皆第一。而乙亥诏书，州郡将督，不与中外军同。虽在上功，无应封者。唯金城太守杨欣所领兵，以逼江由之势，得封者三十人。自金城以西，非在欣部，无一人封者。[1]

在后来补充封授时，又以中央军队与地方军队有区别为名，搞民族歧视，甚而变本加厉，对羌胡健儿进行压制。规定：

苟在中军之例，虽下功必侯；如在州郡，虽功高不封。[2]

这种民族政策怎能不使河西鲜卑心怀怨结，又怎能不让他们奋起反抗呢？所以，"凉州之乱"的发生，是西晋民族歧视政策的必然结果。由此可见，"凉州之乱"是以河西鲜卑秃发氏为首，联合匈奴、羌族等河西民族，共同反抗西晋民族压迫的一次起义。它和其后巴氏少数民族在李特领导下发动的反晋起义具有同样的性质。"凉州之乱"虽对河西社会经济带来一定程度的破坏，甚而造成"河西荒废"的局面[3]，但其主要责任应由西晋政府来负。秃发树机能是杰出的河西民族领袖，对他应予以历史的肯定。

---

1 《晋书》卷48《段灼传》，第1340页。
2 《晋书》卷48《段灼传》，第1340页。
3 《晋书》卷86《张轨传》，第2226页。

第三节　卢水胡事迹

卢水胡是魏晋时期活跃于北方的另一个羌胡部族，其中的沮渠氏是北凉政权的建立者。史载：

> 沮渠蒙逊，临松卢水胡人也。其先世为匈奴左沮渠，遂以官为氏焉。[1]

现在一般认为，卢水胡是匈奴中的"杂胡"之一种。但翻检史籍，它并不在魏晋之际入塞的十九种杂胡之列。[2]于是，对于它的由来就有了种种说法。一种说法是它起自湟中，还有一种说法是它起自北地或安定，还有一种说法是它起自张掖。其所以形成种种说法，是因魏晋时期上述地区内都有卢水胡居住和活动，并且在其境内都有称为"卢水"的河流。

事实上，一个民族或部族不可能有两个以上渊源地域，也不可能只有一个活动地域。如果同一时期数处都有它的踪迹的话，那其中必存在源流关系。卢水胡也是如此。以上湟中、北地、河西三个地域，应当只有一个是卢水胡部族最初的发源地，而其余两个当是卢水胡的侨居或散居地。要搞清其中的源流关系，必须找到可靠的依据。

先看湟中说。其说依据的主要是东汉时期的材料。

1　《晋书》卷129《沮渠蒙逊载记》，第3189页。
2　《晋书》卷97《四夷传·北狄》载魏晋之际入塞的"杂胡"有屠各、鲜支、寇头、乌谭、赤勒、捍蛭、黑狼、赤沙、郁鞞、萎莎、秃童、勃蔑、羌渠、贺赖、钟跂、大楼、雍屈、真树、力羯等十九种。第2549~2550页。

材料之一：

烧何豪有妇人比铜钳者，年百余岁，多智算，为种人所信向，皆从取计策。时为卢水胡所击，比铜钳乃将其众来依郡县。种人颇有犯法者，临羌长收系比铜钳，而诛杀其种六七百人。[1]

材料之二：

（窦）固与（耿）忠率酒泉、敦煌、张掖甲卒及卢水羌胡万二千骑出酒泉塞。

又：

湟水东经临羌故城北又东，卢溪水注之。水出西南，卢川即其地也。[2]

两条材料中提到的临羌县在今青海西宁市西，魏晋时期属西平郡，处湟中地区。卢溪水即卢川，也就是卢水。此说本于郦道元《水经·河水注》。

依据这两条材料可推得这样的结论，临羌既有卢水胡，又有名为卢水的河流。因此，这里是卢水胡的源起之地。

但是，这样推得的结论却无法解释另一个问题，即卢水

---

1 《后汉书》卷87《西羌传》，第2880页。

2 《后汉书》卷23《窦融传附弟子固传》及李贤注，第810~811页。

胡既为胡，必是匈奴的一支，那么临羌境内的这支匈奴又是哪里来的？

我们知道，湟中历来是羌族的聚居地。汉武帝开河西四郡的目的，就是切断匈奴与羌人之间的联系。因此，西汉之世，匈奴部落不可能迁徙到这里。东汉建武中，"匈奴衰，分去其奴婢，亡匿在金城、武威、酒泉北黑水、西河东西，畜牧逐水草"。[1]留在河西域内的只有匈奴的余部"赀虏"一支。赀虏的活动范围在金城、武威、酒泉、黑水一带，并未到达湟中。东汉中叶以后，北匈奴骚扰河西，使敦煌等郡县城门昼闭，其势力也未深入湟中。那么，湟中是不可能有匈奴的。因此，只能说临羌出现的这支卢水胡，是从卢水胡源起地游移过去的。比铜钳为其所击，说明它到达临羌未几，在生存空间上与羌部发生了冲突。在古代民族之间，这样的事情原本是很多的。

所以，说卢水胡起自湟中是缺乏根据的。至于临羌有卢溪水，这只能认为是一种巧合。是否卢水胡游移到这里之后，当地人依据部族名而给河流命名，这一点是应考虑的。郦道元书出于南北朝时期，其中或有附会，这也难说。

再看北地安定说。其说依据的主要是南北朝时期的材料。

其一，"安定卢永刘超等聚党万余以叛"[2]。唐长孺先生认为材料中"安定卢永"系"安定卢水"之误。[3]

1　《三国志》卷30《魏书·乌丸鲜卑东夷传》注引《魏略·西戎传》，第859页。

2　《魏书》卷40《陆俟传》，第903页。

3　参见唐长孺《魏晋南北朝史论丛·魏晋杂胡考》，中华书局，2011，第397页。

其二，"卢水胡盖吴聚众反于杏城"[1]。又"北地盖吴，起众秦川，华戎响赴"[2]。据《魏书·地形志》，太和十五年（491）后北华州治杏城，而北地郡属雍州。

其三，北魏文成帝时，尉拨出任杏城镇将。拨在任九年，"大收民和，山民一千余家，上郡徒各、卢水胡八百余落，尽附为民"[3]。

其四，献文帝时，"杏城民盖平定聚众为逆"。[4]

根据这些材料，北魏时安定和北地两郡是卢水胡的主要活动区域。特别是北地郡的杏城境内，生活着很多卢水胡人。而盖姓卢水胡最有代表性，并留下很多事迹。但刘超、盖吴、盖平定等，原籍究竟是否在安定或北地，史籍中没有明确记载，因此很难就此做出结论，说刘超、盖吴等就是起源于安定、北地的卢水胡人。

在引述湟中说和安定、北地说的材料时，我们还需注意一点，那就是人们有时将这两个地域活动的卢水胡混淆在一起。如窦固率领出酒泉的卢水胡，李贤注《窦固传》，说它是湟中卢水胡，而王先谦为《窦固传》作集解，却引惠栋之说，谓"卢水，北地胡也"。

在安定、北地两个地域中，以时代而论，有关安定卢水胡的记载更早些。西晋时：

（贾疋）迁安定太守。雍州刺史丁绰，贪横失百姓

---

1 《魏书》卷4《世祖纪》，第99页。
2 《宋书》卷95《索虏传》，第2341页。
3 《魏书》卷30《尉拨传》，第729页。
4 《魏书》卷43《唐和传附从子玄达传》，第963页。

心，乃谮乇于南阳王模。模以军司谢班伐之。乇奔泸
水，与胡彭荡仲及氐窦首结为兄弟。[1]

记载中的彭氏有些来历，因《隋书·地理志》载："后
魏置平凉郡，开皇初郡废，有卢水。"彭荡仲是胡人，又生
活于安定卢水，无疑被当作卢水胡。但西晋雍州界内或者后
魏平凉郡的卢水具体位置在哪里，这一点仍很不明确。

从有关安定、北地卢水胡的记载中还可看出，西晋以
后，这里的卢水胡人已有了刘、彭、盖等单字姓氏，并不像
河西卢水胡沮渠氏那样，仍保持着以匈奴官氏为姓氏的状
态，这为我们透露出源流关系方面的信息。需要问一句：安
定、北地的卢水胡是否是从湟中或河西迁徙过去的？因为事
实上，魏晋以前关于安定、北地卢水胡的记载是很少的，而
湟中和河西卢水胡却在东汉中期已见诸史籍了。

北地及其邻近地区的卢水胡，最早见于曹魏初期。史载：

（建安）二十二年，太祖拔汉中。诸军还到长安，
因留骑督太原乌丸王鲁昔，使屯池阳，以备卢水。[2]

池阳即今陕西三原县。如果这里的卢水胡不是从河西或
湟中一带迁入的，那么它就应该是魏晋时期入塞的。但上面
说过，魏晋时期入塞的十九种"杂胡"中，并没有卢水胡，
因此它只能是从河西或湟中迁入。而湟中又不是卢水胡的真

---

1 《晋书》卷 60《贾疋传》，第 1652 页。
2 《三国志》卷 15《魏书·梁习传》注引《魏略》，第 470 页。

正起源地，那么，张掖一说就最接近历史实际了。

为什么说卢水胡的源起之地在张掖最接近历史实际呢？

从西汉以来，临松就是卢水胡的居地。沮渠蒙逊曾说："吾之乃祖，翼奖窦融，保宁河右。"[1] 史书讲沮渠氏"世居卢水为酋豪"[2]。显然，在有关湟中卢水胡、安定或北地卢水胡的记载中，张掖这一支是最早的。临松郡原为张天锡所置，在张掖郡南，境内有临松山。"临松山，一名青松山，又名马蹄山，又云丹岭山，在（张掖）县南一百二十八里。"[3] 临松和张掖二郡界内，同样也有称为"卢水"的河流。《明史》上说：

> （甘州）东北有居延海，西有弱水出西南山谷中，下流入焉。又有张掖河流合弱水，其支流曰黑水河，仍合于张掖河；又东南有卢水，亦曰沮渠川。[4]

今张掖黑河由祁连山发源，蜿蜒向西北流向张掖，然后再流向弱水汇入居延泽。这说明卢水本是黑河的上游。卢水又名"沮渠川"，正是卢水胡沮渠氏世居这里之故。

汉武帝时，经营西域，驱走河西走廊内的匈奴，列置四郡以切断羌人与匈奴的联系。另在张掖、居延设属国都尉，

1 《晋书》卷 129《沮渠蒙逊载记》，第 3189 页。

2 汤球：《十六国春秋辑补》卷 95《北凉录》，第 653 页。又《宋书》卷 98《氐胡传》（第 2412 页）同。

3 《太平寰宇记》卷 152《陇右道三·甘州张掖县》，中华书局，2007，第 2942 页。

4 《明史》卷 42《地理志三·甘州左卫》，中华书局，1974，第 1014 页。

"以主蛮夷降者"[1]。河西走廊的"蛮夷降者"主要是匈奴，其次是羌人。当窦融以张掖属国都尉名义保据河西时，"抚结雄杰，怀辑羌虏，甚得其欢心，河西翕然归之"[2]，其中的"羌虏"即指这部分降胡降羌，史书中有时称他们为"属国羌胡"。将窦融对他们实行"怀辑"，"得其欢心"，与沮渠蒙逊"吾之乃祖，翼奖窦融"之语相印证，说明临松卢水胡源于属国羌胡，是汉武帝时降胡的后裔，而东汉时又直称为"属国卢水胡"。

东汉时，属国卢水胡留下许多活动事迹。一是他们随窦固出酒泉塞，击北匈奴，著有勋劳。如袁宏所说：

> 安丰侯窦融，怀集羌胡，开其欢心，子孙至今，乐闻窦氏。大鸿胪窦固前击白山，卢水胡闻固至，三日而兵合，卒克白山，（卢水）固之力也。[3]

二是他们曾与羌族呼应，反抗东汉政府，事在章帝建初二年（77）。史称：

> （建初）二年夏，迷吾遂与诸众聚兵，欲叛出塞。……于是诸种及属国卢水胡悉与相应。[4]

---

1 《后汉书》志 23《郡国志·郡国五》，第 3521 页。

2 《后汉书》卷 23《窦融传》，第 796 页。

3 （晋）袁宏撰，周天游校注《后汉纪》卷 11《孝章皇帝》，天津古籍出版社，1987，第 311 页。

4 《后汉书》卷 87《西羌传》，第 2881 页。

曹魏时，卢水胡在河西已呈散居形势。临松之外，显美（今永昌县东）到武威之间，也有其部人活动。黄初二年（221），"凉州卢水胡伊健妓妾、治元多等反，河西大扰"[1]。魏文帝派张既前往镇压。卢水胡集结七千骑兵，拒张既于鹯阴口（今白银市平川区水泉乡黄湾村）。张既用声东击西战术，扬言从鹯阴口入，暗中却将军队调动到武威，迫使卢水胡退回显美。

从东汉到曹魏时期的情况看，一是卢水胡在逐渐向东移动，这使武威、湟中一带都有了卢水胡。二是卢水胡与羌人关系密切，往往一致行动，反抗政府。而东汉中期以后，羌族起义席卷了河西、陇右，蔓延到并州。安定和北地一带的卢水胡会不会是在羌人起义过程中迁徙去的，这可以研究。因为魏晋时期，在关陇一带，常有卢水胡与羌人联袂并趾的活动现象。晋惠帝元康六年（296）五月，"匈奴郝散弟度元帅冯翊、北地马兰羌、卢水胡反，攻北地"[2]，这只是其中一例。

据上可以认定，卢水胡的真正源起之地在张掖卢水（今黑河）。汉武帝时降汉的匈奴人是卢水胡最早的先祖。于是，我们又可循此为卢水胡寻根。

近年来，甘肃考古工作者发现的居延汉简中有三枚与卢水及"属国胡"有关的材料。材料产生的时代是东汉初年。现转引如下。

其一：

1 《三国志》卷15《魏书·张既传》，第474页。
2 《晋书》卷4《惠帝纪》，第94页。

建武六年七月戊戌朔乙卯□府书曰属国秦胡卢水士民从兵起以来□□

其二：

匿之明告吏民诸作使秦胡卢水士民畜牧田作不遣有无=四时言·谨案部吏毋作使属国秦胡卢水士民者敢言之

其三：

甲渠言部吏毋作使属国秦胡卢水士民者

与这三枚简文相关的还有一条：

□甲渠鄣守候敢言之府移大将军莫
□困愁苦多流亡在郡县吏……[1]

研究者认为，这些简文构成了一件完整的官方文书，是甲渠候官接到由居延属国都尉转发河西大将军幕府"关于追察民间擅自役使张掖属国各族为劳役"的公文后，向上呈递的调察报告。[2]

简文所标建武六年（30），正是窦融受河西豪杰推戴，行河西五郡大将军期间，上距汉武帝反击匈奴百余年。其中

1　参见甘肃省文物考古研究所编《居延新简释粹》所录简文74.E.P.F220：696、42、322、43，第62页。
2　参见甘肃省文物考古研究所编《居延新简释粹》，第62~63页。

提到的"秦胡"便是降汉的匈奴人。因汉武帝时也是西汉最早对河西行使主权之时，在汉族官吏眼中，这些胡人是秦时的匈奴遗民，相当于"匈奴旧部"，故被称为"秦胡"。他们世居卢水，与居住卢水的汉族士民同受河西大将军府及居延属国都尉管辖。有关这部分"秦胡"降汉的时间和情况，史籍记载甚明。元狩二年（前121），霍去病击匈奴，"至祁连山，捕首虏甚多"[1]汉武帝对霍去病收降匈奴一事深表满意，称：

> 票骑将军涉钧耆，济居延，遂臻小月氏，攻祁连山，扬武乎觻得，得单于单桓、酋涂王及相国、都尉以众降下者二千五百人，可谓能舍服知成而止矣。捷首虏三万二百，获五王、王母、单于阏氏、王子五十九人，相国、将军、当户、都尉六十三人。[2]

从居延到祁连山，正是弱水流域，也是后来张掖郡及属国都尉辖地范围。

汉武帝所说降汉匈奴中有相国、将军、当户、都尉等，这些官职在魏晋史籍中也有记载。如《晋书》载匈奴"有左日逐、右日逐，世为辅相"，"有左沮渠、右沮渠"，"有左当户，右当户"，"有左都侯、右都侯，又有车阳、沮渠、余地诸杂号，犹中国百官也"[3]沮渠蒙逊的先世担任的是左沮渠，犹如中国的左将军之职。作为降汉的"秦胡"之一

---

1 《汉书》卷55《霍去病传》，第2480页。
2 《汉书》卷55《霍去病传》，第2480页。
3 《晋书》卷97《北狄·匈奴传》，第2550页。

部，可能是受汉军追逼，在祁连山下降汉的。这里正是后来的临松郡界，也是黑河源头卢水发源地。他们被西汉政府安置下来后，累世在这里为酋豪。当时同被安置在这一带的"秦胡"，亦即东汉时所谓的"属国卢水胡"，其中有些后来东迁，只有这一支安居故地。作为卢水胡的唯一土著部族，它一直到北凉灭亡，才被迫离开张掖，一部分被北魏迁入中原，一部分则流入西域。这点，本书前面已经提到。

综上所论，在魏晋时期诸卢水胡部中，临松卢水胡是源，而湟中、安定、北地等地的卢水胡是流。他们民族的"根"是汉代的"秦胡"，最早居住在张掖黑河流域。"秦胡"后来离散，迁往湟中、安定、北地。在侨寓中，他们并未忘记他们是卢水胡的后裔，而史家也根据他们的族源与现居地分别他们，如胡三省所说："卢水胡分居安定、张掖，史各以其所居郡系之。"[1] 这才有了湟中卢水胡、安定卢水胡、北地卢水胡。[2] 但这不等于安定等地就是卢水胡的源起之地。相反，卢水胡的真正源起地只有一个，那就是沮渠蒙逊所在的张掖临松山一带。

第四节　民族融合趋势

魏晋时期是古代北方民族大融合的重要时期，周边民族

1　《资治通鉴》卷109晋安帝隆安元年四月条胡注，第3452页。
2　据《后汉书》卷86《南蛮西南夷传》："(冉駹夷)其西又有三河、槃于虏，北有黄石、北地、卢水胡，其表刃为徼外。灵帝时，复分蜀郡北部为汶山郡云。"(第2859页)则汶山(今四川茂县)境内，也有一支卢水胡。

的内徙及内徙后形成的各民族的杂相错居，是大融合发生的先导性条件。具体到一定地域，由于独特的地理环境和民族构成情况，特别因各民族经济、文化发展上的不平衡，民族融合的趋势也就有了地域性特点。虽然，内徙民族的汉化是个总趋势，但作为民族融合发展的历程，各地却不同，以至有时出现如鲜卑化、匈奴化、羌化等种种趋势。河西地域便属于这一类型。魏晋时期，河西民族大融合的主要趋势是羌化。其中，如河西鲜卑，它先期有匈奴化倾向，后期却步入羌化圈中。

所谓"羌化"趋势，是指一些原本弱小和落后的内徙民族或部落在河西特定的地域条件下，受羌族影响，其社会心理方面逐渐趋同于羌族，其社会行为方面靠拢羌族。同时，他们彼此之间也相依共存，形成地域性的"类聚"特征。魏晋时期，活动在河西地域的民族除汉、羌两族之外，主要是匈奴和鲜卑，这两个民族都在其民族活动和发展过程中，表现出上述特征。形成这种特征，原因是多方面的。其中，羌族在河西地域中的主体优势和它对其他民族的影响是最根本的。

羌族是河西最古老的民族，散布极广却又有自己民族的聚居区。

在先秦两汉文献中，因羌氐同源之故，往往羌氐并称，如"氐羌，夷狄，国在西方者也"[1]。汉代被称为"南山"的祁连山区都有羌部存在，称"南山羌"。而且汉代早有河西民族羌化并类聚，小月氏或称湟中月氏胡即其中一支。史载：

---

1 《诗·商颂·玄鸟》郑玄笺注。

湟中月氏胡，其先大月氏之别也。旧在张掖、酒泉地。月氏王为匈奴冒顿所杀，余种分散，西逾葱岭。其羸弱者南入山阻，依诸羌居止，遂与共婚姻。及骠骑将军霍去病破匈奴，取西河地，开湟中，于是月氏来降，与汉人错居。虽依附县官，而首施两端。其从汉兵战斗，随势强弱。被服饮食言语略与羌同，亦以父名母姓为种。其大种有七，胜兵合九千余人，分在湟中及令居，又数百户在张掖。[1]

令居，即汉武帝时所置令居塞，在今永登县西北，湟中即今青海境内湟水与黄河交汇处，汉时属金城郡和护羌校尉统辖，古称为赐支（析支）河曲，这里是羌族源起之地。所谓：

河关（今临夏县）之西南，羌地是也，滨于赐支，至乎河首（青海积石山麓），绵地千里。[2]

总之，从西汉时起，自湟中到祁连山，再到酒泉和张掖，处处都有羌人聚居或散居。任何迁到河西地域的民族或部族，都不能不和羌族发生接触和联系。如秦汉之际匈奴人居河西，虽"灭夷月氏"，但却不能不与羌族共享河西，造成"河西斗绝，在羌胡中"的形势。而不论是经济上还是政治上的接触与联系，都会造成彼此间的影响和迁染。从小月

---

1 《后汉书》卷87《西羌传》，第2899页。
2 《后汉书》卷87《西羌传》，第2869页。

氏羌化的过程看，羌族对其他民族的影响力总是远远超出其他民族对羌族的影响力。称小月氏为"月氏胡"，是因为它本为匈奴属国，习俗与匈奴同，但最终还是被羌族同化，形成了二元共同体的民族现象。这说明，正是羌族在河西地域内的主体民族地位，赋予它某种自然性和社会性素质，使任何与之发生关系的弱小民族或部族都会在民族习性方面自觉接受它的征服。

魏晋时期，活动在河西地域内的匈奴和鲜卑等，他们实现民族融合的轨迹，正与汉代小月氏相同。

以匈奴而言，魏晋时期在河西地域活动的主要有两支，一支是赀虏，另一支是卢水胡。

先说赀虏。史载：

> 赀虏，本匈奴也，匈奴名奴婢为赀。始建武时，匈奴衰，分去其奴婢。亡匿在金城、武威、酒泉北黑水、西河东西，畜牧逐水草，钞盗凉州。部落稍多，有数万，不与东部鲜卑同也。其种非一，有大胡，有丁令，或颇有羌杂处，由本亡奴婢故也。当汉魏之际，其大人有檀柘，死后，其枝大人南近在广魏、令居界。[1]

赀虏自汉魏初露头角，后在河西民族之林中长期销声匿迹，直到沮渠蒙逊起兵反对后凉时，才重见于记载：

> 蒙逊从兄男成，先为将军守晋昌。闻蒙逊起兵，逃奔赀

---

1 《三国志》卷30《魏书·乌丸鲜卑东夷传》注引《魏略》，第859页。

虏，扇动诸夷，众至数千，进攻福禄、建安。[1]

在公元 3 世纪初到公元 4 世纪末近两个世纪中，赀虏何在？应当说晋昌（今瓜州县东）和福禄（今酒泉）是一个下落。男成能逃向他们，证明原在"酒泉北黑水（今张掖黑河）、西河东西"的赀虏已定居下来。而酒泉和张掖原本就是羌民和小月氏居住地域，酒泉还是东汉永元初羌人起义爆发的地方。赀虏在这里定居，不取得羌人包容是不行的。而要取得羌人的包容，先决条件只能是向羌人靠拢，并走向小月氏那样的羌化道路。好在赀虏中本来就有"杂处"的羌族人口，这一点是不难实现的。

除晋昌与福禄一带的赀虏有羌化趋势外，金城西部的赀虏在汉魏之际已定居在广魏一带（今永登县南），这一带正在令居至湟中的羌族聚居区。那么，檀柘这一支也一定是受到羌族包容，甚而是被羌族收编了。

羌族在河西民族中的主体优势及其影响力之大，是由其民族部种的繁盛及人口的众多造就的。

黄河河关西南的湟中，是羌族源起之地。据载，秦厉公时期（前476~前443），羌族首领无弋爱剑与劓女相遇，"俱亡入三河间"。[2]从此羌族有了以父名母号为称谓的血缘种落。秦献公拓地西戎，湟中羌人逼于秦人兵势，析族远徙，或东迁，或南下，形成后来越俊、白马、广汉、武都诸种。唯爱剑曾孙忍及弟舞留在湟中，广为繁殖，"忍生九子为九种，

1　《晋书》卷 122《吕光载记》，第 3061 页。
2　《后汉书》卷 87《西羌传》，第 2875 页。

舞生十七子为十七种，羌之兴盛，从此起矣"！[1]两汉间，湟中诸羌势力最盛的有研种、先零种、烧当种、发羌种等，其余支种如卑湳、烧何、封养、当煎、当阗等，数不胜数。其人口之多，不下数十万。仅汉武帝时，先零羌带头发动的一次起义，就有十万人参加。[2]两汉之际，湟中羌众纷纷北渡湟水，再次向河西及陇西散居，如班彪对光武帝所言：

> 今凉州部皆有降羌。羌胡被发左衽，而与汉人杂处，习俗既异，言语不通，数为小吏黠人所见侵夺，穷恚无聊，故致反叛。[3]

东汉中后期从河西爆发的羌人起义，使"五州残破，六州削迹"[4]，东汉"自羌叛十余年间，兵连师老，不暂宁息"，"并、凉二州遂至虚耗"。[5]河西羌族势力之盛，由此可见一斑。

河西羌族纵然在魏晋时期并未称王建号，但任何活动于河西的民族，包括居于统治地位的民族，他们的民族意识和民族心理都要向羌族倾斜。这里举卢水胡为例。

史载：

> 沮渠蒙逊，临松卢水胡人也，其先为匈奴左沮渠，

1 《后汉书》卷87《西羌传》，第2876页。
2 《后汉书》卷87《西羌传》，第2876页。
3 《后汉书》卷87《西羌传》，第2878页。
4 王符：《潜夫论·救边第二十二》，第107页。
5 《后汉书》卷87《西羌传》，第2891页。

遂以官为氏焉。[1]

又载：

> 大且渠蒙逊，张掖临松卢水胡人也。匈奴有左且渠、右且渠之官，蒙逊之先为此职。羌之酋豪曰大，故且渠以位为氏，而以大冠之，世居卢水为酋豪。[2]

卢水胡之为匈奴种裔，这一点是无疑的。蒙逊这一支所居临松，在卢水上游，濒临南山，本来就是"南山羌"居地。另外，其地理位置在西平（现今西宁市）与张掖二郡之间。"西平、张掖之间，大月氏之别，小月氏之国。"[3]在汉族眼里，临松卢水胡早已是羌化的胡族。所以，史书记载沮渠氏之效忠窦融时，将沮渠氏也作为"羌虏"雄杰来看待。"（窦融）既到，抚结雄杰，怀辑羌虏，甚得其欢心。"[4]称他们为"羌虏"，指出他们与小月氏并居，说明汉族人已视他们为羌族共同体中的又一元。故有窦融率五郡太守及羌虏、小月氏等征隗嚣的记载。[5]另外，文献中既说沮渠蒙逊是"胡"，又说"羌之酋豪曰大，故且渠以位为氏，而以大冠之"，这等于说沮渠蒙逊也认为自己虽源于胡，而实际已

---

1 《晋书》卷129《沮渠蒙逊载记》，第3189页。
2 《宋书》卷98《氐胡传》，第2412页。
3 郦道元著，陈桥驿校证《水经注校证》卷2《河水》注引《十三州志》，第48页。
4 《后汉书》卷23《窦融传》，第796页。
5 《后汉书》卷23《窦融传》，第802~804页。

化为羌。这是一种处于民族融合羌化趋势中的心理状态和民族意识，等于说沮渠蒙逊承认自己已羌化了。

基于上述现象，又基于羌氐同源原理，特别是基于汉魏间史书往往将羌氐混称。如对白马部落，《史记》《汉书》称其为氐，而《后汉书》则混称，其中《西南夷传》称其为氐，《西羌传》称其为羌。另外，《华阳国志·蜀志》亦称其为羌。[1]故可以说，《宋书》对河西卢水胡归类时，根据其与氐羌民族的关系，将其与白马氐并立一传称《氐胡传》，也是有道理的。

卢水胡与赀虏同属于魏晋时期羌化中的匈奴部落，在羌化程度上也是不同的。相对而言，卢水胡的羌化程度比赀虏更深。其原因除卢水胡居住在羌族种落与人口密集的西平至张掖间，为羌族势力包围和覆盖之外，还在于有些卢水胡部落早就深入河湟地区，加入了羌族营垒，走上了湟中月氏胡那样的道路。上引东汉明帝时的记载，说临羌县（今青海湟源县西南）"烧何（羌）豪有妇人比铜钳者，年百余岁，多智算，为种人所信向，皆从取计策。时为卢水胡所击，比铜钳乃将其众来依郡县"[2]。卢水胡与烧何羌的冲突，卢水胡是胜利者。但由于它入居的是河湟区域，实际上是将自己的部族置于羌族的汪洋大海。最终，其所具有的匈奴民族性格必将为羌族性格所征服。就像被征服后的小月氏称"湟中月氏胡"那样，这一支卢水胡后来就被称为"湟中卢水胡"了。

羌族之所以有同化其他民族的能力，还与羌族在河西民

---

1 参见郭厚安、陈守忠主编《甘肃古代史》，第90页。
2 《后汉书》卷87《西羌传》，第2880页。

族中的地位有关。其地位包括政治和经济两个方面。

　　魏晋时期，河西羌族并未形成建邦命氏的威势，后来的河西"五凉"中，羌族也未找到自己的位置。但这不等于羌族在河西民族中不具备政治地位。如前所述，从西汉中期到东汉中后期，羌族为反抗民族压迫进行了不间断的斗争，斗争中的英勇顽强和同仇敌忾为其他民族树立了榜样。而且羌族常联合其他民族一致对敌。如建初元年（76），"安夷（今青海省西宁市东）县吏略妻浦种羌妇。吏为其夫所杀，安夷长宗延追之出塞。种人恐见诛，遂共杀延，而与勒姐及吾良二种相结为寇"，"于是诸种及属国卢水胡悉与相应"。[1]像这样以羌族为主体有河西其他民族一同进行的反压迫斗争，正是各民族以羌族为政治核心实现民族融合的过程。

　　另外，羌族也支持其他民族的反压迫斗争，这种支持也促进了民族融合发展。如支持河西鲜卑反晋就是一例。

　　河西鲜卑自曹魏嘉平中迁到河西后，长期与湟中羌人杂居。西晋泰始初，秃发树机能发动起义，"杀秦州刺史胡烈于万斛堆，败凉州刺史苏愉于金山，尽有凉州之地"[2]。这个被西晋政府称为"凉州之乱"的事件，史书记载有时作"北地胡寇金城""群虏内叛"[3]，有时作"凉州虏寇金城诸郡"[4]，有时作"虏轲成泥寇西平、浩亹"[5]，或作"鲜卑叛"，或称投降者为"善戎"，这说明树机能凭借了羌族力量。

1　《后汉书》卷87《西羌传》，第 2881 页。

2　《晋书》卷 126《秃发乌孤载记》，第 3141 页。

3　《晋书》卷 3《武帝纪》，第 60 页。

4　《晋书》卷 3《武帝纪》，第 64 页。

5　《晋书》卷 3《武帝纪》，第 72 页。

南凉政权是秃发乌孤在反抗后凉民族压迫中产生的。一开始，军事政治中心设在西平与乐都之间的羌中地区，这显然得到了羌族支持。而且乌孤首先顺利攻取了后凉乐都、湟河、浇河三郡，之所以如此，是因"岭南羌胡数万落皆附之"[1]。事实上，三郡之得是羌族支持的结果。秃发部始终与羌族相依共存，甚至当秃发傉檀迁都姑臧时，也"徙西平、湟河诸羌三万余户于武兴、番禾、武威、昌松四郡。征集戎夏之兵五万余人"[2]。这些，已不仅只是河西民族关系中的社会政治现象，而是鲜卑与羌族在长期的民族联合中逐步发生融合的表现。河西鲜卑秃发氏与羌族已在向异源同流的关系迈进，这是河西地域羌族共同体中的又一元。

羌族的经济水平明显高于匈奴、鲜卑等民族。早在卢水胡、赀房、河西鲜卑等入居河西前的战国初期，羌族已进入半牧半农生活。秦汉以后，羌族的农业经济迅速发展，他们在今湟源到永登之间开辟了大量农田，据赵充国统计，总数在二千顷以上。曹魏时期，羌人生产的粮食已在向汉族输出。徐邈为凉州刺史，收"虏谷"赈贫乏一事说明了这点。[3]另外，羌族还独得地利和物质资源。有人将这点看作羌族能称雄河西和召唤其他民族种落向自己靠拢的根本原因。如东汉安帝时曹凤所言，先零羌之所以能"北招属国诸胡，会集附落，种众炽盛"，是因为"其居大小榆谷，土地肥美，又近塞内……北阻大河因以为固。又有西海鱼盐之利，缘山滨水，以广田蓄。故能强大，常雄诸种，恃其权勇，招诱羌

1 《晋书》卷 126《秃发乌孤载记》，第 3142 页。
2 《晋书》卷 126《秃发傉檀载记》，第 3150 页。
3 《三国志》卷 27《魏书·徐邈传》，第 739~740 页。

胡"[1]。为什么赀虏、卢水胡、河西鲜卑都有向湟中方向游移乃至落户湟中的经历，曹凤的解释是令人信服的。魏晋之间，凡移徙和落户湟中的民族部落，他们的社会生活都受羌族影响而获得了长足发展。如河西鲜卑秃发氏，在徙入河西前，"肇自幽朔，被发左衽，无冠冕之仪，迁徙不常，无城邑之制"[2]，而徙入河西后，由"其地东至麦田、牵屯，西至湿罗，南至浇河，北接大漠"[3]的大范围游牧转到河湟地域生活，在乐都一带定居下来，"务农桑，修邻好"[4]，走上建立封建割据政权的道路。为什么能有这样的转变？归根结底，要到羌族共同体中去寻找答案。

魏晋以后，由于羌族在河西民族关系中发挥的主体性作用，河西地域多元一体化的民族融合作为一种既成历史现象，在各民族社会政治生活中处处表现出来。这里不妨用"方以类聚"一词来表达这一现象。作为一种由羌化趋势导致的民族关系新动态，它使地域内各民族间种族意识淡化，单纯的种族排斥和对抗力量削弱。同时，以地域为纽带的政治性联合或分野成为基本关系。也就是说，在政治意识上，河西民族有了明确的地域内外之分。对来自外部民族的欺凌和压迫，他们往往采取一致的反抗态度，像卢水胡与河西鲜卑同时起兵反对氐族吕光统治那样。另外，在一般情况下，他们所求取的往往是地域内自己民族的政治权益。如沮渠蒙逊与秃发傉檀向后秦讨取公道那样：

---

1 《后汉书》卷 87《西羌传》，第 2885 页。
2 《晋书》卷 126《秃发利鹿孤载记》，第 3145 页。
3 《晋书》卷 126《秃发乌孤载记》，第 3141 页。
4 《晋书》卷 126《秃发乌孤载记》，第 3141 页。

（秦）姚兴遣使人梁斐、张构等，拜蒙逊镇西大将军、沙州刺史、西海侯。时兴亦拜秃发傉檀为车骑将军，封广武公。蒙逊闻之，不悦，谓斐等曰："傉檀上公之位，而身为侯者，何也？"构对曰："傉檀轻狡不仁，款诚未著，圣朝所以加其重爵者，褒其归善即叙之义耳。将军忠贯白日，勋高一时，当入谐鼎味，匡赞帝室，安可以不信待也！圣朝爵必称功，官不越德，如尹纬、姚晃，佐命初基；齐难、徐洛，元勋骁将，并位才二品，爵止侯伯，将军何以先之乎？窦融殷勤固让，不欲居旧臣之右。未解将军忽有此问！"蒙逊曰："朝廷何不即以张掖见封，乃更远封西海邪？"构曰："张掖，规画之内，将军已自有之。所以远授西海者，盖欲广大将军之国耳。"蒙逊大悦，乃受拜。[1]

　　蒙逊与傉檀之间矛盾的出现与加剧，是傉檀抢先占据姑臧导致的，属政治分野，而非卢水胡与河西鲜卑之间的种族分野。

　　所谓"类聚"关系，还表现在地域内各兄弟民族虽在政治角逐中各有成败，却仍然彼此投靠和慰纳。如南凉灭亡前，秃发氏与沮渠氏在政治上尖锐对立；但灭亡后，秃发氏却视沮渠氏为归宿。傉檀曾说：

　　　　樊尼，长兄之子，宗部所寄。吾众在北者户垂
　　一万。蒙逊方招怀遐迩，存亡继绝，汝其西也。纥勃、

---

1 《晋书》卷129《沮渠蒙逊载记》，第3193~3194页。

洛胘亦与尼俱。[1]

后来，归附蒙逊者都得到保全，樊尼还被任命为北凉临松太守。而归降西秦的傉檀及其子虎台都被乞伏炽磐杀害。

特别值得一提的是，南凉灭亡后，河西鲜卑一直是卢水胡反对外部敌人的"外援"。如归降北魏的傉檀之子源贺对魏太武帝所说：

> 姑臧城外有四部鲜卑，各为之（沮渠氏）援，然皆是臣祖父旧民。臣愿军前宣国威信，示其福祸，必相率归降。外援既服，然后攻其孤城，拔之如反掌耳！[2]

后来，太武帝就是依靠分化鲜卑与卢水胡之间的唇齿关系才攻克了姑臧。

综上所论，五凉时期河西民族融合的趋势十分明显。融合造成了河西地域民族关系的多元共同体现象。这个现象的背景是众多部族的羌化趋势。这是"河西斗绝"这一封闭的地域环境和"在羌胡中"这一特殊的民族构成所致。当然，一旦地域的封闭局面被打开，已形成的这个共同体必然会与更广泛的共同体结合起来，从而又形成更大范围内的民族融合。后来，北朝以及隋唐的民族大融合便是循此轨迹展示和发展的。

---

1 《晋书》卷 126《秃发傉檀载记》，第 3156 页。
2 《魏书》卷 41《源贺传》，第 919 页。

经济篇

【卷八】

第一节　汉晋之际河西经济区的变迁

　　秦汉封建统一国家的出现与汉民族文化圈的扩展，带动了边疆地区的开发。从西汉中期始至西晋灭亡后一段时期，河西作为古代经济区之一，走过了它的形成、曲折发展和初步繁荣的早期变迁道路。其所蕴蓄的潜力及可以发挥的作用、影响也得以初步显示。这些历史引起过研究者的广泛注意与兴趣，而今天仍存在着探讨的余地。

　　一　河西经济区的形成

　　西汉中后期的一个半世纪，古代河西经济区在逐步形成。

　　"河西斗绝，在羌胡中"[1]。汉代人所持的这种认识，从地理环境及民族构成上说明开发河西的难度。所以，说汉武帝创造出一个"凿空"之举言无不当。因为此举所表现的历史就不仅是驱逐了匈奴在河西的势力，而且是先进的经济文化对落后的经济文化的征服。

　　西汉前期，匈奴驱逐月氏、乌孙、羌人势力并攫夺了

───────────

1　《后汉书》卷23《窦融传》，第797页。

"水草丰盛，冬温夏凉，宜于畜牧"的河西走廊，也因此发展了本民族的畜牧业经济。但是单一的畜牧业经济终究难以满足奴隶主贵族多方面的物质需求。于是又有一系列经济补充活动如对被征服民族实行横征暴敛，沿边地带与汉及其他民族开展"互市"，通过"和亲"向汉室进行大量索取，尤其是惯常的军事掳掠等。诸如此类的活动最重要的目的是获得汉族的农产品及手工业品。被称为"变俗"时期的老上单于尤"乐汉物"，"和亲"中"汉所输匈奴缯絮米糵，令其量中，必善美而已矣"，"不备，苦恶，则候秋孰，以骑驰蹂而稼穑耳"[1]。匈奴这样主动地接受汉族经济的渗透，导致怎样的结果？对此，其部内早有人提出答案："汉物不过什二，则匈奴尽归于汉矣。"[2]

汉武帝在经略西域中对河西采取的种种措置在客观上顺应了上述征服与被征服的大势。元狩二年霍去病携万骑劲旅出陇西过居延，兵锋直抵祁连山造成浑邪、休屠二王后死前降的声势后，"金城、河西西并南山至盐泽空无匈奴"[3]，等于单一的畜牧业经济在整个河西一朝瓦解和农业经济在整个河西勃兴的序幕骤然拉开。

历史上不乏事件的巧合。汉王朝对河西用兵之际，关东地域遭到大的水灾。政府急欲安置灾民，促成破天荒的劳动力西进，"徙贫民于关以西，及充朔方以南新秦中七十余万口，衣食皆仰给县官。数岁，假予产业"[4]。从记载看，关西

---

1 《史记》卷110《匈奴列传》，第2901页。
2 《史记》卷110《匈奴列传》，第2899页。
3 《史记》卷123《大宛列传》，第3167页。
4 《史记》卷30《平准书》，第1425页。

主要指河西，重点是河西走廊，"自武威以西，本匈奴昆邪王、休屠王地，武帝时攘之。初置四郡，以通西域，鬲绝南羌、匈奴。其民或以关东下贫，或以报怨过当，或以悖逆亡道，家属徙焉"。[1] 劳动力大量西进，先进的农业技术也随同西进，这成为河西经济区起步的巨大动力。

元狩三年到元鼎六年的短短 10 年之中，河西农业勃兴了。汉政府充分利用屯田形式，集中力量开垦处女地，建设"官田"。其中，尤以军屯搞得有声有色。"上郡、朔方、西河、河西开田官，斥塞卒六十万人戍田之"[2]。与"官田"有关的水利设施也在上马，"自朔方以西至令居，往往通渠"[3]。

在"开官田"萌生出军事农业体系的同时，"假民公田"措施又创造出民生农业体系。所谓"数岁，假予产业"就是给农民租佃土地，准其自耕自食。由民生农业派生出的村社及其朴素风情，被史书记载得颇为具体：

> 酒礼之会，上下通焉，吏民相亲，是以其俗风雨时节，谷籴常贱。少盗贼，有和气之应，贤于内郡。此政宽厚，吏不苛刻之所致也。[4]

武帝以后，农业成为河西的主要产业，但并未窒息畜牧业。非但如此，由于畜牧业仍在发展，从此开始有了"河

1 《汉书》卷 28 下《地理志下》，第 1644~1645 页。
2 《史记》卷 30《平准书》，第 1439 页。
3 《史记》卷 110《匈奴列传》，第 2911 页。
4 《汉书》卷 28 下《地理志下》，第 1645 页。

西畜牧为天下饶"[1]的民谚。一些优良的牲畜品种如汗血马等被发现。有记载说，元狩三年"得神马握洼水中"，司马相如的《太一之歌》称之为"天马"，形容它"沾赤汗，沫流赭"，堪与龙为匹。[2]为繁育优良马匹，汉政府在后来设置了河西牧苑。当农业经济成为主导性的经济后，畜牧业反过来也给予农耕生活者以影响，迁入河西的民户也因此显得与关东人"习俗颇殊"[3]。

农、牧业并行发展，使河西经济区在起步时便具备着雄厚的潜力。而且两大经济的相互影响和互为补充还带动手工业与商业的活跃，织造麻布、毛褐，制取食盐，进行皮革、毡裘的加工很快成为民间富有特色的生产活动。当丝绸之路的东西贸易兴起时，经济区已为往来客商准备了一定的商品，也架好了桥梁。西汉后期，政府"重致远人"，"敦煌、酒泉小郡及南道八国，给使者往来人马驴橐驼食"[4]，可见，没有河西经济区的兴起，难有丝绸之路的通畅。

标志着经济区形成的另一事件便是水利灌溉事业的兴旺，它推动河西水浇农业的发展。据载，元封以后朝廷上下掀起一股水利热，作为重点开发区的河西，与这股水利热关系极大，"用事者争言水利，朔方、西河、河西、酒泉皆引河及川谷以溉田"[5]。说河西与水热关系极大，是因为此前令居一带的官田已搞了穿渠引水。而且当农业在河西境内勃兴

1 《汉书》卷28下《地理志下》，第1645页。
2 《汉书》卷22《礼乐志》，第1060页。
3 《汉书》卷28下《地理志下》，第1645页。
4 《汉书》卷96上《西域传上》，第3893页。
5 《汉书》卷29《沟洫志》，第1684页。

时，政府已做出相应的灌溉规划，例证之一便是许多屯田都置于河流两岸，河流的重要出入水口则为屯田都尉治所。如在酒泉郡内的会水堰泉障置北部都尉，东部障置东部都尉，敦煌的渔泽置渔泽都尉，昆仑障置宜禾都尉等。这是元封水利热期间河西农业长足发展的明证。

农业生产的技术也随经济区的兴起而在改进提高。尤其是武帝末年赵过发明的代田法与租庸挽犁法的推广，对增加粮食产量及扩大耕垦面积有着至关重要的意义。代田法作为田间管理技术可增强作物抗风抗旱能力，保证亩产超过"缦田"一斛以上，"善者倍之"[1]。租庸挽犁法对缺少畜力的民户是很好的率导和帮助。

建设新经济区，安定的社会条件是必不可少的。武帝及其后 100 多年，关中及关东地主制封建社会早已确立，激烈的土地兼并与因此而发生的贫富分化、阶级对立相当明显。河西却有不同，一是封建关系正在形成但土地兼并活动少有发生，普遍的生态现象仍是"土广民稀"。二是政府对迁徙河西的民户实行优待，所谓"吏不苟取"，"此政宽厚"。三是闭塞的环境限制了外界战乱与灾害的波及，如武帝后期关中和关东有"群盗并起"[2]"比岁不登"[3]"大旱"[4]"郡国颇被水灾"[5]的社会问题，而河西域内竟平安无事。安定的社会条件对穷困无着的中原贫民产生吸引力，

---

1 《汉书》卷 24 上《食货志上》，第 1139 页。

2 《汉书》卷 78《萧望之传》，第 3278 页。

3 《汉书》卷 7《昭帝纪》，第 221 页。

4 《汉书》卷 8《宣帝纪》，第 244 页。

5 《汉书》卷 8《宣帝纪》，第 252 页。

也为汉王朝减轻社会问题的压力提供决策依据。当元封六年朝廷为关东多达 200 万口的流民及 40 万口"无名数者"搞得焦头烂额时，"公卿议欲请徙流民于边以适之"[1]，出路中是少不了河西的。

昭、宣时期，河西经济区有所拓展，那就是始元六年金城郡的设置与后来令居到湟水一线新的基地农业的兴起。汉宣帝为防范羌人北上，也为在击羌战争中减轻从张掖一带出粮出辎招致的"转输并起，百姓烦扰"[2]，委派赵充国统部属垦发临羌至浩亹间羌人"故田"与"公田"2000 余顷。新的屯田基地建成后，与原先的令居基地一南一北，夹金城而立，不仅使经济区东端形成"杜绝河津，足以自守"的防卫能力[3]，而且使经济区在后援陇西以及制控河南一带形势中的作用更加明显。

总之，西汉中期始开发而后期已形成的河西经济区，从地域构成讲，包括了当时西起敦煌、东至金城的五郡之地。从经济构成上讲，包括了农、牧、工、商四条脊干，而以农业、畜牧业为主。从经济分布的构成讲，农业脊干又有两个分支，一是基地农业，它从东南的湟中循黄河蜿蜒到金城，再折向西北的令居，伸至居延、酒泉，终于敦煌、阳关、玉门关。一是民生农业，星罗棋布于屯田之间。牧业脊干则是祁连山。另外，还有一个流通中的大动脉，那便是丝绸之路河西段。西汉末年，河西经济区内居民户总计为 109740，口为 429859，可以说是既殷且富了。

---

1 《史记》卷 103《万石君列传》，第 2768 页。
2 《汉书》卷 69《赵充国传》，第 2980 页。
3 《后汉书》卷 23《窦融传》，第 796 页。

二　汉魏之际河西经济区的曲折发展

河西经济区在东汉和曹魏的两个半世纪中经历了曲折的发展。

东汉一代，整个国家政治形势的变化强烈地影响了河西。首先是国都由长安东迁洛阳，东汉国力又不如西汉那样强盛，这使政府在对河西的继续开发与经营上不再那么得力。其次，河西域内的民族关系和阶级关系由简单转入复杂，战乱也时有发生。特别是被统治者称作"羌患"的战争和匈奴势力的卷土重来，给经济区造成的影响极大。当然，由于经济区形成时已具备了巨大潜力，加之地主庄园制经济的兴起，往往显示出破坏之后的恢复比破坏本身更有韧性这一经济发展特点，总体上经济区仍在缓慢地进步。尤其是东汉统一全国前和曹魏统一北方后的两段时间，其进步更加明显。

东汉统一全国前河西有过窦融的保据局面，这种局面暂时使经济与政治处在同元状态，并使政治对当地经济的依赖程度增大，反作用更加直接。窦融选中河西实行保据的依据也是有关潜力的，即"河西殷富"和"足以自守"[1]。

窦融利用王莽失政及中原灾荒频仍的形势，大力招诱人口，使"保塞羌胡皆震服亲附，安定、北地、上郡流人避凶饥者，归之不绝"[2]，同时大力劝课农桑，依靠正在成长的河西著姓及豪族地主，很快实现了"晏然富殖"和"仓库有

1　《后汉书》卷23《窦融传》，第796页。
2　《后汉书》卷23《窦融传》，第797页。

蓄"[1]。

封建生产关系的发展，成为窦融时期突出的社会现象。其因是一大批反对王莽的西汉官僚及官僚后裔迁到河西。作为高级难民，主观上他们是带着宗族、宾客、部曲到河西寻找"遗种处"的，其中不乏刘般那样的宗室地主[2]，但在客观上却也将其各方面的经验如生产组织、经营、管理经验，剥削经验，理民经验等带入河西，窦融对他们虚矜礼接的结果，造成他们门第、产业的进一步积淀。由此也使庄园制经济发展开来[3]。

窦融时期封建生产关系的另一点变化是羌族、小月氏等内附并部分转入农耕生活。这与窦融政权推行"怀辑羌虏，甚得其欢心"的政策不无关系[4]。转入农耕的羌民散居在金城郡属县内，在民族经济发生进步的同时，也开始遭遇到"数为小吏黠人所见侵夺，穷恚无聊"的命运。

窦融附汉后，东汉政府仍在经营河西，其前中期所做的努力史有明载。如建武九年复置护羌校尉；建武十二年针对河西流民较多问题，诏令被掠为奴者向官自讼，"一切免为庶人"[5]；永元五年，为减轻河西人民负担，"诏有司省减内外厩及凉州诸苑马"[6]，永元十二年后，多次下令赈贷河西诸郡。鉴于赈贷只能奏效一时不能作用永久，殇帝又令"二千石长

1 《后汉书》卷 23《窦融传》，第 797 页。
2 《后汉书》卷 39《刘般传》，第 1303~1305 页。
3 见甘肃省博物馆藏出土砖制庄园模型。
4 《后汉书》卷 23《窦融传》，第 796 页。
5 《后汉书》卷 1 下《光武帝纪下》，第 59 页。
6 《后汉书》卷 4《和帝纪》，第 175 页。

吏其各实核所伤害，为除田租、刍稾"[1]。在边患又起的形势下，东汉初的河西地方官也实行边备和内政并重的措施，如光武帝时的武威太守任延，针对"郡北当匈奴，南接种羌，民畏寇抄，多废农业"的情况，一方面加强北部警备，抑制豪族地主如田绀等"子弟宾客为人暴害者"，另一方面加紧农田建设，"乃为置水官吏，修理沟渠"[2]。上述施政使河西经济处于大动荡前的稳定中，经济呈现着继续发展的势头。有史家做过评论，说东汉初凉州地域之广在 13 州中仅次于扬、益；在战乱、灾荒影响下，全国人口明显减少，而凉州各郡减少数最小，敦煌一郡仅减少 9195 人[3]。这种评论在一定程度上说出河西经济区在东汉初、中期算得上安定，因此也算得上在发展的事实。

如果说西汉中期经济区内农业普遍起步是一个特点，那么东汉前中期都会性城市的起步又是一个特点。姑臧与敦煌从此成为天下名城。姑臧曾被匈奴称为盖藏城，西汉时为武威郡治。东汉时，"天下扰乱，唯河西独安，而姑臧称为富邑，通货羌胡，市日四合"[4]。财货在此城大量的聚散，使此城的经济作用明显加重。官僚都愿到这里做官，因为商业利润和税收可使他们大大中饱私囊，"不盈数月，辄致丰积"[5]。明帝永平七年及章帝元和元年，朝廷两度为北匈奴置"合市"于姑臧。合市盛会，匈奴"驱牛马万余头来与汉贾客交

1 《后汉书》卷 4《殇帝纪》，第 198 页。
2 《后汉书》卷 76《循吏列传·任延》，第 2463 页。
3 参见刘仁成《东汉凉州疆域及人口密度》，《西北文化月刊》1947 年第 9 期。
4 《后汉书》卷 31《孔奋传》，第 1098 页。
5 《后汉书》卷 31《孔奋传》，第 1098 页。

易。诸王大人或前至，所在郡县为设官邸，赏赐待遇之"[1]。敦煌是两汉西塞所在，因此也是经营的重点。但东汉初期因北匈奴胁迫车师等西域政权进攻河西，一度造成敦煌的"城门昼闭"[2]。永平十二年后，朝廷使窦固、耿秉从酒泉、居延两路出兵，击败北匈奴，在伊吾设校尉，留吏士屯戍，敦煌又获得发展机会。此后，"胡商贩客，日款于塞下"[3]，而政府为恢复和充实敦煌，在以后20余年中反复诏令减除内地郡国罪囚刑期，连同他们的家属发送敦煌"占著所在"[4]。此前此后，由于佛教的东传、经学的西渐，敦煌在作为外贸边关的同时，也成为河西人文荟萃的城市。这后一点也影响到后来河西经济区的历史。

上面说过，东汉中后期河西经济区在发展中出现较大的曲折，其中战乱带来的破坏是造曲折的主要原因。首先是安帝以后北匈奴屡次进犯使"河西大被其害"；而后是先零、沈氏等羌种对金城、张掖等地的进攻，尤其是金城战事旷日持久达数十年，战火所及过北地，达并州，连洛阳西北都感受到"不暂宁息"。安帝在位的前14年，政府征发240多亿军费用于"羌患"，且多半出自西北。随战争而起的劳役、灾荒使"并、凉二州遂至虚耗"[5]。

除战争的破坏之外，朝廷因无力制远，早在国家初建时已打算改变西汉时积极经营河西的政策。这是经济区发展

---

1 《后汉书》卷89《南匈奴传》，第2950页。
2 《后汉书》卷89《南匈奴传》，第2949页。
3 《后汉书》卷88《西域传》，第2931页。
4 《后汉书》卷3《明帝纪》，第143页。
5 《后汉书》卷87《西羌传》，第2891页。

受到限制以致几乎中衰的基本原因。前前后后，东汉朝廷出现过两次"弃凉"之议。第一次在建武十一年，"朝臣以金城破羌之西，途远多寇，议欲弃之"[1]，弃之不成，除形势不准许外，还有陇西太守马援的直言极谏。马援在上书中，反复阐述他军旅之次的所见所闻，如土地肥沃，灌溉便利，城池坚牢等，使朝廷改变初衷并下令先收拾金城一带残局，"诏武威太守，令悉还金城客民。归者三千余口，使各反旧邑"[2]。而后马援又采取措施，"置长吏，缮城郭，起坞候，开导水田，劝以耕牧"，使金城郡再现"郡中乐业"气象。[3]马援在挽救河西经济区上是有功劳的。后来朝廷对经济区东端的经营稍见加强，如和帝时再迁刑徒到金城一带，重修坞壁，"增广屯田，列屯夹河，合三十四部，其功垂立"[4]，但加强不到 20 年时间，到永初中因羌人再次进攻，上述举措又罢休了。第二次"弃凉"之议发生在永初四年，有人据羌人进攻加紧的趋势，建议大将军邓骘"徙边郡不能自存者，入居诸陵，田戍故县"[5]，邓骘"以军役方费，事不相赡，欲弃凉州，并力北边，乃会公卿集议"[6]。郎中虞诩挺身而出力排众议，恳切陈述西汉开拓凉州"事履勤苦"，三辅为塞园陵不保，烈士武臣多出凉州等理由，指出河西在全国的举足轻重，"今羌胡所以不敢入据三辅，为心腹之害者，以凉州在

1 《后汉书》卷 24《马援传》，第 835 页。

2 《后汉书》卷 24《马援传》，第 836 页。

3 《后汉书》卷 24《马援传》，第 836 页。

4 《资治通鉴》卷 48 汉和帝永元十四年条，第 1553 页。

5 《后汉书》卷 51《庞参传》，第 1688 页。

6 《后汉书》卷 58《虞诩传》，第 1866 页。

后故也"[1]，最后推翻了放弃河西的提议，再次挽救了经济区。但是朝廷的勉力维持也达到极限。灵帝以后，酒泉、金城连续发生地震、泉涌、黄河泛滥，导致经济的衰退。而后黄巾起义爆发，又有边章、韩遂、马腾等军阀的割据，经济区的发展陷于停滞。

由巨大的曲折转入迅速恢复和再度发展是在曹魏统一黄河流域以后。曹魏平定韩、马割据势力后，强化治理河西，选派有理民及经济建设经验的官吏担任州郡长吏，其中的张既、徐邈、皇甫隆、苏则、仓慈等在安定民生，招抚流亡，改善民族关系，改进生产技术，扩大商业贸易诸方面以认真务实而著称，他们在经济区发展上的政绩有口皆碑。以徐邈为例，他在明帝太和中出任凉州刺史时，面临着州内粮食严重短缺的问题。为此，他在恢复武威、酒泉池盐生产，以食盐交换羌民粮食的同时，大力开辟水田，招徕贫民佃耕。不几年做到了"家家丰足，仓库盈溢"[2]。徐邈还合理支配军费以外的闲散资金用于与西域的贸易。另如仓慈，他与徐邈同期，任敦煌太守，对战乱造成的弊端做了三方面的整顿。一是抑豪右，恤贫穷，减少"大姓侵小民"事情的发生；二是"随口割赋"，均平负担；三是保护西域商贾，鼓励他们来华贸易，"欲诣洛者，为封过所，欲从郡还者，官为平取，辄以府见物与共交市"[3]。通过整顿，敦煌一带出现新的生机。后来皇甫隆继任，进一步改变敦煌农业生产的面貌，推广耧

1 《后汉书》卷58《虞诩传》，第1866页。

2 《三国志》卷27《魏书·徐邈传》，第740页。

3 《三国志》卷16《魏书·仓慈传》，第512页。

犁和衍溉，"岁终率计，其所省庸力过半，得谷加五"[1]。

东汉至曹魏，河西经济区在曲折中发展速度有所减慢，但它的基础也因此趋于牢固，地主制经济带来的封建化程度的提高，著名城市兴起带来的商品经济活跃及消费水平的提高，这些都为它的重新崛起准备了条件。

三 五凉时期河西经济区的繁荣

北魏统一黄河流域前一个半世纪，河西经济区呈现初步繁荣。具体而言，是前凉及后来后凉、南凉、西凉、北凉分别统治河西时期创造出的自给自足局面。原因很简单，那就是割据政治要求经济给予相应的负载，为此政治又需在政策上提供保障，即使有时是劳民以逞的保障。当然，最重要的是力求做到地域内相对的安定。在这一点上前凉做得比较突出。

前凉的奠基人张轨有丰富的封建统治经验。他从西晋永宁元年为避"八王之乱"而效法窦融，在担任凉州刺史后便采取一条以稳定求生存的方略，将"保宁河西"作为施政的基本出发点。在具体做法上，其一，先行平定长达20余年的鲜卑反晋及地方武装制命乡曲的活动，代之以王权政治，同时依靠河西著姓地主完善统治体系。其二，他鉴于中原战乱迫使大量人口"日月相继"流入河西的情况，积极做好安置工作，设立侨郡县，拨出无主土地，让他们安居乐业。其三，减轻域内农民的赋税负担，并开展劝课农桑的活动，增强自给自足的经济实力。通过这些，不仅使他很快"威著西

---

1 《三国志》卷16《魏书·仓慈传》引《魏略》，第513页。

州，化行河右"，而且使前凉初建便具有"世既绵远，国亦完富"的基础。[1]

上述保境安民的割据政策被其后五凉的统治者仿效，产生了积极的影响。首先，积极安置流民使五凉时期经济区人口密度空前增加。粗略估计，在 4 至 5 世纪中期，因中原战乱频繁而"河西独安"，从关中、关东、江汉流域迁徙到河西的人口不下 20 万，它使经济区内"土广民稀"的生态现象发生了一定改变。尤其是武威、敦煌两郡，由于前凉、西凉两个汉族地主政权曾以它们为统治中心[2]，且具有发达的人文，从前凉时起，其土地和人口的比例明显发生变化。张骏时讨论"徙石造田，运土殖谷"[3]，事实上是讨论增加耕地面积。敦煌是距中原战乱最远的地方，为流人所企慕，又是学术文化和交通发达的地方，因此安置流民也最多。其次，注意完善经济，增强实力的做法表现为比较适时应人的行政措施，如前凉中期的开放苑囿，假民公田，赈恤灾贫，南凉"置晋人于诸城，劝课农桑，以供军国之用"[4]，西凉在阳关的"广田积谷，为东伐之资"[5]；北凉"蠲省百徭，专功南亩，明设科条，务尽地利"[6]。

因此，五凉时期河西经济区在可供投入开发的人力资源和开发的组织效能两个方面，比曹魏时期又有进步。反映在

1　《晋书》卷 86《张轨传》，第 2221~2226 页，第 2253 页。

2　李暠称王，西凉都城迁到酒泉。

3　《魏书》卷 99《张骏传》，第 2194 页。

4　《晋书》卷 126《秃发利鹿孤载记》，第 3145 页。

5　《晋书》卷 87《凉武昭王李玄盛传》，第 2259 页。

6　《晋书》卷 129《沮渠蒙逊载记》，第 3193 页。

农业生产的效能上，一是尽可能提高农田产量。据反对张骏"治石田"的索孚言称，当时武威一带中田亩产可达 3 石，已与东汉时中原一带的亩产持平[1]。二是水利灌溉及生产技术备受重视。前凉时，仅敦煌郡内便兴修了北府、阳开等渠，姑臧城郊渠水由南向北蜿蜒流过，至北魏用兵河西时，这里仍一片流水潺潺，郁郁葱葱。相传张骏时因政通人和，武威至敦煌间的数百里走廊上发生"天雨麦"事，雨麦粒粒发芽结实。透过传说，不难找到水利与技术的印记。

就农业经济的结构讲，五凉时期沿袭了西汉创造的模式。不同的是小农经济已成为农业经济的主体。地方行政对其管理也更细致化、制度化。一是上计制度经常化。西晋亡国前，张轨曾多次遣使到洛阳和长安上计簿。二是土地的分配及使用考效也按惯常的封建程序进行。如前凉的开放囿苑与西凉的"分其田畴，资其耕稼"以及各政权都实行的劝课农桑，尤其是赋税征课，都是这方面的例证。小农农村之外，为适应农战并修，屯田经济仍保持发展的势头。西凉在阳关、玉门关的屯田作为"广田积谷"之举，应该说是在汉代屯田基础上的发展。另外，适应农战要求，及时利用新占领地区的土地资源，建立权宜性的屯田经济，也是五凉发展农业的积极做法，如北凉围困南凉乐都城时，在城外搞"筑室返耕"[2]。农业经济结构中变化最大的是地主经济势力的增长。河西地主阶级从汉代以来，走过了其漫长的发展道路，而到五凉时期充分显示出其雄厚的势力和对割据政权的支持

---

1 《后汉书》卷 49《仲长统传》引《损益篇》："今通肥饶之率，计稼穑之入，令亩收三斛。"第 1656 页。

2 《晋书》卷 126《秃发傉檀载记》，第 3154 页。

作用。东汉后期，其中坚势力的著姓地主已积累了相当的资产，所谓"大族田地有余"[1]。五凉时期，其经济与政治势力进一步结合起来，不少人家成为割据政权的"股肱谋主"[2]，有的因此"势倾西土"。他们不仅田连阡陌，且门宗甚盛，宾客部曲成群[3]。有的表现出惊人的富有。如前凉时的氾固，一次赈济宗族，"推家财百万与寡弟妇，二百万与孤兄子"[4]。靠着富有他们可以用武装与物质显示政治倾向，如索嘏等就曾"起兵五千，运粟三万石"以配合张氏后裔反对后凉[5]。

小农经济和地主经济的发展，是河西经济区封建经济结构趋于合理、牢固的表现。它们是经济区内长期发生作用的生产力因素。

当然，作为分裂割据时期的五凉，战争与政治的动乱也时有发生，由此又往往带来人口的死亡流徙，转过来影响以至妨碍农业生产。如后凉吕光时，因暴政和战乱破坏了武威一带的经济，导致姑臧严重的饥荒，"谷价踊贵，斗直五百，人相食，死者太半"[6]。河湟地区也因南、北二凉的战争发生过"连年不收，上下饥弊"的严重情况。但是，由于战乱多发生在政权更替之际，持续时间不太长，波及范围不很大，除死亡之外，流失的人口也仍在河西境内，因而造不成全局

1　《三国志》卷16《魏书·仓慈传》，第512页。

2　《晋书》卷86《张轨传》，第2221页。

3　赵向群：《河西著姓社会探赜》，《西北师大学报》（社会科学版）1989年第5期。

4　《太平御览》卷512《宗亲部·伯叔》引刘昞《敦煌实录》，中华书局，1960，第2334页。

5　汤球：《十六国春秋辑补》卷81《后凉录》，第570页。

6　《晋书》卷122《吕光载记》，第3057页。

性影响。同时，新政权甫立，又会搞一番应急性的恢复，这就使五凉时期经济再生的频率加快，物质的生产及积蓄总量超过损耗及破坏的总量。

这一时期，经济区的农作物品种见于记载的有大麦、小麦、谷、瓜、果、蔬等，麦类中的"卢水麦"属优良品种[1]。武威、敦煌的瓜，张掖、酒泉的柰也很著名[2]。

农业之外是畜牧业。有人描述祁连山畜牧业说：

> 山中冬温夏凉，宜收牛，乳酪浓好。夏泻酪，不用器物，刈草着其上，不散。酥特好，酪一斛，得升余酥。[3]

所以素有"乳酪养性"之说[4]。这一时期，又有新的畜牧民族入居河西，以鲜卑为主。汉晋之间入居河西的鲜卑不下十数支、数十部之众，被统称为"河西鲜卑"。他们的活动范围从金城北到湟水南，包括武威一带。鲜卑以外，匈奴余部如"赀虏"[5]和卢水胡等，也散处在金城至酒泉的广大地域内。这些畜牧民族的聚会，不仅给经济区增添了新的生产力，而且随之开辟出武威东北，酒泉、张掖北边的新畜牧基地，形成新的畜牧业生产潜力。关于新畜牧基地内畜牧业繁荣兴旺的景象，后来的北魏统治者印象极深，魏军穿越河套

1 贾思勰著、石声汉校释《齐民要术今释》（上册），中华书局，2009，第142页。
2 贾思勰著、石声汉校释《齐民要术今释》（上册），第179、374页。
3 《太平御览》卷50引段龟龙《凉州记》，张澍辑，王晶波校点《二酉堂丛书史地六种》，甘肃人民出版社，1992，第113页。
4 《晋书》卷86《张天锡传》引张天锡语，第2252页。
5 《三国志》卷30《魏书·乌丸鲜卑东夷传》注引《魏略》，第859页。

进攻河西，一过黄河进入河西区域，便俘获到马、牛、羊、驼等战利品数十万头。此前追击柔然人，追至张掖水（弱水）后折向北边，沿途马、牛、羊满山遍野，返师时光马就带回 100 余万匹，杂畜则不可数计[1]，"自是魏之民间马牛羊及毡皮为之价贱"[2]。这导致北魏畜产品跌价的牲畜，部分是经济区东北和北边新兴牧场所产。

除畜牧民族外，汉族也往往农牧兼营。特别是汉族地主，他们的田庄上牛马成群。如金城麹、游两家，谣谚说他们"牛羊不数头，南开朱门，北望青楼"[3]。

畜牧业的发达，丰富了经济区内人们的生活，也与农业的发达相辅相成，成为五凉政权存在的基础。尤其是马匹的大量繁殖，对军事有直接的意义。从前凉奠基时起，河西骑兵已扬名海内，被洛阳人称赞为"凉州大马，横行天下"。

五凉时期河西经济区初步繁荣的另一标志是货币经济的恢复和发展，它也是张轨对河西历史的重要贡献之一。原来，从西汉末年王莽废五铢钱后，历经东汉，河西钱货不行长达二三百年，民间以谷帛交易，以缣布为交换媒介，既不方便又很浪费。张轨顺应经济发展的要求，"立制准布用钱，钱遂大行，人赖其利"[4]。此后经济区内外的商业贸易出现新的活跃，西域的黄金也大量流入河西，"西胡致金胡瓶，皆拂蒜作奇状，并人高二枚"[5]。珍珠、白玉等奇珍异宝也成为

1 《魏书》卷 110《食货志》，第 2857 页。
2 《资治通鉴》卷 121 宋文帝元嘉六年十月条，第 3812 页。
3 《晋书》卷 89《麹允传》，第 2307 页。
4 《晋书》卷 86《张轨传》，第 2226 页。
5 汤球：《十六国春秋辑补》卷 67《前凉录》，第 486 页。

达官贵人珍爱的物品。

商品货币经济的活跃使姑臧、敦煌等城市的作用更加明显。以姑臧为例，它不仅是前凉、后凉、南凉等政权的都城，也作为河西商业的中心，沟通东西经济联系。西域的火浣布等珍宝被运到这里，中原的丝绸也走私到这里，汇聚之后再由各地商贾转贩他地。而姑臧及其附近又织造印染碧缬布，连同大量农畜产品投入市场。

总之，河西经济区在五凉时期初步繁荣的表现是多方面的。作为历史发展的成果，它有某种特殊性，即它不是统一局面下的繁荣，反映的也只是个别边远地区在开发中的经济现象。但它却是在统一的国家先期开发基础上的繁荣，并且不久即被统一局面下更大的繁荣所替代。

第二节　社会经济的长足进步

一　人口资源的剧增

五凉所处的十六国时期，是中国封建社会典型的分裂割据时期。以黄河流域而论，政治的动荡及由此引起的战乱频繁与灾荒不断，构成这一时期最基本的历史特点。它给北方社会经济带来的负面性影响，是使其总体发展速度放慢。就各经济区的具体情况而言，由于战乱和灾荒频繁的程度不同，影响面和破坏性程度不同，造成的结果也不同。因此，原本存在于各经济区之间的经济发展不平衡虽然依旧存在，但同时又产生一种特殊现象，那就是原先开发较早和具有明显经济优势的中原地区，其生产力或经济能力有所回落，而原先开发较晚，经济优势明显不及中原地区的边远经济区，却以其长足的进步而取得令人瞩目的经济地位。河西经济区便是获得长足进步的边远经济区之一。

与中原经济区相比，五凉时期的河西经济区之所以令人瞩目，是因为河西经济区在人口资源方面获得了巨大优势。自西晋后期开始，中原地区陷入政治动荡之中，无论战乱的破坏，还是灾荒的侵袭，其程度都是空前的。由此而导致的人口死丧流移，也达到了空前的程度。一个"八王之乱"，被杀百姓动辄万计。300 年，赵王司马伦起兵讨伐晋惠帝皇后贾南风，在洛阳附近，"自兵兴六十余日，战所杀害，仅十万人"[1]。永嘉五年（311），前赵军队在刘曜率领下攻破洛阳，杀王公士民三万余，将洛阳城烧为灰烬后，又进攻关中。时关中久经兵燹，"百姓饥馑，白骨蔽野，百无一存"[2]，而"长安城中，户不盈百，墙宇颓毁，蒿棘成林"，"米斗金二两。人相食，死者太半"[3]。史书总结"八王之乱"到永嘉之乱十余年间中原人口死丧流移的情况说：

> 及惠帝之后，政教陵夷。至于永嘉，丧乱弥甚。雍州以东，人多饥乏，更相鬻卖，奔迸流移，不可胜数。幽、并、司、冀、秦、雍六州大蝗，草木及牛马毛皆尽。又大疾疫，兼以饥馑，百姓又为寇贼所杀，流尸满

---

1 《晋书》卷 59《赵王伦传》，第 1605 页。
2 《晋书》卷 60《贾疋传》，第 1652 页。
3 《晋书》卷 5《愍帝纪》，第 130 页。

河，白骨蔽野。[1]

　　遭受如此惨重的劫难，中原究竟有多少人口死在战乱和灾荒之下，史家甚难作详细统计，但如并州"十不存二"[2]，"余户不满二万"[3]，益州"城邑皆空，野无烟火"[4]，"顿伏死亡者略复过半"[5]等记载，比比皆是。死亡之外，更多的人口变成了流民。总计其户口，当不下三十万户，约占西晋盛时全国总户数（377万）的十二分之一强，占秦、雍、并、冀、梁、益、宁七州总户数（约60万户）的二分之一弱。[6]

　　人口的丧失意味着劳动力的锐减。锐减之外，流民数量剧增，又表明社会消费人口的膨胀。这是造成中原经济区生产力回落的根本原因。

　　在中原人口大量丧失的同时，一些边远地区的人口却陡然上升。原因是大量躲避战乱的人逃向那里，河西就是这样的边远地区之一。

　　早在汉魏之际，河西地区也经历过百余年的"荒毁"时期。其间，社会经济遭受过两度严重的战乱冲击。一度是东汉永初以后，由羌民起义和东汉政府血腥镇压起义所造成。史载，羌事发生后，"边民死者不可胜数，并、凉二州遂至虚

1　《晋书》卷26《食货志》，第791页。
2　《晋书》卷62《刘琨传》，第1680页。
3　《晋书》卷62《刘琨传》，第1681页。
4　《资治通鉴》卷85晋惠帝泰安二年七月条，第2682页。
5　《晋书》卷100《杜弢传》，第2621页。
6　参见王仲荦《魏晋南北朝史》上册，第223页，第25~28页。

耗"[1]。加上北匈奴的入侵，常使河西诸郡城门昼闭，敦煌等郡大受其害。除人口大量死丧以外，东汉政府不断征发徭役和兵役，并向河西百姓转嫁军费负担。这一切几乎使西汉中期兴起的河西经济区陷入崩溃。直到曹魏统一北方，经名臣徐邈、仓慈等精心治理，才使战乱造成的疮痍渐次平复，凉州社会经济又重现生机。此后不久，河西经济区再度遭到冲击，这就是西晋泰始初河西鲜卑起兵反晋和西晋政府镇压起义。虽然大规模的战事只有几年，但给武威一带的社会经济带来的影响却相当严重。这两度冲击到西晋末年至十六国时期都已成为过去。在张轨出任凉州刺史后，河西虽有"鲜卑反叛，寇盗纵横"的战乱余波，但比起中原大规模的战乱与罕见的灾荒来，社会环境毕竟要稳定得多。而且，正因为河西僻远，中原战乱与灾荒不易波及，特别因张轨到凉州后加紧恢复封建秩序，河西局势相对显得稳定和安宁，这些，对饱受战乱与灾荒侵袭之苦的中原士民来说，无疑有着很大的吸引力，河西成为众望所归的地方，"中州避乱来者，日月相继"[2]。在中原流民潮水般涌入河西的同时，西晋秦雍一带的败兵，也大量溃散到河西境内。有记载说，太兴三年（320），刘曜攻陇右，驻在上邽一带的西晋南阳王司马保所部溃败，"其众散奔凉州者万余人"[3]。

中原流民向河西的迁徙不仅限于"八王之乱"到永嘉之乱期间。在前秦时期，也有类似事情：

1　《后汉书》卷 87《西羌传》，第 2891 页。
2　《晋书》卷 86《张轨传》，第 2225 页。
3　《晋书》卷 86《张寔传》，第 2230 页。

初，苻坚建元之末，徙江汉之人万余户于敦煌。中州之人有田畴不辟者，亦徙七千余户。[1]

这些移民后来都被西凉接收并妥为安置。粗略地估算，按每户五口计，经两次迁徙，敦煌郡新增人口当不下八九万。

五凉时期，究竟有多少中原及其他地域人口迁徙到河西，史无明载。但从张轨、李暠都有设置侨郡县的举措看，其总数不会下数十万口。另外，加上原先的土著人口，以及如赀虏、卢水胡、河西鲜卑等很难在籍的人口，整个河西区域，总人口不会低于百万。人口剧增的结果，是一些地方竟产生了人口压力。如武威郡，前凉中期出现了土地问题，以致张骏与群僚商讨改造戈壁，增加垦田。

上面提到，河西经济区从东汉中后期至西晋初期，曾遭受过两度冲击，人口的死丧流失定然不少。但像武威郡，冲击发生前，据东汉政府的统计，全郡仅有户10042，总人口为34216。[2]而439年北魏灭北凉时，仅姑臧一城，就收得户口二十余万[3]，远远超过东汉时期全郡户口。显然，其中有相当一部分是五凉初来自秦雍的民户。

除姑臧以外，其他郡县的人口也很稠密。如张掖、临松，当440年沮渠无讳卷土重来时，收集宗族，"攻张掖、临松，得四万余户"[4]。

1 《晋书》卷87《凉武昭王李玄盛传》，第2263页。
2 《后汉书》志23《郡国志·郡国五》，第3520页。
3 《魏书》卷4《世祖纪》，第90页。
4 《宋书》卷98《氐胡传》，第2417页。

五凉时期的河西诸郡，各民族杂居。除汉族在籍人口外，少数民族人口数量也极大。只张轨平定河西鲜卑的反晋活动，一次便"俘十余万口"[1]。另外，北凉灭亡时，北魏"分略诸郡，杂人降者亦数十万"[2]。

有学者据《敦煌资料》所录西凉建初十二年（416）敦煌郡敦煌县西宕乡高昌里户籍残卷，对五凉时期的人口进行研究和估算后指出："五凉时基本保持十万以上军队"，"为了维持十万军队和提供兵源，需要二十万户一百万口的人口。总数一百万左右这一数字，是公元400年前后河西地区人口数量最保守的估计"。"大致在前凉建立至北凉灭亡（317~439）的一百二十余年间，河西地区人口保持在一百万左右"。[3]"最保守的估计"这一结论是有见地的。

在以农业和畜牧业为主要产业的河西地区，人口是社会生产力的根本要素。自然经济的运行，农业、畜牧业之间的分工，都要通过人力的投入来实现。特别是在封建割据政治之下，不可避免的军事活动往往驱使社会总人口中的一部分人口转向非生产部门，从而使投入生产活动的人口比例大大减少。在这种情况下，一个地区人口的多寡，就成了决定经济能力的关键因素，成了决定政治、军事、文化发达程度的基本条件。中原人口大量迁徙河西，正说明五凉时期河西经济区的经济优势有很大增长。五凉各政权正是把握住这个优势才获得了存在和发展的可能。

1 《晋书》卷86《张轨传》，第2222页。
2 《魏书》卷4《世祖纪》，第90页。
3 刘汉东：《从西凉户籍残卷谈五凉时期的人口》，《史学月刊》1988年第4期。

二　自给程度的提高

河西远离中原，对经济上自给自足的依赖程度本来就很大。好在河西地域辽阔，具有良好的农耕和畜牧条件，又有地接西域、为东西交通咽喉的优势，这使河西有着雄厚的经济潜力。从西汉中期经济区开发以来，这一经济方面的潜力，也逐步得到挖掘和发挥，并对社会政治、军事、文化产生着负载性的作用。窦融曾讲"河西殷富，带河为固"，"一旦缓急，杜绝河津，足以自守"[1]，正是基于对河西经济潜力的认识而确定的战略决策。

五凉时期，河西与内地的交通基本中断，五凉各政权也只能立足于河西，实行自给自足。

由于人口增加，土地和牧场资源大幅度的利用，五凉时期河西经济上的自给能力也有提高。这从前凉初期张轨父子多次给垂亡的西晋政权"输血打气"可以看出。前凉支援西晋的物资，主要是河西畜牧业产出的精良马匹以及农牧业与家庭手工业相结合而产出的毡毯等物品。

农业生产的主要产品是粮食，五凉时期的粮食生产颇为可观。从前凉到后凉，"中仓积粟，数百千万"[2]。姑臧以外其他地方的粮储也很充足。如金城，是当时著名的军粮贮存地之一，前凉多次东征，都从这里调运粮食。327年，张骏命韩璞等"攻讨秦州诸郡"，"积七十余日，军粮竭，遣辛岩督运于金城"[3]。而前赵主帅刘胤正是切断金城粮道，才

---

1 《后汉书》卷23《窦融传》，第796页。

2 《晋书》卷122《吕光载记》，第3063页。

3 《晋书》卷86《张骏传》，第2234页。

使前凉东讨战略流产。另外，敦煌、酒泉、张掖诸郡都是著名的粮仓。特别是敦煌，经曹魏太和（227~233）至嘉平（249~254）近三十年的治理，先进的农业生产技术得到推广，粮食产量得到大幅度提高。皇甫隆做太守时，教民使用"耧犁"和"衍溉"，"岁终率计，其所省庸力过半，得谷加五"[1]。延至五凉时期，敦煌、酒泉、张掖等郡生产的粮食也广为军国所用。如张大豫起兵，郭瑀、索嘏一次运粮三万石资助大豫。429年，沮渠蒙逊出谷三十万斛向西秦赎取被俘的世子沮渠兴国。这三万石、三十万斛都不是一个小数字。

五凉时，河西粮食品种很丰富。粮食品种有大麦、小麦、谷、豆类等。"卢水麦"是麦类中的优良品种。[2]此外，蔬菜瓜果等产量也很大。武威和敦煌的瓜，敦煌的李广杏，高昌一带的葡萄，张掖和酒泉的奈等优良水果品种，均已闻名于世。[3]

以粮食单产而论，也基本与中原地区持平。西汉时中原地区粮食产量"百亩之收，不过百石"[4]。东汉时有了提高，"通肥硗之率，计稼穑之入，令亩收三斛"[5]。而张骏时议"治石田"，想改造戈壁，扩大农田，改善耕地紧张的状况。动议提出后，朝堂上下各执异辞。以参军索孚为代表，他以

1　《三国志》卷16《魏书·仓慈传》注引《魏略》，第513页。

2　贾思勰著、石声汉校释《齐民要术今释》（上册），中华书局，2009，第142页。

3　贾思勰著、石声汉校释《齐民要术今释》（上册），第179页，第374页。

4　《汉书》卷24上《食货志上》，第1132页。按，此"百亩之收，不过百石"，当指西汉中期以前的小亩而言。

5　《后汉书》卷49《仲长统传》，第1656页。按，此"亩收三斛"当指西汉中期以后的大亩而言。

"后稷不垦磐石"为理由提出反对:"今欲徙石为田,运土植谷,计所损用,亩盈百石,所收不过三石而已。"[1]索孚的意思是说"治石田"将得不偿失,但他无意中告诉我们,前凉时期河西粮食亩产也接近三石,这相当于东汉时期的中原地区。

五凉时有饥馑,有时还非常严重。如后凉吕隆时,姑臧大饥,"人相食,饿死者十余万口"[2]但这是出于战争方面的原因。当时,惯用的战术是围困城池,因其饥弊而取之。后凉这次饥馑,便是由后秦与北凉围困姑臧引起的。所谓"连兵积岁,资储内尽,强寇外逼,百姓嗷然无糊口之寄"[3]。战争造成饥馑之事在乐都也有。南凉后期,北凉频繁进攻乐都,并"筑室返耕,为持久之计"[4],以致乐都一带"不种多年",造成"连年不收,上下饥弊"[5]。有时,战争的目的也在摧毁对方农田。如405年,秃发傉檀率师攻北凉,沮渠蒙逊婴城固守。南凉军队在张掖城外,"芟其禾苗"[6],耀武扬威之后东返。战争之外,五凉各时期都有天灾。举凡水、旱、霜、风、地震等,都造成局部地区农田受损。同时,每个政权后期都有失政问题,像穷兵黩武、大兴土木、赋敛不时等,也影响到农业生产,有时带来饥馑。如417年沮渠蒙逊下书中所言:

1 《魏书》卷99《张骏传》,第2194~2195页。
2 《晋书》卷122《吕隆载记》,第3071页。
3 《晋书》卷122《吕隆载记》,第3070页。
4 《晋书》卷126《秃发傉檀载记》,第3154页。
5 《晋书》卷126《秃发傉檀载记》,第3155页。
6 《晋书》卷126《秃发傉檀载记》,第3149页。

> 顷自春炎旱，害及时苗，碧原青野，倏为枯壤。将刑政失中，下有冤狱乎？役繁赋重，上天所谴乎？内省所缺，孤之罪也。[1]

五凉时期，每逢风调雨顺，或者勤修庶政，也会现出连续丰收。有记载说，因张骏厉操改节，在 334 年天降甘霖，落在武威和敦煌土地上的竟是五谷籽种，"种之皆生，因名天麦"[2]。又有记载说，西凉建初中（405~417），敦煌、酒泉一带连年丰收，"群僚以年谷频登，百姓乐业，请勒铭酒泉，玄盛许之"[3]。所以，饥馑的发生，只是一时现象。饥馑造成的严重社会问题，正说明割据政治给社会经济带来的负面影响。它得不到有效防止和克服的原因，是割据者之间以邻为壑，有意制造粮荒，或各民族之间隔阂犹存，难得互通有无。另外，割据政治和民族矛盾造成的市场狭窄，又使地区间和民族间难以互市通籴。对此，五凉的一些政治家已有认识。如南凉后期，孟恺建议秃发傉檀"结盟（乞伏）炽磐，通籴济难，慰喻杂部，以广军资"[4]，表达了借消除市场壁垒，实现取丰补歉以克服饥荒的意见。所以，一些地方发生的饥馑，并不表示经济自给能力不足，它反映出缺乏统一的经济指导而使经济不平衡扩大的事实。因缺乏统一指导，当一方陷入饥馑时，其他地方有力援助却不去救助。当然，也有偶

---

1 《晋书》卷 129《沮渠蒙逊载记》，第 3197~3198 页。

2 汤球：《十六国春秋辑补》卷 87《前凉录》引《太平御览》卷 838，第 500 页。

3 《晋书》卷 87《凉武昭王李玄盛传》，第 2264 页。

4 《晋书》卷 126《秃发傉檀载记》，第 3155 页。

或相救之事，如 403 年，北凉多次围攻后凉姑臧，给姑臧带来严重饥馑，但当双方结盟之后，北凉即"留谷万余斛，以赈饥人"[1]。另外，一方面南凉末年饥困不堪，另一方面乙弗部却蓄有大量马匹和物资。总之，以河西整体经济能力而言，不应当有"人相食"的问题发生。

农业上可以自给，这通过前凉和西凉大量安置中原移民也可说明。一般地讲，在自然经济状态下，无论由什么原因引起的人口流徙，都会造成社会物质财富消费量的增大，并对一定地区带来经济压力，首先是粮食问题不好解决。除非这种流徙是由官方统一安排的，如西汉中期政府向河西进行移民那样，移民在数年内由政府供给衣食，通过"仰食县官"再逐步过渡到自耕自食，由消费者转变成生产者。然而，五凉时期，除苻坚建元末的江汉移民与中州移民是前秦政府统一组织的以外，前凉初期"日月相继"避乱流入河西的人口多数都是出于自发。作为一批庞大的"就食者"人口，河西地区接受了他们的到来，当地政府妥善安置了他们的生活，这本身就是对河西经济自给能力的验证，特别是对衣食自给能力的验证。与西汉中期相同，这些流民开始时也必仰食于政府，然后才逐步转变成劳动者，投入河西经济的开发行列。

五凉时期，畜牧业生产和手工业生产也能为社会提供较多的产品。

以畜牧业而论，在生产的规模和产品的数量上，都已远远超过汉代，其原因是众多畜牧民族，如鲜卑、赀虏等的畜

---

1 《晋书》卷 122《吕隆载记》，第 3071 页。

牧业优势得到进一步的发挥。另外，一些本不属于河西但畜牧业实力相当雄厚的民族如柔然等，有时也游牧到河西域内。还有长期居住在河西的汉族人口，他们有的也兼营畜牧业，形成了与中原豪强大族经营类型不完全相同的经济方式。像金城麴氏和游氏，他们的庄园经济实力主要在畜牧业方面。西州民谣形容说："麴与游，牛羊不数头，南开朱门，北望青楼。"[1]

五凉时期，牲畜的存栏数很大，这从每次战争掳获大量驼、马、牛、羊等牲畜可得而知。现举几例如下。

前凉永乐二年（346），谢艾出征：

> 讨叛虏斯骨真万余落，破之，斩首千余级，俘擒二千八百，获牛羊十余万头。[2]

西秦更始三年（411），乞伏炽磐攻南凉，

> 济河，败傉檀太子武台（虎台）于岭南，获牛马十余万而还。[3]

南凉嘉平六年（413），北凉攻南凉：

> 蒙逊侵西平，徙户掠牛马而还。[4]

---

1 《晋书》卷89《麴允传》，第2307页。
2 《晋书》卷86《张重华传》，第2243页。
3 《晋书》卷125《乞伏乾归载记》，第3122页。
4 《晋书》卷126《秃发傉檀载记》，第3154页。

南凉嘉平七年（414），南凉掠鲜卑小种：

> 傉檀乃率骑七千袭乙弗，大破之，获牛马羊四十余万。[1]

西秦永康六年（417），河西鲜卑乙弗部降西秦，西秦主乞伏炽磐"税其部中戎马六万匹"[2]。

北魏神廳二年（429），北魏军队"循弱水西行"，分道搜讨柔然。柔然纥升盖可汗"乃焚穹庐，以车自载，将数百人入南山。民畜窨集，无人统领"。高车部乘势抄掠柔然，"柔然种类前后降魏者三十余万落，获戎马百余万匹，畜产、车庐弥漫山泽，亡虑数百万"[3]。又击高车，"获马牛羊百余万"[4]。"自是魏之民间马牛羊及毡皮为之价贱。"[5]

北魏太延五年（439）八月，北魏用兵河西，刚渡黄河即"获河西畜产二十余万"[6]。

畜牧业的兴旺，为河西社会提供了充足的肉食及乳酪制品，也为手工业生产提供了畜毛、皮张、骨角等原料。尤为重要的是，大量良马的蓄养和繁殖，为骑兵提供了精良的装备。所谓"凉州大马，横行天下"，正得力于畜牧业。

五凉的手工业生产也有较大的潜力。手工业生产的方式

---

1 《晋书》卷 126《秃发傉檀载记》，第 3155 页。
2 汤球：《十六国春秋辑补》卷 87《西秦录》，第 605 页。
3 《资治通鉴》卷 121 宋文帝元嘉六年六月条，第 3811 页。
4 《资治通鉴》卷 121 宋文帝元嘉六年八月条，第 3812 页。
5 《资治通鉴》卷 121 宋文帝元嘉六年十月条，第 3812 页。
6 《资治通鉴》卷 123 宋文帝元嘉十六年八月条，第 3873 页。

是官营手工业和民间手工业相结合。

官府手工业门类齐全，产品丰富。制盐、冶铁、铸铜等是传统行业。

河西盐业资源丰富。自西汉中期起，历代政府都在食盐产地设盐官。武威郡、酒泉郡等是规模较大的制盐业基地。曹魏时，这里出产的池盐是政府重要的财政收入来源。徐邈任凉州刺史时，"修武威、酒泉盐池，以收虏谷"[1]。另外，西海盐池自东汉以来，一直在羌族经济和日常生活中发挥着重要作用。五凉时期，这些盐池保证着河西食盐供给。

冶铁和铸铜业是与生产生活密切相关的两个行业。农业生产和手工业生产所需要的工具由这两个部门提供。军事活动中需要的刀、剑、矛、戈、箭镞、弩机、马具以及铠甲，乃至钱币也需要这两个部门提供。有记载说，河西鲜卑反晋，西晋政府派马隆率兵镇压。鲜卑兵皆穿铁制铠甲，马隆"奇谋间发，出敌不意。或夹道累磁石，贼负铁铠，行不得前。隆卒悉被犀甲，无所留碍"[2]。这说明冶铁及铁器制造在河西少数民族中也发展起来。冶铜业也有记载，北凉玄始中（412~427），"酒泉南有铜驼出，大雨雪。沮渠蒙逊遣工取之，得铜数万斤"[3]。"凉造新泉"钱币很可能是此后铸造。[4]酒泉南即今祁连山麓，所谓"铜驼"，当是露天铜矿。

---

1 《三国志》卷27《魏书·徐邈传》，第739~740页。

2 《晋书》卷57《马隆传》，第1555页。

3 《太平御览》卷12引段龟龙《凉州记》，张澍辑，王晶波校点《二西堂丛书史地六种》，甘肃人民出版社，1992，第111~112页。

4 参见国家文物局《中国古钱谱》编撰组编《中国古钱谱》，文物出版社，1989，第147页。

民间手工业中，毡毯制造、纺织、建筑、酿酒等，均达到相应水平。

毛毡和毯布是河西独具特色的手工业产品。因其质地坚实、柔软，有保暖、防潮的特点，故在军事及日常生活中用途极广。用毛毡和毯布可以制作穹庐、帐篷、鞍垫、坐褥，也可作为居室和衣帽的装饰。因此，毡毯产品在魏晋之际既是北方人的时尚，也是五凉时期主要的贡物和礼品。晋怀帝困守洛阳时，挚虞写信给张轨"告京饥匮"，张轨立即献上毯布三万匹。

428年，西秦主乞伏暮末立万载为太子，沮渠蒙逊致贺，派尚书王抒送戎罽千匹，戎罽当是毡毯精品。

河西著名的纺织品是缬布和玲珑细布，它们分别以丝、麻为原料，质地轻柔而华贵。缬布一般染以碧色，称碧缬布。张重华时，东晋使臣喻归到凉州，看到武威一带妇女多穿碧缬布裙，上罩玲珑细布缝制的小袄。风姿绰约潇洒，令南人刮目相看。

五凉的建筑业尤为发达。建筑所需木材伐自南山。从前凉张寔的"大城姑臧"开始，诸凉都在都城修筑宫、观、台榭。346年，张骏在姑臧南城集工所建谦光殿，是五凉建筑方面的登峰造极之作。它在构思、布局、规模、装饰、雕画等方面都独具匠心。谦光殿之外的灵钧台、闲豫堂、宾遐观、辟雍明堂、敦煌靖恭堂、嘉纳堂等，也都属于著名的建筑。

从农业、畜牧业、手工业等社会产业的各个部门看，五凉时期社会经济有相当的自给能力。它是西汉以来河西经济区不断开发和积累的结果。作为五凉割据政治赖以存在的物质基础，它同时也为各政权推行其经济政策提供了依据。

第三节　前凉农商并举的政策

一　劝课农桑

五凉时期对河西的经营是由前凉开始的。张轨提出的"务安百姓"，是前凉恢复和发展社会经济的指导思想。前凉共存在 76 年，除后期内乱以及自然灾害对经济发展产生过不良影响外，其社会经济总体上是平稳运行的。史家对张轨及其子孙保宁域内、开发河西的功绩给予了恰如其分的评价，说他们"内抚遗黎，外攘逋寇，世既绵远，国亦完富"[1]。

"课农桑"是前凉恢复和发展社会经济的基础性措施，也是前凉政府行政管理职能的重点。它是由张轨提出并开始实行的，是张轨平定内乱、恢复经济、重建行政三项并列的施政举措之一，也是三者中的首务性措施。如史所载：

> 于时鲜卑反叛，寇盗纵横，轨到官即讨破之，斩首万余级，遂威著西州，化行河右。课农桑，拔贤才。[2]

所谓"课"，带有行政督导的含义。"课农桑"是通过政府管理职能作用，强化对农业和农民家庭副业及手工业的组织和督促，以期充分利用人力和土地资源潜力，最大限度地提高农产品和手工业产品的产量。

"课农桑"并不是张轨的独创，它是历代封建政府管理

1　《晋书》卷86《张轨传·史赞》，第2253页。

2　汤球：《十六国春秋辑补》卷67《前凉录》，第481页。

农业社会的传统措施。国家统一时期这样做，分裂时期也这样做。尤其在分裂时期，各政权都雷厉风行地推行这个措施。诚所谓：

> 孙刘裂址，南北更改，以迄于朱梁，或劝课纤悉，形于诏令，或优恤深笃，著于条禁。[1]
>
> 夫僭窃之国，疆宇尤阻，武功是用，兵食是资，则有劝课、区种、引利沟渎，设官以勉之，严罚以督之。盖亦承天势，取地利，劳来农事，以丰年谷，使国有储待，民无流散，为自固者之计矣。故能抗拒征伐，苟延岁月，良在兹乎！[2]

五凉所处的十六国时期，是典型的分裂割据时期，也是整个北方社会自然经济比重空前加大的时期。由于分裂割据，政治军事对地域经济的依赖更加突出。在自然经济条件下，地域内人力资源和土地资源是政府实行经济调控的基本依据，而自然经济又使具体的经济活动回归到以一家一户为单位和以男耕女织为方式的状态。这就要求政府设法提高地域内人力资源和土地资源的利用率，尽力提高每个农户家庭粮食布帛的产出率，以保证实现物质资料的自给。因此，政府也就必须将经济管理职能的重点放在"课农桑"上。

张轨的"课农桑"举措，符合上述原理与河西资源情况。

---

1 《册府元龟》卷198《闰位部·务农》，中华书局，1960，第2384页。
2 《册府元龟》卷228《僭伪部·务农》，第2715页。

实行"课农桑",需要一系列条件。首先是行政条件,要求"设官以勉之,严罚以督之"。也就是说,先要完备行政组织及行政官员,以便对农事活动进行督导。同时须建立一定的土地、人口、生产管理制度和办法,以便对经济活动进行规范。为此,张轨将"课农桑"与"拔贤才"两方面举措并列实施。

张轨时期,前凉政权仍是西晋的地方政权,经济管理当沿袭西晋。西晋规定,农事管理责权属郡县长吏。如泰始四年庚寅诏书所示:

> 使四海之内,弃末返本,竞农务功。能奉宣朕志,令百姓劝事乐业者,其唯郡县长吏乎!先之劳之,在于不倦。每念其经营职事,亦为勤矣。[1]

具体到劝课农桑中官吏的职责,西晋有所谓"州郡农桑殿最之制",这个制度是主管劝课行政的大司徒石苞在泰始八年提出的。

> 八年,司徒石苞奏:"州郡农桑未有殿最之制,宜增掾属令史,有所循行。"帝从之。[2]

"掾属令史"是为劝课农桑配套的行政人员,后明确为"散吏"。"郡国及县,农月皆随所领户多少为差,散吏为劝

---

1 《晋书》卷 26《食货志》,第 786 页。
2 《晋书》卷 26《食货志》,第 786~787 页。

农。"[1] 又规定：凡郡，户不满五千者置散吏十三人，五千户以上置散吏二十一人，万户以上，散吏三十九人。[2] 张轨以"弘尽忠规"为志向，他推行的"课农桑"应当也按"殿最之制"来办理。只是他没有建邦命氏，没有"僭号"自立，故不能像南凉那样，设像成公绪那样的大司农官。于是，前凉的"课农桑"也只能由郡县长吏依晋制遵行。张轨的"拔贤才"，当也考虑了管理才能，并根据晋令"听取王官更练事业者"[3] 这一标准来选拔郡县行政长吏。在河西各社会阶层中最符合此标准的只有河西大族。所以"以宋配、阴充、氾瑗、阴澹为股肱谋主"[4]，不仅在于利用他们的政治才能，也在于利用他们管理经济的才能。河西大族世代生活在本乡本土，了解河西民情土俗及农事规律。另外，因家大业大，能号令一方，便于对百姓进行督导。

张轨时期，河西由战乱冲击造成的"荒废"局面尚未完全得到治理，但"荒废"不等于经济基础坍塌。为自然经济的柔韧性格所决定，也为河西大族在封建经济中所起的组织作用所决定，一切经济的、政治的活动，都会通过宗法性关系获得再生。而大族庄园正是这种再生的试验场。有了这种试验场，河西经济区是不会坍塌的。张轨以河西著姓作为政治核心，又以河西大族作为经济中坚，从而将前凉初期政治与经济置于同元状态，这有助于政治和经济的同时启动，有助于"课农桑"举措的顺利实施。

---

1 《晋书》卷24《职官志》，第746页。
2 《晋书》卷24《职官志》，第746页。
3 《晋书》卷33《石苞传》，第1003页。
4 《晋书》卷86《张轨传》，第2221~2222页。

西晋时期，为"课农桑"配套的主要制度是占田课田制。它是配置土地与劳力资源的一种措施，其要旨在于做到"人无余力，地无遗利"。

占田课田制规定：

> 男子一人占田七十亩，女子三十亩。其外丁男课田五十亩，丁女二十亩，次丁男半之，女则不课。男女年十六已上至六十为正丁；十五已下至十三，六十一已上至六十五为次丁；十二已下六十六已上为老小，不事。[1]

通过这一规定，西晋政府将垦荒及耕种两个责任目标依照劳动者的性别及劳力状况进行分解，并落实到生产者那里。这个规定便于政府对农户的生产过程和生产效益进行监督和考核。因为政府只依据生产者实际耕种的土地，亦即"课田"来征收租税[2]，政府监督农民耕种同样面积的"课田"，其中也含有用效益诱导力农的意思，这就是"寓劝于课"。因为生产者若勤于农事，收获便多，在交纳租税外自家所得也多；反之，若惰于农事，则自己所得也少。于是，实行占田课田制，使生产者对国家的人身依附关系更加牢固，但经济利益方面，生产者又和国家有了统一的关系。这两种关系，构成了"课农桑"的实质。

张轨的"课农桑"，也以两晋占田课田制为依据，这可从后来西凉行政管理的具体办法中找到证明。因为李暠与张

---

1 《晋书》卷 26《食货志》，第 790 页。
2 《初学记》卷 27《绢第九》引《晋故事》："凡民丁课田，夫五十亩收租四斛，绢三匹，绵三斤。"中华书局，1962，第 657 页。

轨一样，都奉行尊奖晋室的政治策略。现存西凉户籍残卷中有建初十二年（416）文书，其中记载的十户人家中，有兵三户，太府吏一户，散四户。兵户，即有兵籍之户。太府吏户和散户据陈垣先生之说，前者在太府中任职，后者则是"无常职"者之户。[1] 户籍所著录各户均居住在敦煌郡敦煌县西宕乡高昌里。其中兵户裴晟家有丁男二，次男一，女口一，凡口四。散户阴怀家有丁男一，女口一，凡口二。兵户裴保家有丁男二，次男一，小男一。[2] 文书所载丁、次、小，均与西晋占田课田制书面文字相符。

"课农桑"作为张轨振兴经济的基础性措施，之所以合乎河西实际情况，不仅因为它符合自然经济内部运行规律，还因为河西刚从长时间战乱中走出来，社会和生产秩序尚未完全恢复，需要政府组织百姓复业。另外，大量流民正在向河西流动，也需要通过行政措施将他们安置到土地上。尤其是正在恢复和建立中的军事和行政机构急需大量的财政经费供给，它的主要来源是租课收入。因此，只有强化劝课农桑，才能实现政治和经济以及整个农业社会的运行。

五凉的劝课农桑是由张轨开始实行的，但为它的原理和功能所决定，成为整个五凉时期一贯性的经济措施。

二 恢复货币流通，发展商业贸易

整顿经济环境，恢复货币的重新流通，是前凉的又一重大经济举措，同时也是前凉在发展丝路贸易上的一个重大

---

1 陈垣:《跋西凉户籍残卷》,《北京师范大学学报》1963 年第 2 期。
2 参见《敦煌资料》第 1 辑，中华书局，1961，第 3~7 页。

贡献。

　　自西汉末年开始，中国社会逐渐进入了自然经济占统治地位的时期。[1]由于社会生产力的衰退，特别是战乱与灾荒的影响，城乡购买力普遍下降，商品经济陷入低谷。其结果，货币流通的规模和数量空前下降。王莽改制，使货币制度更加紊乱，加大了货币信用危机，加速了货币经济的崩溃。东汉永寿（155~158）以后，政府不再铸钱，而董卓又"坏五铢钱"[2]。"于是货轻而物贵，谷一斛至数十万。自是后，钱货不行"[3]。建安中（196~220），货币濒于废弃。到曹魏黄初二年（221），政府终于下令，停止五铢钱的行用。从此，开始了"百姓以谷帛为市"[4]的时代。

　　在北方，当货币经济出现总崩溃趋势时，河西地区却有些例外。这是因为河西远离中原，在社会政治和经济总体背景与中原相同的情况下，也存在着自己地域的一些特殊性。首先，这里地接西域，处在东西方商业贸易的枢纽和咽喉地段，以物易物的低级商品交换形式不适合东西贸易的性质和要求，需要一定的货币充当媒介。其次，这里是多民族地区，民族之间经济交往频繁。虽然民族间的"合市"也可采用以物易物的方式进行，但货币的行用仍具有一定的意义。因此，当东汉初期中原地区将进入"货币杂用布、帛、金、

1　参见王仲荦《魏晋南北朝史》上册，第25~28页。

2　《后汉书》卷72《董卓传》，第2325页。又《三国志》卷6《魏书·董卓传》（第177页）同。

3　《三国志》卷6《魏书·董卓传》，第177页。

4　《晋书》卷26《食货志》，第794页。

粟"[1]时期时，窦融却在河西颁布了有关铸钱的法令。其中有"部吏毋得作钱"，禁"奸酷吏民作使贾客私铸钱薄小不如法度"等规定。[2]此时，河西商品货币经济仍很活跃，吏民婚嫁竞相奢费。为此，窦融又颁布制度，规定"吏三百石、庶民嫁娶毋过万五千（钱），关内侯以下至宗室及列侯子聘娶各如令"[3]。

延至曹魏，当黄初二年中原货币经济濒于废弃之时，河西却表现出另一种势头。魏明帝时，仓慈任敦煌太守，积极招商，清除地方势力对西域商贾的欺诈活动，使敦煌在引进西域商品和商业资本方面仍发挥着陆港的作用。

> 又常日西域杂胡欲来贡献，而诸豪族多逆断绝。既与贸迁，欺诈侮易，多不得分明。胡常怨望，慈皆劳之。欲诣洛（阳）者，为封过所；欲从郡还者，官为平取，辄以府见物与共交市，使吏民护送道路。[4]

当时，中原因商品经济退缩和货币经济崩溃，军国所需物资普遍匮乏，而凉州却呈现着货币"钱遂大行，人赖其利"的景象。[5]担任凉州刺史的徐邈"乃支度州界军用之余，以市金帛犬马，通供中国之费"[6]。这实际是利用河西地处丝

---

1 《后汉书》卷 1《光武帝纪》，第 67 页。

2 参见郭厚安、陈守忠主编《甘肃古代史》，第 170 页。

3 参见郭厚安、陈守忠主编《甘肃古代史》，第 170 页。

4 《三国志》卷 16《魏书·仓慈传》，第 512 页。

5 《晋书》卷 86《张轨传》，第 2226 页。

6 《三国志》卷 27《魏书·徐邈传》，第 740 页。

路咽喉的优势，供应中原物资之需，反过来再扩大丝路经贸发展的一种措施。所以，史称魏明帝时"西域流通，荒戎入贡，皆遐勋也"[1]。

河西商品货币经济完全进入萧条是西晋初期的事。泰始以后，民族战事再起。因为鲜卑反晋起义爆发，西晋屡屡对武威至金城一带用兵，鲜卑也屡屡对姑臧等商业城镇发动进攻，并一度"尽有凉州之地"[2]，造成了凉州行政瘫痪，社会秩序混乱，东西商路断绝，经济也因此遭受重大的冲击和破坏。此后，商业退缩，货币随之废弃，河西也进入以谷帛为市的时代。适如313年张轨太府参军索辅谈到货币问题时所言：

> 古以金贝皮币为货，息谷帛量度之耗。二汉制五铢钱，通易不滞。泰始中，河西荒废，遂不用钱，裂匹以为段数。缣布既坏，市易又难，徒坏女工，不任衣用，弊之甚也。[3]

上述状况一直延续到建兴元年（313）。时张轨任凉州刺史十多年，河西政治已上轨道，经过推行"课农桑"措施，经济状况和社会秩序初步恢复。在这种形势下，无论政府还是民间，都希望通过扩大商业贸易改变供给状况。而政府也需要在租课之外获得商税收入来补给军国之费。于是，整顿凉州经济环境，恢复货币经济，便成为当务之急。索辅

1　《三国志》卷27《魏书·徐邈传》，第740页。
2　《晋书》卷126《秃发乌孤载记》，第3141页。
3　《晋书》卷86《张轨传》，第2226页。

作为太府官员，负责主理财赋，首先提出货币问题，也是职守所在。

事实上，由于河西此前商业发达，民间贮藏的货币数量十分庞大。而一些官僚和著姓人家，藏钱往往以数十万计。如敦煌氾氏中的氾腾，他在西晋政治衰乱时弃官返乡，发誓再不出山。张轨征聘他为司马，他拒而不受。"散家财五十万，以施宗族。柴门灌园，琴书自适"[1]，过起了悠闲自得的隐居生活。当时，像氾腾这样的退隐官僚和富户人家，在敦煌比比皆是。

河西社会安定、货币贮存量大及五铢钱原先"通易不滞"，是索辅提出货币对策的基本依据。同时，河西金、银、铜的贮藏量也很大，这是张轨恢复货币经济的前提。五凉时期，政府的赏赐和回赎常使用金银。如后凉和北凉都有"班赐金马有差"的记载。410年，西凉将领朱元虎被北凉俘虏，李暠用银三千斤和金两千两将其赎回。另外，428年沮渠蒙逊送银三百斤，祝贺西秦立太子庆典。民间也有以金银为贽礼者。如前凉时敦煌主簿氾昭执法公正，理枉申滞，"人有于夜中报昭以黄金者，昭责而遣之"[2]。376年，前秦攻河西，灭前凉后，"五品税百姓金银一万三千斤以赏军士"[3]。铜的贮藏量，从沮渠蒙逊在酒泉南山采铜数万斤可知大概。贵金属及五铢钱藏量巨大，表明了河西货币经济的潜力。

另外，西晋覆灭前，张轨保据河西已成定局。此时，武威通向西域的道路重新畅通，而向东的道路却常被阻断。作

1　《晋书》卷94《隐逸传》，第2438页。

2　汤球：《十六国春秋辑补》卷74《前凉录》，第526页。

3　《晋书》卷113《苻坚载记上》，第2898页。

为前凉统治者，不能不将眼光投向西域，正视西域的富庶及胡商通货的要求，考虑货币经济对保据事业将会带来怎样的利益。这些，都促使张轨及其主管官员注意到货币问题。

总之，在 313 年前后，通过恢复货币流通来适应政治经济发展的形势，进一步促进丝路商业贸易走向活跃，已是当务之急。所以，索辅不但提出了货币问题，而且建议张轨说："今中州虽乱，此方安全。宜复五铢，以济通变之会。"[1]建议一经提出，立时形成决策，"轨纳之。立制准布用钱"[2]。所谓"准布用钱"，指将缣布的购买力折算为五铢钱，用钱代替缣布来执行交换媒介职能。这样，原先散在民间的大量货币重新恢复流通，既大大方便了商业贸易，也减少了缣布的消耗，既有利于社会经济，也有利于民间生活。所以，在立制准布用钱之后，"钱遂大行，人赖其利"[3]。

张轨恢复货币经济一事，是公元 4 世纪初期北方历史上破天荒的大事。张轨没有也不可能铸造和发行新的货币，他没有改变原先的货币政策，也许正是这个原因使他"立制准布用钱"的法令迅速推行，并发挥重新启动商品货币经济和方便社会生活的作用。有记载说，货币恢复流通后，河西与西域间的贸易一下通畅，西域商品大量流入河西。而河西对西域贸易所处的顺差地位，也使西域的奇珍异宝、金银货币大量输入河西。"时，西胡致金胡瓶，皆拂蒜作奇状，并人高二枚。"[4]

---

1 《晋书》卷 86《张轨传》，第 2226 页。
2 《晋书》卷 86《张轨传》，第 2226 页。
3 《晋书》卷 86《张轨传》，第 2226 页。
4 汤球：《十六国春秋辑补》卷 67《前凉录》，第 486 页。

这里需要强调指出，张轨是西晋凉州刺史，他没有建号称制，故也不可能发行货币。考古发现的"凉州新泉"不是张轨所铸。对此，下文有专论，此不赘述。

张轨恢复货币经济，使河西市场大门对外打开。据张骏时的记载，此后前凉在各主要商城都设"市长"主管商贸。这使河西诸城的经济地位也日见突出。尤其是姑臧，很快成为西域商人和使者常来常往的地方。西域诸国多次到这里通贡。如328年西域诸国献汗血马、火浣布、犛牛、孔雀、巨象及诸珍异二百余品。是时，西域所产珍珠篼、琉璃榼、白玉樽、紫玉笛、珊瑚鞭、玛瑙钟等，都充入前凉王府，甚至被作为随葬品。这些商品，有的产于阿拉伯，有的产于地中海。正因为商品货币经济发展，河西与西域间经济依赖程度加大，西域使节和西域长史李柏才请求张骏，对阻断交通的戊己校尉赵贞用兵。

335年以后，河西商品货币经济进一步活跃。这一年，张骏派杨宣经略西域，"西域并降"，从此"骏尽有陇西之地"[1]。而五铢钱作为前凉的法定货币，在东起陇西、西到西域的广大地域内流通，结束了这里自然经济完全占统治地位的局面。这和陇山以东的关中和中原"钱货无所流通"的局面形成鲜明对比。

货币经济恢复后，河西民间交易也趋活跃。在交易中普遍实行卖券和质券制度。买卖双方往往立有文券作为凭证。吐鲁番出土文书中留有许多这样的文券残篇。其中前凉升平十一年（367）"王念卖驼券"较为完整。此券写道："升平

---

1 《晋书》卷86《张骏传》，第2237页。

十一年四月十五日，王念以兹驼卖与朱越。""左来右去，二主各了。若还悔者，罚毯十张供献。"[1] 王念与朱越的骆驼买卖可能是货币交易。

当然，在注意张轨恢复货币流通对东西贸易及民间交换起到促进作用的同时，还应注意一点，那就是货币流通后，河西经济的总体结构并未彻底改变。由于自然经济比重过大，民间的交易规模十分有限，用于交换的物品也多为与日常生活及与生产直接有关的粮食、牲畜、蚕桑、农具等。故以物易物的交换方式仍很普通。

但无论怎样说，前凉初期整顿经济环境和恢复货币流通是十六国时期的重大事件，其意义和影响是深远的。因此，张轨和索辅二人在河西开发史上功不可没。

三 张轨铸钱说质疑

——兼论前凉货币环境及"凉造新泉"铸造时代

古代金属钱币的铸造与流通，不仅是为在商品交换中充任媒介，起着通有无的"沟渎"作用。由国家发行或颁定的钱币，往往又是国家和经济主权的象征。因此，也被称为"国之重宝"。在国家统一或王权强盛时期，会设立严格的典刑以匡正货币方面的不轨行为。除非国家明令地方或民间铸钱，否则私自铸钱会被视为"盗铸"，至于凿边去轮使斤两差重，会被视为"巧伪"，都会被明正典刑。

魏晋南北朝时期是个分裂割据时期。其间的十六国时期

---

1 参见唐长孺主编《吐鲁番出土文书（壹）》，文物出版社，1992，第2页。

则政权林立，王者竟自尊树。政治上的混乱带来了经济上的混乱，经济上的混乱不仅造成北方许多地方"钱货无所周流"[1]，也使一些割据者为昭示自己的王者名分而自行铸币，出现了一些区域性钱货。其中，被一些古币专家和史学家认定由张轨铸造标有"凉造新泉"字样的钱币便是其一。这种认定从清光绪年间"凉造新泉"发现时开始，直到今天仍有人沿袭其说。如朱活《古钱新典》在提到1970年发现于西安的"凉造新泉"时，征引了李竹明《古泉汇》所云："刘青园有三枚，俱得于凉州，断为轨所铸。"[2]这里的凉州指今武威市，轨便是张轨。

笔者既非古钱专家，也不曾见识过"凉造新泉"，但却十分怀疑张轨铸"凉造新泉"的说法，也怀疑迄今为止认为张轨还铸造过"五铢钱"的说法。另外还认为，搞清张轨曾否铸钱，以及"凉造新泉"的铸造时代和铸造主体，不仅只是为张轨正名，也有助于为十六国时期河西走廊格局和经济活动补缺拾遗。

（一）张轨不会私铸钱币

这里，首先提出一个问题，那就是张轨是什么人，他会不会私铸钱币？

张轨，安定乌氏（今平凉市西北）人。史称其为"拥之而延世"的西晋名臣[3]。他的父亲是西晋太官令张温。早在汉魏时期，张氏家族就是陇东的名门望族，"家世孝廉，以儒

---

1 《魏书》卷110《食货志》，第2863页。
2 朱活《古钱新典》，三秦出版社，1991，第228页。
3 《晋书》卷86《张轨传》，第2253页。

学显"[1]。

西晋讲名教治国，儒家伦理中的忠孝被视为治国的根本。晋武帝司马炎就自称"本诸生家，传礼来久"[2]。凡晋初名臣，大抵都用"忠孝"二字磨砺自己。张轨不仅出身"家世孝廉"，而且他自幼随其同乡皇甫谧学习《孝经》，长成后"明敏好学，有器望，姿仪典则"[3]，是个动不逾规，行不越矩的人。尤其是他对晋室的忠诚与忠心，为史载所不乏。他于晋惠帝永宁元年（301）请缨，到河西去做凉州刺史。虽然有躲避"八王之乱"的隐衷，但他去的凉州，是当时社会秩序最不安定的地方。他之请缨，当属为君王分忧之举。"于时鲜卑反叛，寇盗纵横，轨到官，即讨破之，斩首万余级，遂威著西州，化行河右。"[4]为什么说是为君王分忧？因为从晋武帝泰始之初开始的"鲜卑反叛"曾先后杀秦州刺史胡烈、凉州刺史牵弘等多名西晋封疆大吏，使晋武帝"为之旰食"[5]，诏太官为之"减膳"。[6]张轨在凉州13年，兴学校、课农桑、拔贤才，安置中原流民，政绩卓著，始终以晋臣自居。临死还遗令文武将佐："咸当弘尽忠规，务安百姓，上思报国，下以宁家，素棺薄葬，无藏金玉。善相安逊，以听朝旨。"[7]这时已是匈奴兵破洛阳后的晋怀帝永嘉七年（313）。

---

1 《晋书》卷86《张轨传》，第2221页。
2 《晋书》卷20《礼志中》，第614页。
3 《晋书》卷86《张轨传》，第2221页。
4 《晋书》卷86《张轨传》，第2221页。
5 汤球：《十六国春秋辑补》卷《南凉录》，第613页。
6 《晋书》卷3《武帝纪》，第61页。
7 《晋书》卷86《张轨传》，第2226页。

有关张轨曾否铸钱的争论就在张轨临死之前形成。

> 愍帝即位，进位司空，固让。太府参军索辅言于轨曰："古以金贝皮币为货，息谷帛量度之耗。二汉制五铢钱，通易不滞。泰始中，河西荒废，遂不用钱，裂匹以为段数。缣布既坏，市易又难，徒坏女工，不任衣用，弊之甚也。今中州虽乱，此方安全，宜复五铢以济通变之会。"轨纳之，立制准布用钱，钱遂大行，人赖其利。[1]

于是，根据这段记载，再加上武威首先发现了"凉造新泉"等古钱币，有人就断言包括"凉造新泉"在内旁及一些"五铢钱"是张轨铸造的。显然这是一种失于偏颇的断言。其实，这段记载中的索辅进言也好，张轨纳言也罢，从头至尾不及一个与"铸造"有关的字。它讲的只是一个在河西恢复不恢复使用钱币以及使用何种钱币的问题。这在那个时候已经够振聋发聩、移风易俗的了。

前文说过，魏晋南北朝时期北方许多地区正经历着"钱货无所周流"的时代，这被史家称作"自然经济完全占统治地位的时代"。[2]这个时代早从两汉之交就已开始。王莽时期，变汉制，废五铢钱，至汉光武建武十六年（40），"始行五铢钱"，中间的二十多年，一种社会现象露头，那就是"货币杂用布、帛、金、粟"[3]。光武帝以后，这种现象愈演愈烈。有人提议干脆封存钱币，国家租税统治以布帛征纳。此后汉

1　《晋书》卷86《张轨传》，第2226页。
2　王仲荦：《魏晋南北朝史》上册，上海人民出版社，1979，第25页。
3　《后汉书》卷1下《光武帝纪下》，第67页。

桓帝时期"帝竟不铸钱"。[1] 东汉末期董卓擅权,"坏五铢钱,更铸小钱"[2],此后曹操再废小钱,恢复五铢钱的使用,但货币经济在北方并未因此而复苏和活跃起来。整个曹魏时期的食货及其决策情况是:

> 及黄初二年,魏文帝罢五铢钱,使百姓以谷帛为市。至明帝世,钱废谷用既久,人间巧伪渐多,竟湿谷以要利,作薄绢以为市,虽处以严刑而不能禁也。司马芝等举朝大议,以为用钱非徒丰国,亦所以省刑。今若更铸五铢钱,则国丰刑省,于事为便。魏明帝乃更立五铢钱,至晋用之,不闻有所改创。[3]

上面这些钱币与谷帛之间的行与废,争与斗,说明自然经济完全占统治地位时代统治者的无奈。在无奈之余,我们还可以窥视到一个现象,那就是以正统自居的魏晋统治者在恢复钱币流通上的勉为其难和对五铢钱的情有独钟。然而他们恢复钱币流通的办法大都不像王莽、董卓那些被斥之为"僭伪国贼"变更币制,除魏明帝以外,大都也不是再铸五铢或什么新泉,而是都要把社会上贮存和国家府库存在的五铢钱调动起来。到西晋时,史家径称"不闻有所改创"。作为西晋名臣的张轨又怎会去改创呢?笔者认为,索辅身为凉州太府,他清楚地知道凉州府库中有多少五铢钱,他只是依据跟随张轨多年目睹及亲身体验的凉州社会秩序转安、社会

---

1 《后汉书》卷57《刘陶列传》,第1848页。
2 《三国志》卷6《魏书·董卓传》,第177页。
3 《晋书》卷26《食货志》,第794~795页。

经济恢复的事实，向张轨提出的合乎时宜的建议。而张轨则是审时度势，在凉州率先实现了五铢钱的再流通。也就是说，张轨与索辅的举措之所以有振聋发聩、移风易俗的意义，是因为他们首先在河西走廊结束了自然经济完全占统治地位的时代。

张轨没有铸造新钱币，也不会铸造新钱币。这不仅是因为他懂得名教，懂得为臣之道，也是因为他所处的时代是个国家多难的时代。他忠尽刺史之责，一次又一次地向垂于灭亡的西晋王朝呈送计簿，一次又一次地派出义兵，贡献战马、毡毯等战备物资，史料中唯独不见铸币一事，这中间绝不会有古史家的疏忽。

其实，张轨遵照西晋有关钱币的成法，不去做"改创"之事，除尊崇晋室正统之外，还是考虑了一系列的问题之后的结果，如新币能否行用、铸币需要的一系列铜料来自何处等。主权者的国家不仅不准许"盗铸"，也不准许偷取钱币铜料以作他用。这方面直到东晋时，还有严格的禁令。

> 孝武太元三年，诏曰："钱，国之重宝，小人贪利，销坏无已，监司当以为意。广州夷人宝贵铜鼓，而州境素不出铜，闻官私贾人皆于此下贪比轮钱斤两差重，以入广州，货与夷人，铸败作鼓。其重为禁制，得者科罪。"[1]

而僭伪者既然不会理会有关改创不改创的法令，当然

---

1 《晋书》卷26《食货志》，第795页。

也不会在获取铜料上有所禁忌。董卓不仅坏五铢钱，而且又铸小钱，"悉取洛阳及长安铜人、钟虡、飞廉、铜马之属，以充铸焉"[1]。比张轨恢复五铢钱稍后些，319年，石勒称赵王，称王前针对刘曜对他的封赠说："帝王之起，复何常邪！赵王、赵帝，孤自取之，名号大小，岂其所节邪！"[2]他称王后除设置太医、尚方、御府等官署外，"置挈壶署，铸丰货钱"[3]。他不讲正统，也不管所铸钱币有无信用，当然也不管铜料从哪里来。当他发现百姓不乐意使用丰货钱后，借口发现了王莽时的权石和大钱，采取了强制性措施结果弄巧成拙：

> 因此令公私行钱，而人情不乐，乃出公绢市钱，限中绢匹一千二百，下绢八百。然百姓私买中绢四千，下绢二千，巧利者贱买私钱，贵卖于官，坐死者十数人，而钱终不行。勒徙洛阳铜马、翁仲二于襄国，列之永丰门。[4]

在这点上，张轨与石勒一个是"正统"，一个是"僭伪"，身份不同，政治行为也不同。张轨不铸新钱，既无须敛聚铜材，又无须立什么"科条"，搞什么"限令"，他只通过发扬五铢钱久经考验的信用价值，就使百姓感到了便利，也合乎规律地拉动了河西商品经济。

---

1 《后汉书》卷72《董卓列传》，第2325页。
2 《晋书》卷104《石勒载记上》，第2729页。
3 《晋书》卷104《石勒载记》，第2729页。
4 《晋书》卷105《石勒载记下》，第2738页。

（二）张轨不必新铸钱币

再一个问题是，张轨有无铸造新钱的必要？

石勒所铸丰货之所以难以推行，不光因为人们怀疑新币的信用价值，还因在自然经济占统治地位的情况下，闲散货币数量本来就很多。即使原本信用价值度很高的钱币，如五铢钱都缺乏购买力。所谓"钱货杂用布、帛、金、粟"就指这种现象。钱币多造成的通货膨胀问题是困扰石勒的唯一问题，在铸币之前，襄国一带一直流通着白银等贵金属货币。有记载说，他初占襄国时，襄国连年战乱而造成大饥，"谷二升直银二斤，肉一斤直银一两"。[1] 只是他为了表现王者之尊而不去利用已存在的货币环境。张轨则不然，他不铸造新货币，而是按照缣布与五铢钱的比价，"立制准布用钱"，其做法与石勒钱帛折算如出一辙，但原理却大相径庭。在索辅的帮助下，巧妙地利用了河西在货币经济环境上的优势，所以不存在来自通货膨胀方面的困扰，也因此实现了"钱遂大行，人赖其利"。

河西的货币经济环境大致有两个方面，一是自西汉中叶以来，这里一直是北方通向西域的主要商道。自汉武帝设立河西四郡后，只要河西没有兵乱，就常有西域胡商通过敦煌取道这里到内地进行贸易，所谓"胡商贩客，日款塞下"，任何对河西走廊拥有主权的朝代或地方守宰，都不得不着意维护河西商道的通畅。曹魏时的敦煌太守仓慈和凉州刺史徐邈在这方面做得尤为突出。仓慈积极招商西域，清除障碍，将敦煌变成国际贸易的陆港：

---

1 《晋书》卷104《石勒载记上》，第2723页。

又常日西域杂胡欲来贡献，而诸豪族多逆断绝；既与贸迁，欺诈侮易，多不得分明。胡常怨望，慈皆劳之。欲诣洛（阳）者，为封过所；欲从郡还者，官为平取，辄以府见物与共交市，使吏民护送道路。[1]

徐邈也是如此。故史称"西域流通，荒戎入贡，皆邈勋也"[2]。

仓慈与徐邈的努力，不仅为曹魏的府库增加了许多商税，也补充了朝廷一些物资上的缺口，所谓"乃度支州界年用之余，以市金帛犬马，通供中国之费"[3]。

河西商道在晋初一度断绝。这是因为泰始以后发生了鲜卑的反晋战事。鲜卑曾一度"尽有凉州之地"[4]。而张轨出任凉州刺史，就是为解决这个问题。他"讨破"鲜卑，重新恢复了西域的商道。

西域胡商取道河西或入内地或就在凉州交易，不排除以货易货的实物交换，但在获取丝绸等物资时，大多数情况下是采取现钱交易。西域诸国多使用金银钱币，罽宾、安息、大月氏乃至遥远的波斯帝国都如此，[5]而河西也获取了大量西域金银钱币，这在魏晋南北朝时期，只要商道畅通，莫不如

---

1 《三国志》卷16《魏书·仓慈传》，第512页。
2 《三国志》卷27《魏书·徐邈传》，第740页。
3 《三国志》卷27《魏书·徐邈传》，第740页。
4 《晋书》卷126《秃发乌孤载记》，第3141页。
5 杜佑：《通典》卷9《食货典·钱币下》，典52上。

此。以致北朝末期，"河西诸郡或用西域金钱"[1]，这从高昌古城发现波斯银币可得印证。但也不可忽视，要市西域的"金帛犬马"，有时也不能不支付信用为西域诸国认可的中国货币。而自汉以来，为西域诸国认可最具信用的中国货币就是五铢钱。考古工作者在古龟兹（今库车）以及焉耆、和田多地发现的西域小铜钱可印证这点。这些小铜钱仿制原型乃是五铢钱。

张轨恢复五铢钱的流通，就是要适应河西走廊长时期以来在东西贸易与货币交换中所处的优势环境。他不铸新币，也基于五铢钱在这个优势环境中不可取代的优势信用地位。史载，张轨下令使用五铢钱后，马上有西域胡商到河西来贸易，"西胡致金胡瓶，皆作拂蒜奇状，并人高二枚"[2]。汤球辑补《十六国春秋》，将张轨恢复五铢与西胡致金瓶连缀在一起，意在说明金瓶是西域生产的奇珍异宝类商品，是只有五铢钱才能买到的。

张轨能恢复五铢钱流通的另一个货币经济环境是包括五铢钱在内的河西走廊上多种金属货币的藏量。

汉武帝开始设置河西四郡是在元狩二年（前121），是年秋，匈奴昆邪王杀掉休屠王降汉，汉武帝"以其地为武威郡、酒泉郡"[3]，又《汉书》卷28《地理志》记载与此有歧异，兹不论。元鼎六年（前111），又分二郡之地置为张掖郡和敦煌郡。而下令上林三官初铸五铢钱是在元狩五年（前

1　杜佑：《通典》卷9《食货典·钱币下》，典52上。
2　汤球：《十六国春秋辑补》卷67《前凉录》引《太平御览》，第486页。
3　《汉书》卷6《武帝纪》，第177页。又《汉书》卷28《地理志》记载与此有歧异，兹不论。

118）。以此而论，河西置郡县的时间恰与开始总一货币为五铢钱的时间相吻合。这个时间与张轨出任凉州之间相隔四个多世纪。这四个多世纪正是五铢钱流通和贮藏两大功能呈现阶段性发挥的时期。史载："自孝武元狩五年三官初铸五铢钱，至平帝元始中，成钱二百八十亿万余云。"[1] 这 280 亿万余的五铢钱无论流通于诸市和贮藏于公私的数量成什么样的比例，其数量在长时期内都不会发生变化。王莽改币制，"以为书'刘'字有金刀，乃罢错刀、契刀及五铢钱"[2]，很显然是在罢黜刘汉的正统地位，而"罢"只是停铸之意，他实行了黄金国有政策，但并没有也做不到二百多亿五铢钱全部收缴销毁。相反，由于他的新币缺乏信用和购买力，五铢钱在民间的贮藏功能将更大，流通也不会停止。王莽颁定新币后，"百姓愦乱，其货不行。民私以五铢钱市贾"[3]从东汉到魏晋南北朝，货币经济衰落，必然使五铢钱的贮藏功能进一步发挥。其间董卓也废过五铢钱，但后来复五铢的议论不绝于耳，这就是最好的说明。

西汉之世，五铢钱在全国范围内流通，而河西走廊是重要流通地区。其原因不仅在于河西走廊是国际商道，也不在于五铢钱是西域认可的信用货币，更重要的原因还在于河西走廊的战略地位。当初汉武帝统一货币的目的一是遏制富商大贾"滞财役贫"，制裁富商大贾在国家有难时"不佐国家之急"的无道行为。二是为增强边备和与匈奴作战的需要，这第二点更为重要。所谓富商大贾"不佐国家"，就是指国

---

1 《汉书》卷 24 下《食货志下》，第 1177 页。
2 《汉书》卷 24 下《食货志下》，第 1177 页。
3 《汉书》卷 24 下《食货志下》，第 1179 页。

家为徙民实边和反击匈奴"费以亿计，县官大空"[1]，而那些富商不为所动，坐视不救。而当时的河西走廊是实边和击胡的重点地区。从四郡开始设置起，西汉政府先将军人，而后将关东贫民等源源不断地迁徙到河西。如《史记》所记：

> 初置张掖、酒泉郡，而上郡、朔方、西河、河西开田官，斥塞卒六十万人戍田之。[2]

《居延汉简》中也有关于这方面的记载：

> □迫秋月，有徙民□来关。
> 居延移民，以物供□门□□（下缺）。[3]

西汉政府对戍边和实边的兵士、贫民采取的资助措施是"衣食皆仰给于县官"[4]，实际是招募政策。当然，既是招募，受募者都会携带一定数量的货币西进。

另外，无论是击胡还是戍边，西汉政府对将领实行重金赏赐政策，对战士实行军俸政策。如卫青、霍去病第一次率军出征时，获"赏赐五十万金"[5]。后来霍去病入河西击胡，亦当如此。这种赏金和军俸制也会将大量钱币留在河西土地上。

---

1 《汉书》卷 24 下《食货志下》，第 1162 页。
2 《史记》卷 30《平准书》，第 1439 页。
3 分见《居延汉简释文》卷 1，第 15、40 页。转引自郭原安、陈守忠主编《甘肃古代史》，第 154 页。
4 《汉书》卷 24 下《食货志下》，第 1162 页。
5 《汉书》卷 24 下《食货志下》，第 1165 页。

　　总之，由于河西走廊是西汉重要的军事、边防、商贸地区，西汉所铸五铢钱会大量流向这里。这从考古工作者在河西走廊多次发现数量众多的五铢钱可以证明。到魏晋时期，河西政治、军事、商贸重地的地位并未发生改变，五铢钱等货币在河西的总量也不会改变，甚而会有增无减。这点，通过徐邈取凉州军费的多余部分为曹魏国家购置西域商品足以证明。

　　除汉武帝移民实边外，从西汉末到西晋初，河西移民又经历了两个高峰时期。一是王莽代汉时，一些反对王莽的西汉朝官僚为避难而到河西。如晋时成为西州大姓令狐氏家族就是其中的一家。二是张轨时期，因中原战乱，"中州避乱来者日月相继"[1]，这种势头到张轨死后的公元320年尚在延续。史载，当年刘曜攻陇右，上邽一带军民"其众散奔凉州者万余人"[2]。这些人中有许多是西晋官僚和中原豪望。他们为避战乱举族迁徙，不可能将其庄园带到河西，而只能将积累起的大量财富带到河西。其中，钱币是主要财产。如汜腾，他为避乱辞官归敦煌故里，带回五十万财产"以施宗族"[3]。当然，这五十万是以五铢钱折算的。

　　总之，自西汉以来，河西走廊存在着一个巨大的货币市场。除潜在的五铢钱外，金银等贵重金属存量也极为丰富，所以当376年前秦攻灭前凉后，能够一下子"五品税百姓金银一万三千斤以赏军士"[4]。

1　《晋书》卷86《张轨传》，第2225页。
2　《晋书》卷86《张寔传》，第2230页。
3　《晋书》卷94《隐逸·汜腾传》，第2438页。
4　《晋书》卷113《苻坚载记上》，第2898页。

处在这样的货币经济环境之中，张轨既不会熟视无睹，也无必要选择铸钱这样的政治和经济决策。当他任地方豪族中的索、氾、宋、阴等家族为"股肱谋主"时，他还要照顾到这些家族的经济利益，因为他们家家都"丰于钱货"。由此而论，索辅认为"宜复五铢"和张轨立制恢复五铢后的"钱遂大行，人赖其利"，这里的"人"指的首先是地方豪族。

（三）"凉造新泉"可能是北凉沮渠蒙逊所铸

那么，究竟是何人在何时铸造了"凉造新泉"？"凉造新泉"的流通情况又如何呢？这是所有古币收藏家、研究家都十分关心的问题。

首先，"凉造新泉"是五凉时期的一种钱币，这是毋庸置疑的。因为"凉"指的是凉政权，而不是指凉州，因为晋以前的凉州地方政府是无铸币权的。张轨作为西晋凉州刺史当不例外。

诸凉政权出现在十六国时期，它们依次指张轨以后的前凉、氐族吕光建立的后凉、鲜卑秃发乌孤建立的南凉、匈奴卢水胡沮渠蒙逊建立的北凉和汉人李暠建立的西凉。这五个凉政权中，前凉和北凉是历时最长、完全拥有河西走廊的两个凉政权。而后凉、南凉、西凉都历时短暂，只占有河西局部土地，并且长时间地经历着战争和内乱，它们铸币的可能性不大，史书上也没有关于它们铸币的记载，可以将它们排除在铸造"凉造新泉"者的行列之外。

前凉成为割据政权，是在317年西晋亡国以后。时去张轨病死之时已有四年。它之所以成为割据政权，是因为西晋的灭亡使它原为西晋凉州刺史部的名分不复存在。尽管如此，张轨的儿子张寔、张茂等仍称凉州牧，由于"官非王命"，除在

《晋书》以外的诸史，都称其为"私署"。既然是"私署"，就有可能铸钱。但张寔初期，在长安的西晋政权虽岌岌可危，却还存在，张寔也为"赴国难"而做着力所能及的事情。张茂时期，关中立国的前赵不断西侵，而地方豪强又伺机捣乱，张茂忙于应付外忧内患。因此寔、茂弟兄也不可能铸钱。

前凉最有可能铸钱的是张骏。张骏时，"尽有陇西之地，士马强盛，虽称臣于（东）晋，而不行中兴之朔，舞六佾，置豹尾，所置官僚府寺拟于王者，而微异其名"，"伐龟兹、鄯善，于是西域并降。……焉耆前部、于阗王并遣使贡方物"[1]。另外，张骏"性又贪惏"[2]，并且平日喜好西域宝货。后凉时期，有胡人安据盗发他的墓葬，"得真珠簾、琉璃榼、白玉樽、赤玉箫、紫玉笛、珊瑚鞭、马脑钟，水陆奇珍不可胜纪"。[3]但这些仍不能证明"凉造新泉"是张骏所铸。一是因为他毕竟尚未称王，二是史书中仍不见有他与铸钱有关的蛛丝马迹。有人认为1981年在内蒙古林西县三道营子出土的"太元货泉""殆张骏造"[4]，只是根据1974年文物出版社出版的《中国历史年代简表》做出的臆测。是表列出凡以太元为年号的三位统治者，一是吴大帝孙权，二是前凉张骏，三是东晋孝武帝司马曜。其中只有张骏未冠以"帝"或"王"字样。既非帝又非王，何来年号。张骏的"太元元年"当是东晋明帝司马绍太宁二年（324）。东晋开国皇帝晋元帝司马睿死于此前一年。这时张骏仍奉西晋愍帝的建兴为正

---

1 《晋书》卷86《张骏传》，第2237页。
2 《魏书》卷99《私署凉州牧张寔传附张骏传》，第2195页。
3 《晋书》卷122《吕纂载记》，第3067页。
4 朱活：《古钱新典》，三秦出版社，1991，第229页。

朔，"太宁元年，骏犹称建兴十二年"[1]，同时又开始建立与东晋的君臣关系。"寻承元帝崩问，骏大临三日"[2]。长史氾祎以黄龙见于揾次嘉泉之兆劝他改年号，被他拒绝。这事在《晋书》《资治通鉴》中记载得清清楚楚。唯汤球《十六国春秋辑补》中在张骏条太宁二年上为张骏系上一个太元元年，也不知依据何典。仅根据太元元年就说出土于内蒙古的"太元货泉"是张骏所铸，未免有失偏颇。与此相类，说有一种叫"太清丰乐"的钱是前凉最后一个统治者为张天锡所铸，也有望文生义和妄下断语之嫌。

舍去前凉来说，"凉造新泉"极有可能是北凉所铸。

北凉的建立者沮渠蒙逊族属是匈奴卢水胡，他与石勒同属于胡羯，并且都是胡羯中的雄略之主。412年，沮渠蒙逊灭南凉，建都于姑臧，称河西王，改元玄始。玄始十年，他相继攻破酒泉和敦煌，灭掉西凉，统一了河西走廊。共在位33年。比五凉中任何一个统治者在位的时间都长。他在位时北凉政通人和，经济稳定，与西域关系密切。他对外实行睦邻政策，先后称藩于后秦、北魏、刘宋。但却不像前凉是从晋王朝中派生出来的那样，不敢越雷池一步。因此说他极有可能是"凉造新泉"的铸造者。此前，已有出版物将"凉造新泉"断为北凉沮渠蒙逊永安年间造[3]，但并未论述其根据。笔者同意沮渠蒙逊"凉造新泉"的说法，但对具体年代要略作补充。

关于沮渠蒙逊铸币所需铜料来源，有史载："先，酒泉

1　《晋书》卷86《张骏传》，第2234页。
2　《晋书》卷86《张骏传》，第2234页。
3　国家文物局《中国古钱谱》编撰组编《中国古钱谱》，第147页。

南有铜铊出，言卢犯者大雨雪。沮渠蒙逊遣工取之，得铜数万斤。"[1]其中"铜铊"在《初学记》和《太平御览》中写作"铜駞"。以意忖之，当是如骆驼状的自然铜。酒泉南大约是指祁连山脉，直到今天，这里仍是矿产资源很丰富的地段。一千五百多年前出现能开采出自然铜，似不应怀疑。

玄始二年，"蒙逊母车氏疾笃，蒙逊升南景门，散钱以赐百姓"。[2]蒙逊散钱，一来是为其母祈福，二来也是为表示他造福于民。他散的钱是否就是新铸造的"凉造新泉"？如果是，"凉造新泉"那它可能成钱于玄始初，即公元412年左右，可能是为车氏祈福所铸，它可能不是实用钱币，而可能是用于厌胜驱邪的钱币。但是已发现的"凉造新泉"有两种币面，一种直径1.8厘米，重1.5克，一种直径2.06厘米，重2.3克。[3]这又不好解释。就这两种钱的重量而言都达不到汉武帝时五铢钱的重量标准，即3.5克。即使它真是用于流通的钱，它的信用程度也不高。流通起来也困难。迄今为止也仅发现了数枚，除西安发现一枚外，其余都出现于古姑臧所在的今武威市。甚至在河西走廊其他地方也没有踪影。当然，这除了说明它发行量小，流通范围不大之外，反过来又说明了它在古币收藏上的价值。

综上所论，可见，此前古钱币专家和一些史学家主张的张轨铸币说多有讹误。将张轨"复五铢"的举措与发现"凉造新泉"古币的被发现联系起来，更毫无根据。张轨时期

1 欧阳询：《艺文类聚》卷2《天部下·雪》，上海古籍出版社，1965，第23页。又汤球：《十六国春秋辑补》卷96《北凉录》（第665页）同。

2 《晋书》卷129《沮渠蒙逊载记》，第3196页。

3 朱活：《古钱新典》，第228页。

的凉州，仍是西晋的天下，作为"西晋名臣"，他不可能僭越到自行称"凉"的地步。所以张轨与"凉造新泉"沾不上边。张轨之所以能在河西恢复货币经济，一是他注意到了汉以来五铢钱具有的信用价值，二是他适应了河西走廊潜在的货币经济环境。他的举措仅限于恢复五铢钱流通。这里的"复"是相对于此前的"罢"和"不行"而言。这一"复"既启动了货币市场，又改变了"货滞物流"的现象，同时又避免了石勒那样新的通货膨胀。正是这样，张轨复五铢的举措才对五凉时期河西地区内外贸易起到了促进作用。

另外，"凉造新泉"很可能是北凉沮渠蒙逊所铸，它发行量不大，流通范围不广，却很有收藏价值。

四 注重民生，发展经济

魏晋以后的河西社会，总体上是地主制封建社会。纵然社会经济有稳步的发展，经济自给能力较强，但广大农民的贫困化仍是普遍的社会现象和社会问题。土地占有的不均，赋税、徭役和兵役的赋重，是造成农民普遍贫困的根本原因。另外，战乱与天灾又加重了农民贫困化的程度。

早在两汉之间，河西地主中的大族豪右势力已左右着河西政治和经济。窦融保据时期，抚慰的那批"雄杰"和"州郡英俊"库钧、史苞、竺曾、辛彤等，他们坐制郡县，"各有宾客"[1]。从光武帝诏他们"无擅离部曲"[2]，可见他们也有军队。至于他们雄厚的经济势力，从窦融与五郡太守赴洛阳奏

---

1 《后汉书》卷23《窦融传》，第798页。
2 《后汉书》卷23《窦融传》，第806页。

事时，"宾客相随，驾乘千余两，马牛羊被野"[1]的阵容得到显示。

曹魏时期，大族豪右势力利用封建宗族关系及宾客和部曲势力纵横邑里，称雄一方。他们广占良田沃野，一不入王赋，二向贫困民户转嫁调役，诸如此类的问题，已相沿成习。以敦煌郡而论，魏明帝以前，以丧乱隔绝，旷无太守二十岁，"大姓雄张，遂以为俗"。太和中（227~233），仓慈出任太守，"抑挫权右，抚恤贫羸，甚得其理。旧大族田地有余，而小民无立锥之土。慈皆随口割赋，稍稍使毕其本直"[2]。大族豪右的势力因此受到一些限制。仓慈的"随口割赋"，即按人口分摊赋税。它解决了大族豪右隐漏人口和向贫苦农民转嫁负担的问题。在一定程度上改善了农民处境，缓解了土地兼并和社会矛盾。

前凉肇基时，张轨以河西著姓为政治核心，使大族豪右势力再一次上升，也使土地占有关系方面存在的矛盾再度发展，依照西晋占田课田制的规定，农民有权占有和使用一定数量的土地，但在地主势力相当大的情况下，事实上很难办到。而且由于中原人口大量西徙，一些避乱迁入河西的西晋官吏随之加入豪右地主行列，成为新的土地兼并者，又进一步加剧了土地占有关系方面的矛盾。

张轨时期，军国初创，财政是当务之急。赋税之外，徭役和兵役也都接踵而至，加到一般百姓头上。如果农民的土地问题得不到解决，那赋税、徭役、兵役的征发都将是一句

1 《后汉书》卷23《窦融传》，第807页。
2 《三国志》卷16《魏书·仓慈传》，第512页。

空话。采取强征强发，又只能加大百姓的贫困化程度，导致广大农民的破产流亡。其结果，不但社会经济难以启动和运行，还会搞得怨声载道，社会不宁。

鉴于这种形势，从民生、国计两个方面考虑，张轨及其后继者都必须将土地和赋役问题作为治国的根本问题加以解决。

张轨时期设置侨郡县，这一举措是适应形势，统筹土地和赋税问题的举措。史载他的举措说：

> 上表请合秦雍流移人，于姑臧西北置武兴郡，统武兴、大城、乌支、襄武、晏然、新鄣、平狄、司监等县；又分西平界置晋兴郡，统晋兴、枹罕、永固、临津、临鄣、广昌、大夏、遂兴、罕唐、左南等县。[1]

简言之，是将流移人口"分武威置武兴郡以居之"[2]。这种做法在于缓解侨郡县人口在土地占有和使用方面的冲突，使"中州避乱来者"登记户口，逐步过渡到承担赋税和役徭。或者说，设置侨郡县安置侨民的过程，就是政府划拨原属国家所有的土地或荒田，配给侨人耕垦，将他们由消费者转化为生产者的过程。这样做，也可消除侨姓豪右地主与河西著姓地主两大势力在土地占有方面的矛盾。

张轨也注重民生问题，他死前遗令"务安百姓"，有减轻百姓负担的意思。所以，当张茂劳役百姓筑灵钧台时，有

---

1 《晋书》卷14《地理志上》，第434页。
2 《晋书》卷86《张轨传》，第2225页。

人假借张轨之命，夜叩张茂家门大呼："武公遣我来，曰："何故劳百姓而筑台乎？'"[1]"武公"是张轨谥号"武穆公"简称。

张骏时期，前凉进入强盛期，同时灾荒饥馑也时有发生。由于"顷年频出，戎马生郊，外有饥赢，内资虚耗"[2]，致使为政者格外重视民生问题，张骏也因以此被称为"积贤君"。是时，武威一带人口稠密，耕地严重不足，张骏拟改造沙漠，扩大耕地，于是与群僚讨论"治石田"之事。作为一项由政府组织的造田运动，如能实现，不仅会使可耕地面积扩大，也可改善生态环境。张骏对此决心颇大，但反对者不少。如索孚说："凡为治者，动不逆天机，作不破地德。昔后稷之播百谷，不垦磐石，禹决江河，不逆流势。"[3]以此为理论依据，反对"治石田"。张骏一怒之下，"出孚为伊吾都尉"[4]，令他到今新疆哈密去负责屯戍。另外，张骏在解决耕地不足问题方面，还有一些措施，如西取戊己校尉地，以其地置为高昌郡并移民屯垦；置武卫、石门、侯和、漒川、甘松五屯护军，列置军民屯垦。

张骏时期有"刑清国富"之称，这是张骏注意民生疾苦的结果。注意到民生疾苦，采取一些优恤措施，也就会缓解社会矛盾，会促进社会的安定和生产的发展。从张骏的"勤修庶政"，到他将河西由"所在征伐，军无宁岁"引向"境内渐平"，其中与张骏推行休众息役政策有很大关系。

---

1 《晋书》卷86《张茂传》，第2231页。
2 《晋书》卷86《张骏传》，第2235页。
3 《魏书》卷99《张骏传》，第2194页。
4 《魏书》卷99《张骏传》，第2195页。

张骏时期在安定民生方面也有一些失误。张重华继位后，以此为前车之鉴，进一步施惠于民。他采取的主要措施是"轻赋敛，除关税，省园囿，以恤贫穷"[1]。张重华这样做，一则因此前已有二十余年的"刑清国富"局面，即使如有人所说，国家需办理的事还有很多，"遗烬尚广，仓帑虚竭"[2]的情况还很严重，但由于"境内渐平"，军费开支大大减少，进一步减轻人民赋役负担也有了条件。另外，与赋税徭役繁重有关的统治者的穷奢极侈以及商业关卡林立等问题，也都需要加以解决。

　　前凉对农业居民征收的赋税主要是租调。租调是根据生产征收的。如前所述，前凉秉承晋法，推行占田课田制。农民占有和耕种的土地名义上由政府授给，称"分田"。另外，农民家庭还从事"蚕绩"。这些可通过西凉的政策得到印证。西凉后期，国力衰落，主簿氾称上疏劝谏李歆，提出"后宫嫔妃、诸夷子女，躬受分田，身勤蚕绩"，主张"百姓租税，专拟军国"[3]。

　　"分田"实际是"课田"，它和"蚕绩"分别是租调的来源。租是田租，调是户调。

　　依课田法，丁男课田五十亩收租四斛，绢三匹，绵三斤。但实际征收中，不论农民能否占到规定的土地，却要照数征纳规定的租调。当然，前凉是否完全依照西晋办法，这有待进一步研究。有记载说，前秦灭前凉后，曾"五品税百姓金银"。这"五品税"法，或为前凉遗留办法，即在征收赋税时，将纳税户按贫富分为五等，再"计赀论课"。

1　《晋书》卷86《张重华传》，第2240页。
2　《晋书》卷86《张重华传》，第2245页。
3　《晋书》卷87《李歆传》，第2269~2270页。

　　前凉政府对一些畜牧民族也有赋税规定，这可以乙弗部受西秦征敛的事为佐证。417年，乙弗鲜卑首领乌地延降秦，乞伏炽磐一次"税其部中戎马六万匹"[1]。前凉必也有戎马之税。另外，大宗毡毯等畜牧业副产品，也税自畜牧民族。

　　张重华的"轻赋敛"措施无具体记载。但他适当减轻胡汉百姓租税戎马等负担，借以改善民生状况，这个意思是明显的。

　　前凉的关税制度内容不详。自张骏经营西域取得成功后，中西贸易日渐活跃，同时因河西与西域政治上的一元化格局出现，五铢钱的行用和以敦煌为陆港贯通东西的市场形成，有大量"胡商"来到河西，甚至居留下来，这一切都使关税制度的确立有了必要。有记载说，北魏灭北凉时还有许多粟特（康居）商人留住姑臧，后与凉州豪族一同被徙往平城。外商云集，这说明关税和市税已是前凉政府的一项重要收入。但同时，由于西域已归入前凉版图，西域河西之间的贸易关系已成为内贸关系，关税壁垒也就会妨碍经济发展。张重华的"除关税"举措，不一定是完全废除关税制度，而是为了维护前凉一统政治和减轻胡汉商贾负担。从经济角度讲，它反映了自由通商的新政策，有助于扩大商品货币经济的规模。由于前凉在河西主要城市征收市税，虽然关税取消，但由于通商的人多了，市税收入也就会相应增大。因此，"除关税"不会影响政府财政，它与北魏统一北方后对商业实行的"不设科禁，买卖任情"[2]的政策相仿。北魏的政策招致商胡贩客，日奔塞下，西域珍物，充仞王府。同样的

1　汤球：《十六国春秋辑补》卷87《西秦录》，第605页。
2　《魏书》卷60《韩麒麟传附子显宗传》，第1341页。

政策也会在前凉收到同样的效果。假如不是前凉亡国和河西重陷于分裂状态的话，"卉服毡裘，辐辏于属国；商胡贩客，填委于旗亭"[1]的商业景象也会在五凉时期出现。

在张重华"轻赋敛、除关税、省园囿"的举措中，"省园囿"的民生福利性程度最大。

前凉园囿之兴，始于张茂筑灵钧台，终于张骏筑谦光殿。这前后许多"崇饰台榭"的工程，既广占耕地，扩大了土地占有方面的矛盾，又费时费力，加重百姓徭役负担。另外，园囿之兴还使统治者沉湎于酒色园林之娱，荒废军攻要务。"省园囿"的意义在于，它将园囿开放，供民耕垦；它省掉因土木兴建对劳动力的征发，减轻了百姓的徭役负担，使民众得以休息；它节约了经费，节省了开支，有利于军国，是禁奢息侈和勤修庶政结合在一起的"强国富俗"措施。纵然张重华自己"颇怠政事"，"好与群小游戏"，使这一措施的实施很有限度，但前凉此后再没有土木兴建。说明"省园囿"措施起了一定的惩前毖后的作用。这对社会经济发展有积极作用。

第三节　诸凉政权恢复发展社会经济的举措

一　利用人力物力资源，扩大区域开发

前凉之后，前秦统治河西有十年时间。此间，也采取了

---

1 《周书》卷49《异域传上》，中华书局，1971，第884页。

安定河西民生，发展河西经济的政策。如建元十三年（377）的优复举措：

> 以凉州新附，复租赋一年。为父后者赐爵一级，孝悌力田爵二级，孤寡高年谷帛有差，女子百户牛酒。[1]

这是"劝课农桑"进一步在河西的推广。而前秦凉州刺史梁熙也继续促进西域与中原之间的联系，保证了河西与中原之间交通的通畅，并使西域商品经过河西源源不断转输到长安。有记载说：

> 梁熙遣使西域，称扬（苻）坚之威德，并以缯彩赐诸国王，于是朝献者十有余国。大宛献天马千里驹，皆汗血、朱鬃、五色、凤膺、鳞身，及诸珍异五百余种。[2]

另外，前秦大力向河西移民。建元之末（383~384）一次迁徙江汉百姓万余户到敦煌，又谪徙中原"有田不辟"和舍本逐末者七千余户到敦煌。这两次徙民，使敦煌郡猛增近十万人口。

前秦在淝水之战崩溃后，河西渐次陷入分裂。由于后凉政治败坏，加之以后南、西、北诸凉各自为政，彼此兼并，战争使劳动力大量死丧流移，为战争服务的人口增加，以及农田受破坏，大量牲畜成为军资等，这一切都对生产力造成

---

1 《晋书》卷113《苻坚载记上》，第2899页。
2 《晋书》卷113《苻坚载记上》，第2900页。

破坏，影响到经济的继续发展。在战争消耗人口的同时，灾荒的肆虐以及人为的饥馑，也造成劳动力锐减。这种情况在后凉时期尤为严重。吕光太安二年（387），凉州饥荒。

> 时谷价踊贵，斗直五百，人相食，死者太半。[1]

吕隆神鼎二年（402）：

> 连兵积岁，资储内尽，强寇外逼，百姓嗷然无糊口之寄。
> 姑臧谷价踊贵，斗值钱五千文，人相食，饿死者十余万口。城门昼闭，樵采路绝，百姓请出城乞为夷虏奴婢者日有数百。（吕）隆惧沮动人情，尽坑之，于是积尸盈于衢路。[2]

正是因为如此，诸凉分治河西时期，尤为重视物力人力资源的开发和利用。有时这种开发以掳掠的方式进行，资源的利用也往往带有某种野蛮性和残酷性，但因此也带来河西全局或局部经济投入的增加。

首先看后凉。吕光建立后凉，靠的是"总兵七万，铁骑五千"的强大军事力量及杜进等人的谋划。但吕光从西域掳掠的大量财富，也为后凉初期的政治、军事提供了有力支持，同时增加了河西物力、财力基础。吕光占领的龟兹，在

---

1 《晋书》卷122《吕光载记》，第3057页。
2 《晋书》卷122《吕隆载记》，第3070~3071页。

当时富庶无比。"城有三重，广轮与长安城等。城中塔庙千数，帛纯宫室壮丽，焕若神居。"[1]虽说龟兹王帛纯在逃离王宫前，已收其珍宝，但府库所存，何止巨万。另外，"胡人奢侈，厚于养生"[2]，家家都有蒲桃（葡萄）酒营生，"或至千斛，经十年不败"[3]。民间资财也十分丰厚，数以千计的佛寺，庙产香资更难以估量。与龟兹同降的还有三十余国，其王侯"惮光威名，贡款属路"[4]。吕光聚敛了龟兹城的资财与三十余国的贡献，在东返时，将这无数钱财珍宝用二万头骆驼装载，连同西域的奇伎异戏殊禽怪兽，以及骏马万余匹，统统带回姑臧。吕光开发财力物力资源使用了霸道性手段，所掳掠的西域资财也未用于发展生产和改善百姓生活。但河西平添许多财富，多少会使吕光等后凉统治者减少一些对人民的搜刮。

其次看南凉。南凉也大肆进行掳掠，由于鲜卑部男子人人习战，造成农业劳动力奇缺，南凉掳掠的对象主要是人口。这使"专以徙民为务"成为南凉统治的重要特点。掳掠人口的政策是利鹿孤时期鲜卑贵胄输勿岿提出的。具体为"宜置晋人于诸城，劝课农桑，以供军国之用，我则习战法以诛未宾"[5]。但是，南凉掳掠的人口不尽是"晋人"，也有非汉族人口，如建和三年（402），"徙显美、丽轩二千余户而归"[6]。丽轩是羌戎之一支。又如弘昌五年（406）"徙西平、

1 汤球：《十六国春秋辑补》卷 81《后凉录》，第 567 页。
2 《晋书》卷 122《吕光载记》，第 3055 页。
3 《晋书》卷 122《吕光载记》，第 3055 页。
4 《晋书》卷 122《吕光载记》，第 3055 页。
5 《晋书》卷 126《秃发利鹿孤载记》，第 3145 页。
6 《晋书》卷 126《秃发利鹿孤载记》，第 3147 页。

湟河诸羌三万余户于武兴、番禾、武威、昌松四郡"[1]。徙民其实是军事性征服之后的劳动力搜刮，它有时搞得"徙户资财，盈溢衢路"[2]，被徙者也"安土重迁，故有离叛"[3]，作为一种落后的经济方式使百姓遭受重大损失和痛苦，并扰乱了被徙地域的生产。对于劳动力来说，充其量是在河西域内由彼地向此地的转输，整个劳动力资源并不见增加。但是，如同北魏初期徙民那样，它对徙入地区的开发是有利的。另外，将羌戎民族徙置在土地上，也会促使其民族经济生活发生质的变化，即由畜牧转向农耕。

如果说后凉与南凉开发物力人力资源的霸道性方式对社会经济补益甚微的话，那么西凉李暠建立侨郡县，安置江汉和中原移民，则是劳动力综合开发和利用的重大举措。敦煌、晋昌一带，地处边陲，又是西域与河西的接合部，有组织地安置大量侨民复业，对开发边疆，活跃东西贸易有积极意义。李暠所安置的人口中，有一部分是来自河西人口稠密的武威以东，"郭黁之寇武威，武威、张掖已东人西奔敦煌、晋昌者数千户"[4]。这或许还会减轻武威以东土地不足的压力。江汉人口万余户，中州人口七千余户，加上武威东人口数千户，总计两万余户十万余口的劳动大军汇集于敦煌和瓜州两县，对这里经济发展所起的作用是可想而知的。本来，从西汉开始，这里就是屯田基地。从曹魏到西晋再到前凉，历朝都在这里兴"衍溉"，修水利。光前凉在敦煌就修筑了北府、

---

1 《晋书》卷 126《秃发傉檀载记》，第 3150 页。
2 《晋书》卷 126《秃发傉檀载记》，第 3154 页。
3 《晋书》卷 126《秃发利鹿孤载记》，第 3146 页。
4 《晋书》卷 87《凉武昭王李玄盛传》，第 2263 页。

阳开、阳安等渠道以通灌溉，这十数万劳动大军投放到这里，首先会使这里的水田农业更加兴旺发达起来。

被安置在敦煌和晋昌的南方和中州移民中，有一部分后来又被分徙和安置到酒泉。

> 及玄盛东迁，皆徙之于酒泉，分南人五千户置会稽郡，中州人五千户置广夏郡，余万三千户分置武威、武兴、张掖三郡。[1]

分徙以后，酒泉一带的人口大大增加，使这里的经济文化也繁荣起来。另外，分徙人口也起了使劳动力资源布局趋于均衡和合理的作用。在人口分徙后，敦煌、晋昌仍旧是西凉的战略根据地，仍旧是政府组织经济开发的重点，因为酒泉及其附近地区又发展起来，于是，包括南凉对武威一域的开发及北凉对张掖一域的开发在内，河西走廊又一次出现了总体经济开发的局面。所以，在河西经济区的发展中，李暠是有贡献的。

二 发展屯垦，广田积谷

魏晋南北朝时期的各个政权都推行屯田政策。国家经营的屯田经济与地主的庄园经济及农民一家一户的小农经济三者并存，是这一时期农业经济的基本结构。

对国家来说，屯田经济是比较可靠的经济形式和经济来源。首先，土地国有权稳定。国家通过屯田经济总是牢牢地

---

1 《晋书》卷87《凉武昭王李玄盛传》，第2263页。

掌握着一部分土地资源。其次，经济效益比较稳定。因为国家可使用军事和行政手段，通过强制使用劳动力，大幅度地提高作物产量。

在分裂时期，因"武力是用，军食是资"的要求，各政权都将"农"与"战"结合起来，实行以农养战。屯田也就成了以农养战最得力的经营形式。正如曹操所说：

> 夫定国之术在于强兵足食，秦人以急农兼天下，孝武以屯田定西域，此先世之良式也。[1]

五凉时期，各个政权都在自己控制的区域内扩大土地资源的开发和利用，积极兴办屯田，组织百姓和军队屯垦。前凉与西凉安置流民的过程，开始时必然也采取组织流民屯垦的办法，就像西汉中期徙民河西所用的方法那样，被徙者开始"衣食皆仰给县官，数岁，假予产业"[2]。这"数岁假予产业"之谓，就是屯田户在屯垦几年后，政府将所耕地租佃给他们。

南凉与北凉都有徙民活动，徙民的目的在于扩大屯田。如上所述，南凉"置晋人于诸城，劝课农桑，以供军国之用"的政策，就是徙民屯垦的政策。上面也讲过，所谓"晋人"，不仅限于汉族人口，还有羌戎人口，他们被列置于屯田之上，会大大提高屯田的产出。如 406 年从西平等三郡迁徙到武威等四郡的三万余户"诸羌"按每户垦田百亩计，四

---

1 《晋书》卷 26《食货志》，第 783~784 页。
2 《史记》卷 30《平准书》，第 1425 页。

郡当有三万多顷土地得到开发。按亩产三石计，每年可产出粮食九百万石，也许这四郡屯田，正是武威期间南凉的经济支柱。正因如此，秃发傉檀在退出姑臧时，专门部署大司农成公绪留守。

南凉在湟水流域也有屯田。其基础当是西汉赵充国所创立的湟中屯田区。这一屯田区被西晋和前凉承袭，并发展为从西平到漒川至甘松一线的屯垦基地。西晋时，在这里驻有佃兵，前凉时，在这里置五屯护军。南凉兵力不足，不可能实行军屯，这里的屯田只能通过徙民来维持。当秃发傉檀撤出姑臧，退往乐都时，还从番禾一带向西平和乐都两度回徙人口，一次是"三千余家"，一次是"一千余户"。当然，这里的屯田后来被沮渠蒙逊破坏，造成"不种多年"的状况，导致秃发傉檀国破家亡。

在兴办屯田上，西凉是成功的。庚子元年（400）李暠一即大将军与凉公之位，便积极开拓疆域。"遣宋繇东伐凉兴，并击玉门已西诸城，皆下之，遂屯玉门、阳关，广田积谷，为东伐之资"[1]。

诸凉中，北凉沮渠蒙逊时期最重视农业。这决定了沮渠蒙逊最终能统一河西走廊，实现"兼天下"和"定西域"大计。永安元年（401），他一下达劝课农桑的教令，便要求各级官吏明于督察，增加生产，做到"明设科条，务尽地利"。督察的对象想必也包括屯田人口。同样的命令还见于玄始六年（417）。另外，北凉在统一河西走廊后接受了原属南凉和西凉的屯田土地。在统一的政令和管理体制

1 《晋书》卷87《凉武昭王李玄盛传》，第2259页。

下，河西屯田经济的实力会得到进一步发展。这为北魏时期从河西获得大量粮食提供了基础。如太和七年（483），北魏政府令薄骨律镇将刁雍在牵屯制造运船，通过黄河，调运河西谷物十万斛[1]，有力支持了六镇防务。太和十二年（488），北魏政府下令，"取州郡户十分之一，以为屯民"[2]，河西屯田将会在北凉的基础上，发挥出更有力的经济作用。

三 开发牧场，增加畜牧业产出

汉代以后，"河西畜牧为天下饶"之誉已广为流传，畜牧业经济的优势也广为显示。迄至魏晋，随着赀房与鲜卑等民族的入徙以及柔然等族不时向河西境内游牧，河西产业结构中，畜牧业的比重明显增加。不论牧畜的存栏，还是牧场的规模与范围，都有新的扩大。五凉时期，除湟中到敦煌的整个祁连山麓的连绵数千里之地仍是主要牧区之外，出于养殖战马的需要，又在今张掖与山丹一带设立官牧场，进行驻牧，同时设置行政机构加以管理和保护。"永兴中，置汉阳县以守牧地，张玄靓改为祁连郡。"[3]"永兴"是晋惠帝年号，相当公元304年至305年。此汉阳县当为张轨所置，县治在今山丹县南。自此以后，到隋唐以至今日，这里都是军马的重要产地之一。像这样的官牧场，在诸凉割据时期当不止一二。如西平，它是南凉的牧业基地。嘉平六年（413），"蒙逊侵西平，徙户掠牛马而还"[4]。

1 《魏书》卷38《刁雍传》，第868页。

2 《魏书》卷110《食货志》，第2857页。

3 《晋书》卷14《地理志上》，第434页。

4 汤球：《十六图春秋辑补》卷91《南凉录》，第629页。

　　五凉时期，今甘肃武威以东至黄河以西的牧场资源也得到利用。这里是令居塞坐落的地域，是北方牧业民族如赀虏、鲜卑等入徙河西的必经之地。西汉后期羌人曾请求政府准他们北渡湟水逐汉人"所不田处"，也是指这一带。由于早从汉武帝开发河西起，"自朔方以西至令居，往往通渠"[1]。因此，这里的生态条件良好。正像439年北魏出兵河西后魏太武帝目睹的那样，这里涌泉潺潺，牧草丰美，估计这一带的水草足供十万大军数年之用。由于北凉在这里放养了大量马、牛、羊、骆驼等，北魏军队刚渡河便"获河西畜产二十余万"[2]，及时补充了军队给养，特别是弥补了战马的不足。北凉灭亡后，魏太武帝根据他目睹的情景，决定将这里辟为官牧场。"以河西水草善，乃以为牧地，畜产滋息，马至二百余万匹，橐驼将半之，牛羊则无数。"[3]北魏征发一些畜牧民族人口为牧户、牧子，为政府赈役，经营畜牧业。到孝文帝时期，"复以河阳为牧场，恒置戎马十万匹，以拟京师军警之备"。[4]年年通过转徙的办法将大量牲畜"自河西徙牧于并州，以渐南转，欲其习水土而无死伤也。而河西之牧弥滋矣"[5]。这说明北凉挖掘牧场潜力，积极增加牧业生产的举措也给后世经济决策提供了基础和依据。而且，这还不止于北魏，隋朝统一全国后，也有过关于河西产业结构方面的讨论。有人指出，自陇右到河西，土地辽阔但居民分散，发展农业消耗大

1　《汉书》卷94《匈奴传》，第3770页。

2　《资治通鉴》卷123宋文帝元嘉十六年八月条，第3873页。

3　《魏书》卷110《食货志》，第2857页。

4　《魏书》卷110《食货志》，第2857页。

5　《魏书》卷110《食货志》，第2857页。

而收益小，假如废省原有屯田，实行"以畜牧为事"的经济战略，则将收到事半功倍之效。

诸凉时期，河西有许多专事畜牧业的部族。如鲜卑中的折掘、车盖、乙弗等部，他们都在各自世居的地域内选择牧场，逐水草放牧。南凉时，居于敦煌以南至吐谷浑以北的乙弗部，畜牧经济尤为发达。另外，由于河西以外的一些强大畜牧民族，不时游牧到河西境内，使弱水至居延一带的牧场资源也得到合理利用。北凉与柔然关系良好，常准许柔然在弱水一带活动。429 年，北魏出兵讨柔然，大军"循弱水西行，至涿邪山"[1]，柔然纥升盖可汗率百骑逃入南山，魏军掳得柔然部牲畜不计其数。"后闻凉州贾胡言：'若复前行二日，则尽灭之矣。'"[2]

由上可知，五凉时期，河西走廊东、西、南、北四隅缘边地区都被开发为畜牧业牧场。之所以这样，与后凉、南凉、西凉、北凉并峙的局面相关。并峙时期，各自为政，各政权都在自己控制的区域内规划畜牧业经济，其客观效果是使走廊内农业和畜牧业两大支柱产业的布局更趋协调和合理。

在开发牧场的同时，诸凉也重视腹地郡县的农牧配套，注意利用农田之外的闲散土地养殖家畜，尤其注重饲养马匹。五凉时期高昌等地实行"按赀配生马"制度。吐鲁番出土文书中有建平年间"按赀配生马帐"。此"建平"年号究系何人所建，有待考证。但根据相关文书，可证明建平年号确系高昌地区所奉行，并与北凉有关。文书反映出这一时期政府以谷物计家庭资产，一斛以上即谓"有赀"。有

---

1 《资治通鉴》卷 121 宋文帝元嘉六年六月条，第 3811 页。
2 《资治通鉴》卷 121 宋文帝元嘉六年七月条，第 3812 页。

赀者须按规定购买和畜养生马。[1] 这可能是为战事而备。其
法类似曹魏初期杜畿所行劝课法。杜畿任河东太守，"渐课
民畜牸牛、草马，下逮鸡豚犬豕，皆有章程"[2]。按一斛以上
即为有赀论，几乎五凉时期人皆养马。政府又规定有马与
无马者都得列上名籍，故文书中又有"无马人名籍"残篇，
其中开列了严绪与令狐玩等"十七人无马"。[3] 照此办理的
话，北凉亡国时北魏收得凉州户口二十万，以每户配养生
马一匹计，那么，北凉郡县民户家庭所蓄养生马总数应在
二十万匹以上。

　　总之，前凉以后诸凉政权高度重视畜牧业，它们挖掘牧
场潜力，大力增加畜牧业生产，特别是马匹生产。实行这样
的举措，虽出于进行割据战争的需要，但却进一步发展了河
西畜牧业经济的优势，推动河西经济区内部结构及布局进一
步趋于协调和合理。从历史意义讲，也给后来北朝及隋唐确
定西部经济战略提供了依据。

第四节　北魏太武帝时期的西域经济战略

——兼论北魏灭北凉的可能性与合理性

　　平城是北魏的创业基地。平城时代的北魏在军事、政治、
经济诸方面建树颇多。平城诸帝中，太武帝拓跋焘是最值得

1　参见唐长孺主编《吐鲁番出土文书（壹）》，文物出版社，1992，第68页。

2　《三国志》卷16《魏书·杜畿传》，第496页。

3　参见唐长孺主编《吐鲁番出土文书（壹）》，第81页。

称颂的人物。他不仅"扫统万，平秦陇，翦辽海，荡河源"[1]，统一了北方大地，还通过严法制、明选举、劝农桑、宽赋徭、定考课、颁新字、修国史等举措使北魏国家生活摆脱初期的落后状态而进入统治中原的适应期。他最重大的建树是在经济国策方面，是他完成了统一北方时期的经济战略的转移，将其祖道武、父明元两代君王只依赖军事征服后的移民方式开发京师一线的做法，转变为对所有占领地区普遍进行开发的远略，并着眼于行将占领地区的开发。对此，史家记述道：

> 世祖即位，开拓四海。以五方之民各有其性，故修其教不改其俗，齐其政不易其宜，纳其方贡以充仓廪，收其货物以实库藏，又于岁时取鸟兽之登于俎用者以牣膳府。[2]

这个战略的实施过程给平城带来巨大的物质利益，其中最直接的结果是"府藏盈积"[3]。从史书中可以看出，因府藏的盈实，从太武时起，平城每遇自然灾害就遣民四出"就食"的频率大大降低，京师的稳定和巩固程度空前提高；另外，军事上的征讨能力和北方边镇的防务也大为增强。而涉及如西域、河西等一些特殊地区的开发，对北魏国家后来的发展更具重大而深远的影响。由于这样的功绩，史家才称赞太武帝"遂使有魏之业，光迈百王"[4]。

本节仅就太武帝上述经济战略在西域和河西的实施及其

1 《魏书》卷 4 下《世祖纪下》，第 109 页。
2 《魏书》卷 110《食货志》，第 2850 页。
3 《魏书》卷 110《食货志》，第 2851 页。
4 《魏书》卷 4 下《世祖纪下》，第 109 页。

影响即北魏灭北凉可能性与合理性做一些研讨。

> 厩库未实，则通好于西戎。由是德刑具举，声名遐洎，卉服毡裘，辐辏于属国；商胡贩客，填委于旗亭。[1]

这几乎是汉以后中原王朝一贯的国策和现象。北魏平城时期也如此：

> 太祖初，经营中原，未暇及于四表。既而西戎之贡不至，有司奏，依汉氏故事，请通西域，可以振威德于荒外，又可致奇货于天府。[2]

但因当时国力不足，太祖（道武帝）搁置了此议。后历太宗（明元帝），西域"奇货"仍可望而不可即。

"自魏德既广，西域、东夷贡其珍物，充于王府。"[3]随太武帝统一北方事业的进展，自西晋十六国纷乱以来一百多年中原与西域间彼此隔绝的状态有了变化。从太延元年（435）起，西域的龟兹、疏勒、乌孙、悦般、渴磐陀、鄯善、焉耆、车师、粟特等九国陆续遣使朝献，拉开了平城通西域的序幕。效法汉武帝当初的做法，太武帝派出王恩生、许纲等出使西域，结果王等在出流沙时被柔然俘虏。既而再派散骑侍郎董琬、高明等"多赍锦帛，出鄯善，招抚九国"[4]。这次

---

1 《周书》卷49《异域传上》，第884页。
2 《魏书》卷102《西域传》，第2259页。
3 《魏书》卷110《食货志》，第2858页。
4 《魏书》卷102《西域传》，第2260页。

出使很成功，董、高以其所携锦帛厚赐西域诸国，不仅招来了丰厚的物质回报，而且沟通了平城与西域间的交往，西域"遣使与琬俱来贡献者，十有六国。自后相继而来，不间于岁。国使亦数十辈矣"。[1]

董琬之行，最大的收获还在于使平城上下第一次知道了西域的辽阔广大，了解到西域资源的丰富以及通商道路的四通八达。这更增强了太武帝开发西域的决心。

当此之时，横亘在西域与中原之间的最大路障是柔然和坐制河西的沮渠北凉。这两支势力互为依托，给东西交通和往来制造出许多麻烦。其中，沮渠北凉是最大的障碍。虽然《魏书·西域传》等记载，自太延元年许多西域国家都在遣使朝献，说董琬等招来了十六国贡使，西域贡物岁岁有来，"不间于道"。其实，从太延元年到太延五年的情况看，西域入贡自始至终是有条件的，要么需皇帝率军到河西地界去游弋接应，要么需皇帝遣使到西域去游说招诱。现列举《魏书·世祖纪》所载如下：

太延元年八月，"（帝）遂幸河西，粟特国遣使朝献"。

二年"八月丁亥，遣使六辈使西域。帝校猎于河西。诏广平公张黎发定州七郡一万二千人，通莎泉道。甲辰，高车国遣使朝献"。

三年三月，龟兹、悦般等九国遣使朝贡。是年八月，太武帝又"行幸河西"。十一月，"破洛那、者舌国各遣使朝献，奉汗血马"。

五年"夏四月丁酉，鄯善、龟兹、疏勒、焉耆诸国遣使

1 《北史》卷97《西域传》，第3206页。

朝献"，"五月丁丑，治兵于西郊。癸未，遮逸国献汗血马"。
"六月甲辰，车驾西讨沮渠牧犍"。

微妙的是，每次这样的"行幸"与"贡献"过后，都有
北凉的表演，要么是沮渠牧犍"遣使朝贡"，要么是"河西
王沮渠牧犍世子封坛来朝"。直到太延五年五月太武帝治兵
西郊，六月西讨北凉，情况竟无一例外。这说明，西域诸国
对北魏的朝贡视沮渠牧犍的指示而动，而沮渠牧犍对北魏朝
贡则视太武帝的军事威慑而动。

至于北凉与柔然之间互相勾结，互为依托，阻断西域道路
和煽动西域背魏，也是不争的事实。一次，魏使从西域返回，
在姑臧听牧犍左右密告说，牧犍曾与柔然主吴提彼此呼应，制
造流言，说北魏去年伐柔然，"士马疫死，大败而还"[1]，还说牧
犍听吴提生擒太武长弟乐平王丕的消息后，有如下反应：

> 大喜，宣言国中，又闻吴提遣使者告西域诸国，称：
> "魏已削弱，今天下唯我为强。若更有魏使，勿复恭
> 奉。"西域诸国亦有贰者。[2]

我们知道，自古以来，所谓"贡使"，"贡献"，都带
有官方政治往来和商贸往来的性质。魏太武帝为纳西域方
贡以充仓廪，收西域货物以实府藏，为方便和扩大平城与
西域间的双边贸易来往，多次以"田猎""巡幸"为名，
兵临河西地界，其锋芒所向，直接目标是柔然，间接目标

---

1 《魏书》卷 102《西域传》，第 2260 页。

2 《魏书》卷 102《西域传》，第 2260 页。

是北凉，最终目标则在西域。即驱逐渗透到河西一带的柔然势力和威慑北凉君臣，借以达到两方面目的，一是扫除平城与西域间的交通障碍，二是向西域诸国宣示恩威，诱迫诸国与魏建立双边商贸关系。这与派使者"多赍锦帛"去西域诱说各国"贡献"相辅相成，最终战略目标则在控制西域并获得西域丰富的物质资源利益，其间的扬兵耀武与派人诱说乃是在对西域尚无主权的情况下采取的先期性举措。

灭北凉是北魏北方总战略的重要组成部分，也是太武帝开发西部经济战略的关键环节。之所以推迟到太延五年（439）实施，并非如太武帝自己所言"朕方有事东方，未暇西略"[1]。其实早在431年，他已完成"扫统万，平秦陇"的事业，又将北燕主冯弘从和龙赶往高丽，荡平了"东方"割据者盘踞的最后一个巢穴。另外，在太延五年以前，太武帝也不是"无暇西略"，而是如前文所论，他频繁地西巡西狩，有时追击柔然到"西接张掖水"的地方[2]。他之所以不进占河西，是因北凉统治者不像赫连昌等割据者那样，在政治上敌视北魏。相反，早在始光元年（424），沮渠蒙逊已"遣使内附"，向魏称臣。使太武帝感到还有利用的价值，即利用它长期控引西域和熟悉西域交通，稳住西域诸国，并为魏使出使西域做向导。为此，太武帝给了沮渠氏一个特殊的头衔：都督凉州及西域羌戎诸军事，行征西大将军。但沮渠父子常阳奉阴违，不仅靠掌握丝绸之路的关钥垄断商税，还阻

---

1 《资治通鉴》卷122宋文帝元嘉九年十二月条，第3845页。

2 《魏书》卷103《蠕蠕传》，第2293页。

碍西域胡商的东进和魏使的西出。更甚者，还与柔然主吴提相联结，"事主也颇慢惰"。这些，从太武出兵前令公卿所写的讨凉檄文看得很清楚。讨凉檄文所数沮渠"十二罪"中，"民籍地图不登公府，任土作贡"，"知朝廷志在怀远，固违圣略，切税商胡，以断行旅"，"扬言西戎，高自骄大"，"欣敌之全，幸我之败，侮慢王人，供不以礼"[1]，条条罪名，都与西域事有关，与西部经济有关。随着太延中西域贡使越来越少，到太延五年，北凉政权就非灭不可了。

太延五年（439），太武帝出兵灭掉北凉，占领了河西走廊。为了实现他彻底开通西域商道的经济战略，而后又入西域追歼沮渠氏流亡势力，并讨平负隅顽抗、制造多年断塞道路事端的鄯善，创造出历经百余年丝绸之路上"行人复通"[2]的恢宏成果。

作为平城时期西部经济战略的起始，丝绸之路的复通，给北魏国家社会生活带来了重大而深远的影响。

首先，它有力地促进了东西商贸的发展和统一的北方市场的恢复兴起。从平城开始直至后来的洛阳时期，原本为中国达官贵人所喜好的西域宝货如珠玉、犀象、貂裘、名马等源源不断输入中原，使平城及洛阳等中心地区不仅"天下难得之货，咸悉在焉"[3]，而且成了东西商品周流之地。西域商品纷纷进入一些鲜卑贵胄和汉族公卿家中，所谓金瓶银瓮、瓯檠盘盒、水晶钵、玛瑙琉璃碗、赤玉卮等，"作工奇妙，中土所无，皆从

---

1 《魏书》卷99《卢水胡沮渠蒙逊传》，第2207页。
2 《魏书》卷102《西域传》，第2261页。
3 杨衒之著，周振甫译注《洛阳伽蓝记》卷3《城南·龙华寺》，第120页。

397

西域而来"[1]。此时，西域的众多城邦国家都和中原建立起商贸关系，如粟特、大月氏、安西、波斯、大秦、罽宾、天竺、高昌等。有的还将其独特的手工业技术介绍到平城，如大月氏，"太武时，其国人商贩京师，自云能铸石为五色琉璃。于是采矿山中，于京师铸之。既成，光泽乃美于西方来者"。[2]

应当指出，在西域商道畅通前后，北方除个别地区如河西走廊使用货币外，在北魏统领的广大地区，货币经济还很萧条。以中国一方而论，与西方交易主要支付丝织物和布帛。这必然会拉动北方丝麻织造业的发展，并形成以丝麻织品为主要商品的北方统一市场。针对这一点，北魏政府对丝麻类织品倍加重视，丝麻织品的库存量也很大。翻检《魏书·食货志》，可以看到，自太武到孝文，关于这方面的记载屡见不鲜。如：

> 天兴中，诏采诸漏户，令输纶绵，自后诸逃户占为细茧罗縠者甚众。于是杂营户帅遍于天下，不隶守宰，赋役不周，户口错乱。
>
> （和平二年冬）诏出内库绫绵布帛二十万匹，令内外百官分曹赌射。
>
> 旧制，民间所织绢、布，皆幅广二尺二寸，长四十尺为一匹，六十尺为一端，令任服用。……高祖延兴三年秋七月，更立严制，令一准前式。违者罪各有差，有司不检察与同罪。

1 杨衒之著，周振甫译注《洛阳伽蓝记》卷4《城西·开善寺》，第160页。
2 《北史》卷97《西域传》，第3226~3227页。

太和八年，始准古班百官之禄，以品第各有差。先是，天下户以九品混通，户调帛二匹、絮二斤、丝一斤、粟二十石；又入帛一匹二丈，委之州库，以供调外之费。至是，户增帛三匹，粟二石九斗，以为官司之禄。后增调外帛满二匹。所调各随其土所出。其司、冀、雍、华、定、相、泰、洛、豫、怀、兖、陕、徐、青、齐、济、南豫、东兖、东徐十九州，贡绵绢及丝；幽、平、并、肆、岐、泾、荆、凉、梁……皆以麻布充税。[1]

所谓户口错乱、让百官赌库存织物、绢帛丈尺不中度、以绵绢布帛为百官俸禄及课税，都是商品经济下社会生活的反映，可见作为市场主要商品及交换媒介的纺织品给北魏造成的广泛影响。而政府对税区的划分实际上是太武帝经济开发战略的最终落实，也是北方大市场形成的明证。不过到孝文帝时，大市场的中心已转移到了洛阳。

太武帝开通丝绸之路，对北魏社会带来的另一个影响是使平城和后来的洛阳变成国际性的大都会。因为这条通道不仅联结着今陕、甘、青、宁、新诸省区，而且沟通着葱岭以西、以北和以南中亚、西亚、南亚乃至欧洲的地中海沿岸地区。如董琬所述：

出西域，本有二道，后更为四：出自玉门，度流沙，西行二千里至鄯善，为一道；自玉门度流沙，北行二千二百里至车师，为一道；从莎车西行一百里至葱岭，葱岭西一千三百里至伽倍，为一道；自莎车西南

1　以上引文均见《魏书》卷110《食货志》。

五百里，葱岭西南一千三百里至波路，为一道焉。[1]

各道商人、使节不远万里来到中国，或经营，或通贡，将包括平城、洛阳在内的一些城市变成五方之民交汇之地。天长日久，许多胡商贩客在城中相地卜宅，娶妻生子，成为永久的居民。正所谓：

> 自葱岭已西，至于大秦，百国千城，莫不欢附，商胡贩客，日奔塞下，所谓尽天地之区已。乐中国土风，因而宅者，不可胜数。是以附化之民，万有余家。门巷修整，阊阖填列，青槐荫陌，绿柳垂庭。[2]

终北魏之世，这些西域来客一直受到政府的优遇。孝文帝时洛阳城内四馆四里中的崦嵫馆和慕义里就为西方来者而专设[3]。正光中（520~525），各地反魏起义层出不穷，又值水旱频仍，政府下令禁断了百官的例酒，但格外规定："远蕃使客，不在断限。"[4]之所以这样，是因为西域商人来华贸易和居住能繁荣经济，能给政府带来可观的关税、市税收益。

可见，国际性大都会的形成，对促进北方民族的大融合以及首都的人殷物丰都具重要意义。

灭北凉，开通西域带来的第三方面影响是大大方便了北魏政府对河西资源的开发利用。

---

1 《北史》卷97《西域传序》，第3207页；《魏书》卷102《西域传》，第2261页。
2 杨衒之著，周振甫译注《洛阳伽蓝记》卷3《城南·龙华寺》，第120页。
3 杨衒之著，周振甫译注《洛阳伽蓝记》卷3《城南·龙华寺》，第120页。
4 《魏书》卷110《食货志》，第2861页。

在农业方面，经北凉等诸朝的开发，河西积累起巨大的资源潜力。粮食、桑麻、蔬果等一般都能实现自给有余。北魏充分注意这点，利用黄河水道开漕运，用河西粮食支援六镇。如太平真君七年（446），薄骨律镇将刁雍请求朝廷准其于牵屯山（今宁夏固原）"河水之次"造船二百艘[1]，并说每船可运谷二千斛。按一年运一次计，便可从河西出谷 40万斛。因利益巨大，太武帝准其所请，并下诏说："非但一运，自可永以为式。"[2] 也就是说，从这时起，河西粮食常年通过黄河水道转输到薄骨律、沃野等州镇，以供边防之用。

在畜牧业方面，北魏受益更多。在灭凉前，太武帝虽多次西幸西略，但未曾亲履河西走廊。他听出使过北凉的李顺说"凉州乏水草"[3]，"自温圉河（今黄河）以西，至于姑臧城南，天梯山上冬有积雪，深一丈余，至春夏消液，下流成川，引以灌溉。彼闻军至，决此渠口，水不通流，则致渴乏。去城百里之内，赤地无草，又不任久停军马。"[4] 奚斤、古弼等一般鲜卑元老重臣也随声附和说河西走廊"其地卤斥，略无水草"[5]。为此，他一次次推迟灭凉的决策。但熟悉史实的崔浩引《汉书·地理志》反问李顺等：

"凉州之畜，为天下饶。"若无水草，何以畜牧？又汉人为居，终不于无水草之地筑城郭、立郡县也。又雪

---

1 《魏书》卷 38《刁雍传》，第 868 页。
2 《魏书》卷 38《刁雍传》，第 869 页。
3 《魏书》卷 36《李顺传》，第 832 页。
4 《魏书》卷 35《崔浩传》，第 822~823 页。
5 《魏书》卷 35《崔浩传》，第 822 页。

之消液，才不敛尘，何得通渠引漕，溉灌数百万顷乎？[1]

及至决策灭凉，用兵河西，北魏军队一渡过黄河即"获河西畜产二十余万"[2]，而映入太武帝眼帘的河西走廊竟是"姑臧城西门外，涌泉合于城北，其大如河，自余沟渠流入漠中，其间乃无燥地"[3]。而后，太武帝做出经济上的决策："以河西水草善，乃以为牧地。畜产滋息，马至二百余万匹，橐驼将半之，牛羊则无数。"[4]从此，河西走廊成为北魏畜牧业资源的供应地，直到孝文帝时期，仍连年通过转牧的方式，将大量牧畜"自河西徙牧于并州，以渐南转，欲其习水土而无死伤也，而河西之牧弥滋矣"[5]。

总之，太武帝时期的西部开发战略表现出这一时期北魏统治者放眼整个北方的积极进取精神。作为这一时期经济战略转移的一个例证，它同时也说明太武帝对北魏历史发展所做的贡献及北魏国家其后发达的原因。

---

1 《魏书》卷35《崔浩传》，第823页。
2 《资治通鉴》卷123宋文帝元嘉十六年七月条，第3873页。
3 《资治通鉴》卷123宋文帝元嘉十六年八月条，第3874页。
4 《魏书》卷110《食货志》，第2857页。
5 《魏书》卷110《食货志》，第2857页。

著姓篇

【卷九】

著姓，或曰右姓、大姓，是汉魏封建社会中一个特殊阶层。北朝时按分布与地望分列出郡姓、吴姓、虏姓三大体系。其间，似未包括名扬天下的另一个著姓群，即河西著姓群[1]。

　　河西著姓又被称为"西土著姓"[2]。其主体是凉州域内的高门世族，汉、魏、晋、凉时期，这样的家族略见于史传者不下十数个，在长达二三百年的时间内，这个社会群曾有过令人瞩目的历史活动。特别是在"五凉"时期，因着特定历史条件所提供的机遇，其社会能量得以较为充分的展示，又因此给我们今天认识其群体特征及行迹提供了一定可能。

第一节　门第与特权

　　首先，从本质上讲，河西著姓是封建特权阶层中的一支。史书直称他们中某某为"累世官族"[3]"世为冠族"[4]或"世为豪族"[5]。至如后来与北魏皇族联宗，被赐源姓的虏姓首望

1　《北史》卷34《张湛传》，中华书局，1974，第1265页。

2　《晋书》卷48《段灼传》，第1336页。

3　《晋书》卷60《索靖传》，第1648页。

4　《三国志》卷9《魏书·曹爽传》注引《魏略》，第290页。

5　《晋书》卷89《忠义·魏允传》，第2307页。

秃发氏，曾有建邦命氏的历史，当是官族之冠[1]。对这些家族的汉姓家族分析一下，似又可据其做官资历及显名的早晚划出两等人家。一是相当于"魏晋旧门"者，他们早早发迹，在数百年的沧桑巨变中门户经久不衰。曹氏、令狐氏、张氏、氾氏、索氏是这一等。另一是崛起于西晋之末，显名于五凉初期的"凉国旧胤"，他们发迹较晚，自谦是"蒙先朝布衣之眷"[2]，实则执掌当朝权柄，功高位隆，且势焰熏灼。宋氏、阴氏是这一等。

曹氏等家族树立门户与西汉开置河西四郡相先后。史载：

> 秦汉之际，曹参夹辅王室。世宗廓土斥境，子孙迁于雍州之郊，分止右扶风。或在安定，或处武都，或居陇西，或家敦煌。枝叶分布，所在为雄。[3]

令狐氏家族，有记载说本源于西周王室，原封太原。西东汉之交，令狐迈起兵讨王莽，兵败身死。三个儿子因避祸"皆奔敦煌"。以后，长、次二子相率去西域，幼子令狐称"为故吏所匿，遂居效谷"[4]。另一记载说从令狐迈起已定居敦煌[5]。而最要紧的倒不是落户的早晚，而是家族的门阀。令狐迈官居汉建威将军，又属先朝忠良节烈之流。这一点决定这

---

1 《魏书》卷41《源贺传》，第919页。
2 《晋书》卷87《李歆传》引氾称语，第2269页。
3 张澍辑，李鼎文校点《续敦煌实录》引《邰阳令曹全碑》，甘肃人民出版社，1985，第51~52页。
4 《新唐书》卷75下《宰相世系表五下》，第3397页。
5 《通志》卷25《氏族略》。

个家族一直绵延到晋、凉的禄位而成为与曹氏等不相上下、甚而过之的显赫门第。他们都堪称河西著姓的首望与著姓社会的中坚。

宋、阴等族，资历不可与曹、令狐等族相比，门第也逊色多了。但由于他们从被前凉的肇基者张轨引为"股肱谋主"而发达起来，跻身于势族之列。

门第是特权的标志。著姓社会显著的心理趋向是尽力保持门第，不使遭遇艰厄而一朝坠落。当着中原、江左士族阶级发狂似的利用选举、改造选举以达到或追求所谓"世及之荣"时，河西著姓社会也不甘寂寞，充分利用察举征辟制度给予的"权门贵士，请谒繁兴"的方便[1]，利用九品中正制"其州大中正、主簿，郡中正、功曹，皆取著姓士族为之，以定门胄，品藻人物"的方便[2]，垒筑他们家族的门第和社会的构体。以曹氏而言，第一世曹敏、第二世曹述、第三世曹凤、第四世曹全早在东汉后期皆已通过"察孝廉"而一世接一世地步入官场，成为"累世官族"。而且他们世世又都做着河西及其邻近地方的长吏，如武威、张掖、金城、北地长吏、都尉、丞、守、令之类[3]。至于令狐氏，其繁殷的子孙后裔，从令狐馨当西晋谏议大夫起，直到北朝终结令狐虬、令狐整仍跻身名臣之列，同样世世霑沐门荫[4]。登为五凉牧守、县令者有令狐亚、令狐敏等，也是世代簪缨。

在追求世及之荣的同时，河西著姓尤向慕衣锦之荣。即

1　《通典》卷13《选举一》，典75中。
2　《新唐书》卷199《儒学中·柳冲传》，第5677页。
3　张澍辑，李鼎文校点《续敦煌实录》引《郃阳令曹全碑跋》，第54页。
4　《北史》卷67《令狐整传》，第2349页。

使位至公侯者，同样无不渴求获得在家乡做官的机会。北周
执政宇文护曾对令狐整说：

> 以公勋望，应得本州。但朝廷藉公委任，无容远
> 出。然公一门之内，须有衣锦之荣。[1]

署其弟休为敦煌太守。由于五凉各政权统统建在河西域内，
著姓家族当然地处在衣锦之荣的圈子里，况且五凉政权可以
容纳的官僚数量比之任何统一时期河西地方政权可以容纳的
官僚数量来，都不知要多出多少。因此可以说五凉存在的
一百多年，是河西著姓社会得到极大发展的一百多年。许许
多多家族的世及之荣与衣锦之荣交织在一起，形成河西封建
政治与官僚社会的特点。举一个例子，曹魏执金吾张奂的后
裔张湛、张铣兄弟，他们做着北凉的官，而他们的父祖做着
前凉、西凉的官：

> 祖质，仕凉，位金城太守。父显，有远量，武昭王
> 据有西夏，引为功曹，甚器异之。尝称曰："吾之臧子原
> 也。"位酒泉太守。[2]

五凉时期，割据政权千方百计扩大并保障河西著姓社会
的种种特权。表现为：

第一，常使著姓享受着政治上的优遇。早在张轨任凉州

1　《北史》卷67《令狐整传》，第2354页。
2　《北史》卷34《张湛传》，第1265页。

407

刺史时就"令有司推详立州以来清贞德素，嘉遁遗荣"等"具状以闻"[1]。前、南、西、北诸凉政权，均援引所谓的西州德望，四夷豪俊，文武秀杰，乃至中州才令、秦雍世门"内居显位，外宰郡县"，使他们"官方授才，咸得其所"。[2] 著姓风云际会的情况从西凉公布的官谱中可略知一斑[3]，兹表列于后。

西凉官谱

家族	姓名	官职
张	张邈	右长史
	张条	牧府左长史
	张谡	从事中郎、扬武将军
	张体顺	右司马
	张林	太府主簿
	张靖	折冲将军、河湟太守
索	索仙	左长史
	索训	威远将军、西平太守
	索术	武兴太守
	索承明	牧府右司马
	索慈	广武太守
宋	宋繇	从事中郎、折冲将军
令狐	令狐溢	右长史
	令狐赫	武威太守
	令狐迁	武卫将军、晋兴太守
阴	阴亮	西安太守
氾	氾德瑜	宁远将军、西郡太守
唐	唐瑶	征东将军
赵	赵开	驿马护军
尹	尹建兴	左司马
郭	郭谦	军咨祭酒

1 《晋书》卷86《张轨传》，第2224~2225页。
2 《晋书》卷126《秃发乌孤载记》，第3143页。
3 《晋书》卷87《凉武昭王李玄盛传》，第2259页。

如表所示，尹、唐是李暠姻亲，郭、赵为秦雍世门，其余全是河西著姓，西凉政权的著姓性质毕见于他们的出身。李暠用人，自称"至于朝为寇雠，夕委心膂"，落落大度、不计前嫌，索氏原与之交厚，但索嗣在李暠自任敦煌太守受命段业时构陷李暠，以此反目为仇。按说索氏子弟应受西凉的贬黜。从上表看出，事实并非这样。这只能通过五凉对著姓社会的特殊政策予以说明。

第二，为著姓子弟尽量提供受教育的机会。张轨时，"征九郡胄子五百人，立学校"。[1]其余诸凉或"立泮宫，增高门学生五百人"[2]，或"建学校，开庠序，选耆德硕儒以训胄子"[3]。这一措施，使著姓子弟得以早早熟习儒家经典，掌握治国之道，置身于邀取令名，博取声誉的名利圈内。从官立学校中一进一出，即可飞黄腾达。索靖、氾衷、张龑早年得列"敦煌五龙"群中，全仗太学根底。泮宫等虽不可与太学同日而语，在州郡仍是最高学府，学成者同样价重西州。

第三，著姓子弟出入公府，有攀龙附凤的方便。他们有的得充任王侯公卿的门生、宾客，甚而成为执政者的昵友。安定梁景、敦煌刘肃，二人"并以门胄，总角与（张）天锡友昵"，[4]他们朝参机要，晚预枢密，与君工同起同卧，虽不免下流，却得以心腹而享高官厚禄。

1　《晋书》卷 86《张轨传》，第 2222 页。
2　《晋书》卷 87《凉武昭王李玄盛传》，第 2259 页。
3　《晋书》卷 126《秃发利鹿孤载记》，第 3146 页。
4　汤球：《十六国春秋辑补》卷 73《前凉录》，第 520 页。

所以，透过著姓的门第，能清楚地看到五凉封建割据政权的深刻内涵。它们一概是著姓社会的隆起物，是地方官僚享受特权的政治媒介。

第二节　著姓之优势

　　河西著姓社会产生与发展是与封建社会初期豪强地主势力的产生与发展并行不悖的。许多家族本来就被史书写为"豪族"[1]"大姓"[2]"大族"[3]。这说明在官僚特权之外，著姓社会还有一种武断乡曲的特质。早在曹魏时期，有人谈到敦煌一带的社会情况，说"大姓张雄，遂为风俗"，这种情况是地方官无能为力的。于是只能"循故而已，无所匡革"[4]。张氏、麴氏、贾氏、曹氏等家族，从前凉初立便有人出来捣乱。这说明河西向为豪强地主盘踞之地。其张雄跋扈可说是河西著姓社会的又一特征。

　　五凉时期，由于河西孤悬西陲的程度加大，著姓社会势力增长以及民族关系复杂种种原因，豪强地主骄横自恣有甚于汉魏，他们所具备的各种社会优势更得以展现。

　　社会优势是社会力量的总和，它首先来自门宗方面。凡著姓家族，都门宗甚盛。作为一种由血缘和依附关系结成的群体网络，在经历汉魏晋那样长期的沉淀与反复交织后，显

1　《晋书》卷89《忠义·麴允传》，第2307页。
2　《三国志》卷16《魏书·仓慈传》，第512页。
3　《晋书》卷86《张轨传》，第2223页。
4　《三国志》卷16《魏书·仓慈传》，第512页。

得更其坚实深厚，盘根错节。以张氏为例，迄北魏入主河西，其枝裔蔓延，光名见史传者不下三四十人。张谄、张植、张穆、张镇、张越、张湛、张琭、张邕及西凉官谱所列诸张是其代表。他们各自的姻亲、子弟、门生、故吏、宾客、部曲又有多少，实难估计。张世度在张氏族中不算佼佼者，依他在游学洛阳时的气派，足见在家乡如何的"势倾西土"。史载，洛阳大疫，他带去的"乡人宗族"死掉十余人[1]。这是汉族著姓的情况。至于胡姓的门宗强盛情况，则另有特点。因习传统的部落生活，他们的宗族又直接称为宗部，动则数百、数千，乃至数万人。如沮渠麹粥等被杀，"宗姻诸部会葬者万余人"[2]。凉初，秃发氏一部即有二十余万人。单个汉族著姓的门宗势力又远远不可与他们匹敌。

门宗势力世代相因。对河西著姓社会各家族来说，它是一种直接保证家族利益并与外部抗衡的力量。我们看到，当着西凉初建时，李暠如何告诫儿子李歆，要他善待"邑宿"，不忘"尽礼承敬"与"广加咨询"。"正为五百年乡党婚亲相连，至于公理，时有小小颇回，为当随宜斟酌。"[3]实则表明政治势力向豪强门宗势力的妥协态度。

其次是经济上的优势。西汉开置四郡，加速了河西的开发。同时也使豪强地主得以迅速积累家族财富。这方面的活动之一，首先是大量兼并土地。随曹魏时期业已形成的"旧大姓田地有余，而小民无立锥之土"[4]的状况，此前兴起的封

1　汤球：《十六国春秋辑补》卷74《前凉录》，第527页。
2　《晋书》卷129《沮渠蒙逊载记》，第3189页。
3　《晋书》卷87《凉武昭王李玄盛传》，第2262页。
4　《三国志》卷16《魏书·仓慈传》，第512页。

建庄园成为著姓社会的经济基础。地租成为这个社会财力的主要来源。活动之二，是利用河西居东西交通要道之便，在东西商业贸易中渔利。汉魏时有一种现象，"西域杂胡欲来贡献，而诸豪多逆断绝。既与贸迁，欺诈侮易，多不得分明"。[1] 前凉再开西域，似这种截断道路、依势强抢、敲诈胡商，并从中侵夺国利之事不会没有。活动之三，是经营畜牧业。汉以后，河西有"畜牧为天下饶"之誉。投资畜牧会很快富甲一方。麹氏和游氏都以此发财，以至民谣唱道："麹与游，牛羊不数头，南开朱门，北望青楼。"[2] 种种活动加上长年俸禄及搜刮贪赇的结果，许多著姓家族积累起数以十万、百万计的巨额财富。氾腾在决意隐居时，"散家财五十万，以施宗族"[3]；张冲，"散家财巨万，施之乡间"[4]；氾固，"推家财百万与寡弟妇，二百万与孤兄子"[5]。可见，河西著姓掌握着河西资源与财富。

门宗势力与经济势力的结合，又可养成军事势力。庄园制下的部曲，是半武装的私兵，一旦风云有变，著姓家族莫不聚其部曲，率其宗族，或作壁上之观，或作千里响赴，或自成兵长渠帅，或支持他人攻城夺地。大则像西晋亡国前那样，"凉州大马，横行天下"[6]；小则像张大豫复辟前凉，郭瑀、索嘏等"起兵五千，运粟三万石"[7] 进行响应。总之，他们总

---

1 《三国志》卷16《魏书·仓慈传》，第512页。

2 《晋书》卷89《忠义·麹允传》，第2307页。

3 《晋书》卷94《隐逸·氾腾传》，第2438页。

4 汤球：《十六国春秋辑补》卷71《前凉录》，第505页。

5 《太平御览》卷512《宗亲部·伯叔》引刘昞《敦煌实录》，第2334页。

6 《晋书》卷86《张轨传》，第2223页。

7 《晋书》卷94《隐逸·郭瑀传》，第2455页。

是将军事武装上的优势投注到各种影响地方局势的活动里。

再次，在文化上，著姓社会也同样具有优势。他们中的一些人往往掌握着学术、文化的领导权，并因积极倡导文治而身任割据政权的各种文职，如儒林祭酒、博士祭酒、教授、助教之类。有的被尊为国师，处于上下皆从其教的位置。还有的在民间开馆授学，著述经史，门下常聚集弟子数百、数千。宋纤的酒泉南山学馆，有弟子三千[1]。郭瑀、索袭、索紞，都是名重当世的学者，其门下同样是学子云集。一般地说，汉、晋、凉时期的师生，都恪守"父生之，师成之，君爵之"的纲常礼教，师丧，"遂服斩衰，庐墓三年"属于常规[2]。这种通过宗法关系实现的学术权、政治权的统一，保证了著姓社会始终作为河西地域思想、舆论的主导与割据政权的参佐地位。

最后，是婚姻关系上的优势。一切士族都通过缔结与之门第、地位相适应的婚姻关系来巩固既得利益，增强对外力量。李暠讲"五百年乡党婚亲相连"一语的主旨，也在肯定婚姻的潜在力量。河西著姓的婚姻大致呈三种状况：一是著姓自成世婚或素对。察张氏与宋氏家族，宋氏与氾氏家族，张氏与氾氏家族，氾氏与令狐氏家族，这一对对家族之间互通姻亲，如宋繇伯父娶张氏女为妻，宋繇姊又嫁与张彦[3]，令狐亚的母亲系张镇姊或妹，故张氏又是令狐氏外家[4]。著姓之

1　汤球：《十六国春秋辑补》卷74《前凉录》，第525页。

2　《晋书》卷94《隐逸·郭瑀传》，第2454页。

3　《魏书》卷52《宋繇传》，第1152页。

4　《晋书》卷86《张轨传》，第2224页；《续敦煌实录》引《令狐熙碑》，第99~102页。

间的互为姻亲，其错综复杂，足使著姓社会连为一体。二是
著姓与凉世最高统治者家族攀亲。如张寔娶号称"西州大姓"
的贾氏女为妻；后凉主吕绍纳张氏女为妃皆属此类。这类婚
姻派生出的政治同盟及其作用，用李暠与尹氏之间有"李、
尹王敦煌"的佳话可做最好说明[1]。三是著姓与学者名流通婚。
如安定胡叟，"元妻敦煌宋氏"[2]；刘昞被郭瑀择为佳婿[3]，属这
一类。不论哪种姻亲关系，一经缔结，双方家族都须遵循尊
亲明义准则，将彼此维护到底。否则，将视为天理所不容。
因此，当宋混兄弟诛杀张瓘时，张瓘发出激烈的斥责：

> 瓘临命语澄曰："汝荷婚姻，而反为逆，皇天后土，
> 必当照之。我自可死，当令汝剐我矣！"[4]

河西著姓社会集中的各种社会优势，以及这个社会所表
现的豪强地主特质，在五凉时期都统统表现了出来。

第三节　著姓之功能

上述种种，是河西著姓社会赖以存在的背景所在。同

1　见《晋书》卷86《张寔传》、《晋书》卷122《吕纂妻杨氏传附吕绍妻张氏传》、
《晋书》卷87《凉武昭王李玄盛后尹氏传》。
2　《魏书》卷52《胡叟传》，第1152页。
3　《晋书》卷52《刘昞传》，第1160页。
4　释道世:《法苑珠林》卷84引颜之推《冤魂志》，江苏广陵古籍刻印社，
1990，第307页。

时，它又决定着河西著姓社会是河西地区当然的支配者。总括河西地区历史的变迁，包括政局的治乱、经济的涨落、军事的盛衰、文化的荣枯，这一切的一切，无不以它的向背为转移。

具体而言，著姓社会在河西割据政权中的作用可用四种功能予以概括，即再造之功、定策之功、推进之功与破坏之功。具有这些功能是它的又一特征。

其一是再造之功。当西汉政权解体，河西处于纷乱时，著姓再造了窦融政权；而当西晋政权解体，河西再陷纷乱时，又造就了前凉等政权。再造之功集中的体现是著姓选择合适的政治代表，主要条件是看其是否有着著姓的门第及与河西地域的政治联系。以窦融而论，其祖上在西汉受封建为侯，做过二千石长吏，这是其一；他虽系扶风人，属于关中望族，但高祖父当过张掖太守，从祖父当过护羌校尉，从弟当过武威太守，"累世在河西"，"世任河西为吏"，这是其二。这两点足以使河西著姓社会对他表示满意。加上窦融到河西后"抚结雄杰"，凡"州郡英俊"，"融皆与之厚善"，对"孤立无党"的前官吏则移檄晓喻令其"解印缓去"，实际一头栽入河西著姓怀抱，于是"甚得其欢心，河西翕然归之"[1]。与窦融比，张轨条件稍差些，他虽是安定望族，并是陇西辛氏姻亲，但毕竟与河西没有政治瓜葛。因此在中原大乱中，虽谋"追窦融故事"，"阴图保据河西"，但并无十分把握，只得先求筮问卜，"遇《泰》之《观》"后方"求为凉州"。这很有意思的心理活动正说明他对河西会不会选

---

[1] 《后汉书》卷23《窦融传》，第796页。

择他作"霸者"怀有疑虑。到凉州后，他效法窦融依靠著姓社会，"以宋配、阴充、氾瑗、阴澹为股肱谋主"，结果仍未得到全体的满意，很快就遇到张镇、张越兄弟与麴、曹等家族联合发动的政治与武装颠覆运动。后来仍靠张琬、令狐亚等著姓人物在他与张镇之间进行斡旋以及选取非著姓人物鲁连作替罪羊，张轨才在河西立住了足[1]。然而，河西著姓社会反对安定著姓做代理人的动乱直到张茂、张寔时还时有发生。

假如既不具备窦融那样的条件，也不像张轨那样认真衡量自己，而是像吕光那样，贸然君临河西，结果将会很惨。当着吕光率领数千名氐族军队从西域返回时，首先遇到梁熙为首的他方军队的抵抗，而归服他的只有"西山胡夷"之属。而且他进占姑臧后，又不去做著姓社会的工作，甚至擅杀名士姚皓、尹景等十余人，搞得"远近颇以此离贰"[2]，不仅迅速招来"一州之地，叛者连城，瓦解之势，昭然在目"[3]的灾祸，严重时连粮食也筹不到，"谷价踊贵，斗值五百，人相食，死者太半"[4]，各方面都陷入困境。著姓社会抛弃了吕光的后凉，又选择了李暠、沮渠蒙逊、秃发乌孤，再造了后来的几个凉政权。

其二是定策之功。所谓定策之功是指对认可并支持的割据者，著姓社会甘愿为之效股肱谋主之劳，通过积极的献策，表达自己的主张，裁定政治、经济、军事各项重大问

1　汤球：《十六国春秋辑补》卷67《前凉录》，第483~484页。
2　《晋书》卷122《吕光载记》，第3056页。
3　《晋书》卷122《吕光载记》，第3061页。
4　《晋书》卷122《吕光载记》，第3057页。

题。如窦融在东汉建立后，面对何去何从的前途抉择，先"召豪杰及诸郡太守计议"，"诸郡太守各有宾客，或同或异。融小心精详，遂决策向东"。[1] 实际上是著姓社会决定着窦融是否附汉。"五凉"时期，像这样事关地区前途与国家安危的大政方略，往往都是由著姓社会中产生。如前凉政权正式形成在河西的割据，是从张寔开始的。而张寔则是根据张诜建策，通过阻断西晋宗室司马模西进称尊的图谋表示出这一政治姿态的。李暠建立西凉，也是按照张邈、宋繇的主张，从拒纳段业王命开始的。至如段业自称"为贵门所推"举兵反对吕光[2]，秃发傉檀向宗敞求"怀远安弥之略"[3]，诸如此类决策，条条都对河西历史产生过重大影响。值得一提的是，张轨按照索辅的意见，实行了"准布用钱"之制[4]，使东汉后期即遭破坏的货币经济首先在河西区域内恢复起来，促进了生产的发展，便利了人民生活，影响至大。

参预定策中，为驳正失误，也会有人犯颜直谏。如索孚，他有鉴于张骏劳民积怨而仍一意孤行，在"议治石田"时，进行廷争，不惜因此而失禄位。他还以射箭须弓合度、矢端直的道理劝喻张祚等不要荒政乱制[5]。

其三是推进之功。所谓推进之功是指著姓社会在各项活动中对割据政权的发展、巩固做出的实际贡献。对此，只要认识到割据政权是著姓社会的政权，割据事业是著姓社会的

1 《后汉书》卷23《窦融传》，第798页。
2 《晋书》卷129《沮渠蒙逊载记》，第3192页。
3 《晋书》卷126《秃发傉檀载记》，第3149页。
4 《晋书》卷86《张轨传》，第2226页。
5 《魏书》卷99《私署凉州牧张寔传附张骏传》，第2194~2195页。

事业这两点就足够了。窦融也好，张轨等也好，从他们建邦命氏，到他们走向终结，凡诸内政外交、攻城夺地、赋税钱粮、教化疏导，事无巨细都借力于著姓社会。具体事例无须一一枚举。只看最高统治者对著姓人物的重视与敬仰之心便可见一斑。李暠临终顾命宋繇：

> 吾终之后，嗣子犹卿子也，善相辅导，述吾平生。勿令居人之上，专骄自任。军国之宜，委之于卿。[1]

同是宋繇，沮渠蒙逊也对之谦恭备至。克酒泉后对臣下说：

> 孤不喜克李歆，欣得宋繇耳！[2]

同样的敬慕之言，在宗敞帮助秃发傉檀兵不血刃坐定姑臧后，傉檀也说过：

> 吾得凉州三千家，情之所寄，唯卿一人！[3]

上述三方面功能，是特殊历史条件下河西著姓对河西政治产生的积极的、有益的作用，是充分发挥内部潜力代替崩溃后的统一王权对局部地域施行统治的功能。

其四，与上述功能呈逆反作用的是某些时候著姓社会又

1 《十六国春秋辑补》卷93《西凉录》，第645页。
2 《魏书》卷52《宋繇传》，第1153页。
3 《晋书》卷126《秃发傉檀载记》，第3149页。

对河西局势产生消极影响，即所谓的破坏功能。这是豪强地
主社会的普遍功能，是"武断乡曲""势倾西土"的本能反
应。举张镇之乱为例，它的实质是河西著姓部分家族与非河
西著姓的张轨家族在争夺地域统治权，但彼时正值河西经历
长期"鲜卑反叛，寇盗纵横"[1]，一片经济残破，民不聊生景
象。张轨以"才堪御远"依靠宋、阴等族重整局面，保宁域
内，这是符合民意的进步行为。张、曹、麹等家族对张轨进
行的颠覆活动带有一定的反动性。它直接导致了曹祛余党在
河西域内挑动内战及勾结秦州割据势力裴苞、尉贯与河西对
峙的严重后果，使已渐趋安定的河、陇一域又出现纷乱。以
后，前凉政权不得不采取严厉措施对付这类动乱，如徙麹氏
中"元恶"六百家离故地，诱杀谗言"手莫头，图凉州"的
贾摹，并大事兴建，强固姑臧城防等，虽做到了使"豪右屏
迹"，但也骚扰了民间生活[2]。

　　在制造地方动乱上，著姓社会中个别家族有着悠久历
史，并被视为是传统门风。如说"西平诸田，世有反者"[3]。
张氏家族在前凉统治的几十年中，除张镇、张越之外，后期
还有张瓘、张邕等人的擅权跋扈及由此引起的张、宋内讧。

　　一般情况下，著姓社会对局面的破坏作用多表现为滋扰
法度、干乱行政等方面。如沮渠蒙逊伯父亲信、孔笃，"并
骄奢侵害，百姓苦之。蒙逊曰：乱吾国者，二伯父也，何以
纪纲百姓乎！"[4]此前仓慈指出过大姓侵占田地，欺诈胡商等

1　《晋书》卷86《张轨传》，第2221页。
2　《晋书》卷86《张茂传》，第2232页。
3　汤球：《十六国春秋辑补》卷95《北凉录》，第656页。
4　汤球：《十六国春秋辑补》卷95《北凉录》，第657页。

行径也属同类性质。另如积习已久的官场腐败，更是每日每时、潜移默化地腐蚀着封建政治的肌体，导致政治走向衰乱。对此，北凉时有人指出：

> 朝士多违宪制，不遵典章。或公文御案，在家卧署，或事无可否，望空而进。至于黜陟绝于皇朝，驳议绝于圣世，清浊共流，能否相杂，人无劝兢之心，苟为度日之事。[1]

这种腐败，表现出著姓作为士族阶层的腐朽面。

总之，河西著姓社会左右地方局势的各种功能交织在一起反复作用的结果，使包括窦融、"五凉"在内的各割据政权得以建立并维持一定时期的存在，同时也必然潜藏着各种矛盾，如王权弱小，以地方势力为主要势力的国力因素只能使其保据河西一隅而不可能完成跃马秦陇，混一宇内的功业等。

著姓社会过分集中的各种优势，有时也会因内部失衡而导致自身的动荡，严重时会造成个别家族殄宗灭门，如阴氏、宋氏那样，在内部争斗中经历荣枯的考验。正因为这样，个别著姓人物不得不在"贵而能贫，乃可以免"的人生哲学中"衔胆自厉"或隐居起来，在"柴门灌园，琴书自适"中聊度岁月。其中更甚者"或独语独笑，或长叹涕泣，或请问不答"[2]，做出种种怪诞行为。当然，这不是著姓社会

1　汤球：《十六国春秋辑补》卷96《北凉录》，第664页。
2　汤球：《十六国春秋辑补》卷74《前凉录》，第527页。

行为的主流。

　　河西著姓社会是封建社会初期的历史存在。它由家族的、社会的双重势力凝固而成，具有官僚、豪强上层地主社会的各种特征。

　　"五凉"时期是河西著姓社会发展的重要时期，也是它充分发挥作用的时期。其中，以重建封建秩序、安定地方局势的积极作用为主要方面。正是因此，才有"天下方乱，避难之国唯凉土耳"之类的舆论[1]，才有"凉州虽地居戎域，然自张氏以来号有华风"之类的评价[2]。河西著姓社会在北魏灭掉北凉后解体了，其中大多数家族被当作降户、杂户徙入平城，逐渐融入中原社会。

1　《晋书》卷86《张轨传》，第2222页。
2　《魏书》卷52《胡叟传》，第1150页。

文教篇

【卷十】

第一节　五凉政权的"文教兼设"

秦汉以后，汉族文化圈向周边地区的迅速扩展，使一些原本地处"戎域"的边陲地区进入封建文化的苏醒时期，河西走廊便是这样的地区之一。

河西走廊封建文化的苏醒，是汉武帝经营西域和开置河西四郡的结果。而河西经济区的开发，则是封建文化苏醒的基础。大批中原人口迁徙到河西，将中原数千年来积累的文化成果带到河西，又由于丝绸之路的开通，西域文化宝库的许多成果通过河西传向中原。这造成一种必然趋势，那就是河西地域文明有一天终会产生出异样光彩，并在历史上留下重重一笔。作为世界文化瑰宝的敦煌学术迄今为四海所具瞻，便是一个明证。

敦煌学术的地域渊源在敦煌，时代渊源在汉中期以后。其中，公元3至5世纪河西走廊文化的繁荣，是敦煌学术兴起的端倪。因为彼时河西文化的繁荣尤以敦煌地域最令人瞩目。

公元4至5世纪，正是前凉、后凉、南凉、西凉、北凉割据河西时期。这一时期文化上繁荣局面的形成与出现，在很大程度上要归功于五凉各政权"文教兼设"的政策。

　　就整个北方中国而言，从东汉末年直到魏晋以后，乃是一个社会严重动荡不安的时期，分裂割据的政治局面和由此导致的战乱频繁抑制了文化的发展。首先，战乱使文化典籍屡遭浩劫，有的佚落散失，有的毁于兵燹。史载："董卓之乱，献帝西迁，图书缣帛，军人皆取为帷囊"；"惠、怀之乱，京华荡覆，渠阁文籍，靡有孑遗"。[1] 其次，在政治动荡之际，无数文人名士流亡逃遁，有的"柴门灌园，琴书自适"[2]。有的废业放诞，"不与当世交通，或独语独笑，或长叹涕泣，或请问不言"[3]。最后，割据政治下的区域辐裂以及割据者彼此以邻为壑，也严重阻碍了文化的交流与传播，窒息了学术成果的创造和积累。史载：

　　　　永嘉之后，寇窃竞兴，因河据洛，跨秦带赵。论其建国立家，虽传名号；宪章礼乐，寂灭无闻。[4]

　　在文化发展受到抑制的同时，学校教育更备尝艰辛。以太学而论，经汉末大乱后，教育已废弃殆尽。有记载说：

　　　　从初平之元，至建安之末，天下分崩，人怀苟且，纲纪既衰，儒道尤甚。至黄初元年之后，新主乃复始扫除太学之灰炭，补旧石碑之缺坏，备博士之员录，依汉甲乙以考课。申告州郡，有欲学者，皆遣诣太学。太学

---

1 《隋书》卷32《经籍志序》，第906页。
2 《晋书》卷94《隐逸·氾腾传》，第2438页。
3 《晋书》卷94《隐逸·索袭传》，第2449页。
4 《隋书》卷49《牛弘传》，第1299页。

始开，有弟子数百人。至太和、青龙中，中外多事，人怀避就。虽性非解学，多求诣太学。太学诸生有千数，而诸博士率皆粗疏，无以教弟子。弟子本亦避役，竟无能习学，冬来春去，岁岁如是。[1]

太学如此，州郡县学更是无可言道。即使有力维持者，也多出自为王纲解纽唱挽歌的意思，并非在于授业传道。像西晋江州刺史华轶，他在匈奴军队围攻洛阳和西晋风雨飘摇之际，为表明"吾为司马氏"而特置"儒林祭酒"，并下教令申告州内士民说：

今大义颓替，礼典无宗，朝廷滞议，莫能攸正，常以慨然，宜特立此官，以弘其事。[2]

那么，在这样的历史背景之下，五凉政权何以能在僻远的凉州推行一系列弘扬文化教育事业的举措呢？对此，陈寅恪先生回答说：

盖张轨领凉州之后，河西秩序安定，经济丰饶，既为中州人士避难之地，复是流民移徙之区。百余年间纷争扰攘固所不免，但较之河北、山东屡经大乱者，略胜一筹。故托命河西之士庶犹可以苏喘息长子孙，而世族学者自得保身传代以延其家业也。[3]

1　《三国志》卷13《王朗传附王肃传》注引《魏略》，第420~421页。
2　《晋书》卷61《华轶传》，第1671页。
3　陈寅恪：《隋唐制度渊源略论稿》，中华书局，1963，第26页。

　　也就是说，在4至5世纪整个北方因战乱而致文化教育事业陷入衰落时，河西却峰回路转地出现了例外。这是因张轨以后，社会环境比较安定，经济发展保持稳定，同时有大批侨寓的中原学者和本土士人传习学业。是特殊的地理环境与智力环境为五凉政权提供了振兴文教和昌明学术的条件。

　　事实上，正是中原和河西两大地域学者及名流连同他们拥有的文化成果汇聚河西，造成五凉文教昌明的景象。就中原学者而言，他们中许多人学术底蕴极深，早已饮誉海内。如陈留江式，从其六世祖江琼起，书法和训诂成为家学，"善虫篆诂训。永嘉大乱，琼弃官西投张轨。子孙因居凉土，世传家业"[1]。到江式时，其家族学术在河西已传延七世，使在中原已将灭绝的古文经学得到保存，以后又经北魏回输到中原。另如常爽，祖籍河内温县，本是曹魏太常卿常林的六世孙，其祖父担任过前秦苻坚时期的南安太守，前秦灭亡时迁居河西。常爽"笃志好学，博闻强识，明习纬候，五经百家多所研综"[2]，是个颇有造诣的学者。他的家族经历了后凉、南凉、西凉及北凉，后来入魏。常爽不应州郡礼命，矢志于学，对河西以及平城的教育事业颇有建树。五凉时期，原籍河西的学者更是璨若群星，特别是"河西著姓"人家，他们不仅是政治上的中坚，许多又是文化学术上的英才。其中，敦煌士林人物更是群龙翘首，如宋繇、刘昞等，都对弘扬河西文教有重要贡献。正是他们的活动，使五凉时期的敦煌成

1　《魏书》卷91《江式传》，第1960页。
2　《魏书》卷84《常爽传》，第1848页。

为边陲文明的摇篮。像李暠所说：

> 此郡世笃忠厚，人物敦雅。天下全盛时，海内犹称
> 之，况复今日，实是名邦。[1]

五凉推行文教兼设政策，并实行了一些昌明学术的举措。其中有个重要原因，就是各政权创立者都有一定的文化素质。对此，陈寅恪先生也曾予论及。他指出：

> 又张轨、李暠皆汉经世家，其本身即以经学文艺著称，故能设学校奖儒业。
>
> 若其他割据之雄，段业则事功不成而文采特著，吕氏、秃发、沮渠之徒俱非汉族，不好读书，然仍能欣赏汉化，擢用士人，故河西区受制于胡戎，而文化学术亦不因此沦替，宗敞之见赏于姚兴，斯又其一例也。[2]

首先是张轨和李暠，他们一个出身于陇右著姓，一个出身于陇西世族，都各有家学底蕴。张轨"家世孝廉，以儒学显"，"明敏好学，有器望，姿仪典则"[3]。与西晋时期在朝在野的许多著名学者如皇甫谧、挚虞、张华等以学问相过从，备受张华等赏识：

> 中书监张华与轨论经义及政事损益，甚器之，谓安

---

1 《晋书》卷87《凉武昭王李玄盛传》，第2262页。
2 陈寅恪:《隋唐制度渊源略论稿》，第27页。
3 《晋书》卷86《张轨传》，第2221页。

定中正为蔽善抑才，乃美为之谈，以为二品之精。[1]

李暠也"通涉经史，尤善文义"[2]，是历史上杰出的文学家、诗人。他的父亲李昶曾官居"世子侍讲"，两代人都是学术造诣很深的知识分子。

其次，后凉的建立者吕光、南凉的建立者秃发乌孤、北凉的建立者沮渠蒙逊，他们虽分别生于氐、鲜卑、匈奴酋豪家庭，擅长于弓马战阵，但由于长期生活在汉族文化圈内，都不同程度地汉化，并且钦慕华风，倾身儒雅。其中，沮渠蒙逊尤为突出，并素著人望。他"博涉群史，颇晓天文，雄杰有英略，滑稽善权变"[3]，是一位文武全才和足智多谋的政治家。与沮渠蒙逊的才质相比，吕光和秃发傉檀要逊色得多，然而他们也懂得用兴理文教来争正朔的道理，身边常有一批汉族士人为他们经邦论道。傉檀纳史暠之言，"文教兼设"，从宗敞之谋，"农战并修"，代表了他们的思维。因此，纵然后凉和南凉时期学风不盛，但也微波荡漾，重文兴教。所以有人说："凉州虽残弊之后，风化未颓。"[4]

正因为五凉政权的创立者都有一定的文化素养，知道文化教育对政治统治的重要性，五凉时期积极的文教政策及各项举措才有可能形成和贯彻。

五凉的文教政策及举措可概括为三个方面。

其一是敦崇儒学，振兴教育。

---

1 《晋书》卷86《张轨传》，第2221页。

2 《晋书》卷87《凉武昭王李玄盛传》，第2257页。

3 《晋书》卷129《沮渠蒙逊载记》，第3189页。

4 《晋书》卷126《秃发傉檀载记》引韦宗语，第3151页。

自汉武帝定儒学于独尊并建立太学制度起，封建传统文化的主体内容和学校教育制度的格局便被确立下来。此后，崇儒读经的风气盛于一时。儒学兴国与读经起家，则成了汉以后的社会风尚和文人追求的重要目标。然而，延至汉魏之际，崇儒读经的风气衰落了。经过汉末魏初的战乱和纷扰，儒学斯文扫地。曹魏正始年间（240~249）的情况是：

　　　　是时朝堂，公卿以下四百余人，其能操笔者未有十人，多皆相从饱食而退。嗟夫！学业沉陨，乃至于此！[1]

　　到西晋之末，北方陷入分裂，中原一片逐鹿之声，强暴代替儒雅，武功代替文治，学业沉陨的遗祸进一步蔓延。

　　当北方普遍出现"学业沉陨"的情况时，张轨却将兴教立学作为他治理凉州的第一件大事。永宁初年，他以敦崇儒学为基点，开始振兴河西文化教育。所采取的具体行政措施一是置崇文祭酒，以主理文教，二是"征九郡胄子五百人，立学校，始置崇文祭酒，位视别驾，春秋行乡射之礼"[2]。崇文祭酒又称崇文祭酒从事史，依晋制，这是掌管图籍和文教的佐吏。魏晋时期，文教沦替，制度不备，此职在州级行政中甚少见置。偶有设置，其意也在匡正纲常礼教方面的颓势。也举西晋江州刺史华轶为例，当着前赵军队进攻洛阳，西晋统治处在风雨飘摇之际时，他特设"儒林祭酒"，教令州部。

1　《三国志》卷13《王朗传附王肃传》注引《魏略》，第421页。
2　《晋书》卷86《张轨传》，第2222页。

今大义颓替，礼典无宗，朝廷滞议，莫能攷正，常以慨然，宜特立此官，以弘其事。[1]

张轨"始置"崇文祭酒，也有表明"吾为司马氏也"之意，但措施落实在征胄子、立学校上，说明它是一项重要的文教行政举措。张轨规定崇文祭酒的职位相当于别驾，享受与刺史同时"乘传行部"的特权和待遇，表明了张轨振兴文教的决心之大。在被中原人看成"戎域"的凉州，学校教育制度首先兴立，这是有特殊意义的。虽然学校只将"九郡胄子"列为培养对象，教育面和受教育面十分有限，但作为首批招收五百人的州级学校，其规模也不小了。

在恢复学校教育制度后，张轨又延聘人才，下令郡县详推那些"高才硕学，著述经史"者，将他们"具状以闻"，以备选拔擢用。这样，又将文化教育学术与察举征辟结合起来，有助于鼓励士人和提倡尚学风气，有助于推动河西文化逐步走向繁荣。而且张轨也博得了"德量不恒"的美称，受到中原和河西各界人士的敬仰。

前凉的学校教育体制在张骏时进一步完备。张骏因其文治武功，被誉为"积贤君"。他在"置官僚府寺拟于王者"[2]的建邦活动中，将学校和教育也升了等级。339年，张骏设立国子学，"以右长史任处领国子祭酒"[3]。这完全仿制了西晋教育体制。史载：

---

1 《晋书》卷61《华轶传》，第1671页。

2 《晋书》卷86《张骏传》，第2237页。

3 汤球：《十六国春秋辑补》卷70《前凉录》，第502页。

惠帝时，裴頠为国子祭酒，奏立国子太学。起讲堂，筑门阙，刻石写经。[1]

魏晋时期的国子祭酒是国子学诸生之师，"晋令，博士祭酒，掌国子生，师事祭酒，执经，葛巾单衣，终身致敬"[2]。张骏此举，表明前凉太学制度的建立。另外，张骏也遵照名教治国的定义，在张轨行乡射之礼的基础上，完备儒家礼仪教育，"立辟雍明堂以行礼焉"[3]。

自张轨奠定儒学教育基础开始，后来的南凉、西凉、北凉也都各按其国情和政治要求，将兴学重教作为立国之本。南凉在秃发利鹿孤时期延耆老、访政治，纳史暠之言，按照"立太学以教于国，设庠序以化于邑"的王道成规，"建学校，开庠序，选耆德硕儒，以训胄子"。又"以田玄冲、赵诞为博士祭酒，以教胄子"[4]。西凉初建，李暠首先"立泮宫，增高门学生五百人。起嘉纳堂于后园，以图赞所志"[5]。他亲身率导，敦励学风，虽有政务，手不释卷，并训诫诸子，要孜孜不倦，"退朝之后，念观典籍"。北凉的崇学之风尤甚，沮渠蒙逊专门兴建游林堂，率群臣在这里"谈论经传"，并"图列古贤圣之像"[6]。比较起来，后凉对教育有所疏忽，这主

1 《艺文类聚》卷38《礼部上·学校》引《晋诸公赞》，上海古籍出版社，1982，第692页。

2 《艺文类聚》卷46《职官部二·祭酒》引《齐职仪》，第830页。

3 汤球：《十六国春秋辑补》卷70《前凉录》，第502页。

4 《晋书》卷126《秃发利鹿孤载记》，第3146页。

5 《晋书》卷87《凉武昭王李玄盛传》，第2259页。

6 汤球：《十六国春秋辑补》卷96《北凉录》，第666页。

要因为自吕光立国时起，后凉就连续不断发生动乱而无暇顾及。

学校教育制度的恢复和陆续完善，为五凉各时期培养了大批政治人才，有助于各政权文治的开展。同时，由于崇儒重教，推动了民间授学和著述之风转盛。风气转盛的结果必然是地域文明程度的提高。所以有人说："凉州虽地居戎域，然自张氏以来，号有华风。"[1]

其二是重视人才，优礼士人。

社会文化教育的发展，主要通过知识分子群体的活动来推进。

执政者重视知识分子，使他们发挥作用，是推动文化教育发展的关键。五凉政权在这一方面有较为开明的政策。对于知识分子，无论他们在朝或在野，也无论他们世居河西还是来自中原，五凉政权对他们采取的基本政策是以礼致之和量才擢用。对深有造诣的知名学者，则给予政治殊荣，并为之创造学术条件。因有这样的政策，士林人物中，除矢志隐逸者外，都甘心为当政者效力和服务。江琼、程骏、常爽、杜骥、裴诜等中原学者及其家族子弟"避地河西"期间，无一例外地都受到张轨及其他五凉统治者的礼遇。江琼和常爽两个家族所受礼遇是很高的，已如前述。至如程骏，原籍广平曲安，"六世祖良，晋都水使者，坐事流于凉州；祖父肇，吕光民部尚书。骏少孤贫，……师事刘昞，性机敏好学，昼夜无倦"，"沮渠牧犍擢为东宫侍讲"[2]。杜骥，原籍京兆杜陵，

1　《魏书》卷52《胡叟传》引程伯达语，第1150页。
2　《魏书》卷60《程骏传》，第1345页。

高祖是西晋名臣杜预，家族世治春秋经，杜预自称有"左传癖"[1]。杜氏家族中，从杜骥（杜预子）曾祖父杜耽起，"避地河西，因仕张氏"，"世业相承，不殒其旧"。[2]裴诜，原籍河东闻喜，本是西晋太常卿，"因晋乱，避地凉州。苻坚平河西，东归，因居解县。世以文学显，五举秀才，再举孝廉，时人美之"[3]。这些著名的中原学者在丧乱之际能纷纷避地凉州，本身就说明张轨等对中原知识分子持倾身接纳的态度。迁到河西后，又受到张轨及其后继者的信任和重用，这使他们得展平生所学，发挥其学术才干，从而又给河西文化学术增光添彩。胡三省为此盛赞前凉以来对中原士人的优礼政策及社会效果，他说：

> 永嘉之乱，中州之人士避地河西，张氏礼而用之，子孙相承，衣冠不坠，故凉州号为多士。[4]

五凉政权礼遇士人、重视知识的政策在凉州学者身上体现得更为明显。之所以如此，是因为五凉各政权都将依靠河西著姓作为基本国策。

河西学者中，树名经传者不下十数人。宋繇、张湛、宗钦、段成根、阚骃、刘昞、赵柔、索敞、阴仲达、张斌、祈嘉、索袭、宋纤、郭荷等是士林代表。他们之中，有的在朝，有的在野，但受到的礼遇是相同的。以宋氏家族而论，

1 《晋书》卷 34《杜预传》，第 1032 页。
2 《宋书》卷 65《杜骥传》，第 1720~1721 页。
3 《北史》卷 38《裴佗传》，第 1383 页。
4 《资治通鉴》卷 123 宋文帝元嘉十六年十二月条胡注，第 3877 页。

宋繇西奔李暠，历位通显。

> 沮渠蒙逊平酒泉，于繇室得书数千卷，盐米数十斛
> 而已。蒙逊叹曰："孤不喜克李歆，欣得宋繇耳。"拜尚
> 书吏部郎中，委以铨衡之任。蒙逊之将死也，以子牧犍
> 委托之。[1]

宋繇是治国治学都有所成者。宋氏家族中也有持学者操守，笃志于学，隐迹山林的，比如宋纤。

> 少有远操，沈靖不与世交。隐居于酒泉南山，明究
> 经纬，弟子受业三千余人。不应州郡辟命，唯与阴颙、
> 齐好友善。张祚时，太守杨宣画其象于阁上，出入视之。
> 作颂曰："为枕何石，为漱何流，身不可见，名不可求。"
> 酒泉太守马岌，高尚之士也，具威仪，鸣铙鼓，造焉。
> 纤高楼重阁，距而不见。岌叹曰："名可闻而身不可见，
> 德可仰而形不可睹。吾而今而后知先生人中之龙也！"
> 铭诗于石壁曰："丹崖百丈，青壁万寻。奇木蓊郁，蔚
> 若邓林。其人如玉，纬国之琛。室迩人遐，实劳我心。"
> 纤注《论语》及为诗颂数万言。年八十，笃学不倦。[2]

宋纤后来被张祚强征到姑臧，拜为太子太傅，但未几"不食而卒"。像宋纤这样，虽不应州郡辟命，依旧受到州

---

1 《魏书》卷52《宋繇传》，第1153页。
2 《晋书》卷94《隐逸·宋纤传》，第2453页。

郡长吏崇仰的名士，在氾氏家族中有氾腾，在索氏家族中有索袭，其事迹不再详述。

在一定程度上，五凉的统治者可称得上是思贤若渴的。如秃发利鹿孤对群下说：

> 自负乘在位，三载于兹……务进贤彦，而下犹蓄滞。岂所任非才，将吾不明所致也？二三君子其极言无讳。[1]

他们招贤纳士的态度有时表露得十分虔诚，得到之后也十分倚重。张轨对宋配，秃发傉檀对宗敞，李暠对刘昞，沮渠蒙逊对宋繇，都有这方面的佳话。

宗敞，金城人，是后凉尚书郎宗燮之子，宗钦的同胞兄弟。父子三人均以才学蜚声河西。宗敞先任后秦凉州别驾，当后秦凉州刺史王尚被姚兴召返长安，以"藏匿后凉宫人"以及"擅杀逃人"罪名"禁止南台"时，他仗义执言，与治中张穆、主簿边宪和胡威等联名上疏，为王尚理冤。所作疏文理直辞美，连后秦主姚兴也为之叹服。姚兴问吕超："宗敞文才何如。可是谁辈？"吕超答道："敞在西土，时论甚美，方敞魏之陈、徐，晋之潘、陆。"意思是说宗敞的文才可和陈琳、徐干、潘岳、陆机等魏晋著名文学家相比。姚兴惊讶地说："凉州小地，宁有此才乎？"[2]秃发傉檀曾与宗燮有旧交，宗敞送王尚返长安前，傉檀入主姑臧。二人分别之

1 《晋书》卷126《秃发利鹿孤载记》，第3145~3146页。
2 《晋书》卷117《姚兴载记上》，第2988页。

际，偄檀依依难舍地对宗敞说：

> 吾得凉州三千余家，情之所寄，唯卿一人。奈何舍
> 我去乎？[1]

惜才重才的感情，溢于言表。

在礼贤下士方面，李暠和沮渠蒙逊都是表率，他们对敦煌著名学者刘昞都礼敬有加。

刘昞，字延明。师承东汉著名经学家郭整的六世孙郭荷。郭氏家族"自整及荷，世以经学致位。荷明究群籍，特善史书"[2]。前凉张祚时，以安车束帛征聘郭荷为博士，荷不受。隐居于张掖，以授学为业。弟子中，郭瑀最为杰出，"尽传其业"[3]。而郭瑀又传业于刘昞。西凉建立后，刘昞被李暠征为儒林祭酒从事中郎。君臣之间，以学问相推重，昼夜切磋。史载：

> （李）暠好尚文典，书史穿落者亲自补治。时昞侍
> 侧，前请代暠。暠曰："躬自执者，欲人重此典籍。吾与
> 卿相值，何异孔明之会玄德！"[4]

西凉亡后，刘昞又被沮渠蒙逊拜为秘书郎，专管注记。

1 《晋书》卷126《秃发偄檀载记》，第3149页。
2 《晋书》卷94《隐逸·郭荷传》，第2454页。
3 《晋书》卷94《隐逸·郭瑀传》，第2454页。
4 《魏书》卷52《刘昞传》，第1160页。

蒙逊平酒泉，拜秘书郎，专管注记。筑陆沉观于西苑，躬往礼焉，号"玄处先生"，学徒数百，月致羊酒。牧犍尊为国师，亲自致拜，命官属以下皆北面受业焉。[1]

五凉统治者对待知识分子的政策，给河西文化的发展提供了宽松的政治环境，造成人才与成果层出不穷的局面。

其三是倡导民间学术文化活动。

东汉后期公立学校制度衰落后，一方面，文化教育与学术陷入了极度的不景气；另一方面，以民间授学与著述为主要形式的文化学术活动却有抬头之势。魏晋之际，敦煌郡士人云集，文化氛围隆重，有"名郡"之誉。其他诸郡的学术风气也很昌盛。这当中，各政权积极的文化政策及振兴文教的举措，无疑对民间的文化学术活动起到了推动的作用。原先已呈抬头之势的民间授学和著述之风，与正在恢复发展中的官学和官方学术活动并行不悖，相得益彰，形成了五凉时期河西文化教育多元化的格局。

在推动民间文化学术活动进一步活跃方面，张轨颁布的征辟法令起了有力的作用。因为法令规定将"高才硕学"和"著述经史"列入选格，必然会激励士人追求学问和创造学术成果。前凉政府执行了这个法令，有的学者甚至因此得以封侯。如索绥，他在张骏时开始编修《凉春秋》，至张重华时完成，以功得受封为平乐亭侯。

五凉时期，民间教育家和学者辈出。如隐居于张掖林松东山的郭荷不仅培养出如郭瑀那样高才硕学的学生，而且写

---

1 《魏书》卷52《刘昞传》，第1160页。

出如《春秋墨说》《孝经错纬》之类的名著。刘昞在隐居酒泉期间，身边经常有数百名学生跟随学习。他后来将学术由民间带入朝堂，教授北凉君臣，颇有建树。他的生平与五凉相始终，并且著述极为丰富，总共有经、史、子、集各类十多部。

> 昞以三史文繁，著《略记》百三十篇、八十四卷，《凉书》十卷，《敦煌实录》二十卷，《方言》三卷，《靖恭堂铭》一卷，注《周易》《韩子》《人物志》《黄石公三略》，并行于世。[1]

北魏时期，刘昞的学问和学术成果仍让凉州人引以为荣。又据《魏书·索敞传》，刘昞的学生索敞在北凉时"为刘昞助教，专心经籍，尽能传昞之业"。入魏后：

> 以儒学见拔，为中书博士。笃勤训授，肃而有礼。京师大族贵游之子，皆敬惮威严，多所成益，前后显达，位至尚书牧守者数十人，皆受业于敞。敞遂讲授十余年。[2]

五凉时期，在政策准许下，有许多学者隐居乡里，传道授业并兼以著述，他们各有其学术领域，涉及经学、史学、文学，乃至天文地理、阴阳之学。如祈嘉，酒泉人，前凉时

---

1 《魏书》卷52《刘昞传》，第1160页。
2 《魏书》卷52《索敞传》，第1162页。

"西游海渚，教授门生百余人"，"依《孝经》作《二九神经》。在朝卿士、郡县守令彭和正等，受业独拜床下者二千人"[1]。索袭，敦煌人，《晋书·索袭传》说他"不应州郡之命，举孝廉方正、贤良方正，皆以疾辞。游思于阴阳之术，著天文地理十余篇，多所启发"[2]。索紞，敦煌人，《晋书·索紞传》言其"少游京师，受业太学。博综经籍，遂为通儒。明阴阳天文，善术数占候。司徒辟除郎中，知中国将乱，避世而归"，敦煌太守阴澹召他出来做官，他以"不求闻达"为辞，不应辟命。[3]

在这些民间教育家和学者中，敦煌士人占很大比例。他们是五凉时期文化教育和学术领域的精英。他们与在朝的士林人物一样，都是推动河西地域文明发展的骨干力量。

河西地接西域，五凉也重视吸收外部文化，以充实地域文化知识宝库。如佛教文化，在五凉时期广为传播，空前活跃。有记载说：

> 凉州自张轨后，世信佛教。敦煌地接西域，道俗交得其旧式。村坞相属，多有塔寺。[4]

当时，有许多高僧汇聚河西走廊，鸠摩罗什是其中的佼佼者。他原是天竺人，长在龟兹。七岁出家，精通佛教大、小乘，年纪轻轻已誉满西域。吕光出征西域，临行前，苻坚

---

1 《晋书》卷94《隐逸·祈嘉传》，第2456页。
2 《晋书》卷94《隐逸·索袭传》，第2448~2449页。
3 《晋书》卷95《艺术·索紞传》，第2494~2495页。
4 《魏书》卷114《释老志》，第3032页。

命他寻访罗什并"驰驿送之"。[1]后吕光东返，将罗什迁到姑臧。罗什在姑臧生活了十六年，对河西佛教的传播做出了贡献。401年，后秦占领姑臧，罗什被迁到长安，姚兴尊他为国师，特辟逍遥园，让他翻译佛教。罗什之外，侨居河西的高僧还有昙无谶，他原是中天竺人，出家后先学小乘，后改学大乘。北凉玄始年间（412~420），游学到姑臧，与河西沙门慧嵩、道朗等合作，先后翻译佛经十四部。魏太武帝闻其名，使李顺赴凉征其入朝，沮渠蒙逊留而不遣，最终杀掉昙无谶。这也成为魏太武帝灭凉的理由之一。

在佛教传播的同时，西域艺术中的许多内容也被河西大量吸收。吕光征龟兹，收集西域奇伎异戏带回姑臧。北凉玄始中，西域又贡吞刀、吐火、秘幻奇术。吕光同时还将西域乐舞"龟兹乐"带回河西。

在积极吸收外部文化的同时，在政治环境和交通条件许可的情况下，五凉政权也重视文化交流。北凉永和五年（437），沮渠牧犍与刘宋通使，在献给刘宋的方物中有大批图书典籍，其目录为：《周生子》十三卷，《时务论》十二卷，《三国总略》二十卷，《俗问》十一卷，《十三州志》十卷，《文检》六卷，《四科传》四卷，《敦煌实录》十卷，《凉书》十卷，《汉皇德传》二十五卷，《亡典》七卷，《魏驳》九卷，《谢艾集》八卷，《古今字》二卷，《乘邱先生》三卷，《周髀》一卷，《皇帝王历三合纪》一卷，《赵歐传》并《甲寅元历》一卷，《孔子赞》一卷。总计其数为十九部一百五十卷。这些图书典籍大多是河西学者的作品，内容包

---

1 《晋书》卷95《艺术·鸠摩罗什传》，第2500页。

括经学、史学、文学、数学、天文历法等类，其中有刘昞、阚骃、谢艾等著名学者的著作。另外，早在蒙逊时期，北凉已遣使向刘宋求取《周易》及子集诸书。当时宋司徒王弘还亲自手抄干宝《搜神记》给凉使者。牧犍在向刘宋王朝献书时，又求取晋赵起居注等"诸杂书数十种"[1]。作为西晋乱亡以来南北之间规模最大也是最早的一次图籍交流活动，它对促进江南和河西文化的发展，对保存和传播文化成果，都有重大的意义。

第二节　文化与学术的昌盛

五凉政权重视文化、重视学术、重视知识分子的积极政策和措施，推动了河西文教事业。而河西在东学西渐和西学东渐中所处的文化地理位置，再加上大批著名学者的辛勤耕耘和不倦于学，使当时的河西成为同时期整个北方文化最为繁荣发达的地区。

一　经学和玄学

首先是经学。五凉时期，经学精英辈出，学术成果累累。郭瑀的《春秋墨说》《孝经错纬》，刘昞的《周易注》是代表之作。张湛、宗钦、段成根以左传卦解易，阚骃注王朗《易传》，使"学者藉以通经"[2]。如江式家族：

1　汤球：《十六国春秋辑补》卷97《北凉录》，第671页。《资治通鉴》卷123宋文帝元嘉十四年十一月条（第3866页）同。
2　《魏书》卷52《阚骃传》，第1159页。

　　古篆之法，《仓》《雅》《方言》《说文》之谊，当时并收善誉。

　　其《古今文字》一书，是当时名著：

　　　　撰集古来文字，以许慎《说文》为主，爰采孔氏《尚书》《五经音注》《籀篇》《尔雅》《三仓》《凡将》《方言》《通俗文》《祖文宗》《埤仓》《广雅》《古今字诂》《三字石经》《字林》《韵集》，诸赋文字有六书之谊者，皆以次类编联，文无复重，纠为一部。[1]

　　既为经学名著，也是书法大观。《古今文字》一书，是江氏家族将中原学术与河西学术融会贯通、珠联璧合的力作。

　　与经学有关的是玄学。当时，将《老子》《庄子》《周易》合称"三玄"。河西学者多有治易经者。由易学及于玄学，本属必然。河西学者虽未煽起"玄风"，但所取得的成就却填补了魏晋玄学的空白。

　　刘昞与程骏是当时有名的玄学家。刘昞为刘劭《人物志》作注，陈寅恪就此评价说：

　　　　刘昞之注《人物志》，乃承曹魏才性之说者，此亦当日中国绝响之谈也。若非河西保存其说，则今日亦无

1　《魏书》卷91《术艺·江式传》，第1964页。

以窥见其一斑矣。[1]

《人物志》是魏晋玄学的名作，刘昞通过作注将它介绍给河西，介绍给世人。

程骏与刘昞之间，有一段关于老庄学旨的谈话。

> 骏谓昞曰："今世名教之儒咸谓老庄其言虚诞，不切实要，弗可以经世，骏意以为不然。老子著抱一之言，庄生申性本之旨，若斯者，可谓至顺矣。人若乖一则烦伪生，若爽性则冲真丧。"昞曰："卿年尚稚，言若老成，美哉！"由是声誉益播。[2]

程骏阐发的老庄学旨，关于修身养性的道理，他的认识是抱一与守真。陈寅恪评价说：

> 自晋室南渡以后，过江名士尚能沿述西朝旧说，而中原旧壤久已不闻此论，斯又河西一隅之地尚能保存典午中朝遗说之一证也。[3]

五凉的统治者中，沮渠蒙逊也是善谈玄理的。他与群臣在游林堂谈论经传时，与刘昞论及才性问题：

> （蒙逊）谓郎中刘昞曰："仲尼何如人也？"昞曰：

1 陈寅恪：《隋唐制度渊源略论稿》，第 39 页。
2 《魏书》卷 60《程骏传》，第 1345 页。
3 陈寅恪：《隋唐制度渊源略论稿》，第 39 页。

"圣人也。"逊曰:"圣人者,不滞于物,而能与世推移。畏于匡,辱于陈,伐树削迹,圣人固若是乎?"晒不能对。蒙逊曰:"卿知其外,未知其内。昔鲁人有浮海而失津者,至于澶州。仲尼及七十二子游于海中,与鲁人一木杖,令闭目乘之,使归告鲁侯,筑城以备寇。鲁人出海,投杖水中,乃龙也。具以状告,鲁侯不信。俄而又群燕数万,衔土培城。鲁侯信之,大城曲阜,讫而齐寇至,攻鲁不克而还。此其所以称圣也。"[1]

  沮渠蒙逊以仲尼和鲁人为例,谈出他对名实关系的看法。而名法思想的活跃,正是玄学产生的思想基础。

  魏晋之世,北方社会谈玄之风盛行,玄学中有许多名论产生。如"四本"论,"名教与自然关系"论,"声无哀乐"论,"养生"论,"崇有"与"崇无"论等。西晋灭亡后,谈玄之风与玄学理论都从北方大地上销声匿迹。而河西一隅却因大量中原名士的迁入,将玄学研究中互相辩难的方法及著名理论输入进来。沮渠蒙逊和刘晒的对话,在方法、理论上都承其衣钵。此外,以冲玄自命的名人高士在五凉时期甚多。除刘晒号"玄处先生"外,至如"爱生方外,心慕太古,生不喜存,死不悲没","在山投山,在水投水,处泽露行"[2]之士更不作一二数。他们的才性或异或同,他们的言行或合于自然,或本于名教,他们"或哭或笑",自哀自乐。总之,他们都是玄学波澜的激荡者。在统治者中,沮渠蒙逊

---

1 汤球:《十六国春秋辑补》卷96《北凉录》,第666页。
2 《晋书》卷94《隐逸·宋纤传》,第2453页。

有谈玄之论，前凉张重华及张玄靓和张天锡等，他们的言行也有与玄学迁染的嫌疑。如张天锡，他数宴园池，政务颇废。校书祭酒索商上书劝他勤修国政，而他则故弄玄虚地回答说：

> 吾非好行，行有得也。观朝荣，则敬才秀之士；玩芝兰，则爱德行之臣，睹松竹，则思贞操之贤；临清流，则贵廉洁之行；览蔓草，则贱贪秽之吏；逢飙风，则恶凶狡之徒。若引而申之，触类而长之，庶无遗漏矣。[1]

张天锡是前凉亡国之君，淝水之战后自前秦投奔东晋。在江南，他的言行举止与东晋玄学界人物颇无二致。司马道子问起他"西土所出"时，他应声回答："桑椹甜甘，鸱鸮革响，乳酪养性，人无妒心。"再后来，则耽酒废事，"形神昏丧"[2]。

二 史学

五凉时期，史学成就卓著。当时，官私修史之风甚盛。最早建立史官制度的是前凉。张骏时，"命西曹掾集阁内外事付索绥，以著《凉春秋》"[3]。《凉春秋》在张重华时期修成，全书共五十卷。与《凉春秋》同时编修的前凉史书还有刘庆的《凉记》十二卷。私家所修史书中，以阚骃的《十三州

1 《晋书》卷86《张天锡传》，第2250页。
2 《晋书》卷86《张天锡传》，第2252页。
3 汤球：《十六国春秋辑补》卷67《前凉录》，第502页。

志》最为著名。刘昞任沮渠蒙逊秘书郎，专管注记，后修成《凉书》。他另一部史作是《敦煌实录》。

前凉以后，诸凉之间纷争兼并，但每个政权都遵循官修史书的传统。官私修史加在一起，使这一时期各种类型和体例的史书琳琅满目。举凡正史、稗史、实录、起居注、风俗记等层出不穷。它们或记一代之事，或记诸凉之事；或纪传体，或编年体。仅以《凉书》和《凉记》为名的就有数种，如张谘的《凉记》、段龟龙的《凉记》、刘庆的《凉记》、高道让的《凉书》和刘昞的《凉书》等。另外，还有喻归的《西河记》。这些种类繁多和内容各异的史书，成为后来北魏崔鸿撰修《十六国春秋》的底本。

史著以外，刘昞还对《史记》《汉书》《后汉书》进行了会要，"以三史文繁，著《略记》百三十篇、八十四卷"。[1]

三 文学

文学方面，流传至今的五凉作品虽然为数不多，但见于史籍的书目却不少。以诗歌而论，五凉诗人首推张骏，他擅长写五言诗，有集八卷，作品题材多为咏史和感怀两类。如《薤露行》一诗，仿建安风格，抒发对西晋以来北方民族战乱屡兴的扼腕之情。中有"皇道昧不明，主暗无良臣"，"祸衅萌宫掖，胡马动北垌，三方风尘起，猃狁窃上京"的句子，表达了诗人对民族和国家的忧心。另外，《东门行》写道："春游诚可乐，感此白日倾。休否有终极，落叶思本

---

1 《魏书》卷52《刘昞传》，第1160页。

茎。"[1] 流露出居安思危与心怀故国的凄婉感情。五凉时期著名的诗作还有马岌《题宋纤石壁诗》、宋钦《赠高允诗》、段成根《赠李宝诗》，以及张湛与崔浩的酬唱诗等。值得一提的是女诗人苏蕙的《回文诗》。

苏蕙，字若兰，前秦秦州刺史窦滔之妻。窦滔因忤旨被罚谪戍敦煌，苏蕙随夫西行。379年，前秦攻打襄阳，"梁熙统河西之众，以继中军"[2]，窦滔从征。攻克襄阳后，窦滔被任为安南将军，并爱上另一个女子赵阳台。苏氏闻讯后，拒绝南下，并表示与丈夫断绝关系。在极度哀伤之余，苏氏织锦为回文。在长宽各八寸的锦帕上，织入八百多字，含诗二百余首，借以抒发自己的愤懑及思夫之情。在二百余首诗中，有七言、五言、四言、三言。其夫窦滔读诗后，感到十分羞惭，于是送走赵女，与苏氏重归旧好。后人谈回文诗，一般都以五色来分章次。包括锦字回文诗在内，苏氏共著文词五千余言。这些作品大多数在隋末散佚，而回文诗却一直流传到今天。

民歌是诗歌的一个分支，多为口头传唱之作。五凉时期的民歌以谣谚为主，感情苍凉悲壮，与北歌相同。后凉时期的《朔马谣》是代表作。这首民谣表达了河西各族人民对吕光民族压迫政策的不满和被徙离家园后的悲愤心情。这首民谣产生在吕光麟嘉六年（394）。《晋书·吕光载记》称，吕光曾徙西海郡人于诸郡，"至是，谣曰：'朔马心何悲，念旧中心劳。燕雀何徘徊？意欲还故巢。'"这一时期的谣谚还有

1　张骏的《薤露行》《东门行》二诗可见于中华书局版《先秦汉魏晋南北朝诗·晋诗》。
2　《晋书》卷113《苻坚载记上》，第2901页。

张骏时的《凤凰鸣》，沮渠牧犍时期的《破带石》等，内容都与政治有关。

赋作为汉魏晋时期的文学作品形式，同样为五凉文学家们所擅长。李暠的赋作在文学史上占有一定地位。他的《述志赋》《槐树赋》《大酒客赋》等作品，以表现对兵难繁兴、世道沧桑、时俗喧竞的感伤为内容，文辞绮丽，对仗工整。另外，前凉时的张斌也是著名的赋作家，"作《葡萄酒赋》，文致甚美"[1]。

五凉时期的名士都善著文，他们的散文作品极其丰富，大到子集类，小到表章、疏文、政论、铭文等。李暠的《诫子书》与西凉建初元年《上东晋朝廷表》、刘昞的《靖恭堂铭》等是小中名篇。大部头散文作品如北凉末年献给刘宋王朝的一些文集，在后代犹存书目。

四 佛学

魏晋南北朝时期，是佛教传入中国的重要时期。五凉对佛教东传起过重要作用。

首先，五凉的统治者多数都崇信佛教，尽管崇信的程度各有不同，但它足以吸引东来西往的佛教僧侣驻足河西。如吕光，他虽最不给佛教面子，曾强迫鸠摩罗什娶妻。但他仍将罗什当作"深解法相，善闲阴阳"的术士对待[2]，将他留居河西十六年。这期间，罗什尽管"蕴其深解，无所宣化"[3]，却吸引了一批佛学家到河西求师问道，京兆人僧肇即其中之一。

---

1 《太平御览》卷972《果部九·蒲萄》，中华书局，1960，第4308页。
2 《高僧传》卷2《译经中·鸠摩罗什》，第50页。
3 《高僧传》卷2《译经中·鸠摩罗什》，第51页。

五凉统治者中，沮渠蒙逊是最崇仰佛教的。《魏书·释老志》称他"亦好佛法"[1]，与著名僧人昙无谶关系十分密切。昙无谶精通佛学，"又晓术数、禁咒，历言他国安危，多所中验"[2]。后魏太武帝令蒙逊遣昙无谶到平城，但蒙逊宁可得罪太武帝，也不遣其入魏。

释慧皎著《高僧传》收录魏晋时期高僧257人，其中出生在河西的有36人。另外，又列与五凉时期河西地区有关系的50人，竺法护、佛图澄、鸠摩罗什、昙无谶、师贤、释惠高等名僧是他们的代表。如果仔细统计，可得到各时期他们的详细名单。在前凉时期有单道开、竺昙猷、僧涉、支施、佛图澄、竺法护、竺法乘。后凉时期有鸠摩罗什、僧肇、佛陀耶舍。南凉时期有昙霍。北凉时期僧众最多，计有昙学、道泰、沮渠京声、智猛、昙纂、竺道嵩、昙无谶、慧嵩、道朗、师贤、昙曜、僧朗、释玄高、法盛、竺法维、僧来、法成、僧印、道法、浮陀跋摩、道龚、法众、道进、道挺、释玄畅、释法颖、法力、释僧侯、释法进、僧遵、释弘充。西凉时期计有道猛、法泉。这些人中，有的是学问僧，有的是职方僧。有少数僧侣还染指政治，如法泉，他曾为西凉充当信使通使东晋。

五凉时期，河西有不少僧侣前往西域求取佛经。沮渠京声、道泰、宝云、法盛、僧表等都有这方面的事迹。另外，中原与江南也有许多僧人经河西前往西域。如东晋法显、智严、法勇、支法等。五凉佛学之盛，得力于这些佛教文化使

---

1 《魏书》卷114《释老志》，第3032页。
2 《魏书》卷114《释老志》，第3032页。

者。他们带回的大量佛学经典首先落户于河西，然后才传到中原和江南。由道安整理的《综理众经目录》中有《凉土异经录》，其中共搜集流传于凉土而失译的佛经五十九部七十九卷。

十六国时期，北方著名的译经中心是敦煌、姑臧、长安、洛阳、邺城。五城中河西居其二。参加译经的人数计有前凉一人，译经四部共六卷；北凉九人，译经八十二部共三百一十一卷。[1]

北凉时译经之风甚盛，成就卓著。沮渠牧犍聘西域沙门浮陀跋摩于内苑闲豫堂，翻译《阿毗昙毗婆沙论》六十卷。而昙无谶先后所译佛经多达十一部一百零四卷。[2]其中《大般涅槃经》四十卷是中国佛教涅槃宗的根本经典，它阐发的"一阐提人"（不具有信心的人）皆得成佛的理论，对佛教的发展起着重要的推动作用。

鸠摩罗什在河西期间虽不曾弘道，但他却学习了汉语，这为他后来到长安为姚兴翻译佛经奠定了语言方面的基础。罗什在长安译出佛经九十八部。所译诸经，讲求文辞优美，在声韵格调上极合绳墨，为便于诵读和文质并茂，他力求做到既能和以笙弦，又不失"西域趣语"。罗什还发下宏愿，如翻译无误，死后焚身时舌当不烂。相传以后果应其言。[3]

---

1 参见汤用彤《汉魏两晋南北朝佛教史》，中华书局，1983。另，此段材料系由硕士生张晓连提供。
2 据任继愈《中国佛教史》引《开元译经录》，昙无谶所译佛经刊定为19部131卷。（中国社会科学出版社，1985）
3 今甘肃省武威市内有罗什塔，相传为葬罗什舌处。

五　艺术

五凉时期，河西艺术宝库中瑰宝荟萃，灿烂夺目。

一是石窟寺艺术，它随佛教在河西的盛传而兴起和发展。其中，开凿最早的是武威天梯山石窟，前凉初期，已有人在这里传道。"京兆人刘弘者，挟左道，客居天梯第五山，然灯悬镜于山穴中为光明，以惑百姓，受道者千余人。"[1]北凉玄始中，在天梯山正式开窟建寺。窟内安设佛像，有的石雕，有的泥塑，形象生动，仪态各异。由于山势陡耸。窟寺雄伟，膜拜者无不惊心眩目。其次是酒泉文殊山石窟和临松马蹄寺石窟，也都凿于北凉时期。文殊山石窟分前、后山两区，前山区千佛洞和万佛洞两窟，据考是北魏遗留，当与北凉有承袭关系。其造型呈塔柱状，带有明显的西域风格。马蹄寺现存70余窟，呈平面方形，中有四方塔柱。东窟中有跏趺坐弥勒、交脚弥勒、苦修释迦及侍立菩萨等造像，龛顶有一飞天浮歌，作凌空飞舞之势。这些都是北魏早期作品[2]，也应当与北凉有某种承袭关系。

敦煌莫高窟是敦煌文化的象征，创建于五凉时期。唐代李克让修莫高窟佛龛碑文称：

> 莫高窟者，厥初秦建元二年，有沙门乐僔，戒行清虚，执心恬静，尝杖锡林野，行至此山，忽见金光，状有千佛，遂架空凿岩，造窟一龛。次有法良禅师，从东

1　《晋书》卷86《张寔传》，第2230页。
2　参见郭厚安、陈守忠主编《甘肃古代史》，第371~372页。

届此，又于傅侧，更即营建。伽蓝之起，滥觞于二僧。[1]

又唐代《莫高窟记》载：

> 古瓜州东南二十五里，三危山西，秦建元之世，有沙门乐傅，仗锡西游至此，遥礼其山，见金光如千佛之状，遂架空凿岩，大造龛像；次有法良禅师东来，多诸神异，复于傅师龛侧，又造一龛，伽蓝之建，肇于二僧。晋司空（索靖）题壁，号仙岩寺。自兹以后，镌造不绝。[2]

莫高窟创建的建元二年（366）实是前凉张天锡即位的第四年，亦即东晋废帝司马奕太和元年。因此，莫高窟的创始年代应是前凉后期。

在伯希和劫去的乾祐二年（949）写本《河州图经》残卷中有"永和八年癸丑创建窟"的记载[3]。永和是东晋穆帝司马聃年号，永和八年是公元352年，即张重华永乐七年。这又进一步说明莫高窟初创于前凉时期。张重华时，前凉国力正盛。彼时与西域关系密切，佛教徒西来东往，络绎不绝。敦煌地当东西交汇之处，开窟建寺是完全可能的。

莫高窟现存洞窟492个，据调查其中有十六国晚期亦即西凉和北凉石窟7个，北魏石窟18个，北周石窟15个。其余为隋代至元代石窟。至于前凉石窟，今已湮没无存。但五凉石窟多少会对前凉有些承袭，这可进一步研究。

---

1 转引自郭厚安、陈守忠主编《甘肃古代史》，第348页。
2 转引自郭厚安、陈守忠主编《甘肃古代史》，第349页。
3 郭厚安、陈守忠主编《甘肃古代史》，第349页。

所谓石窟寺艺术，是集建筑、雕塑、绘画诸种佛教艺术融为一体的艺术形式。莫高窟中第272、275两窟为北凉时期的石窟，其壁画真实地表现了这一时期古朴典雅和凝重含蓄的艺术风格。

与石窟艺术有联系的是墓室壁画。坐落在酒泉市内的西凉古墓，仿石窟造型。墓室顶部呈穹庐形，四壁及顶部有飞天、射猎、采桑饲蚕、农田劳作等绘画。绘画色彩鲜明，生动形象，将天国世界与现实生活的场景融为一体。在形式和内容上都与河西石窟寺艺术有联系。

二是音乐舞蹈。

五凉时期，西域乐舞传入河西，并经加工改造，形成具有地域特色的音乐和舞蹈艺术形式，被称为"西凉乐"。"西凉者，起苻氏之末。吕光、沮渠蒙逊等据有凉州，变龟兹声为之，号为秦汉伎。魏太武既平河西，得之，谓之'西凉乐'。至魏周之际，遂谓之国伎。"[1] 西凉乐源于龟兹乐，又起自前秦末年，当是吕光经营西域时从龟兹带回的"奇伎异戏"中的一种。它将音乐舞蹈结合在一起，所用乐器多为琵琶、五弦、箜篌、长笛、铜钹等，舞蹈一般是独舞或四人舞。

除西凉乐外，龟兹乐也被原封不动地保留下来。吕光以后，龟兹乐先在河西流行，以后传到中原。北朝至隋唐间，在中原风靡一时。所用乐器，除笙箫外，主要是鼓类，有毛员鼓、都昙鼓、答腊鼓、腰鼓、羯鼓、鸡娄鼓等，另有铜钹、贝等辅助乐器，约以十五种乐器合为一部。演奏时音调高亢，节奏明快，气势磅礴雄壮。其歌曲有《善善摩尼》，

---

1 《隋书》卷15《音乐志下》，第378页。

解曲《婆伽儿》，舞曲有《小天》《疏勒盐》等。

西凉乐和龟兹乐各有其用。"自周隋以来，管弦杂曲将数百曲，多用西凉乐，鼓舞曲多用龟兹乐。"[1]"屈茨（龟兹）琵琶、五弦、箜篌、胡筚、胡鼓、铜钹、打沙罗、胡舞，铿锵镗鞳，洪心骇耳；抚筝新靡绝丽，歌音全似吟哭，听之者无不凄怆。"[2]其艺术感染力如此强烈，无怪北齐后主高纬酷爱乐舞，以至将能歌善舞之徒擢为开府、仪同。上有所好，下必甚焉，北齐梨园也尽意改造，刻意求新，将北歌与西凉乐杂奏，使听者极于哀思，莫不陨涕。

与乐舞有联系的是杂技百戏。吕光在西域时，采其剧目，加上西域诸国向前凉、北凉政权所贡，使杂技百戏在河西广为流行，并与河西民间传统的娱乐活动结合起来。所谓吞刀、吐火等奇伎以后又汇入南北朝艺术丛中，与绳技、缘竿、斤斗、角抵等一同构成多姿多彩的魔术与杂技表演形式。

综上所述，五凉时期河西文化的昌盛和教育的发达，以及学术和艺术的繁荣，在魏晋十六国时期的黄河流域处于领先的地位。这决定了当时河西也是中国北方文明发达程度甚高的地区。

第三节　五凉时期河西与内地的文化交流

河西走廊，逶迤千里。它北控居延，南枕祁连。从公元

1　《旧唐书》卷29《音乐志》，中华书局，1975，第1068页。

2　《通典》卷142《乐志二》，典738下至典739上。

前 1 世纪敦煌、酒泉、张掖、武威四郡开置以来，它就与内地一脉相连。自汉及唐，延及宋、元、明、清，无论操戈戍边的将士，还是搜罗宝货的商贾，亦无论经略封疆的帝王，还是潜心求道的僧俗，当他们将厚重的脚印留在丝绸古道上时，河西与内地的文化交流就在此发生。而介于汉唐两个盛朝之间的公元 4~5 世纪，则有许许多多这种交流的佳话。

公元 4~5 世纪，正是中国古代历史中的多事之秋。彼时，先后有十六个政权在北方及巴蜀裂土分治。十六国中，有五个建立在河西，它们是汉族张氏的前凉，氐族吕氏的后凉，鲜卑秃发氏的南凉，汉族李氏的西凉，匈奴卢水胡的北凉。这五个政权合称"五凉"。当公元 301 年前凉建立时，关陇以东的中原大地正经历着严重的战争洗劫，先是西晋王族争夺统治权的"八王之乱"在洛阳及其周围地区发生，使数十万无辜百姓死于兵燹；"八王之乱"的战火未息，匈奴、羯、氐、羌各族又拉开反晋战争的序幕，继而演成所谓的"永嘉之乱"，将晋、冀、豫及关中变成戎马驰骋的疆场。北方各族人民在饱罹战乱苦难之余，不得不背井离乡，向南方及边缘地带流徙。由于河西地处西陲，又有山河关塞之隔，未受到中原战乱的波及，加之张轨建立前凉后，课农桑，兴文教，造成一种安定清平的社会景象。一时之间，"中原避乱来者日月相继"[1] 避乱流寓河西的人口中，有西晋亡官失守的官吏，有历尽磨难的平民百姓，更有许多内地的著名学者。而张轨对这些官吏和学者的"礼而用之"，使河西成为荟萃东西人才与文化成果的摇篮。

---

1 《晋书》卷 86《张轨传》，第 2225 页。

　　魏晋时期，士族掌权。在朝的官吏与在野的文士除身份与地域所属不同之外，在学问的根底上，并无多大差别，即他们都属于"士"乃至"名士"之流。前凉初期流寓河西的内地官吏与文士，原本出自不同的学术流派。由于汉魏以后学术的地域化以及家族化，这些来自不同地域，出自不同学术流派及学术世家的学者将他们的学业成果与河西文化联珠合璧，更显璀灿与宏丽。以江氏家族为例，这个家族原籍在陈留，从江琼流寓河西到其孙江强，在河西生活一个多世纪，直到公元439年北魏统一北方后才被迁往北魏首都平城（今山西省大同市）。江琼原受学于魏晋书法大师卫凯，"善虫篆、诂训"[1]，是书法与古文字学专家。从江琼到江强，"避地河西，数世传习，斯业所以不坠"[2]，不仅将他们家族的所专所长根植于河西沃土，而且利用这块沃土积厚成高，最后又将这份宝贵的文化遗产输回中原。到江强的孙子江式时，北魏已迁都洛阳，江式将这份遗产及其家族在河西保存下来的典籍全部献给朝廷，并且受朝廷之命，为洛阳宫殿诸门题写匾额。五凉时期，像江琼、江强这样在河西业其所学，展其所长的学者还有京兆杜氏杜预之后的杜骥。杜预既是西晋名臣，又是著名的经学家，人称有"左传癖"。杜骥在河西也有传播家学之功。另外，广平程骏是著名的玄学家，河东裴诜是著名的文学家，他们在河西也各有文化学术方面的建树，这些人在河西入魏后也都重返了中原。

　　中原学者的学术成果在河西能成郁郁葱葱之势，除社会

1　《魏书》卷91《江式传》，第1960页。

2　《魏书》卷91《江式传》，第1964页。

安定这一条件外，还与五凉的统治者重视人才、提倡学术创造的政策有关。特别是张轨与西凉主李暠，他们都出身于关陇士族，一个是"以经学显"的官僚，另一个是以文学知名的雅士。他们都努力罗致人才，奖掖高才硕学和著述经史，是这种政策造成了各方学者云集的"多士"局面。故不仅中原学者，河西学者也感到生逢其时。河西学者中的郭瑀、刘昞、张湛、阚骃、宗钦、段成根等，他们一个个都各得其所，得展平生。师承东汉著名经学家郭整之学的郭瑀，他出于蓝而胜于蓝，所著《春秋墨说》《孝经错纬》等书重振了河西的儒风，使中原籍的学者深受耳濡目染；郭瑀的弟子刘昞学贯经史，旁通哲学，他写的《三国总略》及《周易注》《人物志注》等都广收时誉。另外，阚骃所著《十三州志》为史乘名篇，他为王朗《易传》所作的注释成为"学者藉以通经"的教科蓝本[1]。其余张湛、宗钦、段成根等，或在经学领域，或在哲学领域，都成就斐然。

五凉时期，河西与中原两大地域的著名学者互传其学，互相切磋和互相褒扬蔚然成风。刘昞注刘劭《人物志》，是跨越时空的学术传播活动。正因有他的注释，才使这部魏晋时期诞生在中原的玄学名篇流传于河西和中原。老一辈史学家陈寅恪评论刘昞这件功劳时说：

> 刘昞之注《人物志》，乃承曹魏才性之说者，此亦
> 当日中国绝响之谈也。若非河西保存其说，则今日亦无

---

1 《魏书》卷52《阚骃传》，第1159页。

以窥见其一斑矣。[1]

刘昞是敦煌人，他与广平程骏是学术上的忘年之交。他们之间有关玄学的探讨可算是河西的敦煌学者与河西的中原学者之间进行学术切磋的美谈。程骏提出的是当时学界十分重视的老庄学理问题，他对刘昞谈了自己对此问题的认识，在批评了世人皆视老庄之学虚无荒诞不切实要的观点后说：

> 老子著抱一之言，庄生申性本之旨，若斯者，可谓至顺矣。人若乖一则烦伪生，若爽性则冲真丧。[2]

刘昞盛赞程骏的观点，说程骏年稚尚幼，却似老成。此后，程骏的观点和名气在文化学术界远远传扬。刘昞生前曾受到北魏名士和汉族官僚领袖崔浩的推崇；死后，由于他在中原文化学术中的贡献与名气使河西人以他为荣。

在北魏统一北方并迁徙河西豪望名流时，侨寓河西的中原学者与河西本土学者大都迁居平城，中原大地从此激荡起河西文化的波澜。河西学者以其严肃的学术态度为北魏的"文治"做出了卓越的贡献。如刘昞的弟子兼助教敦煌索敞，他受魏太武帝之命教授"胄子"。这些出身鲜卑权贵子弟顽劣成性，无志于学，而索敞"笃勤训授，肃而有礼，京师大族贵游之子皆敬惮威严，多所成宜。前后显达，位至尚书牧守者数十人，皆受业于敞"[3]。这等于说这批鲜卑贵族子弟能

1　陈寅恪：《隋唐制度渊源略论稿》，第39页。

2　《魏书》卷60《程骏传》，第1345页。

3　《魏书》卷52《索敞传》，第1162页。

脱胎换骨成为国之栋梁，原本是河西教育方式渗透的结果。

在公元 5 世纪初历史进入北方北魏与江南刘宋对峙的南北朝时期后，河西不仅与北方有文化学术上的沟通，就是与道路阻隔的南方也有文化学术上的沟通。北凉主沮渠蒙逊向南北两个政府都表示"通好"，他曾几次派使者到江南向刘宋朝廷贡方物，同时搜求刘宋所藏《周易》及子集诸书。宋司徒王弘还亲手抄一部干宝《搜神记》回赠北凉。沮渠蒙逊的儿子牧犍即位后，又求取晋、赵起居注等"诸杂书数十种"[1]。作为文化交流的回报，牧犍贡献给刘宋王朝的是一大批河西学者所著和北凉政府所藏的图书典籍。这些图书典籍包括了经、史、子、集、天文历算等类共十九部一百五十卷，其中包括刘昞的《三国总略》、阚骃的《十三州志》、谢艾的《谢艾记》以及《文检》《四科传》《古今字》等大量江南所不传的工具书。属天文历算方面的有《周髀》与《皇帝王历三合纪》《赵𢾺传》及《甲寅元历》等。这些书的书目至今大部分仍保留在《隋书·经籍志》中。值得一提的是赵𢾺，他是公元 4、5 世纪之交在河西土地上孕育出的历算学家，他的杰出贡献是改订了闰周，即将传说中以 19 年为一章含 7 个闰年的历法改为以 600 年为一章含 221 个闰年的新历。赵𢾺以科学的推算为基础做出的这一改订，对古代历算学的发展意义至为重大，并很快得到应用。南朝祖冲之编《大明历》，就参考赵𢾺的成果并加以改进，提出了在 391 年中设置 144 个闰月的新闰法，从而使传统历法更接近科学，也更符合实际。

---

1 《宋书》卷 98《氐胡传》，第 2416 页。

河西地接西域，因而 4 至 5 世纪河西与内地的文化交流还包括对西域文化的传输。但这种传输不是原封照搬，而是融会改造后的推陈出新，如佛教文化及乐舞艺术便是这样。佛教的塔寺和造像传到河西后派生出许多的石窟群。这些石窟群多在 4 至 5 世纪出现，敦煌莫高窟是其滥觞。据载，莫高窟始凿于前秦建元二年（366），实际是张天锡四年。武威的天梯山石窟开凿于北凉玄始年间（412~428），但早在前凉初期已有京兆人刘弘"然灯悬镜于山穴中为光明，以惑百姓"[1]。刘弘用燃灯标识正大光明，便是佛教与天梯山石窟结缘之始。另外，诸如张掖的文殊山石窟、马蹄寺石窟等，都开凿于北凉时期。至于这些石窟与中原佛教以及大同石窟、洛阳龙门石窟之间的渊源关系，史书中记载说：

> 魏先建国于玄朔，风俗淳一，无为以自守。与西域殊绝，莫能往来。故浮图之教，未之得闻，或闻而未信也。[2]
>
> 凉州自张轨后，世信佛教，敦煌地接西域，道俗交得其旧式，村坞相属，多有塔寺。太延中（太延五年即439年），凉州平，徙其国人于京邑，沙门佛事皆俱东，象教弥增矣。[3]

五凉时期，河西有许多高僧住方。他们对佛教文化的发展与东传起过重大作用。如鸠摩罗什，原是西域人，长在龟

1　《晋书》卷 86《张寔传》，第 2230 页。

2　《魏书》卷 114《释老志》，第 3030 页。

3　《魏书》卷 114《释老志》，第 3032 页。

兹，七岁出家，多年游学于罽宾（今克什米尔）、月氏（今巴基斯坦境内）、疏勒等地。他精通佛教大、小乘，旁通婆罗门哲学。后凉的建立者吕光在385年把他从龟兹带到武威，一住十八年。401年，又被后秦主姚兴迁到长安。罗什运用在武威期间掌握的汉语知识，在长安带领僧肇、僧督、道生、道融等800多名高僧，花费八年时间，前后译出佛经98部，奠定了汉语翻译佛经的基础。他译的佛经既不佶屈聱牙，又不失"西域趣语"，这与他在河西期间语言文学功底的锤炼有直接关系。而且河西原本也有很多致力于佛经翻译和研究的高僧，罗什在长安的成果也是对河西高僧翻译研究成果的集思广益。据统计，4至5世纪北方著名的译经中心有五处，它们是敦煌、姑臧、长安、洛阳、邺城，河西五居其二。五凉各代都有译经成果，前凉、北凉的成就最大，前凉时期译经4部共6卷，北凉译经82部共311卷。[1]

五凉时期活动于河西的高僧都是佛教东传的文化使者。释惠皎著《高僧传》，收录了魏晋名僧257人，其中光出生在河西的就有36人，而与五凉有关系的计有50人。诸如竺发护、佛图澄、昙无谶、师贤、释惠高等，多有往来于河西与内地的经历。河西的许多高僧为弘扬佛教，还亲往西域求取佛经，以沮渠京生、道泰、宝云、法盛、僧表为代表。河西还接待过前往西域的中原与南方高僧，以东晋法显、智严、法勇、支法为代表。因此，河西实是中国本土佛学和佛教的早期摇篮。

1　参见任继愈《中国佛教史》。

　　谈到音乐舞蹈艺术，著名的西凉乐和龟兹乐这两种音乐和舞蹈结合而成的杂伎曲种在北朝和隋唐风靡一时，但起源却在 4 至 5 世纪的河西。据《隋书·音乐志》记载，西凉乐是西域乐舞在河西再造和加工后的产物。"吕光、沮渠蒙逊等据有凉土，变龟兹声为之，号为秦汉伎。魏太武既平河西，得之，谓之'西凉乐'。至魏周之际，遂谓之国伎。"西凉乐多用琵琶、五弦、箜篌、长笛、铜钹等乐器相奏和，舞蹈多为独舞或四人舞。乐舞相配，取其委婉婆娑之妙。相比之下，龟兹乐更多保留了西域特色，乐器以鼓类为主，伴以笙箫、钹、贝等，约以十五种器乐合为一部。据《旧唐书·音乐志》记载："自周隋以来，管弦杂曲将数百曲，多用西凉乐，鼓舞多用龟兹乐。"

　　西凉乐和龟兹乐之所以能流传于河西而风靡于内地，同样是因为河西保存并向内地输送了一大批艺术人才，这批人被称作"乐工"和"伶人"。"晋永嘉之乱，太常乐工多避地河西"，"（魏）平凉州，得其伶人、器服，并择而存之"[1]。这批乐工和伶人及他们的后裔或集于五凉的庙堂之上，或散在河西的村坞之间，他们承前启后，通过创造性的艺术活动，为魏周乐舞的复兴和隋唐艺术的发达树立了功勋。

　　综上所述，4 至 5 世纪即五凉时期河西与内地之间有着多姿多彩的文化交流活动。这些活动反映了在分裂割据状态下河西与内地仍然存在着水乳交融的关系。同样也说明，不同地域文化的彼此汇合，正是我国文化宝库不断丰富的源泉。

---

1 《魏书》卷 109《乐志》，第 2828 页。

第四节　五凉文化的历史影响

五凉所处的魏晋南北朝时期是一个分裂时期，也是由分裂走向统一的过渡时期。同时，它上承秦汉，下启北朝隋唐，也是我国封建社会发展中一个承前启后的时期。这一时期在政治、经济、文化上所继承和创造的一切历史成果，都对后世带来了重大影响，而文化成果所产生的影响尤其显明和重要。

在论及隋唐文化及典章制度的渊源时，陈寅恪先生指出：

> 隋唐之制度虽极广博纷复，然究析其因素，不出三源：一曰（北）魏、（北）齐，二曰梁、陈，三曰（西）魏、周。
>
> 又西晋永嘉之乱，中原魏晋以降之文化转移保存于凉州一隅，至北魏取凉州，而河西文化遂输入于魏，其后北魏孝文、宣武两代所制定之典章遂深受其影响，故此（北）魏、（北）齐之源其中亦有河西之一支派，斯则前人所未深措意，而今日不可不详论者也。[1]

陈先生还指出：

> 秦凉诸州西北一隅之地，其文化上续汉、魏、西晋之学风，下开（北）魏、（北）齐、隋唐之制度，承前

1　陈寅恪：《隋唐制度渊源略论稿》，第1页。

启后，继绝扶衰，五百年间延绵一脉。[1]

五凉文化之所以对魏、齐、周、隋、唐诸代形成重大影响，首先基于北魏。因为北魏在439年占领了河西，全盘继承了五凉时期的文化成果。

五凉的文化成果包括两部分主要内容，一是人才，二是成就。

对于凉州著名的学者和文化人才，北魏政府做了最彻底的接收。灭掉北凉后，魏太武帝迁徙凉州豪右三万余户到平城。豪右中既有北凉王族和官吏，也有河西著姓家族。而河西的文化人大多数都跻身于这两大群体，他们无一例外地被迁徙。其中一部分沦入"凉州杂户"行列，后超脱出来一部分，被太武帝"礼而用之"。如阚骃、刘昞，二人官居乐平王从事中郎之职。其余学者中，宋繇因病到达平城后不久死去；张湛被赐爵南浦男，加宁远将军；索敞被任为中书博士；程骏、宗钦、段成根、阴仲达、赵柔均为著作郎；常爽为宣威将军。

对五凉的文化成果，北魏政府也是兼收并蓄，纳入中原文化宝库。以江氏家族的学术为例，北凉刚亡，江式的祖父江强便向北魏政府"献经、史、诸子千余卷及书法，亦拜中书博士"[2]。程骏的玄学也随程骏到了平城。另外，官私所修史籍，被作为后来修《十六国春秋》的底本。至如佛教，"太延中，凉州平，徙其国人于京邑，沙门佛事皆俱东，象

1　陈寅恪：《隋唐制度渊源略论稿》，第41页。
2　《资治通鉴》卷123宋文帝元嘉十六年十二月条，第3878页。

教弥增矣"[1]。其余如佛教石窟寺艺术、音乐舞蹈艺术也都在北魏那里得到了合理归宿。

五凉文化对北魏社会的影响是多方面的。施光明先生将其概括为三点，即开启儒风，振兴礼乐，完善官制律令。[2]如果笼统地讲，是五凉文化强化了北魏文化的多元格局；具体地讲，是五凉文化带来了北魏文教和政治的新局面。这里，仅就五凉文化成果对北魏文教和政治的影响做一简要总结。

以对文教的影响而言，首先表现于教育方面。河西学者及其学术填补了北魏教育事业的空白，加快了鲜卑贵族走向汉化的进程。

太武时期，北魏正大规模地进行征伐。是时，"戎车屡驾，不遑休息"[3]。"戎车屡驾，征伐为事，贵游子弟未遑学术"[4]。灭北凉后，这种状况开始转变。因为河西学者不仅将优良的学风带到平城，也将规范的教育方式方法带到平城。原为刘昞助教的索敞受命教授"胄子"，他"笃勤训授，肃而有礼，京师大族贵游之子，皆敬惮威严，多所成益，前后显达，位至尚书牧守者数十人，皆受业于敞"[5]。这等于说是索敞将这批鲜卑贵族的后裔培养成为国家栋梁。常爽到平城后在温水岸边设置学馆，招收学生七百余人，并立劝罚之

1 《魏书》卷114《释老志》，第3032页。

2 参见施光明《五凉政权"崇尚文教"及其影响述论》，《兰州学刊》1985年第6期。

3 《魏书》卷4《世祖纪上》，第79页。

4 《魏书》卷84《常爽传》，第1848页。

5 《魏书》卷52《索敞传》，第1162页。《资治通鉴》卷123宋文帝元嘉十六年十二月条（第3877页）略同。

科，严格考课，使"京师学业，翕然复兴"，"尚书左仆射元赞、平原太守司马真安、著作郎程灵虬，皆是爽教所就。崔浩、高允并称爽之严教，奖励有方"[1]。常爽还在教授之暇写出《六经略注》，其序言中说："未有不由学而能成其器，不由习而能利其业。"[2]以此策勉和诱导鲜卑贵族学习汉族文化，并振兴北魏冷落的学风。

为弘扬汉文化和激扬社会风气，河西学者还致力于撰述和整理典籍，特别是有关儒学的典籍。常爽的《六经略注》是一部儒学教科书，他自己也说撰写此书目的是"以训门徒焉"。索敞辑诸书中有关丧服礼仪制度方面的内容，完成《丧服要记》一书，填补了西晋以来"礼典无宗"的空白。

上述事例证明，平凉州后"魏之儒风始振"[3]的结论是确切的。儒风不光指崇尚儒学的风气，而且指文化教育以及文治风气。它的振兴，实际是汉族先进文化对鲜卑落后文化的一种征服，是以文化进步推动北魏国家封建化的一场变革。

以五凉文化对北魏政治的影响而言，主要表现在两个方面，一是制作礼仪，二是规立典章。

北魏由鲜卑贵族建立。鲜卑"肇自幽朔，披发左衽"，无礼乐可言。在入主中原后，面临的局面是"神州芜秽，礼坏乐崩"。[4]这使太武帝等北魏统治者只能按照马上取天下和马上治天下的条件因陋就简面南称尊，"至于经国轨仪，互

---

1 《魏书》卷84《常爽传》，第1848页。
2 《魏书》卷84《常爽传》，第1848页。
3 《资治通鉴》卷123宋文帝元嘉十六年十二月条，第3877页。
4 《魏书》卷108《礼志一》，第2733页。

举其大，但事多粗略，且兼阙遗"[1]，纵有"典礼之用"，不免"多违旧章"。所幸北魏之短正是五凉所长，"晋永嘉之乱，太常乐工多避地河西；夏克长安，获秦雅乐：故二国有其器服工人"[2]。统一河西后，北魏继承了这份遗产，"魏世祖克统万及姑臧，获雅乐器服工人，并存之"[3]。到孝文帝改革时，依靠李暠之孙李宝的后裔李冲、李韶、李延等。对继承来的礼乐资料进行排列修改，建立了属于北魏的乐仪制度。

律令官制的制定过程也大致相同。孝文帝制定律令，依靠的也是李冲和源贺等河西名族的后裔。到宣武时，修改律令，常爽之孙常景又受命参与，并起了骨干作用。

> 景讨正科条，商榷古今，甚有伦序，见行于世。今律二十篇是也。[4]

另外，常景还参与制定朝令。史载：

> 先是，太常刘芳与景等撰朝令，未及班行。别典仪注，多所草创，未成，芳卒，景纂成其事。及世宗崩，诏景赴京，还修仪注。……又敕撰太和之后朝仪已施行者，凡五十余卷。[5]

---

1 《魏书》卷108《礼志一》，第2733页。

2 《资治通鉴》卷137齐武帝永明九年十二月条胡注，第4315页。

3 《资治通鉴》卷137齐武帝永明九年十二月条，第4315页。

4 杨衒之著，周振甫译注《洛阳伽蓝记》卷1《城内》"永宁寺"，江苏教育出版社，2006，第5页。

5 《魏书》卷82《常景传》，第1802~1803页。

北魏官制的制定，李冲也起了重要作用：

> 及改置百司，开建五等，以冲参定典式。[1]

之所以这些律令、朝仪、官制的制作过程都有河西士人后裔参与，乃是北魏政府充分考虑到李冲、常景等人的家学功底，也考虑到河西是保存魏晋旧制最多的地方。由河西籍士人参与完成的典制，必然融会了五凉时期的文化成果，是蕴其滥觞、集其大成的历史杰作。所以，陈寅恪先生举刑律为例，认为北魏刑律"汇集中原、河西、江左三大文化因子于一炉而治之，取精用宏，宜其经由北齐，至于隋唐，成为二千年来东亚刑律之准则也"[2]。其中"河西因子"占有醒目的位置。

当然，除了文教和政治之外，北魏社会的许多领域都留有五凉文化的深深印记。

总之，五凉文化与中原文化的结合，极大地丰富了古代文化宝库。在北朝至隋唐时期，它曾闪现过晶莹夺目的光芒，给中国古代文明增辉添彩。诚如有识之士指出的那样，五凉时期河西文化的巨大成就给中国古代学术文化史留下了光辉的一页[3]。

---

1 《魏书》卷53《李冲传》，第1181页。
2 参见陈寅恪《隋唐制度渊源略论稿》，第107页。
3 参见施光明《五凉政权"崇尚文教"及其影响述论》，《兰州学刊》1985年第6期。

〖 附录 〗

一 五凉世系表

（一）前凉

［1］张轨（301~314）┬── ［2］张寔（314~320）────── ［4］张骏（324~346）──────┐
　　　　　　　　　　└── ［3］张茂（320~324）
┌──┘
├── ［7］张祚（353~355）
├── ［5］张重华（346~353）┬── ［6］张耀灵（353）
└── ［9］张天锡（363~376）└── ［8］张玄靓（355~363）

（二）后凉

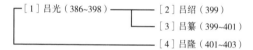

┬── ［1］吕光（386~398）──┬── ［2］吕绍（399）
│　　　　　　　　　　　　　└── ［3］吕纂（399~401）
└────────────────────── ［4］吕隆（401~403）

（三）南凉

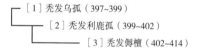

┬── ［1］秃发乌孤（397~399）
└─┬── ［2］秃发利鹿孤（399~402）
　└── ［3］秃发傉檀（402~414）

（四）西凉

［1］李暠（400~417）────── ［2］李歆（417~420）

（五）北凉

［1］沮渠蒙逊（401~433）──┬── ［2］沮渠牧犍（433~439）
　　　　　　　　　　　　　├── ［3］沮渠无讳（439~444）
　　　　　　　　　　　　　└── ［4］沮渠安周（444~460）

二 《五凉史探》再版前言

作为研究魏晋南北朝时期西北历史的一部专著,《五凉史探》献给读者和学界已有些年头。其间,随着相关课题研究工作的推进,书中涉及的一些内容和方面都略显不足。所幸至今尚未见有更系统全面研究同类问题的论著出现,加之一些读者还需要这本书,这就给本书的修订出版提供了机会。

《五凉史探》出版是在1996年6月,出版时获得西北师范大学历史系中国古代史学科的经费资助,这次再版又获西北师范大学历史系专门史学科的经费资助。上述两个学科先后荣列甘肃省重点学科名录,获得它们的经费资助是本书的幸运,也是作者的幸运。

这本书是作者多年研究魏晋南北朝时期中国历史的成果,集中了作者对西晋十六国历史及北朝历史中一些问题的思考与见解。同时,由于第一版付梓草草,校对匆匆,也留下一些令人遗憾的错误。因此,作者在听到学界一些朋友的佳评之余,也得到他们的指正和建议。新版书有些改动,一是将初版中引用的一些史料另行分段,二是将章后注改为页下注并加上所引文献卷帙,三是对原书中提到但未详论的问题,作《补论篇》补在正文之后。但愿这本书不辜负学界朋友的期望。

这本书被西北师范大学历史系专门史学科编入《西北史研究丛书》中,并与一些杰出中青年学者的有关著述排列在一起。作者对这种厚爱表示由衷的感谢。

作者

2004年12月

三 《五凉史探》后记

本书虽系雕虫之作，但写作过程中却得到许多方面的帮助和支持。

杭州教育科学研究所的施光明同志对五凉史颇有研究，他是我真挚的朋友。记得数年前在烟台参加魏晋南北朝史学术讨论会期间，一次饭后茶余我与他开玩笑说："足下余杭才子，何至吃我们河西饭？"他答道："主人不吃，我吃何妨！"意思是"五凉"建在甘肃，甘肃史学家却注意不够。虽然，此话谈过已有十年，但至今记忆犹新。十年中，甘肃学者关于五凉史的研究成果连篇累牍，不一二数。本人也因受到光明同志的启示，开始缱绻于五凉历史，同时产生了写一部研究专著的愿望。后来我与光明同志多次信函往复，请他修订提纲，并谋与他合作。时至今日，合作的事并未能如愿，主要是因为出版经费难筹。当1994年甘肃省教委批准了我的立项申请时，这写书之事只好由我一人来做了。假如没有光明同志的启示和帮助，这本书是写不出来的。因此，这里我首先要感谢他。

齐陈骏先生是我的老师。先生治学严谨，且诲人不倦，我平日多受指点。他的大作《五凉史略》早已出版，本书效颦，望先生再予赐教。

我也感谢甘肃省教委、西北师大科研处、西北师大历史系中国古代史教研室，这些部门都给了我指导和必要的资助。

另外，我名下的几位硕士生，他们在帮助整理资料，订正史实，抄写文稿等方面，做了不少工作，费了不少精力。

他们是王万盈（已留校任教）、王咏梅、方高峰、张小虎、张晓连、陈英。在此一并致谢。

作者

1995 年 12 月 15 日

四　《五凉史探》再版后记

在《五凉史探》出版后记中，我已表示过对学界一些朋友的致谢。杭州教育科学研究所施光明先生无论在启示我撰写《五凉史探》方面，还是在提示我对一些有关问题的见解方面，都是我的良师益友。特别是当《五凉史探》出版后，他在《北朝研究》上发表了长达万言的书评。书评在谬奖之余，也使我获得了对一些问题的再认识。此外，我要感谢华东师范大学历史系章义和先生。章先生年富力强，是东南中青年史学家中的佼佼者之一。是他在《五凉史探》一出版便率先在华师的专业刊物上发表了书介。我们多次谋面于全国学术会议，他也不止一次地就书中一些问题谈过他的真知灼见，每忆及此，令人感佩。

人不能无为，亦不能无老。老有所为固然可贵，但力不从心却时常有之。这次新版，一些与出版有关的事情都是研究生贾小军、张琳、洪卫中代劳。为此费去了他们大量的时间，特别是贾小军，不仅为本书作序，而且在校对中也花费了大量精力。这里，对几位后生也表示感谢。

作者

2004 年 12 月

索　引

F

法成 450

K

五凉史

五凉史

图书在版编目(CIP)数据

五凉史 / 赵向群著. -- 北京 : 社会科学文献出版
社, 2019.8（2023.3重印）
（十六国史新编）
ISBN 978-7-5201-5216-7

Ⅰ. ①五… Ⅱ. ①赵… Ⅲ. ①西北地区-地方史-五
胡十六国时代 Ⅳ. ①K294

中国版本图书馆CIP数据核字（2019）第150437号

· 十六国史新编 ·
五凉史

著　　者 / 赵向群

出 版 人 / 王利民
组稿编辑 / 高振华
责任编辑 / 李　淼
文稿编辑 / 徐　宇
责任印制 / 王京美

出　　版 / 社会科学文献出版社 · 城市和绿色发展分社（010）59367143
　　　　　地址：北京市北三环中路甲29号院华龙大厦　邮编：100029
　　　　　网址：www.ssap.com.cn
发　　行 / 社会科学文献出版社（010）59367028
印　　装 / 三河市东方印刷有限公司

规　　格 / 开　本：889mm×1194mm 1/32
　　　　　印　张：17.25　插　页：0.25　字　数：376千字
版　　次 / 2019年8月第1版　2023年3月第5次印刷
书　　号 / ISBN 978-7-5201-5216-7
定　　价 / 88.00元

读者服务电话：4008918866

▲▲ 版权所有　翻印必究